개혁주의 예배와 예식을 위한 목회적 지침
하나님을 기쁘시게 섬길지니

개혁주의 예배와 예식을 위한 목회적 지침
하나님을 기쁘시게 섬길지니

초판 1쇄 인쇄 2025년 8월 26일
초판 1쇄 발행 2025년 9월 2일

지은이 | 주종훈
펴낸이 | 박성규

펴낸곳 | 총신대학교 출판부
등 록 | 제 바-38호 (1964. 8. 22)
주 소 | 경기도 용인시 처인구 양지면 학촌로 110
전 화 | 031-679-1749
이메일 | press@chongshin.ac.kr

ISBN 978-89-8169-000-7 93230

디자인 | 디자인 봄봄

* 이 책은 신저작권법에 의하여 국내에서 보호를 받는 저작물입니다.
  출판사와 협의 없는 무단 전재와 무단 복제를 엄격히 금합니다.
* 잘못된 책은 서점에서 교환하여 드립니다.
* 책값은 뒤표지에 있습니다.

하나님을
기쁘시게
섬길지니

개혁주의 예배와 예식을 위한
목회적 지침

주종훈 지음

총신대학교 출판부

서문

기독교 예배 구성은 자신이 속한 전통과 신학에 따라 각각 다른 목회적 과제를 부여받습니다. 가톨릭, 정교회, 그리고 성공회의 경우, 서로 다른 신학적 입장에도 불구하고, 예배 구성과 관련해서는 정해진 '모범'에 따라 고정된 의례 실천을 강조합니다. 하지만, 장로교를 포함한 대부분의 개신교회는 하나의 고정된 예배 의례를 획일적으로 답습하지 않습니다. 개신교의 경우 공예배는 하나님을 향한 경배의 표현 방식으로서 공동체마다 서로 다른 형태를 드러냅니다. 이처럼 하나의 고정된 예배 방식을 답습하지 않는 개신교 전통에서는 공예배의 자율성을 인정합니다. 역사적으로 개혁주의 전통은 공예배의 자율성을 인정해 왔습니다. 칼빈은 중세의 미사에서 개혁된 예배를 제시할 때, 개혁주의 전통에 있는 모든 공동체가 아니라, 스트라스부르그와 제네바의 교회를 위한 구체적인 의례 실천을 제시했습니다. 칼빈에게서 예배를 배운 낙스도 제네바의 예배와 완벽히 일치하지 않는 스코틀랜드 장로교 예배를 구체화했습니다. 이후 웨스트민스터 디렉토리(Westminster Directory for Public Worship)가 주어진 17세기부터는 각각의 교회를 위한 구체적인 예배모범보다는 성경의 원리에 따른 목회적 자율성을 인정하는 공예배 구성이 발전했습니다. 이러한 공예배 의례 구성의 실천에 담긴 자율성은 오늘날에 이르기까지 개혁주의 전통에서 중요한 특징으로 주어지고 있습니다.

공예배의 자율적 구성은 하나의 고정된 방식의 답습을 추구하는 예전적 낭만주의(Liturgical Romanticism)나 예전적 고고학적 답습(Archaeological Adaption of Liturgy)을 경계해 왔습니다. 이뿐 아니라, 공예배의 자율성을 인정하는 것은 예배자의 요구에 무조건 편의를 도모하거나 목회적으로 실험적인 실천을 허용하지도 않습니다. 오히려, 개혁주의 전통은 공예배를 위한 자율성을 공동체를 더욱 충실히 섬기기 위한 기회와 책임으로 받아들이고, 성경의 원리에 따라 실천하기 위해 노력합니다. 곧, 공예배 구성을 위한 성경의 원리를 엄격히 받아들이고, 예배자들로 하여금 하나님을 향한 경배와 신앙 형성을 위해 가장 적합한 실천을 위해 노력합니다. 이러한 공예배 구성의 목회적 실천에서 성경의 규율을 강조하면 예배의 통일성이 드러나고, 예배자들을 위한 적실성을 강조하면 예배의 자율성이 부각합니다. 종교개혁 이후 개혁주의 예배는 지금까지 예배의 통일성과 자율성의 강조에 따른 유기적 변화를 지속하고 있습니다. 예배 역사학자인 브라이언 스핑크스(Bryan Spinks)는 자신의 책, *Scottish Presbyterian Worship: Proposals for Organic Change 1843 to Today* (Saint Andrew: Saint Andrew University Press, 2020)에서 스코틀랜드를 중심으로 변화해 온 장로교 예배의 역사를 통일과 자율 사이의 유기적 변화 과정으로 규정하기도 합니다.

개혁주의 예배 특징으로 주어지는 통일성과 자율성 사이의 유기적 변화는 예배 계획과 실행을 감당하는 예배 인도자들과 목회자들에게 책임과 기회를 제공합니다. 모든 공동체가 획일적으로 따라야 하는 공예배의 고정된 형태나 방식이 없는 경우, 예배 인도자와 목회자는 자신이 섬기는 공동체의 구체적인 상황과 특징을 반영하는 예배 구성을 위한 목회적 책임을 갖습니다. 이러한 공예배 구성의 자율적 실천은 문화 수용과 공동체의 상황에 부합한 창의적 접근을 가능하게 하는 기회를 제공합니다. 하지만 공예배 구성을 위한 책임과 기회 가운데 어느 쪽을 선호하거나 수용하더라도 분명한 원리와 방향이 있습니다. 곧, 공예배는 성경의 규율에 따라 공교회의 전통을 신학적으로 계승하고 예배자들의 상황에 가장 적실성 있는 실천이 되어야 합니다. 성경적으로 부합하고, 신학적으로 타당하며, 문화적으로 적실성 있게 공예배를 구성하는 것은 오늘날 개혁주의 목회자들에게 주어진 핵심 과제가 됩니다.

이 책에 포함된 각 장의 글들은 예배의 자율성에서 주어지는 책임과 기회를 감당해야 할 목회자들과 예배 인도자들을 위한 내용을 담고 있습니다. 개혁주의 신학과 실천에 따라 예배를 위한 성경의 규정 원리(regulative principle for worship)를 목회 현장에서 구현할 때 주어지는 어려움은 예배와 사역을 위한 분별력을 강화하는 것입니다. 공예배 계획과 인도 그리고 예배와 관련한 다양한 목회적 과제 곧 공예배를 위한 세대 통합의 실천, 세례, 공예배와 가정의 연계성 강화, 절기 예식 그리고 갑작스러운 죽음으로 인한 상실을 직면한 성도를 돌보는 일 등은 모두 획일화된 방식으로 접근하기 어렵고, 목회적 분별에 따른 지혜로운 실천을 요구합니다.

개혁주의 신앙과 신학에 따른 공예배 구성과 실행 및 예배와 관련한 목회적 과제 수행의 방향성을 제시하기 위해서 우선 제1부는 공예배 구성의 개혁주의적 변화에 주어진 목회적 과제를 살핍니다. 먼저 제1장은 "예배와 예식의 표준 제시를 위한 개혁주의적 이해, 원리, 그리고 실천 과제"를 다룹니다. 제2장은 개혁주의 예배 구성에 나타난 유기적 변화의 특징으로서 "예배의 통일성과 자율성: '성경적 예배' 원리의 개혁주의적 수용과 실천을 위한 과제"를 고찰합니다. 제3장은 개혁주의 예배 구성에 나타난 중세의 공예배와 구분된 특징으로서 "칼빈의 이해를 중심으로 한 예배의 단순성에 대한 개혁주의적 이해와 수용"을 해석합니다. 제4장은 개혁주의 공예배의 중요한 특징으로서 "성령과 공동예배의 기도"를 다루면서, 개혁주의 예배 회복을 위한 제언을 제시합니다. 제5장은 목회 현장에서 간과하기 쉬운 공예배 시작 부분에 대한 실천적 제안으로 "공예배 시작의 개혁주의적 의례 구성과 실천"을 다룹니다. 그리고, 제6장에서는 공예배에 포함된 다양한 기도의 구성과 실천에 대한 방향 제시로서 "칼빈의 제네바 사역을 중심으로 살펴본 공예배 기도 구성의 개혁주의적 이해와 실천"을 분석적으로 소개합니다.

이 책의 제2부는 공예배 이외에 예배와 예식과 관련해서 주어지는 목회적 돌봄의 다양한 과제를 개혁주의적 관점에서 살펴봅니다. 우선, 제7장은 예배 환경의 직접적인 변화로 주어진 우리 시대 디지털 기술 환경이 예배에 미치는 영향을 살펴보기 위해 "디지털 기술 시대의 신앙 형성을 위한 예배와 예전적 과제"를 고찰합니다. 제8장은 예배 실천과 관련한 목회 현장의 시급하고 곤혹스러운 과제 가운데 하나인 가정에서의 신앙 형성을 위한 예전적 고찰과 대응으로서 "다음 세대를 위한 예배와 신앙"을 다룹니다. 제9장은 좀 더 구체적으로 "다음 세대의 회복을 위한 예전적 제안으로서 개혁주의 가정예배의 구체적인 예시"를 제시합니다. 제10장은 개혁주의 세례 예식과 목회적 돌봄을 구체적인 예시로 살펴보기 위해 "1542년 칼빈의 '제네바 세례 예식서'(the Form for Administering Baptism, 1542)에 나타난 신앙과 삶의 형성"을 분석합니다. 제11장은 절기를 반영한 예배 구성과 실천의 한 예로서, "부활 주일 공예배 계획과 준비 그리고 실행을 위한 예전적 제안"을 제시합니다. 마지막 제12장은 예배와 관련한 목회적 접근 가운데 가장 어려운 주제인 장례 예식을 고찰하는데, 특별히 "개혁주의 목회적 돌봄과 의례의 관점에서 본 극단적 선택에 의한 죽음의 예식"을 제안합니다.

　이 책에 담긴 모든 내용은 예배의 구체적인 과제를 감당해야 하는 목회자들과 예배 사역자들 그리고 신학생들을 위해 저술한 열두 편의 논문을 편집한 것입니다. 따라서, 이 책을 순서에 따라 읽기보다는 목차에 담긴 제목과 주제를 우선 확인하고, 독자의 관심과 필요에 따라 선택해서 읽고, 사역의 방향을 확인하는 것이 좀 더 적절할 수 있습니다. 언제나 그렇듯이, 이 책에 담긴 각각의 글을 써 내려 가는 동안 언제나 지혜롭게 조언하고 인생의 여정을 함께하는 사랑하는 아내 이상예와 하나님을 예배하는 자로 더욱 깊이 성장해 가는 귀한 자녀 하영이와 하진이는 변함없이 나의 격려자들로 함께해 주었습니다. 나의 연구와 저술에 항상 사랑과 격려를 보여 준 가족들에게 감사를 고백합니다. 그리고, 제가 학회와 학술지에서 발표한 이 책의 논문들을 하나의 책으로 편집해서 출판할 수 있도록 제안하고 또 직접 도움을 주신 강대훈 교수님께 감사를 드립니다. 아울러, 책의 내용을 꼼꼼하게 살피며 완성도를 높일 수 있도록 도움을 주신 김혜지 전도사님과 편집과 교열 작업을 통해 독자들이 읽을 수 있는 모습으로 책을 편집해 주신 김태림 자매에게 감사를 드립니다. 이 책을 읽어가는 모든 독자가 목회 현장에서 예배와 관련해서 "지극히 선한 것을 분별하는"(빌 1:10) 하나님의 은혜를 경험할 수 있기를 기대합니다. 이제 이 책을 들고, 펴서 읽어가며 예배를 위한 지혜를 얻어 가는 여정에 참여하길 초대합니다.

2025년 부활의 소망을 감사하는 시즌에
양지 연구실에서
저자 **주종훈**

목차

서문 • 5

제1부
공예배 구성의 개혁주의적 변화에 주어진 목회적 과제

**01 │ 예배와 예식의 표준 제시를 위한
개혁주의적 이해, 원리, 그리고 실천 과제 • 15**

1. 들어가는 글 | 2. 예배 예식에 대한 성경의 가르침 | 3. 예배 예식의 표준 제시를 위한 개혁주의적 노력 | 4. 예배 예식의 표준 제시를 위한 예배모범과 예식서 비교 분석 | 5. 개혁주의 전통의 예배 표준 제시를 위한 예식서 개정: 합동 교단을 중심으로 | 6. 나가는 글

**02 │ 예배의 통일성과 자율성: '성경적 예배' 원리의
개혁주의적 수용과 실천을 위한 과제 • 51**

1. 들어가는 글: 성경과 예배에 대한 예전적 관심의 부각 | 2. 성경적 예배 원리와 개혁주의 전통 | 3. 개혁주의 예배 실천을 위한 성경적 예배 원리 수용의 방법 | 4. 성경적 원리에 따른 개혁주의 예배 실천을 위한 방향 그리고 과제 | 5. 나가는 글: 성경적 규정 원리의 목회적 수용을 위한 분별의 필요

**03 │ 예배의 단순성에 대한 개혁주의적 이해와 수용:
칼빈의 이해를 중심으로 • 82**

1. 들어가는 글 | 2. 예배의 단순성에 대한 칼빈의 이해와 강조 | 3. 예배의 단순성에 대한 칼빈의 강조에 따른 개혁주의 예배 실천 과제와 방향 | 4. 나가는 말

04 | 성령과 공동예배의 기도: 개혁주의 예배 회복을 위한 제언 • 111

1. 들어가는 글 | 2. 공동예배 실천의 현실: 회복을 위한 새로운 방향성 요구 | 3. 성령과 공동 기도: 예배 회복을 위한 개혁주의적 접근의 원리와 특징 | 4. 공동예배에서 성령의 역사에 참여하는 기도의 실천: 개혁주의 예배 회복의 과제 | 5. 나가는 말

05 | 공예배 시작의 개혁주의적 의례 구성과 실천 • 144

1. 들어가는 말 | 2. 공예배의 시작 의례 구성과 주요 논제 | 3. 공예배 시작 의례 구성의 개혁주의적 발전 | 4. 공예배 시작 의례의 개혁주의적 실천: 구성과 실제 | 5. 나가는 말

06 | 공예배 기도 구성의 개혁주의적 이해와 실천: 칼빈의 제네바 공예배 사역을 중심으로 • 176

1. 들어가는 말 | 2. 공예배의 기도 구성에 대한 개혁주의 전통의 강조와 특징 | 3. 칼빈의 제네바 공예배에 나타난 기도 실천과 특징 | 4. 개혁주의 공예배 기도 구성의 실천 방향과 과제 | 5. 개혁주의 공예배 기도 구성의 예시 | 6. 나가는 말

제2부
예배와 예식을 위한 목회적 돌봄의 과제

---

07 | 디지털 기술 시대의 신앙 형성을 위한 예배와 예전적 과제 • 211

1. 들어가는 말: 플랫폼과 도구를 넘어선 삶과 사역의 새로운 생태로서 디지털 시대 | 2. 디지털 시대의 신앙 형성과 예배 현실 | 3. 디지털 시대 신앙 형성을 위한 예배와 예전의 과제 | 4. 나가는 말: 디지털 기술의 생태에서 하나님을 향한 경배의 지속적인 실천 지속

08 다음 세대를 위한 예배와 신앙:
가정 신앙형성의 예전적 고찰과 대응 • 227

1. 들어가는 말 | 2. 디지털 시대의 다음 세대가 직면한 현실과 신앙적 특징 | 3. 다음 세대의 신앙 형성을 위한 교회와 가정의 위치와 역할 | 4. 다음 세대의 신앙 형성과 회복을 위한 예전적 실천의 위치와 중요성 | 5. 다음 세대의 신앙 형성과 회복을 위한 교회와 가정의 예전적 실천 과제 | 6. 나가는 말

09 다음 세대의 회복을 위한 예전적 제안:
개혁주의 가정예배 • 253

1. 들어가는 말 | 2. 가정 중심의 신앙 교육과 실천의 약화와 그 원인 | 3. 개혁주의 가정 신앙 형성을 위한 지침: 'The Directory For Family Worship'(DFW)의 가르침과 특징 | 4. 다음 세대를 위한 가정 중심의 신앙 실천: 'The Directory For Family Worship'(DFW)의 가르침에 따른 오늘날의 실천 과제 | 5. 나가는 말

10 칼빈의 '제네바 세례예식서'(the Form for Administering Baptism, 1542)에 나타난 신앙과 삶의 형성 • 279

1. 들어가는 말 | 2. 칼빈의 세례 실천 배경과 과제 | 3. '제네바 세례예식서(1542)'에 담긴 칼빈의 세례 실천 | 4. '제네바 세례예식서(1542)'를 통한 칼빈의 개혁과 오늘날을 위한 교훈 | 5. 나가는 말

11 부활 주일 공예배 계획과 준비
그리고 실행을 위한 예전적 제안 • 310

1. 들어가는 말 | 2. 그리스도 중심의 시간, 부활 그리고 주일 공예배의 연결 | 3. 부활 주일 공예배 구성과 실천의 예전적 고려 사항 | 4. 부활 주일 공예배 구성의 예시 | 5. 나가는 말

12 개혁주의 목회적 돌봄과 의례의 관점에서 본
극단적 선택에 의한 죽음의 예식 • 327

1. 들어가는 말 | 2. 극단적 죽음과 목회적 과제 | 3. 극단적 선택에 의한 죽음의 예식에 대한 신학적 목회적 원리 | 4. 극단적 선택에 의한 죽음과 장례 예식의 구성과 방식 | 5. 나가는 말

이 책에 담긴 연구를 위해 선별한 참고문헌 • 353

제1부

공예배 구성의
개혁주의적 변화에 주어진
목회적 과제

01

예배와 예식의 표준 제시를 위한 개혁주의적 이해, 원리, 그리고 실천 과제[1]

1. 들어가는 글

기독교 예배는 교회의 정체성을 제시하는 중요한 실천이다. 오늘날 예배 회복은 중요한 주제로 다시 주목받고 있다.[2] 장로교회의 예배 실천은 성경과 개혁주의 신앙고백을 따라 발전해 왔다. 그런데 종교개혁 이후 발전해 온 개혁주의 전통은 예배의 실천에서 어느 하나의 고정된 형태를 제시하지 않는다. 칼빈(Calvin)의 제네바 예배는 개혁주의 예배 이해와 실천의 토대를 구축했지만 고정된 형태와 방식으로 이

---

1 이 장의 내용은 처음 2022년 11월 18일 대한예수교장로회총회(합동) 회관에서 개최된 '새표준예식서 발행을 위한 공청회'에서 발표하여 「개혁논총」 62권 121-157에 게재한 것을 다시 수정 보완한 것이다.

2 개혁신학회는 이러한 목회적 상황의 요구에 따라 제36차 학술대회(2022년 4월 9일)이 주제를 "예배 회복"으로 삼고 개혁주의 신학에 부합된 예배 실천의 회복에 대한 대안을 제시했다. 이 가운데 이신열, "예배 회복을 위한 칼빈의 창조론적 제언", 「개혁논총」 60권 (2022): 77-108은 개혁주의적 관점에서 예배 예식의 표준 제시를 위한 신학적 포괄적 접근을 제시한 주목할 연구 내용이다.

후 모든 개혁주의 교회들의 예배 규범이 되지는 않았다. 낙스(Knox)는 칼빈에게서 개혁주의 예배를 배웠지만 스코틀랜드의 실천에서는 제네바와 달리 죄의 고백으로 예배를 시작했다. 프랑스와 네덜란드의 개혁주의 교회들도 개혁신앙의 원리는 공유하지만, 예배의 구체적인 실천은 서로 다르다. 영국의 청교도들 역시 개혁주의 예배 정신을 반영하지만, 구체적인 실천은 칼빈과 낙스의 예배모범에서 제시한 것과 구분된다. 이후 개혁주의 신앙 전통을 유산으로 발전시킨 북미와 선교사들을 통해서 개혁신앙의 전통을 이어받은 한국의 장로교회 역시 예배의 실천에서 하나의 고정된 규범과 형식을 따르지 않는다. 이와 관련해서 '개혁주의 신앙고백을 엄격하게 수용하고 발전시킨 것과 달리 예배의 실천에 나타나는 차이들을 어떻게 이해할 것인가?', '개혁주의 예배에서 신앙고백과 실천의 일치(congruence between what we believe and what we practice)를 어떻게 제시할 수 있는가?'와 같은 질문들을 던질 수 있다.

그런데 개혁주의 교회들 사이에서 신앙고백의 공유와 일치를 추구하는 것과 달리 서로 다른 방식과 스타일의 예배 실천이 주어지는 것은 모순이 아니라 개혁주의 전통과 정체성의 특징으로 볼 수 있다.[3] 개혁주의 예배 실천은 역사적으로 성경의 원리를 따르지만[4] 구체적인

---

[3] Richard Muller and Rowland Ward, *Scripture and Worship* (Phillipsburg: P&R, 2007), 87.

[4] John Calvin, "The Organization of the Church of Worship at Geneva Proposed by the Ministers at the Council, January 16, 1537," J.K.S. Reid, ed. *Calvin: Theological Treatises* (Louisville: Westminster John Knox Press, 2006), 48-55 그리고 John Calvin, "The Necessity of Reforming the Church," *Calvin's Tracts* (Eugene: Wipf and Stock Publishers, 2002), 132-133.

실천에서는 상황성의 반영과 목회자의 자율성을 인정한다.[5] 말씀의 선포, 성례의 바른 집례, 공동체의 기도와 같은 예배의 구성요소들은 성경이 분명히 제시한다(행 2:42). 하지만 구체적인 시간과 장소 그리고 예배의 환경과 관련한 적용을 위해서는 해석이 요구된다. 아울러 예배 공동체의 상황에 가장 부합한 방식으로 적절하게 그리고 창의적으로 구현하기 위한 목회적 자율성을 책임으로 요구한다. 이런 이유로 개혁주의 예배 실천은 어느 하나의 고정된 방식을 고고학적으로 이식해서 모든 공동체에 가능한 하나의 외적 형태를 제시하는 것을 경계한다.[6] 이런 점에서 개혁주의 정체성을 제시하는 예배 실천을 위한 목회적 지혜와 분별력은 중요하다. 역사적으로 개혁주의 전통은 성경과 초대교회의 실천 그리고 신앙고백의 가르침에 부합한 예배 실천을 위해서 규범(norm)이 아니라 원리(principle)를 강조해 왔다. 이러한 원리를 반영한 실천들은 개혁주의 예배를 위한 일종의 표준을 제시해 준다.[7] 개혁주의 예배 실천의 역사에서 서로 다른 이름과 형태로 주어진 문헌들(기도서, 예배서, 예배지침 등)은 모두 절대적인 규범이 아니라, 목회자들에게 예배 사역의 원리와 방향을 제시하는 일종의 '표준'이다. 신앙고백과 요리문답을 제시하는 웨스트민스터의 예배 관련 문헌이 규범이나 모범이 아니라 일종의 지침(directory)으로 불리는 것

---

5 Hughes Old, *Worship Reformed According to Scripture* (Louisville: Westminster John Knox Press, 2002), 4.

6 Jonathan Gibson and Mark Earngey, "Worshiping in the Tradition: Principles from the Past for the Present," *Reformation Worship: Liturgies from the Past for the Present* (Greensboro: New Growth Press, 2018), 74.

7 William Maxwell, *A History of Worship in the Church of Scotland* (Oxford: Oxford University Press, 1955), 127.

도 개혁주의 예배 실천을 위한 고정된 규범보다 표준을 제시하고 있다는 점을 알 수 있다. 이처럼 개혁주의 전통은 예배 실천과 관련해서 원리와 그 원리에 부합한 표준을 제시하고 구체적인 실천은 목회자의 자율적 판단을 존중한다.

이 장은 개혁주의 전통에 있는 교단의 예배 표준에 대한 이해와 해석을 시도하고, 나아가 주어진 시대에 부합한 방식으로 새롭게 보완 및 개정하기 위한 방향과 과제를 제시하기 위한 것이다. 한국의 개혁주의 전통[8]은 예배 실천을 위한 성경의 가르침과 웨스트민스터 신앙고백에 부합한 실천을 추구한다. 곧 '성경대소요리문답'과 '웨스트민스터 신도게요서'를 신앙 실천의 기준과 초석으로 삼는다.[9] 이러한 개혁주의 신앙고백에 부합한 실천을 위해서 예배모범[10]과 표준예식서[11]를 제공한다. 예배모범은 성경의 원리에 따른 예배 실천의 과제 그리고 방향을 제시해 준다. 하지만 표준예식서는 성경적 원리에 부합한 실천을 새로운 상황과 환경에서 구체적으로 반영하기 위한 '새로운 표준'을 제시해야 한다. 이러한 필요에 의해서 이 장은 개혁주의 장로교 전통에 속한 교단의 예배 예식을 더욱 성경적으로 구현하기 위한 방향과 과제를 연구한다. 특히 예배 실천의 특성상 구체적인 교단

---

[8] 개혁주의 전통에 속한 교단들은 여럿 있으나, 이 장은 대표적으로 대한예수교장로회 합동, 고신, 합신 등과 같이 웨스트민스터 신앙 표준에 따른 개혁주의 전통에 속한 교단을 뜻한다.
[9] 대한예수교장로회총회, "신조,"『헌법』개정 3쇄 (서울: 대한예수교장로회총회출판부, 2020), 21.
[10] 총회 헌법의 "VII. 예배모범,"『헌법』, 245-72 참고.
[11] 대한예수교장로회총회,『표준예식서』(서울: 대한예수교장로회총회출판부, 2020). 현재 사용하는 표준예식서는 1993년 초판을 기준으로 2010년 약간의 수정을 거친 최소한의 예식 표준을 제공한다.

과 상황을 언급해야 하기에 대한예수교장로회 합동측 교단을 사례로 들어 연구의 대상과 방향을 제시하고자 한다. 이를 위해서 우선 첫째로, 예배 예식의 표준에 대한 토대 곧 성경의 가르침을 살펴본다. 둘째로, 개혁주의 전통이 역사적으로 발전해 온 예배 예식의 표준 제시 방법과 방식을 예배 문헌들을 중심으로 살펴본다. 셋째로, 표준예식서의 구성과 내용의 시대적 적합성을 제시하기 위해서 한국의 몇몇 교단들이 사용하는 예식서들을 사례로 살펴보고, 구체적인 적용 대상과 사례로써 대한예수교장로회 합동 교단의 예식서 개정에 필요한 내용을 이끌어 낸다. 이러한 성경적, 역사적, 분석적 접근에 기반을 둔 제안은 예배 실천을 위한 표준을 확인하고 목회적 상황에 부합한 창의적 실천을 위한 안내 역할을 할 것이다.

2. 예배 예식에 대한 성경의 가르침

역사적으로 발전한 기독교 예배는 저스틴 마터(Justin Martyr)의 '제일변증서'(First Apology)[12]의 기록에 따라 말씀과 성찬의 예식 구조에 대한 다양한 현상으로 이해된다. 그레고리 딕스(Gregory Dix)는 초대교회의 예배 의례와 예식이 성찬 실천의 원리와 규범을 각 공동체가 구체적으로 적용한 것으로 이해한다.[13] 하지만 오늘날 개혁주의 예배는 성찬예식을 강조하지만, 현상적으로 말씀 중심의 다양한 예식의 실천을

---

12 Bard Thompson, *Liturges of the Western Church* (Philadelphia: Fortress Press, 1980), 8-12: 'The First Apology,' 65-67.

13 Dom Dix, *The Shape of the Liturgy* (New York: The Seabury Pres, 1982).

제시하고 있다. 주일 공예배의 경우 말씀과 기도 그리고 음악의 구성 요소들을 중심으로 의례와 예식이 형성된다. 아울러 주일 공예배와 함께 목회적 돌봄을 제공하기 위한 다양한 방식의 의례들[14]이 생애 주기를 통해서 제공된다. 이런 점에서 예배의 의례는 성찬 중심의 역사적 접근을 넘어선 좀 더 포괄적인 해석과 이해를 요구한다. 성경은 성찬뿐 아니라 다양한 예배 예식의 의례적 실천 방식과 표준 제시에 대해서 분명한 가르침을 제공한다. 곧 성경은 하나님을 향한 예배에서 예식 곧 일정한 방식의 의례적 실천의 필요와 중요성에 대해서 명확한 가르침을 제시해 준다.

첫째로, 성경에 따른 예배의 개념은 예식 또는 의례 방식을 포함한다. 성경에서 가르치는 예배의 정의는 단지 성경에 나타난 예배 관련 단어들을 찾아 그 의미를 사전적으로 정의하는 것 이상을 요구한다.[15] 다니엘 블록(Daniel Block)은 예배에 대한 어원적 정의의 불충분성을 비평하면서 성경에서 제시하는 예배는 은혜의 방식으로 주어지는 하나

---

[14] 생애를 따라 중요한 시점에 목회적 돌봄의 방식으로 의례를 제공하는 것은 우리 시대 목회자들에게 중요한 과제이다. 이것은 단지 세례뿐 아니라, 삶의 중요한 시점들 곧 결혼과 장례 그리고 생의 중요한 전환점들에 의례의 방식으로 목회적 돌봄을 제공하는 것을 포함한다. Herbert Anderson and Edward Foley, *Mighty Stories, Dangerous Rituals: Weaving Together the Human and Divine* (Minneapolis: Jossy-Bass, 2019).

[15] 지금까지 예배의 정의는 주로 성경에서 등장하는 단어들에 집중해 왔다. '아바드(abad)', '샤카'(shachah)(신 26:10, 출 8:1)와 같이 '경배하다', '봉사하다'를 가리키는 단어들과 그 헬라어적 표현들인 '프로스퀴네오(proskyneo)', '라트레이아(latreia)', '레이투르기아(leitourgia)'에 대한 의미 해석에 집중해 왔다. 하지만 성경에서 제시하는 예배의 의미는 성경 이야기의 맥락과 전체 주제와 관련해서 하나님과의 관계 방식에 대한 의미를 내포하는 해석적 접근도 동시에 요구된다.

님의 계시에 대한 인간의 응답과 반응이라고 정의한다.[16] 블록에 따르면 하나님의 은혜에 대한 인간의 반응으로 나타나는 성경의 가르침에 따른 예배는 세 가지 국면을 지닌다. 첫째는 태도로서의 예배이고, 둘째는 몸의 움직임을 수반하는 참여로서의 예배이고, 셋째는 제의, 의례로서의 예배이다.[17] 성경은 마음의 내적 태도와 신체적인 모습뿐 아니라 의례 방식으로 주어지는 하나님을 향한 경배를 명확히 제시한다.[18] 데이비드 패터슨(David Peterson) 역시 자신의 책 *Engaging With God: A Biblical Theology of Worship*에서 기독교 예배는 하나님과의 언약 관계를 구축하는 것으로써 하나님이 제정하신 방식에 의한 제의적 희생으로서의 의례를 구체적으로 실천하는 것으로 규정한다.[19] 패터슨의 논지에 따르면 성경에서 제시하는 기독교 예배는 분명한 의례를 지니고 있으며 그것은 하나님에 의해서 규정된 방식들을 구체화하는 것이라는 점을 알 수 있다. 성경에서 제시하는 예배 개념의 의례적 측면은 개혁주의 예배 음악 실천가인 그렉 쉬어(Greg Scheer)의 책 *Essential Worship*에서도 살펴볼 수 있다. 그에 따르면 예배는 단지 좁은 의미의 음악이나 포괄적 측면에서의 삶뿐 아니라 구체적인 의례를 구분해서 제시한다.[20] 이와 함께 개혁주의 예배 신학의 발전에 기여한 니콜라스

---

16 Daniel Block, *For the Glory of God: Recovering a Biblical Theology of Worship* (Grand Rapids: Baker Books, 2016), chapter 1: Toward a Holistic, Biblical Understanding of Worship.

17 Block, *For the Glory of God*, 8–19.

18 여러 구절들 가운데, 출 5:1, 10:25–26, 30:20 그리고 신 16:9 등은 모두 의례 방식의 반응으로 나타나는 하나님을 향한 경배 곧 예배를 뜻한다.

19 David Peterson, *Engaging with God: A Biblical Theology of Worship* (Downers Grove: IVP, 2002) 참고.

20 Greg Scheer, *Essential Worship: A Handbook for Leadership* (Grand Rapids: Baker

월터스토프(Nicholas Wolterstorff) 역시 성경의 개념에 부합한 개혁주의 예배 실천은 언제나 삶뿐만 아니라 구체적인 의례를 강조하는 것이 성경적 실천이라고 명확히 논증한다.[21]

둘째, 성경은 예배의 의미뿐 아니라 예배를 어떻게 할 것인지, 곧 예배의 구조와 구성에 대한 의례적 실천 방식의 안내 역할도 한다. 성경에서 제시하는 예배의 의례적 국면은 단지 예배 구성의 형식 자체 또는 예배 구성요소들을 임의로 나열하고 배치하는 것 이상을 의미한다.[22] 예배의 의례적 접근에 대한 성경신학의 연구를 제시한 사무엘 발렌틴(Samuel Balentine)은 자신의 책 *The Torah's Vision of Worship*에서 이스라엘 백성들이 제의 방식으로 실천하는 예배는 하나님의 창조, 언약, 거룩의 방식에 참여하는 의례라고 강조한다. 동시에 그는 이스라엘 백성들이 제의 방식으로 실천한 예배에서 오경이 단지 예배 실천의 기초와 토대를 넘어서서 예배 실천의 구체적인 내용이자 지침으로 사용되었다는 것을 강조한다.[23] 이와 더불어 예배의 의례 방식을 구성하고 결정하는 데 중요한 역할을 하는 성경의 본문들도 있다. 출애굽기 19-24장은 하나님의 부르심과 예배자들의 의례적 반응 방식에 대한 구조를 제시해 준다.[24] 이사야 6장은 성경이 가르치는 예배

Books, 2016).

21 Nicholas Wolterstorff, "The Tragedy of Liturgy in Protestantism," *Hearing the Call: Liturgy, Justice, Church, and World* (Grand Rapids: Erdmans, 2011), 29-38. 이와 함께, Nicholas Wolterstorff, *Acting Liturgically* (Oxford: Oxford University, 2018), 11-30 참고.

22 Louis Weil, "Worship" *the Study of Liturgy and Worship*, ed., Juliette Day and Benjamin Gordon-Taylor (Collegeville: Pueblo, 2013), 3-4.

23 Samuel Balentine, *The Torah's Vision of Worship* (Minneapolis: Fortress Press, 1999).

24 하나님의 부르심, 감사의 찬양, 죄의 고백, 용서의 필요, 하나님의 말씀, 말씀

의례의 구조와 구성에 대한 직접적인 본문으로 간주된다. 이 성경 본문은 이사야의 직접적인 예배 경험을 기초로 오늘날 공예배의 구조와 구성을 위한 의례 실천의 성경적 안내 역할을 한다. 이 본문에 따르면 공예배는 하나님의 초청, 경배의 찬양, 죄의 고백, 용서의 확증, 말씀 읽기와 선포, 말씀에 대한 반응, 파송과 축복의 구성 방식을 명확히 제시해 준다.[25]

셋째, 성경이 예배의 예식과 의례에 대해서 제시하는 가르침은 정경적 신학적 접근을 통해서 확인할 수 있다. 성경적 예배 원리(biblical principle of worship)는 예배와 예식에 대한 성경의 가르침에 대해서 서로 다른 입장으로 수용되지만[26] 한 가지 중요한 공통점이 있다. 곧 성경이 예배의 예식 곧 일정한 방식의 의례적 실천에 대한 근거와 원리를 제공하는 것에 동의한다. 역사적으로 개혁주의는 성경이 예배의 내용과 형식 모두를 규정하는 것에 분명한 확신과 고백을 제시해 왔다.[27] 이런 이유로 예배의 규정 원리(the regulative principle)를 확신하고

듣기, 말씀에의 응답, 공동체 음식 나눔, 세상으로의 파송이라는 예식 구조를 안내한다. Robbie Castleman, *Story Shaped Worship: Following Patterns from the Bible and History* (Downers Grove: IVP, 2013), 80.

25 Castleman, *Story Shaped Worship*, 87-91.
26 이 세 가지 원리는 첫째로 예배 실천의 성경적 근거를 제시하는 원리이다. 예배 의례와 예식의 근거를 성경 본문으로부터 직접 찾아 제시하는 접근이다. 두 번째는 예배의 규정 원리(the regulative principle of worship)인데, 성경에서 제시하는 것만 예배의 실천으로 수용하는 것이다. 세 번째는 예배의 규범 원리(the normative principle of worship)인데, 성경이 금하지 않는 것은 자유롭게 수용하는 것이다.
27 J. Ligon Duncan III, "Foundations for Biblically Directed Worship," *Give Praise to God: A Vision for Reforming Worship*, ed. Philip Ryken, Derek Thomas, J. Ligon Duncan III (Phillipsburg: P&R, 2003), 51.

엄격하게 준수하기 위해 노력해 왔다.[28] 그런데 규정 원리(the regulative principle)는 예배의 의례적 실천을 성경에서 임의로 제시하거나 고정된 방식을 답습하는 것을 의미하지 않는다. 성경에서 인정하는 방식에 따른 의례의 실천을 뜻한다.[29] 성경에서 인정하는 방식의 의례적 실천을 위해서는 단지 실천 중심의 답습(praxis-oriented connection)을 넘어선 성경적 신학적 고찰을 통한 원리와 적용(the canonical-theological approach)을 요구한다.[30] 이러한 예배 예식과 의례의 구성에 대한 성경적 가르침은 예배 실천의 분명한 원리와 구체적인 형식들의 다양성 또는 변화 가능성에 대한 입장을 지지한다.

위에서 간략히 살펴본 바와 같이 성경은 예배 실천의 구조와 구성을 위한 의례적 측면을 정확히 지지하고 또 구체적으로 제시해 준다. 예배 개념에 하나님을 향한 의례적 반응이 포함되고, 구체적인 성경 본문들 가운데 예배의 의례적 구성을 위한 근거와 안내를 제공해 주기도 하며, 예배 실천을 위한 규정 원리에 따라 예배의 구조와 구성 요소 모두 성경의 가르침을 따른 의례가 되어야 한다는 것을 분명히 가르친다. 이처럼 성경은 예배의 의례적 실천을 제시하고 역사적으로 발전한 기독교 예배는 의례의 방식을 구체화시켰다.

---

[28] Derek Thomas, "The Regulative Priniciple: Responding to Recent Criticism," in *Give Praise to Give*, 74-93.

[29] John Calvin, "Necessity of Reforming the Church," in *Calvin's Theological Treatises*, 192.

[30] 예배의 구조와 구성의 의례적 발전과 실천을 위해 성경 안에서 제시하는 하나의 사례를 현시대로 답습하지 않고 성경의 가르침에 따른 원리를 신학적 고찰을 통해서 제시하는 접근을 뜻한다. 이와 관련해서는 Castleman, *Story-Shaped Worship*, 19-21.

3. 예배 예식의 표준 제시를 위한 개혁주의적 노력

개혁주의 전통은 교리와 신앙고백뿐 아니라 예배의 실천을 통해서도 개혁주의 정체성을 제시해 왔다. 예배 실천에 신학을 반영하고 신앙고백과 실천의 일치를 추구하기 위해 노력해 왔다.[31] 이러한 신앙고백과 실천의 일치를 위한 개혁주의 전통의 노력은 기본적으로 성경의 가르침에 부합하고 초대교회의 실천에 따른 예배 예식을 추구하는 것으로 나타난다.[32] 하지만 개혁주의 전통에 나타난 예배 예식의 구성과 실천은 시대와 상황마다 서로 다르다. 각각의 서로 다른 공동체에서 개혁주의 정체성을 제시하고 그에 부합한 예배 실천을 구축하기 위해서 하나의 고정된 방식을 요구하기보다는 일종의 표준을 제시해 왔다.

첫째로, 예배 실천의 표준 제시를 위해서 초기 개혁주의 전통은 예배서 또는 기도서를 발전시켰다. 초기 16세기 개혁주의 전통은 예배 실천을 위한 안내 역할을 하는 예배서들과 기도서들을 제거하거나 반대하지 않았다. 오히려 초기 개혁가들은 예배 실천의 구체적인 지침과 안내를 위해서 예식서를 제시했다.[33] 하지만 이들 초기 개혁가들

---

[31] 개혁주의 예배 신학과 예식은 신앙고백과 실천의 일치를 추구하는 데 관심을 갖고 있다. 대표적으로 삼위일체, 인간의 죄, 그리스도 중심성, 신앙고백과 기도, 교회와 종말에 대한 개혁주의 신앙고백이 예배의 실천을 통해서 어떻게 구현될 수 있는지에 대한 노력을 Leanne Van Dyk, ed. *A More Profound Alleluia: Theology and Worship in Harmony* (Grand Rapids: Eerdmans, 2005)에서 확인할 수 있다.

[32] 칼빈의 예배서 제목 'The Form of Church Prayers… According to the Custom of the Ancient Church'를 통해서 알 수 있듯이 성경과 아울러 초대교회의 관습 곧 구체적인 실천 방식의 사례를 반영하기 위해 노력했다. Thompson, *Liturgies of the Western Church*, 197.

[33] 취리히의 개혁교회 예배 방식을 구축한 츠빙글리(Uldrych Zwingli, 1484-1531),

의 예배서들 또는 기도서들은 모두 각각 자신이 사역한 교회들을 위한 예배 지침 또는 안내의 역할을 한 것이다. 자신이 사역한 교회의 예배 실천 곧 예식의 구성요소와 진행 방식을 명확히 제시하고 구체적으로 기도까지 포함하기도 했다. 모두가 개혁주의 신앙과 신학 형성에 기여했는데, 이들이 실천한 예배 예식은 구체적으로 서로 달랐다. 이러한 예배서들의 차이와 구분은 어느 한 교회의 예배 예식이 개혁교회 전체를 위한 대표가 되지 않고 서로 다른 방식의 예배 실천을 인정하는 근거가 된다. 이처럼 초기 개혁가들은 예배와 관련한 다양성을 인정한다. 이런 이유로 개혁주의 예배학자인 휴즈 올드(Hughes Old) 교수는 개혁교회 예배가 어느 하나의 고정된 예식을 취해서 모든 시대에 적용하려는 방식을 고고학적 재구성(archaeological reconstruction)이라 칭하고 경계한다.[34] 따라서 특정한 한 인물의 예배 예식을 개혁주의 예배 방식으로 고정하려는 노력은 주의해야 한다.[35] 다만 초기 개혁가들은 서로 다른 예식의 실천에도 불구하고 모두 하나님 말씀, 곧 성경의 가르침을 따라 하나님의 영광을 제시하고 그리스도의 복음을 선포하는 방식으로 예배를 개혁하기 위한 의지와 방향성은 공통적으로 나타난다.[36]

초기 프랑스의 개혁을 시도한 파렐(Guillaume Farel, 1489-1565), 스위스의 개혁을 지속시킨 불링거(Heinrich Bullinger, 1504-1575), 스트라스부르그의 개혁에 기여한 부처(Martin Bucer, 1491-1551), 제네바의 개혁을 구축하고 개혁주의 전통의 초석을 마련한 칼빈(John Calvin, 1509-1564), 스코틀랜드 개혁교회 예배를 발전시킨 낙스(John Knox, c.1514-1572) 등 모두 예외 없이 예배서 또는 기도서를 제작했다.

34 Old, *Worship Reformed According to Scripture*, 162.
35 Gibson and Earngey, *Reformation Worship*, 74.
36 Gibson and Earngey, *Reformation Worship*, 46.

둘째로, 17-18세기에는 예배 실천의 표준 제시를 위해서 개교회 중심의 안내를 넘어선 지역과 교단적 차원의 노력을 시도했다. 초기 1세대 종교개혁이 지나고 유럽의 각 지역으로 확대된 개혁주의 전통은 개교회 중심의 예배 개혁을 넘어서게 되었다. 프랑스, 네덜란드, 영국 등으로 확대된 개혁주의 신앙과 실천은 각 지역을 중심으로 일치된 교리와 실천을 제시하기 위해 노력했다. 이 과정에서 개혁주의 전통은 목회자들이 공유할 수 있는 '신앙고백'과 '교회 치리' 또는 '직제의 구성' 그리고 별도의 '예배 예식서'를 제작 보급했다. 신앙고백과 교회의 직제는 예배의 개념과 원리를 담아내지만 구체적인 실천에 대해서는 '예배 예식서'를 통해서 구체화했다. 프랑스 개혁교회는 별도의 '신앙고백'과 '교회 치리서' 그리고 '예식서'(Liturgie)를 총회의 개정을 거치면서 발전시켰다. 네덜란드 개혁교회 역시 '네덜란드 신앙고백'(벨기에 신앙고백, 1561), '하이델베르그 신앙고백'(1563), 그리고 '도르트 신앙고백'(1618-1619)을 통해 예배의 개념과 구성 방식을 제시하고, 준비와 참여 방식에 이르기까지 상세한 안내를 제시했다. 스코틀랜드의 경우도 '스코틀랜드 신앙고백'과 함께 좀 더 분명한 예배 예식의 안내서로서 낙스의 신학과 실천에 기반을 둔 '공동예배모범', 곧 "Book of Common Order"가 주어졌다. 영국의 개혁주의 전통인 장로교회의 경우도 '웨스트민스터 신앙고백'과 '요리문답'과 함께 예배 예식의 안내를 위한 지침서인 'Westminster Directory'[37]를 구성했다. 이렇

---

[37] 'The Directory for The Public Worship of God'(1645)는 스코틀랜드와 영국 전체의 예배 실천에 가톨릭과 성공회의 실천을 저항하고 동시에 다른 개신교도들의 다양한 제안과 제시를 개혁주의 원리로 통합해서 실천하기 위한 원리와 지침이다. Mark Dever and Sinclair Ferguson, ed. *The Westminster Directory of Public Worship* (Ross-shire, Scotland: Christian Heritage Imprint, 2008) 참고.

게 서로 다른 지역에서 각각의 신앙고백과 교회 치리서 그리고 예배 예식서들이 주어진 것은 모두 개혁주의 신앙과 실천의 전통을 새로운 시대와 상황에서 지속시키기 위한 노력의 결과로 볼 수 있다. 왜냐하면 각각의 예배 실천과 관련한 신앙고백, 교회 치리, 예식서의 모든 구성 원리를 '성경과 종교개혁의 전통'에서 이끌어내려 했기 때문이다.[38] 이런 점에서 각 교회의 예배 예식서를 대신해서 교단과 지역 전체가 함께 사용할 수 있는 예식서 또는 예배 안내서를 만든 것은 예배 실천에 개혁주의 원리를 반영한 일종의 표준을 제시한 것을 볼 수 있다.

셋째로, 19세기에 와서 예배 실천의 표준을 제시하기 위한 노력과 실천은 더욱 다양하고 복잡한 상황을 직면하게 되었다. 19세기 개혁주의 예배 실천의 다양한 노력들 가운데 한국의 개혁주의 장로교 전통의 예배와 관련해서 가장 주목할 대상은 '웨스트민스터 디렉토리'(Westminster Directory)의 수용 및 발전과 관련한다. 1645년 영국교회 예배 예식을 위한 공식 지침인 '디렉토리'는 이후 성공회의 국교도 예배 방식을 저항하는 과정에서 비국교도들의 개혁주의 예배 원리가 되었다.[39] 그리고 계속해서 '디렉토리'는 장로교 신앙과 교리의 기준

---

[38] 총회교육자원부, 『개혁교회의 예배, 예전 및 직제』 (서울: 한국장로교출판사, 2015). 칼빈은 자신의 종교개혁 활동과 실천에서 '제네바 신앙고백'(The Genevan Confession, 1536)과 요리문답(The Catechism of the Church of Geneva, 1545), '교회 구성과 직제'(Ecclesiastical Ordinances, 1541), 그리고 '예배 예식서'(Form of Ecclesiastical Prayers, 1545, 1542, 1566)를 모두 구성했고 개혁주의 신앙과 실천의 전례로 제시했다.

[39] 리차드 백스터(Richard Baxter)가 당시 개혁주의 예배의 새로운 이상과 비전을 'Reformed Liturgy'('Savoy Liturgy'로 알려짐)를 통해서 제시했으나, 역사적으로 한 번도 실천되지 못했다. 따라서 영국 장로교 예배의 표준은 '디렉토리'(Directory)

인 '웨스트민스터 신앙고백'과 함께 개혁주의 예배 예식의 지침을 제공하는 표준이 되었다. '디렉토리'의 역할은 스코틀랜드 개혁주의 예배 발전에서 중요한 역할을 했는데, 무엇보다도 당시 영국교회의 예배 기도서인 'Book of Common Prayer'와 스코틀랜드 장로교 예배서인 'Book of Common Order' 사이에서 개혁주의 예배 예식을 위한 표준 또는 기준을 제공했다. 이 과정에서 주어진 개혁주의 예배 예식의 핵심 사안은 예배의 구성요소들과 기도의 언어를 좀 더 엄격하게 구체화할 것인지 혹은 자율성을 부과할 것인지에 대한 입장과 관련한다. 예배 예식의 표준을 제시하는 것 자체에는 모두 동의한다. 다만 '디렉토리'가 예식의 원리와 지침으로서 표준을 제공하는 것은 분명한데, 예배 기도의 자율적 선택과 실천을 '허용할 것인지', '권장할 것인지', 또는 '의무화할 것인지'에 대해서 서로 다른 입장이 주어지기 시작했다. 특히 1689년 이른바 'Act of Toleration'으로 인해서 예배의 자유가 인정되고, 박해 시대에 경험했던 비국교도들의 예배가 현실적으로 지속되면서 'Directory'에서 제시하는 표준에 대한 수용이 이전과 달라졌다.[40] 신앙의 실천으로서 예배가 국가의 통제에서 벗어나 새로운 자유를 맞이했지만, 그 자체가 장로교 신앙의 확증 또는 반영으로 이어지지 않았다.[41] 이후 19세기 중반 스코틀랜드 장로교회는 '디렉토리'의 예배 표준에 대한 새로운 저항을 직면한다. 로버트 리(Robert Lee,

---

가 감당했다. 백스터의 개혁주의 예배 비전은 Thompson, *Liturgies of the Western Church: 'The Savoy Liturgy: The Reformation of the Liturgy*,' 375-408 참고.

[40] John Marshall, *John Locke, Toleration and Early Enlightenment Culture* (Cambridge: Cambridge University Press, 2006), 127. 아울러 새로운 사유 시대에 백스터의 개혁주의 예배 비전으로 돌아가지 않은 것도 주목해야 할 부분이다.

[41] Michael Watts, *The Dissenters* (Oxford: Oxford University Press, 1978), 260.

1804-1867)에 의해서 주도된 예배의 새로운 시도는 '디렉토리'에 따른 예배 표준 제시에서 자율성보다 좀 더 엄격하게 교단 내 교회들의 공예배에 예전적 요소들을 포함할 것을 제안했다.[42] 이것은 스코틀랜드 장로교 예배에서 '웨스트민스터 디렉토리'에 따른 자율성을 강조하는 입장과 교단 공예배의 통일된 실천을 강조하는 입장 사이의 갈등을 초래했고, 이후 교단의 분열로 이어지면서 예배 실천을 통한 표준 제시의 중요성과 의미를 더욱 부각시켰다.[43]

이렇게 예배 예식의 표준 제시를 위한 개혁주의 전통의 노력은 하나의 일관된 원리를 따라 발전한 것이 아니다. 개혁주의 신앙고백과 신학의 일치성을 추구하지만, 예배 예식의 실천에서는 목회적 자율성과 다양성을 인정했다. 하지만 서로 다른 실천의 자율성 자체보다 강조한 것은 개혁주의 신앙고백과 일치하는 예배의 실천을 강조했고, 그로 인해서 예배 예식의 표준을 제시하는 것에 집중했다.

4. 예배 예식의 표준 제시를 위한 예배모범과 예식서 비교 분석

한국의 대부분 교단은 각 교단에 속한 교회들의 예배 예식을 위한 표

---

[42] Bryan Spinks, *Scottish Presbyterian Worship: Proposals for Organic Change, 1843 to the Present Day* (Edinburgh: Saint Andrew Press, 2020), 38-43.

[43] Spinks, *Scottish Presbyterian Worship*, chapter 3. The Church Service Society and the Euchologian, 44-63 참고. 특히 '교회 예배 위원회'(the Church Service Society)를 구성하고 'Book of Common Order'뿐 아니라, 초대교회의 문헌들과 예배 실천 유산들을 수용하면서 교회 예식을 위한 새로운 지침과 자료인 'the Euchologion'은 장로교 예배 표준 제시를 위한 복잡성을 제기했다.

준과 안내를 제공하기 위해 노력한다. 각 교단은 신앙고백과 전통에 부합한 예배 예식의 실천을 위한 표준 제시를 위해 각각의 노력을 지속하고 있다. 많은 개신교단에서는 고정된 방식의 예배모범을 제공하기보다는 예식의 '지침'을 통한 표준 제시와 안내에 집중한다. 예를 들어, 현재 대한예수교 장로회 합동 교단의 『표준예식서』는 『헌법』에 담긴 '예배모범'[44]의 원리와 함께, 2010년 개정한 이후 교단 내 교회들의 예식을 위한 안내 역할을 하고 있다.[45] 여기서는 예배 예식의 표준 제시를 위한 사례로써 대한예수교장로회 합동의 표준예식서 방향 제시를 위해, 표준예식서 또는 예배모범을 사용하는 교단들 가운데 장로교 전통에 있는 두 개의 교단 곧 통합과 고신 교단과 장로교 전통과는 상대적으로 다른 예수교대한성결교회를 사례로 분석하고자 한다.

1) 대한예수교장로회 통합 교단의 예식서 구성과 내용

통합 교단은 공동예배 실천을 위한 예배모범을 강화하고 또 다양한 상황에 민감하게 반응하는 실천을 제공하기 위해 노력하고 있다. 합동 교단과의 분열 이후 1960년대 초반 예식서의 필요성에 따라 제시된 안광국의 『예식서』를 시점으로[46], 교단적 차원에서 예식서의 출

---

[44] 헌법에는 예배 의식(제7장)과 별도의 예배모범(VII)을 제시하고 있다. 대한예수교장로회, 『헌법』(개정판) (서울: 대한예수교장로회총회 출판부, 2021), 161, 245-74 참고.

[45] 대한예수교장로회 총회, 『표준예식서』 (서울: 대한예수교장로회총회 출판부, 2020)이 현재 보급되는 예식 표준과 안내 역할을 하고 있다.

[46] 대한예수교장로회총회 종교교육부, 『예식서』 (서울: 대한예수교장로회 종교교육부, 1961). 이 예식서는 성찬, 결혼, 장례에 대한 것으로 낭독만으로도 예식 진행이 가능하도록 구성했고, 기타 예식(안수, 인허, 정초, 헌당 등)은 순서와

간을 지속하고 있다. 1977년에 총회 예식서가 출간되고, 1987년에 예식서와 함께 가정의례지침이 발간되었으며, 이후 매 10년 단위로 예식서의 수정, 보완을 진행해 왔다.[47] 이러한 예식서 출간과 보급과 관련해서 몇 가지 주어진 결과들이 있다. 첫째는 성례예식과 가정의례 예식을 위한 표준 제시이다. 성례와 가정의례 방식을 상세하게 담고 있는 『예배, 예식서(성례와 가정의례서)』 표준개정판을 2011년에 출간 후 지속해서 사용하고 있다. 둘째는, 교단 예배의 이론적 기초와 토대를 구축하기 위해서 총회교육자원부에서 『개혁교회의 예배, 예전 및 직제』를 발간해서 보급하고 있다. 개혁신학과 교육 시리즈로 출간된 이 자료는 '개혁교회의 예배, 예전 전통과 타교파들의 예배, 예전 전통'을 이해하고 현재 통합 교단의 신학 정체성에 부합한 예배 실천의 방향을 제시하기 위한 것이다.[48] 셋째는 교단 헌법에 교리, 정치, 권징과 함께 별도의 '예배와 예식'에 대한 규정과 지침 그리고 실천을 위한 안내를 제시하고 있다. 교회와 예배, 예배의 구성요소, 예배의 배열, 분류 그리고 교회예식과 목회적 과제 등에 대한 내용을 규정한다. 그리고 넷째로, 지교회 예배의 구성과 실천을 위해서 매년 『예배와 설교 핸드북』을 출간 보급한다. 이 핸드북은 교회력을 따라 설교와 성경 읽기 그리고 예배의 주제 구성에 대한 상세한 안내를 제시한다. 이 자료의 제목이 '핸드북'이지만, 실제로 예배 구성과 실천의 매뉴얼, 지침, 그리고 안내 역할을 하는 구체적인 표준서로 사용되고 있다.

서약만 포함하고 있다.
47 총회예식서개정위원회, 『예배, 예식서』 (서울: 한국장로교출판사, 2014), 4.
48 총회교육자원부, 『개혁교회의 예배, 예전 및 직제』, 5-7.

통합 교단의 예배 예식에 대한 표준 제시가 교단적 차원에서 이론과 실천의 연결을 시도하고, 목회 현장의 필요에 부합한 자료 제공을 위해서 노력하고 있다는 것은 비교적 분명하다. 이 교단이 제공하는 예배와 예식의 표준을 제공하는 '헌법'과 '예배, 예식서'에 나타난 특징은 다음과 같다. 첫째는 교단의 신앙고백과 실천의 기준이 되는 헌법에 포함된 예배 관련 사항에 '모범'이라는 표현이 없는 점이다. 헌법의 마지막 부분 제 4편은 '예배와 예식'으로 구성된다. 세부 항목은 교회와 예배(1장), 예배의 기본 요소(2장), 예배의 배열(3장), 예배의 분류(4장), 교회예식(5장), 예배와 목회(6장)로 구성된다.[49] 곧 예배의 시간, 장소, 말씀과 성찬의 구조, 주일 및 주중 예배의 다양한 구성과 교회의 예식 등에 대해서 목회적으로 실천할 수 있는 기준과 실천의 방향을 제시하는 데 집중한다. 이러한 구성과 내용에서 교회력과 성구집(성서전과) 사용의 합당함을 강조하고, 말씀의 예전과 성례전을 구분해서 다루고, 예배의 배열을 직접 안내하는 것은 목회적으로 구체적인 연결이 가능한 부분이다. 아울러 예배를 다루는 마지막에 '예배와 목회' 항목을 두고 예배와 선교, 화해, 목회적 돌봄, 그리고 경건을 연결한 것은 헌법 아래 놓여진 내용으로서 인상적인 부분이다. 이러한 모든 내용은 모범이 아니라 일종의 실천 방향을 안내하는 것으로 이해할 수 있다.

둘째는 『예배, 예식서』의 구성과 내용에 나타난 상세한 구분과 예식의 제시에 있다. 통합 교단의 예식서는 성찬을 포함한 주일 예배를 기본 구조로 명확히 제시한다. 성찬을 포함한 주일예배의 네 가지 실

---

[49] 대한예수교장로회총회(통합), 『헌법』 (서울: 한국장로교출판사, 2019), 370-402.

제를 구체적으로 제시하고, 예배 진행에 필요로 하는 문구와 기도문도 포함시켜 놓았다. 성찬의 횟수에 대한 오랜 이슈에 대해서는 매주 성찬 성례전을 기본으로 제시하지만 "각 교회의 형편에 따라 그 횟수는 자율적으로 조정하는 것"[50]을 인정한다. 『예배, 예식서』의 구성과 내용에서 주어지는 특징 가운데 2014년 기준으로 아직 교단에서 인정하지 않은 '어린이를 위한 세례예식'을 교단 예식서에 포함시킨 것은 아주 인상적이다.[51] 이와 함께 '지적(자폐성)장애인을 위한 세례예식'을 포함하고 보호자를 통한 서약, 의사 표현의 제한을 고려한 답변 등을 세부적으로 안내하고 있는 것도 아주 구체적인 신학의 반영에 따른 실천으로 볼 수 있다.[52] 그리고 마지막으로 가정의례예식에 생애주기에 따라 출산에서 장수에 이르는 생일감사예식, 성장감사예식, 다양한 예로 주어지는 혼인감사예식, 복잡한 의례를 요구하는 상례예식에 대한 상세한 구분과 안내는 목회자들의 예식 진행에 구체적인 도움을 제공한다.

이처럼 통합 교단에서 제시하는 예전 지침에 대해서는 이 교단의 예배학자인 김경진 교수가 진단하며 정리한 내용으로 요약할 수 있다. 곧 통합 교단의 새로운 예식서는 "에큐메니컬적인 관점에서 다양한 전통의 예배들을 소개하고 있으며, 장애인들을 위한 세례문답과 세례예식, 어린아이들을 위한 세례예식, 병자들을 위하여 병원에

---

50 총회예식서개정위원회, 『예배. 예식서』, 12.
51 어린이를 위한 세례예식에 대해서『예배. 예식서』는 "이 세례예식은 만 3세부터 만 14세까지의 어린이들의 세례로써 본 교단에 없는 것이기에 한 예로써 제시하고자 한다"라고 기록되어 있다. 총회예식서개정위원회, 『예배. 예식서』, 31.
52 총회예식서개정위원회, 『예배. 예식서』, 56-60.

서 행하는 성찬 성례전, 세례 재확인 예식, 불신자의 장례예식 등 새로운 예배학적인 주제들과 더불어 현대예배, 세대통합예배, 치유예배 등 다양한 현대적인 예배의 형식을 포함하여 새로운 세대의 예배적 흐름과 호흡을 같이 하려고 노력하고 있다."[53] 이처럼 통합 교단의 경우 예배 실천의 다양한 상황과 목회적 과제를 반영한 것은 인상적이지만, 헌법에서 제시하는 웨스트민스터 신앙고백에 부합한 일치된 실천을 위한 노력에 있어서는 다소 명확하지 않은 것으로 보여진다. 특히 장로교예배 실천의 중요한 지침인 웨스트민스터 디렉토리에 대한 이해와 수용 그리고 현대적 연결과 적용에 대해서는 직접적인 제시를 찾기 어렵다.

2) 대한예수교장로회 고신 교단의 예배 구성과 실천의 제시

고신 교단은 1952년 독노회 설립과 함께 한국 안에서 구분된 장로교단으로 발전해 왔다. 고신 교단의 예배 예식서와 관련한 이해와 해석은 헌법 개정의 역사를 통해서 이해할 수 있다. 고신 교단의 헌법 개정 역사를 상세히 다룬 성희찬 목사의 연구와 분석[54]에 따르면 예배와 관련한 교단 헌법의 개정은 크게 세 차례 주어졌다. 첫 번째는 1972년 제3차 헌법 개정이고, 두 번째는 1981년 제4차 헌법 개정이며, 세 번째는 가장 최근 2011년의 제6차 헌법 개정이다. 고신 교단의 경우 헌법은 교리표준과 관리표준으로 구분된다. 교리표준은 웨스트민스터 신앙고백서, 대요리문답, 소요리문답이고, 관리표준에는 예

---

53 김경진, "한국장로교회의 예배," 『개혁교회의 예배, 예전 및 직제』, 176-7.
54 성희찬, 『한국장로교회 헌법 개정 역사』 (서울: 생명의양식, 2021).

배, 교회정치, 그리고 권징조례가 포함된다.[55] 예배와 관련한 지침은 교회론의 실제를 제시하는 관리표준에 속한다.

교회의 관리표준에 속하는 예배의 실천에 대한 고신 교단의 정책과 지침은 개혁주의 신학과 실천의 일치를 제시하려는 노력으로 볼 수 있다. 우선 첫째로 개혁주의 장로교 전통을 반영하는 것과 관련해서 우선 명확하게 주어진 특징은 예배의 표준 제시를 위한 용어 사용의 변화이다. 예배의 표준 제시를 위해서 '예배모범'으로 사용되던 표현이 2011년부터 '예배지침'으로 공식적으로 변화했다. 1972년 제3차 헌법 개정과 1981년 제4차 헌법 개정에서 다룬 대상은 '예배모범'이었다. 하지만 2011년 헌법 개정에서는 예배와 관련한 표준을 제시할 때 교단은 공식적으로 '예배지침'이라는 표현을 사용했다.[56] 이러한 용어 사용의 변화는 웨스트민스터 표준서들 곧 신앙고백, 대소요리문답, 교회정치와 함께 수용되어 온 'Directory'에 대한 이해를 모범에서 지침으로 명확히 이해한 것으로 해석할 수 있다. 'Directory'는 다른 예배서들과 달리 예배의 성경적 구성요소들에 대한 항목의 나열과 그 본질적 의미에 대한 설명을 포함하고 있으며, 그것을 실천할 때는 목회자들의 지혜로운 분별과 창의적 접근을 요구한다.[57] 이러한 특징에 따라서 예배의 표준을 제시하는 것은 분명하지만 예배의 구체적인 형태와 스타일을 제시하지 않는 점에서 모범보다는 지침으로 부르는 것이 좀 더 바람직할 수 있다. 이러한 표준 제시와 목회적 자율성의 측면

55　성희찬, 『한국장로교회 헌법 개정 역사』, 9.
56　성희찬, 『한국장로교회 헌법 개정 역사』, 400-2.
57　Bard Thompson, "the Westminster Directory," in *Liturgies of the Western Church* (Philadelphia: Fortress Press, 1980), 349.

은 개혁주의 장로교 예배의 중요한 측면이기 때문이다.[58]

둘째는 예배의 실천에 대한 표준 제시와 관련한 또 다른 특징은 예배 의식 곧 예식의 중요성과 참여에 대한 교인의 책임과 의무를 교단적 차원에서 분명히 한 것이다. 교인들이 주일 공예배 참여하는 것을 의무로 제시한 것은 교단에서 예배와 관련한 신앙 실천의 책임 있는 제시라고 볼 수 있다. 특히 안식 준수와 안식의 방식으로서 예배를 강조해 온 개혁주의 전통에 따른 신앙 실천에 대해서 시대의 변화에도 불구하고 타협 불가한 사항으로 제시한 것은 개혁주의 전통에서 중요한 사항이다.[59] 셋째로 또 하나 두드러진 고신 교단의 예배 실천에 나타난 특징은 예배 예식에서 성례에 대한 접근이 좀 더 엄격해졌고, 이와 관련해서 '지적(발달) 장애인의 세례'에 대한 연구와 실행에 대한 교단적 접근을 통해서 살펴볼 수 있다. 예배자들의 수용과 공동체로의 입문을 위한 실천 지침의 중요한 기준을 언약에 근거해서 제시한다. 곧 "인지능력이 없고 의사소통을 할 수 없는 중증장애인도 언약의 유비와 교회론적 근거에 의해 해당 교회의 교사나 교역자 등이 대신 서약을 하여 세례를 주는 가능성을 조심스럽게 타진할 수 있다는 것과 최종적으로 당회가 책임 있게 판단하여 결정"[60]할 것을 교단적으로 규정했다.

고신 교단의 '예배지침'이 담고 있는 내용은 예식의 기본적인 표준을 제시하는 데 집중한다. 우선 예배의 언약적 측면을 기초로 예배의

---

58 Hughes Old, *Leading in Prayer: A Workbook for Ministers* (Grand Rapids: Eerdmans, 1995), 5.
59 Karin Maag, *Worshiping with the Reformers* (Dowers Grove: IVP, 2021), 7-29.
60 성희찬, 『한국장로교회 헌법 개정 역사』, 399.

본질과 성례식, 세례, 성찬에 대한 분명한 조항을 포함한다. 그리고 예배 순서에 대한 기본적인 구성요소만 나열한 것과는 달리 아주 상세하게 구성요소들의 실천을 위한 실례를 제시하고 있다. 여기서 나타나는 특징은 예배의 순서와 구성요소의 구분이다. 교단이 제시한 예배 순서는 (1) 개회, (2) 죄의 고백과 사죄 선언, (3) 말씀 선포, (4) 성례식, (5) 중보 기도, (6) 나눔 사역, (7) 폐회이다. 그런데, 예배의 요소는 (1) 예배의 초청, (2) 기원, (3) 영광찬송, (4) 회개기도, (5) 십계명, (6) 성경교독, (7) 신앙고백 (사도신경), (8) 감사찬송, (9) 대표 기도, (10) 성경봉독, (11) 찬양대의 찬양, (12) 설교, (13) 성례, (14) 금식과 감사, (15) 권징, (16) 화답찬송, (17) 헌금, (18) 교제, (19) 주기도, (20) 축도로 구성된다.[61] 여기서 주목할 점은 20개의 예배 구성요소들에 대한 성경적 근거를 헌법에 포함하고 있으며, 세례와 성찬을 포함한 각 구성요소의 실천을 위한 세부 시행 지침을 안내하고 있다는 점이다.[62] 아울러 헌법에서 제시하는 예배 지침과 함께 공예배의 실천을 포함한 성례와 임직, 혼례, 상례 등에 대한 예식에 대해서는 여느 교단과 같이 『예전 예식서』[63] 발간을 통해서 목회자들을 지원하고 있다. 그런데 예식서 사용과 예배 지침의 반영에 따른 실천에서 한 가지 중요한 점이 있다. 곧 헌법 규정을 따라 예배 지침을 제시하더라도 주일 공예배의 순서를 '당회가 결정하도록' 하는 것이다.[64] 이것은 개혁주의 예배

---

61 제6차 개정(2011)된 헌법에 포함된 내용. 성희찬, 『한국장로교회 헌법 개정 역사』, 467 참고.
62 성희찬, 『한국장로교회 헌법 개정 역사』, 469-70에서 이전 헌법과 비교하면서 세부 시행 지침의 변화와 특징에 대해서 잘 정리하고 있다.
63 고신총회, 『예전예식서』 (서울: 고신총회출판부, 2015).
64 헌법, 예배지침 제3장 제8조, "주일 공예배의 순서는 당회가 정하되…"라고 명

의 중요한 특징 가운데 하나인데, 예배의 고정된 한 모범 또는 하나의 일관된 방식을 모두 따르지 않고 개교회의 상황에 부합한 자유로운 실천을 인정하는 것으로 볼 수 있다.

위에서 간략하게 살펴본 것처럼 고신 교단의 경우 공예배의 구성과 실천을 위한 성경적 신학적 근거를 명확히 제시하는 데 집중한다. 특히 예배의 언약적 측면을 반영해서 지적(발달) 장애인들의 세례를 허용하고 실천하는 방안도 제시했고, 성경적 가르침에 따른 공예배 참석의 의무화와 공예배의 구성을 위한 지교회의 자율적 판단과 실천을 허용한 것은 개혁주의 예배 계승과 발전을 위한 현대의 수용으로 볼 수 있다. 아울러 헌법에 담긴 예배지침의 세부적인 실천을 위한 예전 예식의 안내를 위한 교단 예식서 발간은 다른 교단들의 노력과 크게 다르지 않다.

3) 예수교대한성결교회(예성) 교단의 예배모범과 구성

예배 예식서의 구성과 활용은 장로교단에서만 나타나는 현상과 특징이 아니다. 대부분의 개신교단들은 로마 가톨릭이나 성공회와 같은 고정된 방식의 예배 실천을 위한 모범서를 제시하지 않더라도 교단의 신학에 부합한 예배서 제시를 위해 나름의 노력을 시도하고 있다. 장로교와 다른 성격과 특징을 지닌 교단의 예배서 구성과 특징에 대한 이해는 오늘날 우리 시대의 예식과 관련한 과제와 대응을 이해하는 데 도움을 줄 수 있다. 여기서는 한국의 다양한 교단들 가운데

확히 밝힌다. 교단 헌법 사이트: http://kosin.org/page_FmYe15 (2022년 9월 21일 접속).

예수교대한성결교회(예성) 교단의 예식서를 하나의 사례로 선정해서 예배 표준 제시를 위한 타 교단의 대응 방식을 살펴보고자 한다. 물론 침례교, 감리교, 또 다른 성결교단 등 다양한 교단들이 각각 예식서를 구성해서 사용하고 있기에 '예성 교단'의 예식서는 대표성을 지닌 것이 아니라, 하나의 사례로 간주할 수 있다.

우선 예성 교단의 예배 표준 제시의 기초는 교단의 기본법과도 같은 '헌장'에 소개된다. 이 헌장의 3장과 4장이 각각 '공예배와 성례전' 그리고 교회의 다양한 의식과 절기에 대한 설명을 포함하는 '예식'을 소개한다.[65] 공예배와 성례 그리고 예식을 교단의 규정으로 간주하는 '헌장'에 포함하는 것은 그 자체로 일반적인 특징이다. 하지만 '헌장'에서 다루는 예배와 예식의 소개와 내용은 통합과 고신의 장로교단들과는 달리 규정적 성격이 없고 일반적인 설명으로 기술되어 있다. 곧 예배의 정의, 순서, 성례의 실천과 절기에 대한 수용을 당위적으로(prescriptive) 제시하지 않고 기술적으로(descriptive) 설명하고 있다. 예를 들어 4장의 예식은 예식의 구분(제27조)과 절기의 구분(제28조)만 소개한다. 예식의 내용이나 설명이 없이 예식에 포함하는 항목만 있고, 각각의 절기에 대한 의미 또는 수용 방식과 범위에 대한 설명 없이 절기 항목만 나열한다. 이러한 나열식 제시는 교단에 속한 목회자들이 헌장에서 언급하는 교단의 예배 예식에 대한 기준을 이해하고 직접적으로 반영해서 실천하는 데 한계가 주어질 수 있다.

그런데 교단의 교회 사역에 대한 규정적 지침이 되는 '헌장'과는 달리 『목회예식서』는 상대적으로 아주 실제적이고 세부적이며 현실을

---

65 예수교대한성결교회 헌장 참조: https://www.sungkyul.org/introduce/charter.php (2022년 9월 21일 접속).

구체적으로 반영하고 있다. 이것은 예성 교단이 예배지침과 표준 제시를 위해서 '헌장'보다는 목회예식서의 실제적인 사용과 권장 그리고 활용을 강조한 의도로 볼 수 있다. 실제로, 교단의 예배와 예식에 대한 기준이 헌장보다는 『목회예식서』를 통해서 구체화 되었다는 것을 예식서의 머리말에서 언급한다.[66] 예성 교단이 현재 사용하는 『목회예식서』는 2011년 "목회현장의 변화와 신학적 이유로 인해서"[67] 새롭게 개정했고, 그것을 지금까지 교단 예배 예식의 표준 제시로 활용하고 있다. 이 예식서는 단순한 전통 복원이나 무분별한 문화 수용을 넘어서서 "초대교회와 종교개혁 정신을 따른 복음적이고 균형잡힌 예배"[68]를 위한 실천적 제안이다.

예성 교단은 교단의 예배지침을 위한 표준 제시를 위해서 『목회예식서』의 구성과 내용에 교단 전통과 신학의 특징 그리고 문화적 상황을 반영하기 위해 노력하고 있음을 알 수 있다. 우선 첫째로 가톨릭과 교단의 신학적 실천적 정체성을 상실하는 WCC에 대한 경계를 의도적으로 제시하는 것이다. 리마 예식서(Lima Liturgy)에 대해 우호적이거나 포용적 입장을 지닌 통합 교단[69]과는 달리 초대교회와 종교개혁의 정신을 반영하는 실천을 지향한다. 곧 에큐메니칼 운동에 나타난 예배와 예전 실천이 종교개혁의 예배 실천 방향과 다르다는 교단적

---

66 목회예식서편찬위원회, 『목회예식서』(서울: 대한예수교성결교회총회본부, 2015), 머리말.
67 목회예식서편찬위원회, 『목회예식서』, 머리말.
68 목회예식서편찬위원회, 『목회예식서』, 머리말.
69 통합 교단의 경우 에큐메니컬 운동에 나타난 예배와 예전에 대해서 우호적 입장을 제시하는 경향이 나타난다. 김세광, "에큐메니칼 운동에 나타난 예배, 예전에 비추어 본 한국장로교회의 예배, 예전," 『개혁교회의 예배, 예전 및 직제』, 358-372.

해석을 분명히 제시한다. 둘째로 성결교의 특징을 제시하는 예배 예식의 표준을 분명히 제시한다. 곧 신유기도와 통성기도를 공예배에 포함하고, 특별예배 및 기도회를 별도의 항목으로 구분해서 성별회(성결을 소망하며 드리는 신유집회)라는 성결교회 전통 양식도 포함하고 있다. 셋째는 현대예배의 방식을 교단 예식의 표준으로 포함한 것이다. 구체적으로 열린집회, 총동원 전도주일, 애찬예배, 세족예배와 같은 예식의 표준을 상세하게 제시한다.[70] 각 예배의 구성과 음악 및 기도 방식에 이르기까지 세부 지침과 안내를 자세히 담고 있다. 넷째는 기관별 예배 항목을 포함하고 오늘날 목회적 상황을 반영한 것이다. 세대의 통합과 구분에 따른 예배들을 별도로 제시해서 세대 연합예배와 어린이, 청소년, 청년 예배에 대한 지침을 제시해 주고 있다. 다섯째는 가정 예식의 항목과 그 안에 담긴 세부적인 지침이다. 주택, 생애, 혼인, 경축, 명절, 임종과 장례 그리고 추모에 이르기까지 생애주기에 따른 목회적 돌봄의 방식으로 예식이 어떻게 실천되어야 하는지 세부적으로 안내한다. 한 가지 두드러진 모습은 각 예배의 실천을 제시하기 전에 해당 예배를 안내하는 '지침'을 포함하고 있는 점이다. 이러한 지침들은 예배예식의 실천에서 반영할 수 있는 목회적 분별력과 창의적 접근을 위한 안내 역할을 한다.

    이처럼 예성 교단의 경우 예배 실천과 관련해서 헌법적 규정에 따른 표준 제시보다는 예식서 사용의 구체화 또는 실제적인 실천 지침 제공에 더욱 노력하고 있는 것을 알 수 있다. 예식서가 단지 예배의 표준을 제공하기 위한 원리라기보다는 목회자의 현실적 필요에 부합한 안내서가 되도록 교단적으로 노력하고 있음을 알 수 있다. 단지

---

70 목회예식서편찬위원회, 『목회예식서』, 33-42.

공예배와 성례 실천을 위한 지침 제공을 넘어서서 주일 공예배의 다양한 구성과 상황의 반영에 따른 새로운 실천을 교단에서 제시하고 있다는 점은 매우 인상적이다. 그리고 세대 연합과 기관별 예배 실천을 위한 교단의 표준 제시는 다른 교단의 예식서에서 쉽게 찾기 어려운 측면이라는 점을 알 수 있다.

5. 개혁주의 전통의 예배 표준 제시를 위한 예식서 개정: 합동 교단을 중심으로

예배와 예식의 표준 제시는 각 교단마다 다르게 된다. 연구의 적합성을 위해서 이 장은 합동 교단을 중심으로 개혁주의 전통의 예배 표준 제시를 위한 예식서의 발전 방향을 제시하고자 한다. 합동 교단은 성경의 가르침과 개혁주의 신학과 전통에 따라 예배의 표준 제시를 위한 교단적 노력을 지속해 오고 있다. 교단 헌법에 그리스도께서 설립하신 예배 의식을 명확히 제시하고,[71] 별도의 구분된 내용으로 예배모범을 포함하고 있다. 이러한 예배 실천의 교단적 지침에 부합한 실천을 위해서『표준예식서』를 발간해서 보급하고 있다. 그런데 실제 교회들에서 예배모범에 부합한 예식의 실천을 위해『표준예식서』의 역할과 기능에 대한 좀 더 적극적인 노력을 요구하고 있다. 이것은 현재 교단에서 제시하는『표준예식서』가 너욱 실제적으로 목회 현장에서 수용되고, 목회자들이 예식을 구성하고 인도하는 과정에 도움을 제공해야 하기 때문이다. 이를 위해서 다른 장로교단들과 성결교단

---

71 대한예수교장로회총회,『헌법』, IV. 정치, 제7장 교회 예배 의식: 161.

의 표준예식에 대한 비교 연구에서 주어진 내용과 성경적 원리를 기초로 현재 사용하고 있는『표준예식서』의 개정을 위한 방향과 과제를 제시하고자 한다. 현재 '합동교단'에서 사용하고 있는『표준예식서』는 주일 공예배와 성례 예식 그리고 임직과 결혼 그리고 죽음 등 목회적 돌봄의 의례에 대한 아주 간략한 그리고 최소한의 구성요소들과 순서만 제시하고 있다. 이러한 구성요소들의 간략한 제시는 목회 현장에서 좀 더 상세한 안내와 지침을 요구한다. 따라서 예배 구성의 목회적 적용을 위한 과제로 다음과 같은 개정의 원리와 방향을 제시하고자 한다.

첫째, '표준예식서'는 교단 헌법에서 규정하는 '예배모범'과 일치를 추구하는 것이 우선적으로 중요하다. 역사적으로 개혁주의자들과 장로교 전통에 속한 이들은 각자 주어진 목회적 상황에서 예배와 관련한 성경의 가르침과 개혁신학의 원리에 부합한 실천을 제시하기 위해 노력했다. 교단 헌법의 '예배모범'은 현재 합동 교단의 예배 신학을 제시하는 기준이자 일종의 표준 안내서이다. '표준예식서'는 예배 예식의 실천을 '예배모범'에 부합한 방식으로 제시하고 안내하는 역할을 한다. 따라서 '표준예식서'의 개정은 '예배모범'과의 일치를 먼저 확인하고 그에 부합한 방식으로 개정하는 것이 가장 우선적인 과제가 된다. 그런데 '예배모범'에 따른 '표준예식서'의 구성과 제안을 위해서는 먼저 '예배모범'에 대한 이해와 해석을 요구한다. 현재『헌법』에 제시되어 있는 '예배모범'은 모두 17개의 항목[72]으로 구성되어 있

---

72 이 17개의 항목은 다음과 같다. 주일을 거룩히 지킬 것, 교회의 예배 의식, 성경봉독, 시와 찬송, 설교, 헌금, 폐회, 주일학교, 기도회, 성례, 혼례식, 장례식, 금식일과 감사일, 은밀 기도와 가정 예배, 시벌 그리고 해벌이다. 대한예수

다. 이 17개의 예배 관련 항목들은 단순한 예배 구성요소들의 나열이기보다는 각각의 구성요소들을 어떻게 실천해야 하는지에 대한 당위적(prescriptive) 제시를 담고 있다. '표준예식서'의 개정과 보완이 교단의 정체성을 반영하는 실천이 되기 위해서 이러한 '예배모범'의 원리와 지침을 지속적으로 확인하는 일이 필요하다. 그런데 이 과정에서 동시에 요구되는 과제는 '예배모범'이 절대적 기준의 규범으로 간주되는지, 예배의 실천을 위한 일종의 '지침'을 제시하는 안내 역할을 할 것인지에 대한 확신 있는 제시가 필요하다. 웨스트민스터 신앙고백과 그에 부합한 실천을 추구하는 장로교 전통에서는 예배를 위한 안내를 위해서 '디렉토리'(Directory for Public Worship)를 사용했다. 이 '디렉토리'는 예배의 모범이기보다는 예배의 구성과 실천을 위한 성경적 가르침에 따른 '지침'이다. 이 지침은 서론을 제외하고 14개의 항목[73]으로 구성되어 있다. 이와 비교해서 현재 교단 헌법에서 명확히 제시하지 않는 항목은 '병든 자들에 대한 방문'과 '시편 노래에 관한 부분'이다. 그리고 '디렉토리'에서 '공동 성경 읽기' 부분은 단지 설교를 위한 성경 낭독만을 뜻하지 않고 공예배 안에서 성경을 연속적으로 읽어가는 것을 뜻하는데, 헌법의 '예배모범'에는 명확한 구분 없이 성경 봉독에 대한 간략한 설명만 제시하고 있다. 이처럼 '표준예식서'의 개

교장로회총회, 『헌법』, 244 항목 참고.

[73] 1. 회중의 모임, 2. 공동 성경 읽기, 3. 설교전 기도, 4. 설교, 5. 설교후 기도, 6. 세례, 7. 성찬, 8. 주의 날, 9. 결혼, 10. 병든자 방문, 11. 장례, 12. 금식, 13. 감사의 날, 14. 시편 노래에 관한 것으로 구성된다. "The Directory for the Public Worship of God": An Act of the Parliament of the Kingdom of Scotland, approving and establishing the Directory for Public Worship, at Edinburgh, February 6, 1645. Cf. Mark Dever and Sinclair Ferguson, ed. *The Westminster Directory of Public Worship* (Ross-shire: Christian Focus Publications, 2008): 71-126.

정과 보완을 위해서 우선 '예배모범'에 대한 이해와 해석 그리고 신학적 고찰을 통한 현대적 수용을 확인하는 작업이 요구된다. 만약 '예배모범'에 대한 이해와 해석 없이 '표준예식서' 개정을 별도로 진행할 경우 교단의 신학적 정체성과 방향성을 제시하는 데 어렵게 되며, 결국 예배 실천과 관련한 논쟁을 최소화시킨 형태의 예식 제안에 머무를 수 있다. 하지만 '표준예식서'는 교단 헌법에서 제시하는 예배 지침(예배모범)에 부합된 실천을 위한 목회적 안내 역할을 하는 것이 요구된다.

둘째, '표준예식서'에 교단 신학의 정체성을 반영하는 것과 함께 목회적 자율성을 분명히 제시하는 것도 요구된다. 개혁주의 예배 신학과 실천에서 드러난 특징 가운데 하나는 예배의 어느 한 형태와 방식을 모든 공동체에게 획일적으로 적용하지 않은 것이다. 칼빈이 성경의 가르침과 초대교회의 실천 사례를 따라서 예배를 개혁할 때 스트라스부르그와 제네바에서 실천한 예배는 이후 모든 개혁교회 예배의 방식으로 고정되지 않았다. 낙스와 스코틀랜드 장로교 예배와 유럽의 개혁교회 예배들은 모두 서로 다른 형태로 발전했다. 이러한 차이는 예배 실천에서 가톨릭과 성공회와는 달리 원리에 따른 목회적 자율성과 창의성을 존중하는 것을 뜻한다. 물론 무엇을 고정된 방식으로 하고 또 어느 부분을 자율적인 판단에 맡길 것인가에 대해서는 여전히 논의 대상이 되고 있다.[74] 이런 점에서 '표준예식서'는 예배의 고정된 방식을 하나의 규범으로 제시해서 교단의 모든 교회가 그대로

---

[74] 장로교예배는 고정된 구성요소들과 자율적 판단에 따른 실천 사이의 긴장과 해결을 위한 유기적 변화 과정으로 주어졌다는 것을 Spinks가 그의 책(*Scottish Presbyterian Worship*)에서 논한다.

답습하도록 인도하는 것은 바람직하지 않다. 오히려 예배의 구성과 실천을 위한 다양한 가능성을 염두에 두고 목회자의 분별력에 따라 상황에 부합한 자율적 실천을 고취하는 것이 더욱 개혁주의적 특징을 반영한 것으로 볼 수 있다.[75] 이런 점에서 '표준예식서'는 공예배와 다양한 목회적 상황에서 요구되는 예식의 종류를 분명히 제시하고, 그 예식의 구성요소들에 대한 표준을 제시해 주는 것이 중요하다. 그러한 구성요소들의 구체적인 실천과 상황에 따른 추가 또는 제한적 실천에 대해서는 목회적 자율성에 따르도록 하는 것이 바람직하다. 그런데 '표준예식서' 사용을 위한 목회적 자율성은 예식서의 간소화 또는 논쟁을 최소화한 구성요소들의 나열만으로는 부족하다. 교단의 '예배모범'에 부합한 예배 구성과 실천을 위한 다양한 예식들을 명확히 안내하고 그러한 실천 과정에서 요구되는 자율적 판단과 선택이 무엇인지 선명하게 제시해야 한다.

셋째, '표준예식서'의 개정에는 직접적으로 그 구성과 내용에 대한 보완이 요구된다. 현재 사용하고 있는 『표준예식서』는 교단 목회자들이 목회 현장에서 공예배와 목회적 돌봄을 제공하기 위한 예식 사용을 위해 최소한의 안내를 제공하고 있다. 그런데 개혁주의 전통에서 예식서는 단지 공예배의 구성과 실천뿐 아니라 성례식 그리고 생애 주기에 따른 목회적 돌봄으로서의 예식, 곧 출생, 결혼, 장례와 같은 예식을 포함해 왔다.[76] 그러한 예식들을 포괄적으로 제시하고 구체

---

75 Muller and Ward, *Scripture and Worship*, 93-6.
76 파렐(Guillaume Farel)은 예배 관련 자신의 문헌(The Manner and Way, 1533)에서 이미 공예배뿐 아니라 세례, 성찬, 결혼, 장례, 아픈자들을 방문하는 것과 관련한 의례 등을 모두 포함시켰다. Gibson and Earngey, *Reformation Worship*, 195-212. 그리고 이후 개혁주의 예배서들은 대부분 공예배와 함께 목회적 지원이

적인 실천 방식을 안내했다. 현재 합동 교단에서 사용하는 『표준예식서』의 내용은 예배, 성례식, 임(퇴)직식, 봉헌식, 혼례식, 상례식을 포함하고 있으며, 기타 예배와 임명식을 부록에 담았다. 각각의 예식을 위한 구성요소를 순서별로 제시하고 필요할 경우 간략한 설명을 포함하고 있다. 이러한 구조와 구성요소에 대해서 목회자들에게 실제적인 도움을 제공하기 위해서 몇 가지 고려할 사항들이 있다. 우선 교단에서 인정하는 어린이 세례에 대한 구성과 실천에 대한 안내를 포함시켜야 한다. 둘째는 절기예배에 대한 명확한 안내가 요구된다. 교회력에 대한 교단의 입장을 예배 실천에 명확히 반영하고,[77] 주일과 성찬 실천과 관련한 절기를 수용[78]해 온 측면을 더욱 명확하게 제시하는 것이 요구된다. 셋째는 우리 시대 예배 실천의 과제를 반영해서 세대 통합예배, 어린이, 청소년, 청년 예배를 포함하는 것이 요구된다. 예배의 표준 제시는 특정한 예배자들만을 위한 것이 아니고 교회를 통한 목회적 돌봄을 받아야 하는 모든 대상을 포함하는 것이 바람직하다. 그리고 마지막으로 아픈 이들과 장애인들 그리고 예배 참여에 제한을 받는 상황에서의 예배 실천에 대한 안내를 포함하는 것이

요구되는 의례, 예식을 같이 포함시켰다.

[77] 칼빈에 따른 개혁주의는 전통적 의미의 교회력을 수용하지 않는다. 따라서 교회력에 따른 성서전과(lectionary)나 절기예배에 대한 교단적 입장을 표준예식서에 반영하고 제시하는 것이 중요하다. cf. Elsie McKee, *The Pastoral Ministry and Worship in Calvin's Geneva* (Geneve: Droz, 2016), 177-187.

[78] 칼빈의 경우 주일과 일상의 시간 리듬 그리고 성찬 실천과 관련한 일정한 간격의 절기(성탄, 부활, 성령강림, 9월)를 인정했는데, 이러한 이해와 수용 방식에 대한 교단적 입장을 분명히 제시하는 것이 도움이 될 수 있다. McKee, "The Traditional 'Four Feasts,' Passion Sermons, and Weekday 'Holy Days' in Geneva," *The Pastoral Ministry and Worship in Calvin's Geneva*, 275-285.

바람직하다. 오늘날 예배자들은 한 가지 기준에 의해서 보편화하기 어려울 정도로 다양하다. 예배에 쉽게 소외되거나 모임에 제한을 받는 이들을 향한 예식의 구성과 실천에 대한 안내는 목회적 현실에서 요구되는 과제이다. 이와 같이 『표준예식서』의 구성에 목회적 현실을 반영한 좀 더 다양한 내용을 포함하는 것은 예식을 통한 교단 정체성과 목회적 지원을 더욱 선명하게 하는 역할을 하게 될 것이다.

6. 나가는 글

지금까지 개혁주의 전통과 교단의 예배 실천을 위한 표준예식서 개정의 근거와 원리 그리고 방향과 과제를 살펴보았다. 성경의 가르침을 확신하고 웨스트민스터 신앙고백과 요리문답에 신학적 정체성을 두고 있는 개혁주의 장로교단은 초대교회의 실천과 종교개혁가들 그리고 근, 현대 개혁신학자들과 목회자들의 신학과 실천을 존중하고 목회에 반영하기 위해 노력한다. 이러한 과정에서 예배의 실천이 지닌 중요성을 인정하고 예식의 표준을 제시하기 위해서 노력해 왔다. 한국교회의 장로교 설립과 발전 과정에서부터 예배와 예식의 중요성과 발전을 위한 노력은 선명히 나타났고 여전히 중요한 과제로 수용하고 있다.[79] 이러한 과정에서 예배를 위한 기준을 제시하는 표준예식서의 구성과 활용은 중요한 역할을 해 오고 있다. 예식에 대한 안내와 표준 제시의 중요성은 성경적 가르침에서부터 주어진다. 개혁주의자

---

79 이미 초기 한국장로교 목회에서 예배의 준비, 실천, 의례의 중요성에 대해서 강조해 왔다. 곽안련, 『목회학』(서울: 대한기독교서회, 1991), 117-95 참조.

들 역시 예배서들을 통해서 예배의 표준을 제시하기 위해 노력했다. 한국적 상황에서 예배의 예식에 대한 관심과 노력은 개혁주의 전통의 교단들에서뿐 아니라 타 개신교단에서도 나타난다. 각 교단은 교단의 규범으로서 헌법에 예배의 실천 원리를 제시하고 그 실천을 위한 실제적인 지원을 위해 예식서를 제공하고 있다. 이 예식서들은 교단 신학을 반영하고 예배의 목회적 과제와 현실을 반영하기 위해서 계속해서 개정과 보완의 과정을 거치고 있다. 이처럼 '표준예식서'는 목회자들이 예배의 원리에 부합한 자율적 실천을 위해서 중요한 기준이 되고 시대와 상황의 변화에 따라 계속해서 개정되어야 적실성을 유지할 수 있다.

02

예배의 통일성과 자율성: '성경적 예배' 원리의 개혁주의적 수용과 실천을 위한 과제[1]

1. 들어가는 글: 성경과 예배에 대한 예전적 관심의 부각

기독교 예배의 회복, 갱신, 개혁의 시도들은 다양한 방식으로 주어져 왔다. 초대교회부터 형성된 예배 구조의 변형 과정을 오늘날 우리 시대의 상황에 부합한 방식으로 실천하기 위한 노력은 예배를 통한 교회의 정체성 제시와 갱신에서 중요한 과제이다.[2] 지난 1960년대 초반부터 범교단적으로 진행해 온 예배 갱신 운동은 예배자들이 보다 적극적이고 직접적으로 예배에 참여할 수 있도록 돕는 데 주력해 왔

---

[1] 이 장은 「역사신학논총」 제40권 (2022): 177-209에 게재한 논문과 이어 대한예수교장로회총회, 『개혁신학 정체성 세우기』 (서울: 대한예수교장로회총회 출판국), 359-303에 게재한 내용을 수정 보완한 것이다.

[2] 초대교회부터 형성된 예배의 기본 구조와 구성을 새로운 시대와 상황에서 적합하게 실천하기 위한 노력은 예배 갱신의 오래된 핵심 과제이다. Rory Noland, *Transforming Worship: Planning and Leading Sunday Services as if Spiritual Formation Mattered* (Downers Grove: IVP, 2021), 29-46.

다. 이러한 노력은 표면적으로 문화 수용과 예배의 다양한 실천에 대한 관심을 촉발했고, 예배의 문화적 적실성을 추구하는 것으로 비추어졌다. 하지만 예배 갱신의 의도와 지향점은 단지 문화 수용과 적실성 추구가 아니라, 기독교 예배의 본질적 의미와 가치를 새로운 시대의 상황에서 지속적으로 효력을 지니게 하는 데 주력한 것이다.[3] 예배의 본질적 의미를 실천에서 다시금 회복하기 위한 예배 갱신의 노력은 전통과 성경에 대한 관심을 강화시켰다. 좀 더 정확히 표현하면 성경이 전통적으로 발전해 온 예배의 실천들 가운데 어떻게 수용, 적용, 반영되었는지를 구체적으로 고찰하고, 성경에 따른 예배 실천을 제안하는 데 한다.

성경과 예배의 연결은 단지 예배의 이해뿐 아니라 예배의 구성과 실천에 대한 성경의 가르침과 안내를 반영하는 것이다. 곧 성경의 신학적 주제를 하나의 원리로 발전시켜서 예배 구성의 토대로 간주하는 것[4]을 넘어서서, 성경의 가르침에 따라 예배의 구조와 구성요소들

---

[3] William Abraham이 자신의 책에서 논증했듯이, 갱신은 새로운 형식과 방식을 제시하는 것이 아니라, 원래 지닌 의미를 새로운 상황에서 가능하게 하는 공동체적 노력이다. William Abraham, *The Logic of Renewal* (Grand Rapids: Eerdmans, 2003), 1-9. 기독교 예배 갱신이 단지 현대 문화의 적극적 수용이 아니라, 본질적 의미를 새로운 상황에서 제시하는 것에 주력하는 것은 문화 수용과 상황화에 대한 비평적 접근을 시도하는 노력에서 볼 수 있다. Tracy Rowland and Aidan Nichols, *Culture and The Thomist Tradition: After Vatican II* (New York: Routledge, 2003) 참고. 이와 함께, James Smith가 개혁주의에 소개한 급진정통주의 역시 예배를 포함한 교회 실천이 단지 문화적 수용에 관심을 갖는 것이 아니라, 좀 더 포괄적으로 초대교회의 세계관과 본질을 반영한 실천에 관심을 갖고 있다는 것을 제시한다. James Smith, *Introducing Radical Orthodoxy* (Grand Rapids: Baker Books, 2003) 참고.

[4] 로마 가톨릭의 경우 예배와 성경의 연결을 시도할 때, 성경의 신학적 주제인 그리스도에 대한 모형론적 유비 원리를 예배 구성의 기초로 발전시켰다. 곧 성경

의 실천 방식을 구체화하는 것을 뜻한다.[5] 개혁주의 전통은 성경에 따른 신앙 실천의 지속적인 변화와 변혁을 강조한다. 교회의 정체성을 제시하는 방식으로서 예배를 성경에 따라 구성하고 실천하는 노력은 개혁주의 전통의 오랜 과제이다. 현대예배 갱신 운동보다 이미 4세기 전인 16세기부터 개혁주의 전통은 성경의 가르침에 따라 예배의 실천을 개혁하기 위해 노력해 왔다. 종교개혁의 중심이 예배의 개혁 운동으로 발전했고, 예배 개혁의 구체화는 성경의 가르침에 따르는 것이었다. 개혁가들의 예배모범과 구체적인 실천은 다양한 형태로 주어지지만 모두 공통적으로 성경을 기초로, 성경의 가르침에 따라 발전했다.[6] 하지만 개혁가들의 예배가 서로 다른 구성 방식과 형태로 나타나듯이, 예배에 대한 성경적 가르침을 서로 다르게 강조하며 수용한다. 따라서 개혁주의 전통에서 예배의 성경적 원리가 어떻게 발전했고, 그것이 오늘날 개혁주의 전통에 속한 교회들의 예배 실

신학의 주제로서 그리스도가 예배 구성의 토대가 되고 예배 실천은 그리스도를 반영하는 성례론적 구성과 표현으로 간주한다. 이 경우 예배의 성경적 구성요소들과 실천에 대한 상세한 안내가 아니라, 신학적 유비(theological analogy)의 실천으로 간주한다. 이러한 예배의 유비적 해석과 접근은 Jean Danielou, *the Bible and the Liturgy* (Notre Dame: University of Notre Dame Press, 1966)에서 볼 수 있다.

[5] 성경에 따른 예배의 구조와 구성요소의 구체적인 실천에 대한 시도들은 다양하게 주어지고 있다. 예를 들어, Daniel Block, *For the Glory of God: Recovering a Biblical Theology of Worship* (Grand Rapids: Baker Academic, 2016), Robbie Castleman, *Story Shaped Worship: Following Patterns From the Bible and History* (Downers Grove: IVP, 2013), Michael Farley, "What is Biblical Worship?" *Journal of the Evangelical Theological Society* 51, no 3 (September 2008): 591–613, Allen Ross, *Recalling the Hope of Glory: Biblical Worship from the Garden to the New Creation* (Grand Rapids: Kregel, 2006) 등이 있다.

[6] Jonathan Gibson and Mark Earngey, *Reformation Worship: Liturgies from the Past for the Present* (Greensboro: New Growth Press, 2018), 28–9.

천에 어떤 의미와 실천적 교훈을 제시하고 있는지 명확히 살펴볼 필요가 주어진다. 이러한 성경적 예배 실천에 대한 고찰은 현대예배 갱신에 나타난 다양성과 실험성에서 주어지는 혼란으로 인해 더욱 중요하다. 우리 시대의 예배는 새롭고 다양한 실천들을 대안으로 제시하지만 성경과 신학에 따른 원리를 고찰하기보다는 문화적 수용과 예배자들의 만족을 위한 상황적 접근에 집중한다.[7] 예배자들의 변화와 새로운 환경에 부합한 예배 구성과 대안 제시는 불가피하지만, 구체적인 방향과 실천의 지침은 언제나 성경에서 이끌어 내는 것이 중요하고 또 필요하다.

이 장은 오늘날 문화 수용과 기술 활용에 의존하고 다양한 방식의 실험적 도전에 집중하는 현대예배를 향해서 성경적 예배의 구성과 실천의 중요성을 환기시키고, 강조하고자 한다. 특히 개혁주의 전통에서 발전시킨 성경적 예배의 원리를 오늘날 개혁주의 전통에 속한 교회들이 어떻게 지속적으로 수용하고 구체적으로 실천에 반영할 수 있는지를 모색한다. 이를 위해서 우선, 개혁주의 전통이 발전시킨 성경적 예배 원리의 개념과 특징을 살피고, 그와 관련한 비평적 논의들에 대해서 명확히 파악한다. 다음으로, 성경적 예배 원리의 비평적 논쟁을 넘어서서 개혁주의 전통이 강조하고 있는 성경적 예배 원리의 실천 과제를 구체적으로 규명한다. 마지막으로 오늘날 개혁주의 전통에 속한 교회들이 개혁주의 정체성 반영과 구현을 위한 성경적 예배 원리의 실천 방향과 과제를 제시한다.

---

7   Bryan Spinks, *The Worship Mall: Contemporary Responses to Contemporary Culture* (New York: Church Publishing, 2011), 213–4.

2. 성경적 예배 원리와 개혁주의 전통

개혁주의 전통에서 성경에 근거한 예배의 구성과 실천은 어느 한 인물 또는 지역의 공동체에서만 이루어진 것이 아니다. 서로 다른 시대와 장소에 따라서 구체적인 강조점과 특징을 드러내면서 발전했다. 그럼에도 불구하고 역사적 발전과정에서 주어지는 개혁주의의 성경적 예배 원리에 대한 공통적 특징은 주어진다. 성경적 가르침에 따른 개혁주의 예배 실천의 역사적 발전과정에서 주어진 특징은 '규정 원리'(the regulative principle)의 형성, 예배 형태의 유기적 변화, 그리고 자유의 책임성 강조로 나타난다.

첫째, 성경적 예배 원리를 강조하는 개혁주의 전통은 이른바 예배를 위한 규정 원리(the regulative principle of worship: 이하 RPW)를 형성시켰다.[8] 성경의 권위를 예배에 반영하는 것은 "성경이 공동예배 구성을 위한 구체적이고 상세한 안내를 한다"[9]는 것을 뜻한다. 칼빈은 "교회 개혁의 필요성"(the Necessity of Reforming the Church)에서 개혁의 우선적 필요가 예배의 실천과 관련한다는 것을 논증하면서, "하나님께서는 말씀에서 명백히 규정하지 않는 모든 예배 방식을 인정하지 않으신다"[10]

---

[8] 예배와 관련한 성경의 규정 원리(the regulative principle)를 17세기 유럽의 청교도 시대의 예배 원리로 간주하고 좁은 의미로 수용하려는 비평적 입장도 있으나, 여기서는 성경의 가르침에 따른 예배 구성과 실천의 원리라는 보다 포괄적 의미로 사용한다. 규정 원리에 대한 비평적 입장은 R. J. Gore, *Covenantal Worship: Reconsidering the Puritan Regulative Principle* (Phillipsburg: P&R Publishing, 2002)에서 찾아볼 수 있다.

[9] Howard Hageman, *Pulpit and Table: Some Chapters in the History of Worship in the Reformed Churches* (Eugene: Wipf and Stock Publishers, 1962), 110.

[10] John Calvin, "The Necessity of Reforming the Church," *Theological Treatises*, ed.,

라고 직접 강조한다. 그리고 『기독교강요』에서도 하나님이 스스로 제정하신 방식에 따른 예배의 정당성을 언급하면서 말씀에 따른 예배 구성의 필요성과 중요성을 강조한다.[11] 이와 함께 성경의 가르침에 따른 예배 구성에 대한 강조는 웨스트민스터 신앙고백에 더욱 선명하게 나타난다. 성경적 예배의 원리에 대한 웨스트민스터 신앙고백의 가르침은 다음과 같다: "참되신 하나님께서 받으실만한 예배는 하나님 스스로 제정한 것이고, 하나님이 정하신 뜻에 따른 것으로서… 인간의 상상이나 고안, 또는 사탄의 가르침을 따르지 않고… 성경에서 명백하게 규정하지 않는(not prescribed in the holy Scripture) 방식의 예배를 받으시지 않으신다." 이 고백은 하나님께서 받으실만한 예배는 하나님의 말씀에 담긴 하나님의 뜻에 따르는 것임을 의미한다.[12] 이처럼 칼빈과 웨스트민스터 신앙고백은 모두 예배 구성과 실천에서 성경의 원리를 명확히 제시한다.

칼빈과 웨스트민스터 신앙고백이 제시하는 예배의 성경적 원리는 좀 더 구체적으로 표현하면 '하나님의 말씀인 성경이 예배의 규율'이 된다는 것을 강조한다. 예배의 성경적 규율을 강조하는 것은 긍정적 측면과 논쟁적 측면으로 발전했다. 우선 긍정적 측면은 예배의 성경적 규율에 따라 예배 구성과 실천의 권위가 교회나 인간의 이성에서 주어지지 않는다는 것을 뜻한다. 데렉 토마스(Derek Thomas)는 예배의

J.K.S. Reid (Philadelphia: Westminster John Knox Press, 2006), 192.

11 John Calvin, *Institutes of the Christian Religion*, ed. John McNeill, trans. Ford Lewis Battles (Philadelphia: Westminster Press, 1960), 2.8.17.

12 Derek Thomas, "The Regulative Principle: Responding to Recent Criticism," *Give Praise to God: A Vision for Reforming Worship*, ed., Philip Ryken, Derek Thomas, J. Ligon Duncan III. (Philipsburg: P&R, 2003), 79.

성경적 원리가 규율로 주어질 때, 교회가 전통을 따라 예배자들의 실천을 임의로 강요하거나 통제하는 절대 권위를 지니지 않는다는 것을 언급한다. 그는 예배의 실천과 관련해서 교회나 전통의 강요가 성경의 권위를 넘어설 수 없고, 교회의 결정은 성경에 반하거나 어긋나지 않도록 철저히 주의해야 한다는 것을 강조한다.[13] 이와 함께, 예배 구성과 실천의 성경적 규율은 인간의 제한성에 대한 겸손한 고백을 인정을 하게 된다. 예배와 관련한 개혁주의 전통의 가장 중요한 강조점 가운데 하나는 우상의 경계이다. 칼빈은 우상과 미신에 따른 예배를 경계했고[14], 인간은 '끊임없이 우상을 제조하는 공장'(perpetual factory of idols)이라고 언급하면서,[15] 인간의 이성과 판단이 성경의 규율에 종속되어야 한다는 것을 강조한다. 이처럼 예배와 관련한 성경의 규율은 교회와 인간의 제한성으로부터 예배 실천을 보호해 주는 긍정적 의미를 지닌다.

하지만, 예배의 성경적 규율은 역사적 발전과 수용 과정에서 비평적 측면도 드러낸다. 개혁주의자들 안에서 예배의 성경적 규율 곧 '하나님의 말씀인 성경이 예배의 규율이 된다'는 것에 대해서 서로 다른 입장과 해석을 갖는다. 개혁주의 전통의 초석을 마련한 칼빈과 이후 스코틀랜드와 잉글랜드를 중심으로 발전한 개혁주의자들은 모두 예배에 관한 성경의 규율을 인정한다. 하지만 칼빈의 경우는 성경에 따른 예배의 자율성을 강조했고, 웨스트민스터 신앙고백과 신조를 따

---

13 Thoms, "The Regulative Principle," 78.
14 Calvin, *Institutes*, 2.8.17. 이외에도 칼빈이 가톨릭 예배의 우상성을 경고하는 것은 그의 주석들과 여러 서신서들에 다양하게 나타나고 있다.
15 Calvin, *Institutes*, 1.11.8.

르는 이후 세대의 개혁주의자들은 성경에 근거한 예배의 통일성을 위한 제한적 측면을 강조했다. 근대 영국 예배의 역사를 가장 종합적으로 분석한 호튼 데이비스(Horton Davies)는 웨스트민스터 신앙고백의 개혁주의자들이 초기 칼빈과 낙스와는 달리 '예배의 규정 원리'를 제한된 입장으로 수용하고 있다는 점에서 서로 다르다는 것을 지적한다.[16] 이것은 데이비스가 사실상 예배의 성경적 규정 원리가 칼빈에게서 시작되었지만, 이후 17세기 개혁주의자들에 의해서 예배의 통일성을 추구하면서 상대적으로 제한된 이해를 갖기 시작했다는 것을 의도한 해석이다. 보다 최근에는 고어(R. J. Gore)가 칼빈의 규정 원리와 이후 세대 개혁주의자들의 예배를 위한 규정 원리를 구분했다. 그는 웨스트민스터 신앙고백에 따른 예배의 규정 원리는 예배의 자율성보다는 특정한 방식의 형태와 요소들에 대한 제한성을 강조하고 있다는 점에서 단지 예배의 성경적 규율을 강조한 칼빈의 규정 원리와 다르다는 점을 강조한다. 특히 예배 구성의 요소들과 형태에 대한 구체적인 안내를 제시하는 것은 시대와 상황에 따른 차이에서 주어지는 예배의 환경과 실천 방식의 자율성에 대해 제한된 접근을 초래한다는 점에서 청교도 시대의 규정 원리를 비평적으로 해석한다.[17] 데이비스와 고어가 공통적으로 강조한 것은 청교도 시대의 규정 원리는 예배의 구성과 실천에서 고정된 형태와 방식의 통일성을 강조하고 있다는 점에서 개혁주의의 성경적 예배 원리를 축소화시켰다는 것이다. 하지만

---

[16] Horton Davies, *The Worship of the English Puritans* (Morgan: Soli Deo Gloria, 1997), 48.

[17] R.J. Gore, "Renewing the Puritan Regulative Principle," *Presbyterian 21* (Spring): 46.

예배의 성경적 규율에 대한 오늘날의 수용이 단지 청교도들의 해석과 수용에 갇혀 있지 않고 칼빈과 낙스의 입장과 해석을 포함해서 포괄적으로 수용하고 있기 때문에 논쟁의 이슈로 지속되지는 않는다. 다만 예배의 성경적 규정 원리에 대한 다양한 이해와 해석이 새로운 상황에서 다르게 주어질 수 있다는 점을 명확히 알 수 있다.

둘째, 성경적 예배 원리를 강조하는 개혁주의 전통은 예배의 유기적 변화 과정을 드러낸다. 개혁주의 전통에서 성경을 예배의 규율로 간주하는 것은 하나의 고정된 예배 형태와 방식을 모델(model)로 제시하는 것이라기보다는 예배 구성과 실천의 '원리'(principle)를 제공하는 것이다. 성경의 권위를 인정하고 그 원리에 따라 예배를 실천한 츠빙글리는 취리히의 공동체를 위한 예배를 구성하고 실천했다. 성경에 따라 구성된 칼빈의 예배 실천은 제네바 또는 스트라스부르그의 공동체를 위한 실천이다. 칼빈의 예배 신학과 실천에 가장 큰 영향을 받은 낙스 역시 성경에 따른 예배를 강조하고 칼빈의 예배에 직접 참여해서 배웠지만, 스코틀랜드 개혁교회 회중들을 위한 실천을 구체화시켰다. 이후 유럽과 북미를 통해 확대 발전해 온 개혁주의 전통의 예배는 하나의 고정된 형태와 방식을 제안하지 않고, 성경의 원리를 충실히 반영하는 예배 구성과 실천을 규율로 제시한다.[18]

이러한 예배의 성경적 원리에 따른 다양한 발전에 대해서 휴즈 올드(Hughes Old)는 개혁주의 예배가 율법주의적으로 하나의 고정

---

[18] 개혁주의 예배가 서로 다른 현상으로 주어지지만 모두 성경적 원리를 충실히 따르는 특성을 드러내고 있다는 점은 명백하다. Howard Rice and James Huffstutler, *Reformed Worship* (Louisville: Geneva Press, 2001), 1-4. Hughes Old, *Worship Reformed According to Scripture* (Louisville: Westminster John Knox Press, 2002), 170-2. Hagemann, *Pulpit and Table*, 110.

된 형태를 제시하는 획일주의를 거부한다고 명확히 주장한다. 올드에 따르면, 성경의 원리에 따른 개혁주의 예배는 두 가지 극단을 경계해야 한다고 본다. 하나는 예전의 "고고학적 재구성"(archaeological reconstruction)[19]이다. 곧 제네바의 시편가를 단지 언어 번역을 통해서 또 다른 회중이 획일적으로 사용하는 것 또는 웨스트민스터 '디렉토리'의 예배 구성을 그 의도와 안내에 따른 해석과 적절한 적용의 노력 없이 문자적으로 답습하려는 실천 등을 일컫는다. 이러한 고고학적 답습의 형태에 대해서 데렉 토마스는 예전적 율법주의(legalism)이라고 칭하고 성경의 규정 원리는 이러한 예배의 단순한 율법적 준수나 획일적 재구성을 경계한다고 비평한다.[20] 칼빈의 제네바 예배가 츠빙글리의 취리히 예배와 다르고, 낙스의 스코틀랜드 예배가 리차드 백스터나 매튜 헨리의 장로교 예배와 서로 다른 것은 개혁주의자들이 성경의 원리에 따른 예배 실천에서 하나의 고정된 형태를 모범으로 제시하지 않는다는 것을 알 수 있다.

이와 함께, 올드가 제시하는 개혁주의 예배에서 경계해야 할 또 하나의 극단은 "예전적 낭만주의"(liturgical romanticism)[21]이다. 개혁주의자들은 예배의 유기적 변화를 인정하지만, 변화 또는 변혁 자체를 우상처럼 수용하는 것을 주의해야 한다. 흔히 개혁교회가 "개혁되고 또 계속해서 개혁되어야 한다"는 강조를 하면서 변화 자체를 하나의 과제로 수용하는 경우가 있다. 개혁주의 예배는 하나의 고정된 형태를 지양하지만 동시에 변화 자체를 지향하지 않는다. 개혁주의 전통

---

19 Old, *Worship Reformed According to Scripture*, 161.
20 Thomas, "The Regulative Principle: Responding to Recent Criticism," 86.
21 Old, *Worship According to Scripture*, 165.

에서 나타나는 예배의 유기적 변화 과정에서 중요한 것은 '성경에 따른', '성경의 가르침에 따른', '성경의 규율에 따른' 변화로서의 개혁을 뜻한다. 성경의 가르침에 따라서 시대 그리고 세대를 넘어서서 지속적으로 실천되어 온 것은 반드시 예배의 구성과 방식에 포함해야 한다.[22] 이런 점에서 개혁주의 유산을 발전시킨 츠빙글리, 칼빈, 낙스, 웨스트민스터 신앙고백에 따른 개혁주의자들이 어떤 방식으로 성경의 원리에 따른 예배 구성과 실천을 지향하고 방향성을 제시했는지 살펴보는 것은 중요한 과제로 주어진다. 곧 어느 하나의 실천을 고정된 개혁주의 예배의 절대 유산으로 간주하기보다는 성경의 원리에 따른 예배 실천의 다양한 증거들 또는 증인들로 간주하는 것이 더 바람직하다.[23]

이처럼 변화를 지향하지만 동시에 성경에 근거한 실천의 유산을 전통으로 수용하는 것은 개혁주의 예배에 드러난 중요한 특징이다.[24] 고정된 형태의 한 예배 실천을 모든 개혁교회들을 위한 모델로 간주하지 않고, 다양한 형태의 예배 실천을 그 자체로 무조건 받아들이지 않는다. 개혁주의 전통에서 성경의 원리에 따라 다양한 방식과 형태

---

22 개혁주의 전통이 변혁, 개혁을 강조하는 것은 무조건 새로워지는 것이 아니라, 성경의 가르침에 근거한 실천의 전통을 변화하는 시대에 지속적으로 적실성 있게 제시하기 위한 노력이라는 점을 고려해야 한다. 전통에 대한 신앙과 예배적 측면의 중요성에 대한 설명과 논증은 Daniel Williams, *Evangelicals and Tradition: The Formative Influence of the Early Church* (Grand Rapids: Baker Academic, 2012) 참조할 수 있다.
23 Old, *Worship According to Scripture*, 170.
24 칼빈 역시 서로 다른 예배의 구성과 실천에 대해서 인정하고 그에 대한 자유와 확신을 갖도록 격려했다. Karin Maag, 'Calvin Encourages Those Struggling over Differing Worship Practices (1554)' in *Lifting Hearts to the Lord* (Grand Rapids: Eerdmans, 2016), 55-7.

로 주어진 예배는 일종의 유기적 변화로 해석할 수 있다. 곧 성경의 규율에 따른 예배 구성요소들을 각각 주어진 예배 공동체의 상황에 적실성 있게 실천하기 위한 다양한 시도로 이해할 수 있다. 브라이언 스핑크스(Bryan Spinks)는 개혁주의 예배 역사에서 드러난 다양한 형태들을 성경의 원리에 따른 예배 실천의 '유기적 변화'로 해석한다.[25] 그는 스코틀랜드의 개혁교회 예배 역사를 해석하면서 서로 다른 예배 실천과 교단 분열에 이르는 "다양한 변화를 유기적 발전 또는 변화로 보는 것이 가장 바람직한 해석의 렌즈"[26]라고 간주한다. 종교개혁 초기부터 공동체마다 서로 다른 예배 형태를 발전시킨 개혁주의 전통은 웨스트민스터 '디렉토리'를 통해서 성경에 근거한 하나의 일치된 예배 실천을 시도했다. 하지만 '디렉토리'의 수용에도 불구하고 18세기 이후 개혁주의 예배는 계속된 변화 또는 예전적 혁명을 경험하게 된다. 스핑크스는 이러한 변화가 진화론적 의미로 발전되는 것이 아니라, 전통의 회복 또는 자유에 따른 쇄신으로 주어지는 '유기적으로 변화'로 진단한다.[27] 그는 이러한 유기적 변화를 보이는 개혁주의 예배가 긍정적인 발전이나 부정적인 퇴보로 보여질 수 있지만 그러한 현상 이면에서 개혁주의 예배가 사회적 변화에 반응하고, 개혁주의 신앙의 정체성을 제시하기 위한 살아 있는 신앙의 표지 역할을 하고 있다는 것을 강조한다.[28]

셋째, 예배의 성경적 규정 원리를 강조하는 개혁주의 전통은 예배

---

[25] Bryan Spinks, *Scottish Presbyterian Worship: Proposals for Organic Change* (Edinburgh: Saint Andrew Press, 2020).

[26] Spinks, *Scottish Presbyterian Worship*, xviii.

[27] Spinks, *Scottish Presbyterian Worship*, xvi.

[28] Spinks, *Scottish Presbyterian Worship*, 265-8.

구성과 실천에서 자유의 책임성을 강조한다. 공동예배의 성경적 규율을 강조한 칼빈은 예배의 구성요소에 대한 규율을 분명히 제시한다. 곧 성경에 나타난 초대교회의 전통(행 2:42)에 따라 교회의 공동예배는 "말씀, 기도, 성찬, 구제"의 네 가지 구성요소를 규율로 수용하고 실천한다.[29] 하지만 예배 구성요소들의 실천에 대한 획일적이고 고정적인 방식에 대해서는 규율화하지 않았다. 칼빈은 예배 방식의 성경적 원리를 무시하지 않지만, 우선적으로 예배 구성에 대한 성경의 권위를 강조한 것이다.[30] 웨스트민스터 신앙고백 역시 성경 읽기, 바른 설교, 말씀 듣기와 순종, 시편 노래, 성례의 바른 집행(21.5)에 대해서 분명히 규율로 제시한다. 그리고 이러한 예배 구성요소에 대한 성경적 규율은 '웨스트민스터 디렉토리'에도 명확하게 나타난다. 그런데 '디렉토리' 역시 예배의 구성요소에 대한 명확한 제시와 실천을 위한 성경적인 안내를 제시하지만, 모든 공동체가 획일적으로 공유할 수 있는 고정된 형태나 방식을 규율적으로 세분화시키지는 않는다. 오히려 예배 실천의 다양성과 서로 다른 방식에 대한 필요성이 새로운 상황에서 요구될 수 있는 변화 가능성(flexibility)을 인정한다.[31]

개혁주의 전통에서 예배의 성경적 규율이 예배 구성요소에 대해서는 비교적 명료하게 제시되는 반면에 구체적인 실천 방식과 관련해서 고정된 형태를 제시하지 않는 것은 예배 실천의 자유에 대한 목회적 분별력과 책임을 요구한다. 칼빈은 예배의 서로 다른 차이가 그리

---

29 Calvin, *Institutes*, 4.17.44.
30 Elsie McKee, *The Pastoral Ministry and Worship in Calvin's Geneva* (Geneve: Droz, 2016), 189-91.
31 J. Dunkan III, "Foundations for Biblically Directed Worship," 72.

스도에 대한 신앙고백을 약화시키지 않고 오히려 참된 신앙을 강화하기 위한 용기있는 선택이 되도록 노력해야 한다고 권면한다.[32] 웨스트민스터 신앙고백 역시 예배 실천의 자유와 관련한 선택과 책임에 대해서 양심의 역할(the role of conscience)을 강조한다. 웨스트민스터 신앙고백(20.2)에 따르면, "하나님만이 양심의 주인이시고… 신앙과 예배의 사안에 있어서 말씀에 반하는 가르침과 요구에 응하는 것은 참된 양심의 자유에 반하는 것(betray true liberty of conscience)"이다. 곧 하나님을 향한 선한 양심의 자유를 지속하는 것이 고정된 방식의 예배 실천에 대한 율법적 요구에 저항하고 성경에 따라 예배를 구성하고 실천하기 위한 책임 있는 과제가 된다. 에드먼드 클라우니(Edmund Clowney) 역시 성경적 예배 실천을 위한 양심의 자유를 책임으로 강조한다. 그는 "칼빈과 웨스트민스터 신앙고백이 모두 양심의 자유를 강조했는데, 공동예배 영역에서도 예외가 아니다"[33]라고 했다.

여기서 양심의 자유는 방종을 의미하는 것이 아니라, 율법주의적으로 주어지는 외적 요구에 저항하고 하나님의 말씀에 따르는 실천을 위한 책임을 뜻한다. 이것은 규정이 양심을 속박할 수 없고 규정의 준수가 그 자체로 양심을 보호하거나 경건에 이르게 하는 것도 아님을 뜻한다.[34] 개혁주의 전통에서 예배의 구성과 실천에서의 양심의 역할은 성경에 따르는 자유와 책임으로 주어진다. 하나님을 향한 선

---

[32] 칼빈은 가톨릭과 루터교와 같은 예배 실천과 차이를 인정하면서 그와 다른 실천이 주어지는 것이 신앙의 상실이 아니라, 더 바른 신앙을 위한 실천이 될 수 있다는 것을 그의 서신에서 가르친다. Maag, 'Calvin Encourages Those Struggling over Differing Worship Practices (1554)': 55-7 참조.

[33] Edmund Clowney, *The Church* (Downers Grove: IVP, 1995), 122.

[34] Calvin, *Institutes*, 4.1.27.

한 양심은 하나님이 규정하신 규율에 대한 지속적인 순종으로 이어진다.[35] 예배 구성과 실천에서 하나님을 향한 양심에 따라 주어지는 자유를 책임 있게 사용하는 것은 '웨스트민스터 디렉토리'의 수용과 관련해서 선명하게 요구된 과제이다. '웨스트민스터 디렉토리'는 그 자체로 하나의 예배 형태를 제시하는 규범(formulary)이 아니다. 또한 예배의 구체적인 구성과 진행 방식의 고정된 방식을 획일적으로 제시하는 매뉴얼(manual)도 아니다. 개혁주의 예배의 다양한 형태와 방식을 성경의 규율에 따라 하나의 일관된 방향으로 제시하기 위한 안내 또는 지침(directory)이다. 성공회의 '공동기도서'(Book of Common Prayer)를 따르는 고정된 방식에 저항하고 성경의 규율에 따라 하나님을 향한 순전한 양심의 자유를 책임 있게 사용하기 위한 노력으로 볼 수 있다.[36] 이와 함께 외적으로 하나의 고정된 실천을 제시하는 것으로 보여질 수 있지만 성경에 따른 예배 구성요소들의 구체적인 실천 방식과 형태는 목회자들의 분별에 따른 책임 있는 선택과 결정을 요구한다. 이러한 자유의 책임 있는 선택과 결정 과정에서 개혁주의 예배는 예배 구성요소들과 구체적인 실천 방식에 대한 서로 다른 입장과 대립을 보이기도 했다. 18세기 이후 '디렉토리'를 따르는 개혁주의 예배는 모두 성경의 규율에 따른 예배 구성과 실천을 인정하지만 말씀, 기도, 성찬, 음악과 같은 구성요소들의 구체적인 실천 방식과 예배 공간 및 환경 등에 대한 수용에서는 다양한 방식으로 변화의 과정을 거치며

---

[35] Thomas, "The Regulative Principle: Responding to Recent Criticism," 86.
[36] Samuel Miller, *Presbyterianism: Its History, Doctrine, Government and Worship* (Philadelphia: Log College Press, 2020; 1835 first edition), 97-106.

발전해 오고 있다.[37]

3. 개혁주의 예배 실천을 위한 성경적 예배 원리 수용의 방법

개혁주의 전통에서 강조하는 예배의 성경적 원리를 오늘날 교회들에게 적용하고 반영하기 위해서는 성경적 원리에 대한 분명한 수용 방법을 구체화하는 것이 요구된다. 예배의 성경적 원리에 대한 이론적 결론은 분명하다. 칼빈과 '웨스트민스터 신앙고백' 그리고 '디렉토리'에 따라 '성경이 규율하는 것'을 예배의 구성과 실천의 원리로 삼는다. 하지만 이 원리를 예배의 직접적인 구성과 실천에 반영하기 위해서는 구체적인 접근과 방법을 위한 해석학적 접근이 요구된다. 왜냐하면 예배의 성경적 규정 원리가 어느 하나의 고정된 예배 형태와 방식을 모든 공동체를 위한 모범으로 제시하지 않기 때문이다. 이런 점에서 성경적 규정 원리가 예배의 구성과 실천에 어떤 방식으로 반영될 수 있는지에 대한 실천적 방향과 입장을 명확히 해야 한다. 하지만 여기서는 예배의 성경적 규정 원리와 관련한 논쟁[38]보다 개혁주의 예배 공동체에서 어떻게 성경적 규정 원리를 실천적으로 수용할 수

---

[37] Spinks는 스코클랜드 장로교의 개혁주의 예배가 '디렉토리'의 수용과 적용에 대한 서로 다른 해석과 실천의 방식에 의해서 전통에 대한 수용의 정도 차이를 보이며 유기적으로 발전한 것으로 해석한다. Spinks, *Scottish Presbyterian Worship*, 1-9.

[38] 예배의 성경적 규정 원리에 대한 현대적 도전과 비평 그리고 새로운 수용을 요구해야 한다는 다양한 논쟁적 접근에 대해서는 Derek Thomas, "The Regulative Principle: Responding to Recent Criticism"을 참고할 것.

있을지에 대한 원리와 방향에 관심을 갖는다.

우선, 예배의 성경적 규정 원리(regulative principle)는 공동예배의 구성과 진행 방식을 성경에 따라 실천하는 것을 강조한다. 신앙과 삶 그리고 의례 전체가 성경의 규율을 따르는 것을 인정하지만,[39] 규정 원리의 우선적 강조는 공동예배에 집중한다. 성경은 예배의 토대 또는 기초뿐 아니라, 예배 구성의 요소와 내용 그리고 직접적인 방식을 결정할 수 있다.[40] 성경적 원리에 따른 예배는 성경에 부합한 예배를 의미하는데, 성경에 기초하면서 동시에 성경을 사용하는 예배를 뜻한다.[41] 공동예배의 구성요소와 진행 방식에 대한 성경의 가르침을 규명하고 그것을 공동체의 실천에 반영하기 위해 노력한다. 성경의 규율에 따르는 예배 구성요소는 성경의 본문 곧 사도행전 2:42 "그들이

---

[39] John Frame이 삶의 모든 영역에서 성경적 규율을 따르는 것과 공동예배에서 성경의 규율을 따르는 것이 서로 다르지 않다고 주장하면서, 규정 원리의 강조점이 약화된 점은 성경적 예배에서 중요한 이슈로 발전했다. 성경적 예배에 대한 Frame의 주장에 대해서는 John Frame, *Contemporary Worship Music: A Biblical Defense* (Phillipsburg: P&R Publishing, 1997) 그리고 John Frame, "Some Questions about the Regulative Principle," *Westminster Theological Journal* 54 (1992): 357-66 참고.

[40] Samuel Balentine은 구약 성경의 '토라'가 예배의 원리에 대한 안내, 설명일 수 있지만 동시에 예배자들이 예배 구성의 내용과 주제 그리고 방식을 구체화하는 말씀으로 사용한 것을 통해서 이런 부분을 잘 제시했다. 곧 창조의 예배, 언약의 예배, 거룩의 예배와 같은 오경의 구성과 주제가 예배의 실천을 위한 직접적인 내용과 방식을 결정한다고 주장한다. Samuel Balentine, *The Torah's Vision of Worship* (Minneapolis: Fortress, 1999) 참고.

[41] Paul Bradshaw는 성경적 예배가 성경에 기초한 예배일뿐 아니라, 예배에서 성경 사용을 동시에 의미하고 강조한다고 본다. Paul Bradshaw, "The Use of the Bible in Liturgy: Some Historical Perspectives," *Studia Liturgica* 22 no.1 (1992): 35-52.

사도의 가르침을 받아 서로 교제하고 떡을 떼며 오로지 기도하기를 힘쓰니라" 또는 고린도전서 14:26 "너희가 모일 때에 각각 찬송시도 있으며 가르치는 말씀도 있으며 계시도 있으며 방언도 있으며 통역함도 있나니…"와 같은 본문들에서 비교적 선명하게 제시된다. 이와 함께 예배의 구성과 진행 방식에 대한 성경의 규율은 공동예배의 실천 방식과 관련한다. 예배자들이 예배 안에서 경험하는 실천은 듣고, 읽고, 노래하고, 기도하는 다양한 행위들로 구성된다.[42] 성경적 규정 원리를 이러한 예배 실천 방식에 연결하면, 공동체가 성경을 읽고, 노래하고, 선포하고, 기도하는 것을 뜻한다. 이처럼 성경적 규정 원리의 실천적 적용에서 우선적인 강조점은 성경에 기록된 예배의 구성요소들에 대한 지속적인 수용과 발전을 요구한다. 그리고 예배의 구체적인 실천 방식들 곧 읽고, 듣고, 가르치고, 기도하고, 노래하고, 반응하는 방식에서 성경을 직접 사용하는 것도 동일하게 요구한다.

다음으로 개혁주의 전통은 성경적 규정 원리의 신학적 해석과 문화적 상황에 부합한 수용을 강조한다. 성경에 따른 예배의 구성요소들 곧 말씀, 기도, 교제, 성찬과 같은 요소들을 포함하고, 성경을 예배자들이 읽고, 듣고, 가르치고, 기도하고, 노래하는 내용으로 수용하는 것은 기계적으로 주어지지 않는다. 개혁주의 예배의 성경적 원리는 어느 하나의 고정된 형태를 모든 시대의 공동예배를 위한 모델로 제시하지 않고, 또 무조건적인 변화 자체를 공동예배의 이상으

---

[42] Duncan III, "Foundations for Biblically Directed Worship," 65-67. 물론 눈으로 보고, 직접 먹고 마시는 방식의 예배 경험이 성경에 따른 성찬으로 가능하기도 하다. 웨스트민스터 신앙고백(21.5) 역시 성경을 읽기, 설교하기, 말씀을 듣기, 시편(말씀)을 노래하기와 같이 예배의 주된 참여 방식의 동사적 표현을 직접 언급하고 강조한다.

로 추구하지 않는다. 스핑크스의 고찰에 따라 위에서 언급한 바와 같이, 개혁주의 예배의 구체적인 실천은 시대와 상황에 따라 유기적으로 발전해 왔다. 칼빈과 초기 개혁주의자들의 경우는 각 공동체를 위한 자유를 강조했고, 17세기의 다음 세대 개혁주의자들은 성경에 따른 공통성과 일치된 형태를 지향했다. 그리고 이후 계속해서 성경의 원리에 따른 자율적 수용을 위해서 전통의 회복을 위한 노력과 새로운 시대와 상황에 따른 자유의 반영이라는 긴장 관계 속에서 유기적으로 발전하고 있다. 여기서 성경적 예배 규율의 실천적 수용을 위해서 중요한 원리와 방향은 문화와 상황의 변화를 반영하는 신학적 해석이다. 새로운 상황과 문화에 부합한 예배와 성경에 따른 예배 실천의 방향성은 성경의 권위를 인정하는 신학적 해석과 실천적 적용을 추구하는 방법론적 접근이 요구된다. 이러한 접근을 가리켜 로비 캐슬만(Robbie Castleman)은 예배를 위한 정경적 신학적 접근 모델(the canonical-theological model)이라고 칭한다. 이 접근은 예배 실천의 역사적 고찰을 넘어서서 절대 권위를 지닌 성경이 직접 가르치고 규율하는 예배 실천에 대한 신학적 문화적 반영을 위한 순종적 노력이다.[43] 이 접근은 정경으로서의 성경에서 규율하는 예배를 파악하고 그에 대한 실천의 역사적 고찰에 대한 신학적 해석과 수용을 반영한다. 이러한 정경적 신학적 접근은 성경의 구원 이야기 곧 복음의 핵심 내용을 예배 구성과 실천의 중심으로 이끈다. 곧 기독교 예배를 복음의 재구성과 제시로 간주하고 예배자들이 성경을 의례 방식으로 참여하는 것을 강조한다.[44]

---

[43] Castleman, *Story Shaped Worship*, 19.
[44] Castleman, *Story Shaped Worship*, 21.

4. 성경적 원리에 따른 개혁주의 예배 실천을 위한 방향 그리고 과제

그러면 개혁주의 정체성을 제시하기 위해서 성경의 규정에 따라 문화적 수용과 신학적 해석을 반영한 예배 구성과 실천의 구체적인 방향과 과제는 무엇인가? 개혁주의 정체성을 구현하는 예배는 성경의 규정 원리를 따르고, 고정된 하나의 방식을 지양하며 유기적 변화 과정을 지속하고, 양심의 자유에 따른 책임을 반영할 수 있는 예배 구성과 구조를 문화적 상황에 있는 각 공동체에서 실천하는 것이다. 이러한 개혁주의 예배 구성을 위한 방향 설정과 실천은 성경적, 역사적, 목회적 측면에서 세부적으로 구체화할 수 있다.

첫째, 성경적 원리에 따른 예배 구성의 실천적 과제는 말씀 중심의 예배 구성과 진행 방식의 구체적인 반영이다. 말씀 중심의 예배 구성은 하나님의 말씀 곧 성경을 읽고, 선포하고, 기도하고, 노래하는 것이다. 기독교 예배의 핵심 구성요소로 간주되는 설교, 기도, 음악은 모두 말씀의 예배적 구성과 실천으로 볼 수 있다. 말씀을 읽고 선포하는 것, 말씀을 기도의 언어와 내용으로 고백하고 표현하는 것, 말씀에서 가르치는 하나님의 성품과 일하심을 음악으로 고백하고 표현하는 것은 개혁주의 예배의 성경적 구성과 진행 방식에서 중요한 과제가 된다. 흔히 예배의 구성요소들을 구분할 때 말씀, 기도, 음악, 성찬 등으로 세분화한다.[45] 이러한 구분을 수용할 때, 말씀을 기도,

---

[45] 예배의 구성요소에 대한 세부적 이해와 적용은 교단과 전통마다 다르지만, 기독교 예배 해석과 이해를 위한 공통적 구성요소는 말씀, 기도, 음악, 그리고 성찬으로 받아들인다. Rester Ruth, "A Rose by Any Other Name," *The Conviction of Things Not Seen*, ed., Todd Johnson (Grand Rapids: Brazos, 2002): 33-52.

음악, 그리고 성찬과 각각 구분하지만, 성경적 규율에 따른 예배 구성과 실천은 말씀을 읽고 선포하고, 말씀을 기도하고, 말씀을 노래하는 것으로 좀 더 구체화하는 것이 바람직하다. 이것은 말씀에 따라 설교가 규정될 뿐 아니라, 말씀에 따라 기도의 언어와 내용이 구체화되고, 음악의 내용과 주제가 결정되는 것까지도 의미한다.

이러한 구성과 실천은 성경을 읽고 명확히 해석하고 선포하고 성경의 내용을 기도와 음악에서 사용하는 개혁주의 예배의 가장 두드러진 특징이다.[46] 칼빈과 낙스 그리고 웨스트민스터를 중심으로 한 스코틀랜드 장로교회의 모든 예배는 성경의 연속적 읽기와 명확한 이해와 깨달음을 위한 설명과 가르침을 포함한 선포, 성경의 시편을 예배자들의 기도와 음악의 언어와 내용으로 구체화 시켰다. 성경 특히 시편을 사용하는 기도와 음악은 예배자들의 필요를 위한 간구보다 하나님의 선하심과 은혜를 고백하고 선포하는 개혁주의 예배의 중요한 실천적 특징이다.[47] 올드는 이러한 말씀 중심의 예배 구성과 진행 방식에 대한 개혁주의 특징에 대해서 연속적으로 성경을 읽고 선포하는 강해설교와 함께 성경의 시편을 사용한 찬양과 탄식의 균형있는 고백과 표현으로서의 기도와 음악을 동일하게 강조한다.[48] 올드에 따르면, 성경을 읽고 가르치고 기도하고 노래하는 구성과 실천은 칼빈의 스트라스부르그, 제네바에서 찾아볼 수 있고, 웨스트민스터 '디렉토리'에서 보다 명백하게 구체적으로 나타나며(elaborated explicitly in the Westminster Directory for Worship), 역사적으로 계속해서 발전해 온 개혁주의 예배의

---

46 Rice and Huffstufler, *Reformed Worship*, 6.
47 Rice and Huffstufler, *Reformed Worship*, 7.
48 Old, *Worship*, 173.

특징이다.[49]

이 가운데 기도에서 말씀 사용은 예배의 구성과 실천을 위한 의도적 접근이 필요하다. 시편을 중심으로 한 말씀을 기도의 내용으로 직접 수용하지만, 동시에 시편에서 가르치는 기도의 구조와 내용 곧 찬양, 고백, 감사, 간구, 도고의 구체적인 구조와 내용을 예배 기도의 성경적 수용으로 구체화하는 것이다.[50] 이러한 구조와 내용을 하나의 기도에 담을 수도 있고, 여러 기도로 구분할 수도 있으며, 동시에 음악의 방식으로 표현할 수도 있다. 곧 시편을 기도와 음악의 내용, 주제, 구조로 수용하는 것이다.[51] 이러한 성경적 기도의 구조와 내용은 기도 방식에서의 언어를 고정하는 것과 함께 자율적 기도의 수용도 포함한다. 칼빈과 웨스트민스터 '디렉토리'의 공통적 강조는 고정된 기도만이 아니라, 자율적 기도를 인정하고 권한다. 이런 점에서 성경적 기도가 성경만을 고정된 언어로 사용하는 것이 아니라, 성경에 따른 기도의 구조와 내용 그리고 충분한 준비를 거친 자율적 기도까지 포함한다.

둘째, 성경적 원리에 따른 예배 구성과 실천의 또 다른 과제는 유기적 변화 가능성 곧 문화의 반영을 적극적으로 수용하는 것이다. 성경의 규율에 따르는 개혁주의 예배는 모든 시대와 공동체를 위한 하나의 고정된 예배 모델을 제시하지 않는다. 칼빈의 예배가 낙스의 예배와 다르고, 또 웨스트민스터 '디렉토리'에 따른 예배의 제안도 기본

---

[49] Old, *Worship*, 173.

[50] John Witvliet, *The Biblical Psalms in Christian Worship* (Grand Rapids: Eerdmans, 2007), 23–6.

[51] Witvliet, *The Biblical Psalms in Christian Worship*, 85–130.

구조와 구성요소의 일관된 방향성을 제시하지만 각 공동체의 실천은 서로 다르다. '디렉토리'의 경우 성공회와는 달리 기도의 자율성을 허락하고 고정된 예배 형태와 목회자의 예배 구성에 대한 책임 있는 분별과 선택을 동시에 인정한다.[52] 역사적으로 나타난 이러한 유기적 변화의 모습을 가리켜 라이스와 허프슈틀러는 개혁주의 예배의 수용성(adaptability)이라고 그 특징을 규정한다.[53] 이러한 특징은 개혁주의 예배가 서로 다른 문화에서 사회적 변화에 상응하는 과감한 수용과 조절이 가능하도록 이끈다. 예배와 관련해서 이러한 수용성은 성경의 가르침에 대한 확신에 따를 경우 예배의 구성과 실천의 방식에 따른 새로운 형태에 대한 실험도 가능하게 한다.[54] 올드 역시 개혁주의 예배가 역사적 발전과정에서 성경에 충실한 예배의 단순하고, 진지하며, 소박한 형태(simple, sincere, and unpretentious form of worship)를 공통의 방향으로 추구하지만 예배 구성의 실천에 대한 변화 가능성을 인정해 왔다고 본다.[55]

그런데 예배의 새로운 수용과 유기적 변화를 인정하는 것은 단지 무조건적인 새로움, 곧 변화 그 자체를 낭만적으로 추구하지 않는다. 오히려 예배 상황의 다양한 현실을 수용하고 그 상황에 개혁주의 예배 원리를 반영하는 것이다. 말씀 중심의 예배 구성을 추구하고 성경을 읽고, 가르치고, 기도하고, 노래하는 것과 같은 성경적 원리의 구

---

[52] Richard Muller and Rowland Ward, *Scripture and Worship* (Phillipsburg: P&R, 2007), 96.
[53] Rice and Huffstufler, *Reformed Worship*, 7.
[54] Rice and Huffstufler, *Reformed Worship*, 7.
[55] Hughes Old, *The Reading and Preaching of the Scriptures in the Worship of the Christian Church*, vol.5 (Grand Rapids: Eerdmans, 2004), 28.

체적인 반영은 명확하다. 그런데, 칼빈의 제네바 공동체는 가톨릭의 미사에 담긴 주술성을 경계하고 자율적 기도를 보장하려 했다. 17세기 웨스트민스터 신앙고백에 따른 '디렉토리'는 예배 실천의 공통적 특징을 강화하기 위해 노력했다. 이후 개혁주의 예배는 예배의 전통 회복에 대한 범위를 각 공동체마다 서로 다르게 수용하면서 발전했다.[56] 이처럼 문화 수용에 대한 적극적 인정은 단지 새로운 실험을 위한 무조건적 인용이 아니라, 성경적 예배 원리가 서로 다른 예배 공동체에서 서로 다른 모습과 형태로 구체화될 수 있다는 것을 의미한다. 이러한 특징과 관련해서 던칸은 모든 개혁주의 예배가 성경의 원리를 따라서 말씀을 읽고, 선포하고 기도하고, 노래하는 예배 구성의 특징을 지니며, 동시에 공동예배의 구성과 방식에서 문화적 다양성과 표현을 제한하지 않는 두 측면을 모두 지닌다고 언급한다.[57]

이러한 성경적 원리의 반영과 문화적 다양성의 수용은 예배 구성 요소의 배열과 진행 방식 그리고 음악에서 선명하게 주어진다. 개혁주의 전통은 대체로 성찬 실천과 성경의 읽기와 선포에 있어서는 모든 공동체를 위한 비교적 분명한 형태와 방식의 실천을 제안하고 기대한다.[58] 하지만, 공동예배 구성요소의 구체적인 진행 방식과 형태는 공동체마다 다르다. 성경을 읽고, 가르치고, 노래하고, 기도하는 구체적인 형태와 방식은 각 예배 공동체가 상황에 부합하게 실천한

---

[56] 특히 1843년 Robert Lee에 의해 촉발된 예배에서의 전통 강화와 회복을 강조하는 운동은 장로교단의 분열을 초래할만큼 웨스트민스터 '디렉토리'에 대한 해석과 수용에서 자유의 문제에 대해서 신학적 문화적 이해를 강화시켰다. Spinks, *Scottish Presbyterian Worship*, 27-43.

[57] Duncan III, "Foundations for Biblically Directed Worship," 71-3.

[58] Muller and Ward, *Scripture and Worship*, 96.

다. 어느 하나의 고정된 상품이나 기계적인 방식을 따르지 않는다. 특히 음악은 시대와 상황을 반영하는 문화적 측면이 가장 선명하게 드러나는 영역이다. 16세기 제네바 공동체의 음율을 사용해서 노래한 시편가를 현대의 언어로 기계적인 번역 과정을 통해서 부르는 것은 개혁주의적 음악 사용의 방식이라고 보기 어렵다. 예배 음악에서 성경을 노래하는 것 자체는 개혁주의 전통에서 공통적으로 강조할 수 있다. 특히 하나님의 말씀을 직접 음율을 사용해서 하나님께 고백하고 표현하는 것은 칼빈으로부터 강화된 개혁주의 전통의 유산이다.[59] 하지만 이미 17세기 스코틀랜드의 시편 음악 사용과 메튜 헨리의 경우를 보면 예배를 위한 시편가 또는 찬송의 구성이 성경을 사용하는 것에서는 칼빈과 일치하지만 구체적인 음율과 표현 방식은 다르다.[60] 이처럼 예배 구성요소의 배열과 표현 그리고 실천 방식은 문화와 상황적 요소를 반영하기 때문에 고정된 방식으로 주어지지 않는다. 따라서 특정 공동체의 예배 구성과 실천을 모방하거나 문화적 상황에 대한 차이를 고려하지 않고 답습하려는 노력은 개혁주의 예배 구성과 실천에서 지양한다.

셋째, 성경에 따른 개혁주의 예배의 구체적인 실천은 목회적 측면에서 성도들의 적극적인 참여를 이끌기 위해 주력한다. 성경의 규율에 따른 원리는 예배 실천을 특정한 사람들에게 제한시키지 않는다.

---

[59] Fred Anderson, *Singing God's Psalms* (Grand Rapids: Eerdmans, 2016), xii.
[60] 종교개혁 이후 약 300여 년간 시편의 음악적 사용과 실천은 대표적인 개혁주의 유산이다. 제네바의 칼빈, 스코틀랜드의 낙스와 웨스트민스터 신앙고백에 따르는 개혁주의자들 모두 성경의 시편을 음악에 수용했고, 발전시켰지만 구체적인 형태와 방식은 하나의 형태를 단순하게 번역한 것이라기보다는 회중과 문화적 상황에 따라 조금씩 달랐다.

칼빈은 성경에 따른 개혁주의 예배의 중요한 특징 가운데 하나로 '공동체성' 곧 공동의 적극적 참여를 강조한다. 그는 성경의 가르침에 따른 기독교의 "공동예배는 개인뿐 아니라 서로 함께 참여하기 위한 용기와 노력이 주어질 필요가 있다"[61]라고 강조한다. 웨스트민스터 '디렉토리' 역시 예배의 구성요소들에 대한 실천은 모두 "회중들의 모임과 적극적인 참여"에서 비롯된다는 것을 우선적으로 강조한다.[62] 헤이그만은 성경에 따른 개혁주의 예배는 "모든 신자들의 제사장직"을 부각시키고 있다는 점을 강조한다.[63] 곧 예배는 회중들이 단지 앉아서 구경하고 목회자들만 수행하는 것이 아니라, 모든 신자들이 제사장으로 참여하는 것이어야 한다. 이것은 각 개인 신자(every believer)가 자기 스스로 예배와 관련해서 제사장직을 수행한다는 것이 아니라, 모든 신자들(all believers)이 함께 참여하는 예배와 책임을 동시에 강조한다.[64] 이처럼 성경에 따른 예배는 예배 구성요소들의 성경적 실천을 위해서 모든 예배자들의 적극적인 참여를 중요한 특징과 책임으로 부각시킨다.

공동예배에서 회중들이 모두 적극적으로 참여하기 위해서 노력하는 구체적인 실천은 새로운 구성요소의 수용이 아니라, 성경적 예배

---

61 "A Letter from John Calvin to the Faithful of the Poitou (France)," (3 September, 1554) translated by Karin Maag in *Lifting Hearts to the Lord*, 57.
62 '디렉토리'의 첫 항목은 "회중의 모임과 공동예배에서 회중의 행동에 관하여"(Of the Assembling of The Congregation, and Their Behavior in the Public Worship of God)를 다룬다. 예배에서 회중들의 적극적인 참여는 개혁주의 예배에서 주어지는 중요한 특징이다. cf. *Westminster Directory of Worship* (Norhaven: Christian Focus, 2008), 83-4.
63 Hageman, *Pulpit and Table*, 119-20.
64 Hageman, *Pulpit and Table*, 120.

구성요소들에 대한 실천 방식과 관련한다. 특히 음악은 모든 예배자들의 적극적인 참여를 위해서 문화적 수용과 연결된 중요한 구성요소이다. 개혁주의 예배는 하나님의 임재와 말씀에 대한 반응으로서 음악[65]을 특정한 개인의 역할로 제한하지 않고 공동체가 함께 적극적으로 참여하게 하는 것을 강조한다. 이미 잘 아는 바대로 칼빈이 시편을 회중들이 사용하는 언어로 번역하고 대중적인 음율을 입혀서 년중 최소 2회 이상 모두 고백하고 표현하도록 공동예배의 기도와 음악에 사용한 것[66]은 회중들의 적극적 참여를 위한 목회적 분별에 따른 실천이다.[67] 공동체가 함께 직접 고백하고 표현하는 하나님의 말씀으로서 시편은 음악적 방식을 사용해서 공동예배뿐 아니라 개인과 가정의 경건에서도 연속적으로 사용하게 했고, 그로 인해서 예배의 경건에서 핵심을 차지한다. 1960년대 초반 예배의 적극적 참여를 위한 갱신 운동은 새로운 운동이기보다는 이미 음악을 중심으로 칼빈과 개혁주의자들에 의해서 이루어진 특징으로 볼 수 있다.

이와 함께, 기도와 신앙고백의 참여를 위해서 개혁주의 공동예배에서 회중들에게 주기도, 사도신경, 십계명을 그들이 사용하는 언어로 고백하게 한 것은 주목할 만한 실천이다. 역사적으로 칼빈이 사역한 개혁주의 공동체는 18세기에 이르기까지도 십계명과 주기도 그리

---

[65] 음악은 공동예배에서 무엇보다도 하나님의 임재를 조절 또는 이끌어 내는 수단이 아니라 하나님의 임재와 일하심에 대한 반응으로 이해하는 것이 더욱 바람직하다. Block, *For the Glory of God*, 221-46.

[66] Maag, *Worshiping with the Reformers*, 178.

[67] Maag, "Prayers and Creeds from the 1567 Bible Psalter" 그리고 "A Chart from the Psalter in the 1567 Genevan Bible" in *Lifting Hearts to the Lord*, 93,4.

고 사도신경을 회중들이 함께 고백하고 표현하도록 이끌었다.[68] 16세기 낙스의 스코틀랜드 예배에서도 주기도와 사도신경을 회중들이 함께 고백하게 했다.[69] 이와 함께 죄의 고백을 통해 삶과 예배의 연결성을 강조하고,[70] 목회 기도에서 도고 기도의 내용을 의도적으로 반영하고 포함시킴으로써[71] 회중들의 예배 참여가 세상에서의 삶과 직접 연결되어 있다는 점까지 강조했다. 설교와 구분된 고백과 기도는 음악과 함께 회중들의 적극적인 참여를 위해서 개혁주의 전통에서 강조한 중요한 실천들로 볼 수 있다.[72] 이처럼 공동예배에서 고백과 기도는 예배자들이 하나님의 임재와 일하심에 더욱 적극적으로 반응하고 참여하게 하는 중요한 방식으로 수용되었다. 이것은 기록된 기도와 자율적 기도의 논쟁을 넘어서서 공동예배에서 고백과 기도를 통한 예배자들의 참여에 더욱 의도적이고 적극적인 노력을 요구한다.

지금까지 정리한 성경의 원리에 따른 개혁주의 예배 실천의 방향과 과제는 말씀 중심의 진행과 구성, 유기적 변화 가능성에 대한 인정과 수용, 회중들의 적극적인 반응과 참여를 위한 구성이다. 이러한 특징을 어느 하나의 고정된 예배 방식을 통해 모범으로 제시할 수는 없다. 하지만, 칼빈과 낙스 그리고 웨스트민스터 '디렉토리'에 따른 실천을 참고로 해서 대략 개혁주의 정체성을 제시할 수 있는 구성과

68　Maag, *Lifting Hearts to the Lord*, 47.
69　Muller and Ward, *Scripture and Worship*, 116.
70　William Dyrness, "Confession and Assurance," *A More Profound Alleluia*, ed. Leanne Van Dyk (Grand Rapids: Eerdmans, 2005): 31-54.
71　John Witvliet, "Public Trauma and Public Prayer," *Reformed Public Theology*, ed., Matthew Kaemingk (Grand Rapids: Baker Academic, 2021): 265-74.
72　Hageman, *Pulpit and Table*, 121.

방식(성찬을 제외한 주일 공동예배 구성과 방식)은 다음과 같이 제안해 볼 수 있다.

칼빈 / 제네바(1542)	낙스/ Book of Common Order(1564)	웨스트민스터 디렉토리(1645)	오늘날을 위한 제안
시편 124:8	성경 읽기와 가르침	예배로의 초청	예배로의 초청
고백기도	죄의 고백	기도	(영광송)
용서를 위한 기도	시편(노래)	구약 성경 읽기	고백기도
(십계명)	조명 기도	신약 성경 읽기	용서를 위한 기도
시편(노래)	성경 읽기	시편(노래)	시편(기도 또는 노래)
조명 기도	설교	고백기도	조명 기도
성경 읽기	도고 기도	도고 기도	성경 읽기
설교	주기도	설교	설교
도고 기도	사도신경	감사의 기도	도고 기도
주기도	시편(노래)	주기도(권장)	신앙고백
(사도신경/성찬집례시)	축도	시편(노래)	주기도
축도		축도	축도

위 표에서 개혁주의 예배 정체성 제시를 위한 '오늘날을 위한 제안'은 모범이나 구체적인 규율이 아니다. 성경에 따른 예배 구성과 실천을 위한 안내를 의미한다. 우선 공동예배의 구성이 성경을 읽고, 선포하고, 기도하고 또 노래하는 개혁주의 예배 구성과 진행 방식의 특징을 선명하게 제시한다. 영광송 또는 시편의 기도 또는 음악 사용에 있어서는 회중들의 특징과 상황에 따라서 적절하게 진행할 수 있다. 아울러 회중들의 적극적인 예배 참여를 위해서 말씀으로 임재하는 하나님 앞에서 먼저 영광을 선포하고, 죄를 고백하고, 용서의 확증을 위한 기도를 하고, 성령의 도우심에 의한 깨달음을 구하는 조명 기도를 포함한다. 또한 말씀의 선포 이후 감사의 고백, 도고의 간구,

신앙고백과 주기도를 통한 반응을 통해서 더욱 적극적으로 참여하게 한다. 예배 초청의 기도와 문구 그리고 영광의 고백과 선포는 예배 인도자에 의해서 결정할 수 있다. 도고 기도는 공동체가 속한 사회와 국가 그리고 세계의 현실을 반영하기 때문에 구체적인 내용과 기도의 언어가 고정되지 않는다. 성경적 규율에 따른 이러한 구성에서 오늘날 예배의 구성요소 가운데 빠진 것은 헌금, 광고/안내와 같은 순서들이다. 헌금은 교회 사역의 안내에 대한 초청과 참여를 의미하는데, 이 구성요소들은 목회자와 예배 회중들의 지혜로운 판단에 의해서 공동예배 진행의 질서 안에서 임의로 결정할 수 있다.

5. 나가는 글: 성경적 규정 원리의 목회적 수용을 위한 분별의 필요

이 장은 개혁주의 예배 전통에서 발전한 성경적 예배 원리의 의미와 특징을 살피고 오늘날 개혁주의 교회들을 위한 실천적 방향과 과제를 제시하는 데 주력했다. 개혁주의 예배 원리로 발전한 성경적 규정 원리는 예배 구성과 실천을 성경이 명확하게 규율하는 것에 따를 것을 요구한다. 이러한 규정 원리는 어느 하나의 고정된 예배 방식을 모범으로 제시하지 않고 유기적으로 변화하며 발전해 왔다. 칼빈은 가톨릭 미사로부터의 자율성을 강조했고, 웨스트민스터 신앙고백에 따른 예배는 자유의 방종을 경계하면서 개혁주의 예배 실천의 공통된 일치를 강화시켰다. 이후 개혁주의 전통은 성경의 규율에 따른 양심의 자유를 활용해서 예배 공동체의 상황에 부합한 목회적 분별과 책임 있는 선택과 결정으로 예배를 구성해 왔다. 오늘날 개혁주의 정체성을 지속적으로 반영하는 예배 실천을 위해서는 성경적 규정 원리에 따라 말씀을 읽고, 선포하고, 기도하고, 노래하는 구성을 계속해서 강화하는 것이다. 이러한 성경적 예배 구성의 구체적인 순서 배열과 실천 방식은 어느 하나의 고정된 형태를 모델로 제시하지 않고 예배 공동체의 상황에 따라 변화될 수 있는 유기적 발전을 허용한다. 이러한 예배 구성의 유기적 발전은 예배자들이 공동예배에 더욱 적극적으로 참여할 수 있도록 목회적 분별력에 따른 자유의 지혜로운 활용을 요구한다. 이런 점에서 성경의 규율에 따른 예배는 무조건적으로 단순하고 최소화된 예배 구성을 요구하는 것이 아니라, 성경적 예배 구성 요소들을 회중들이 더욱 적극적으로 참여할 수 있도록 음악과 기도 그리고 고백에서의 지혜로운 수용과 창의적 실천을 요구한다. 오늘날 개혁주의 예배 구성과 실천은 성경에 대한 가르침을 확신하고 새로운 문화적 상황에서도 여전히 예배자들이 적극적으로 하나님을 향한 경배와 서로를 향한 사랑과 섬김을 이끌어 낼 수 있도록 목회적 지혜를 사용해서 분별해야 한다.

03

예배의 단순성에 대한 개혁주의적 이해와 수용: 칼빈의 이해를 중심으로[1]

1. 들어가는 글

개혁주의 전통과 예배의 초석을 구축한 칼빈은 예배의 고정된 형태가 아니라, 성경의 가르침에 따라 각 공동체의 상황에 부합한 실천 원리를 강조하고 발전시켰다. 칼빈이 발전시킨 예배 원리는 이후 개혁주의 전통에서 로마 가톨릭의 미사를 대신하는 어느 하나의 고정된 형태를 제시하지 않고 다양한 실천의 가능성을 열어 놓았다. 곧 개혁주의 예배는 모두가 획일적으로 공유하는 하나의 고정된 형태와 방식을 규정하지 않고, 성경의 가르침에 따른 실천의 원리를 강조한다.[2] 성경의 가르침에 따른 예배 실천은 이른바 '규정 원리'(the regulative

---

1 이 장은 「신학지남」 99권 1집 193-221에 게재한 논문을 수정 보완한 것이다.
2 Martin Tel, "Calvinist and Reformed Practices of Worship," *Historical Foundations of Worship*, ed. Melanie Ross and Mark Lamport (Grand Rapids: Bakers, 2022), 179.

principle)로 발전해 왔다.³ 예배의 '규정 원리'는 성경의 가르침에 따른 실천의 통일성과 다양성을 동시에 제시한다. 그런데, 유기적으로 발전해 온 개혁주의 예배⁴의 다양성은 '웨스트민스터 디렉토리'(Directory of Public Worship of God)의 제안을 따라 복잡성이 아닌 단순성(simplicity)을 강조한다.

'예배의 단순성'(simplicity of worship) 또는 '단순한 예배'(simple worship)는 성경의 규율에 따른 개혁주의 예배의 특징으로 주목받아 왔다.⁵ 하워드 라이스(Howard Rice)와 제임스 허프스트툴러(James Huffstutler)는 개혁주의 예배의 특징들 가운데 공동체성, 변화를 위한 수용성과 함께 단순성을 빼놓을 수 없다고 강조한다.⁶ 휴즈 올드(Hughes Old) 교수 역시 칼빈의 전통 안에 있는 예배는 언제나 단순성을 주요 특징으로 드러냈다는 점을 강조한다.⁷ 그런데, 개혁주의 예배의 특징으로서 단순성에 대한 강조에도 불구하고 지금까지 단순성이 예배 실천과 관련해서 제

---

3 '규정 원리'(the regulative principle)의 개혁주의적 이해와 특징 그리고 발전에 대해서는 Derek Thomas, "The Regulative Principle: Responding to Recent Criticism," *Give Praise to God: A Vision for Reforming Worship*, ed. Philip Ryken, Derek Thomas, J. Ligon Duncan III (Grand Rapids: Zondervan, 2003), 74-93 참고.
4 칼빈 이후 세대의 개혁주의 예배는 진보와 퇴보를 반복하면서 유기적으로 발전해 왔다는 견해는 영국 장로교 예배를 역사적으로 분석한 브라이언 스핑크스(Bryan Spinks)의 결론적 제안이기도 하다. Bryan Spinks, *Scottish Presbyterian Worship: Proposals for Organic Change, 1843 to the Present Day* (Edinburgh: Saint Andrew Press, 2020) 참고.
5 개혁주의 예배 원리로 발전한 '디렉토리'가 공예배의 단순성을 강조하는 것에 대해서는 Nicholas Wolterstorff, *Acting Liturgically* (Oxford: Oxford University Press, 2018), 40-1 참고.
6 Howard Rice and James Huffstutler, *Reformed Worship* (Louisville: Geneva Press, 2001), 6.
7 Hughes Old, "Calvin's Theology of Worship," *Give Praise to God*, 429.

시하는 상세한 의미와 함의들에 대해서는 상대적으로 연구가 활발하게 진행되지 않았다. 칼빈 이후 세대에 예배의 단순성에 대한 논의와 강조가 성경적 예배의 한 주제로써 부분적으로 제시되었으나,[8] 이후 지속해서 논의 주제로 발전하지 않았다. 오히려 예배의 단순성은 제한된 의미 또는 상식적인 수준에서 임의적으로 해석되어 왔다. 곧 예배의 단순성이란 예배 실천에서 비물질성(non-materiality)을 강조하거나 예배 구성요소의 최소화 또는 간소화로 받아들여져 왔다. 단순성에 대한 이러한 해석과 수용은 오랫동안 개혁주의 예배 실천에서 물질적 측면에 대한 고찰과 연구를 약화 또는 간과시켰고, 언어 표현과 전달 그리고 예배의 개념과 본질에 대한 관심을 상대적으로 강화시켰다.[9] 하지만 예배의 단순성은 예배의 본질을 이해하는 것만 아니라, 물질적 측면을 포함한 구체적인 실천과 관련해서도 여전히 중요한 의미와 교훈을 지닌다.

칼빈은 중세 미사에 담긴 우상숭배와 주술적 실천을 개혁하면서 공예배의 성경적 원리를 구체화시켰고, 예배의 단순성을 개혁주의 원리로 부각시켰다. 곧 칼빈에 의해 발전한 성경의 규율에 따른 예배 실천의 원리는 복잡하고 주술적인 측면을 강조한 가톨릭 미사에 대한 대응으로서 단순한 예배(simple worship)를 강조해 왔다. 이런 점에서 칼

---

[8] John Wilson, *Cultus Evangelicus or A Brief Discourse Concerning the Spirituality and Simplicity of New Testament Worship* (London: Eliz, 1667). 이 책은 요 4:23, 24의 해석을 통한 예배의 단순성을 성경적 예배의 특징으로 제시한다. 이와 함께, Isaac Penington, *A Question to the Professors of Christianity* (London: S.N, 1667)도 성경적 가르침에 따른 예배의 단순성에 대한 기본적인 설명을 포함한다. 이후 20세기에 와서 E.G.P. Wyatt, "Simplicity in Worship," *Theology* 35. No. 207 (1937. 09): 180-182에서 예배의 단순성에 대한 간략한 정리를 살펴볼 수 있다.

[9] Spinks, *Scottish Presbyterian Worship*, 26.

빈이 강조한 예배의 단순성이 공예배에서의 물질적 측면에 대한 약화나 구성요소의 간소화를 주장하는 것은 분명하다. 하지만 칼빈이 성경의 가르침과 초대교회의 예배 실천에 대한 이해와 확신을 통해 제시한 예배의 단순성은 중세 가톨릭 예배의 우상성과 미신에 대한 대응이자 영적 예배의 회복을 위한 강조에서 주어진 것이다. 우리 시대 개혁주의자들은 예배의 '단순성'을 단지 구성요소의 최소화 또는 물질성에 대한 대립으로서 영적 예배의 실천으로 연결하는 경향이 강하다.[10] 하지만 단순성은 예배 구성요소의 축소화를 넘어서서, 하나님 중심의 예배를 구현하기 위해서 사물, 사람에게 집중하는 예배에 대한 구체적인 경계와 성경적 원리에 충실한 실천을 의미한다. 예배의 단순성을 예배 구성요소의 최소화 또는 축소에 집중하는 것은 복음주의 전통에 따른 예배 구성과 실천을 의미한다.[11] 이런 점에서 개혁주의 전통에서 강조하는 예배의 단순성은 단지 비물질적 예배의 강조나 간소화된 구성에 따른 예배 실천보다 더욱 심도 있는 의미를 내포한다. 이 장은 개혁주의 전통의 중요한 특징 가운데 하나인 예배의 단순성을 더욱 명확하게 이해하고 그 의미를 오늘날 예배 실천에 반영하기 위한 목적을 지닌다. 이를 위해서 예배의 단순성에 대한 칼빈의

---

[10] 물질성에 대한 부정적 이해와 수용 그리고 인간이 고안한 다양한 의례 방식에 대한 경계는 오랫동안 칼빈을 비롯한 개혁주의 예배의 원리와 입장으로 수용해 왔다. Carlos Eire, *War Against the Idols; the Reformation of Worship From Erasmus to Calvin* (New York: Cambridge University Press, 1986), 200.

[11] 멜라니 로스(Melanie Ross)에 따르면, 복음주의 예배의 발전에 나타난 중요한 특징 가운데 하나는 찰스 피니의 삼중구조에 영향을 받은 단순화된 구조와 구성이다. 이러한 특징이 오늘날에는 예배의 획일화된 표현과 실천(homogenization)으로 주어진다고 논증한다. Melanie Ross, *Evangelical Worship* (New York: Oxford University Press, 2021), 27-31 참고.

이해와 확신 그리고 실천적 가르침을 고찰하는 데 주력한다. 우선, 칼빈이 예배의 단순성에 대해서 어떻게 이해하는지 그가 기록한 저술들을 통해 살펴본다. 그러고 나서 예배의 단순성에 대한 칼빈의 이해가 제시하는 함축적 의미를 정리하고 오늘날 개혁주의 예배의 이해와 실천을 위한 교훈을 제시하고자 한다.

2. 예배의 단순성에 대한 칼빈의 이해와 강조

칼빈은 '단순성'과 관련한 성경의 가르침을 공예배를 중심으로 구체화한다. 예배의 단순성에 대한 칼빈의 가르침은 『기독교강요』, 성경주석, 서신서, 그리고 "교회 개혁의 필요성에 관하여"와 같은 글들에서 구체적으로 찾아볼 수 있다. 칼빈이 공예배와 관련해서 강조하는 단순성은 크게 두 부류로 구분된다. 하나는 의례의 단순성이고 다른 하나는 영과 진리 안에서의 단순성이다. 이 두 부류의 단순성은 단지 문자적으로 복잡성에 대한 반대의 의미를 넘어서서 하나님을 향한 바른 예배와 관련된 중요한 의미들을 내포한다.

1) 의례의 단순성

칼빈은 무엇보다도 공예배와 관련한 의례의 단순성을 강조한다. 칼빈은 하나님을 향한 바른 예배는 다양한 방식의 의례들에 의해서 결정되는 것이 아니라는 점을 분명히 강조한다.[12] "교회 개혁의 필요

---

12 John Calvin, *Commentary on a Harmony of the Evangelists*, Vol. 16, trans. William

성에 관하여"에서 칼빈은 의례의 다양하고 복잡한 구성이 지닌 남용과 위험을 경고한다. 그에 따르면, 로마 가톨릭의 미사에서 볼 수 있는 "이미지를 경배하는 것, 미사 자체를 과도한 시각적 공연으로 전환하는 것, 성인들과 천사들을 향해 기도하는 것 등"은 참된 예배를 방해하는 왜곡된 의례 방식들 가운데 대표적인 예들이다.[13] 의례의 단순성은 단지 구성요소들의 축소를 넘어서서 하나님을 향한 경건과 예배 방식과 관련해서 중요한 의미를 지닌다.

우선 첫째로, 칼빈이 제시한 예배 의례의 단순성은 무엇보다도 경건의 의미와 실천을 강조한 데서 주어진다. 칼빈은 경건을 하나님의 영광을 위한 인간의 목적과 삶의 방식으로 규정한다.[14] 칼빈의 경건에서 하나님을 향한 경배의 태도와 삶의 방식은 몇 가지 의례의 방식과 표현에 제한되지 않는다. 다르게 표현하면, 의례의 다양한 방식들 자체가 경배의 대상이 아니고, 하나님을 경배하는 것이 더욱 본질적으로 중요하다. 칼빈은 당시 로마 가톨릭 미사에서 하나님이 아닌 예배 방식 자체를 경배하는 것을 비평하고 그것을 개혁하려 했다. 다양한 의례들은 하나님을 향한 경배로서의 경건을 위한 그림자 또는 도구가 될 수 있지만, 기계적으로 하나님을 향한 참된 경배와 예배의 실천으로 이끌지 못한다. 오히려 다양한 의례들에 집중하는 것은 하나님을

Pringle (Grand Rapids: Baker Books, 2005), 245-54, 289-90; Matthew 15:7-8, 16:16.

13 John Calvin, "On The Necessity of Reforming the Church," in *Calvin's Tracts*, Vol.1, trans. Henry Beveridge (Eugene: Wipf and Stock Publishers, 2002), 131-33.
14 Joel Beeke, "Calvin on Piety," *The Cambridge Companion to John Calvin*, ed., Donald Mckim (Cambridge: Cambridge University Press, 2004), 126-127.

향한 경배를 우상과 미신으로 전환하는 위험에 이르게 할 수 있다.[15] 의례는 그 자체로 경배의 대상이 아니라, 하나님을 향한 경배의 방식이어야 한다. 그런데, 칼빈 당시 가톨릭 미사의 의례는 성찬에서의 떡과 잔을 그 자체로 경배하고, 하나님으로 간주하며 예배했다. 이것은 의례 방식을 경배의 대상으로 전환한 것이다.[16] 이런 점에서 칼빈이 의도한 하나님을 향한 단순한 예배는 복잡하고 다양한 의례 방식들을 경배의 대상으로 간주하려는 왜곡된 경건에 대한 강력한 경고로 이해할 수 있다.

칼빈은 자신의 서신서에서 가톨릭의 다양한 의례들이 "우상과 미신을 이끌고 예배자들을 기만시켜서 결국 하나님을 향한 예배(경배)를 무시하게 만든다"[17]라고 경고한다. 이것은 칼빈이 경건과 외적 의례를 이원론적으로 대비시키는 것이 아니라, 마음에서 주어지는 참된 경건이 우선적으로 중요하고 그것이 신앙고백의 외적 표현으로 주어져야 할 것을 강조하는 것이다.[18] 이런 점에서 의례 자체를 부인하는 것이 아니라, 하나님을 향한 참된 경건의 방식과 표현으로서의 의례의 위치와 역할을 강조한다. 곧 의례의 단순성은 복잡성에 대한 반대

---

15 Calvin, "On The Necessity of Reforming the Church," 131.
16 John Calvin, *God or Baal, Letters on the Reformation of Worship and Pastoral Service*, trans. David Noe (Grand Rapids: Reformation Heritage Books, 2020), 33. 이 서신서의 원래 제목은 "We Must Flee the Forbidden Rites of the Wicked and Maintain the Purity of the Christian Faith"로서 칼빈과 함께 법을 공부한 Nicolas Duchemin에게 보낸 서신이다.
17 Calvin, *God or Baal*, 15.
18 Calvin, *God or Baal*, 12, 33. John Calvin, *Institutes of the Christian Religion*, ed. John McNeill and trans. Ford Battles (Philadelphia: The Westminster Press, 1960) 4.18.8.

를 뜻하는 표현이라기보다는 참된 경건을 위한 외적 실천 방식의 우상화를 경계하는 것이다. 올드(Old) 교수는 칼빈이 강조한 의례의 단순성과 관련해서, "칼빈 전통에서 예배는 항상 단순했지만, 그 단순성(simplicity)은 항상 경건과 관련한 엄중함 또는 장엄함(solemnity)을 수반해 왔다"[19]라고 해석한다. 의례의 단순성은 언제나 하나님을 향한 경건에 초점과 목적 그리고 방향을 두는 것이다. 이처럼 의례의 단순성이 강조하는 것은 하나님을 향한 참된 경건에 방해되는 것을 주의하고, 의례 자체를 예배의 대상으로 간주해서 하나님을 향한 예배를 무시하는 것을 경계하는 것이다.

둘째로, 칼빈이 강조한 의례의 단순성은 공예배에서 그리스도의 임재를 경험하는 방식과 과정에서 금욕적 훈련과 실천을 의존하는 것에 대한 경계를 의미한다. 칼빈은 공예배에서 외적 감각에서 직접 경험하는 다양한 실천으로서의 의례가 순전한 생각과 진실한 마음보다 우선할 수 없다고 확신한다. 비록 인간의 외적 감각과 내적 마음이 분리되지 않지만, 금욕적 훈련과 실천들은 참된 경건을 위해 약간의 유익을 제공하는 것을 넘어서지 못한다. 칼빈은 이와 관련해서 "그리스도는 금욕적 삶의 방식을 따르지 않으셨고, 금욕적 훈련과 경험만이 그리스도를 따르는 경건의 우월적 방식이 아니다"[20]라고 강조한다. 칼빈 당시 로마 가톨릭교회는 다양한 금욕적 실천과 훈련을 그리스도를 경험하고 따르기 위한 의례의 방식들로 참여하게 했다. 여기서 의례의 복잡성이 주어지고, 칼빈은 이러한 복잡성에 대해 경계

---

19 Old, "Calvin's Theology of Worship," 429.
20 Calvin, *Calvin's Commentaries*, Vol. 21., 108-110 (on 1 Timothy 4:8), 508 (on Romans 14:18).

한다. 곧, 복잡한 기도, 금식, 땅에 엎드려 절하거나 그와 관련된 다양한 의례들을 그리스도를 향한 의무로 규정했다. 칼빈은 바울의 언급을 사용해서 이러한 복잡한 의례의 방식들이 "약간의 유익"(small and meager profit)이 있을 수 있으나, 하나님을 향한 경건에 이르게 하기에는 "간과할 수 있는 유익"(negligible benefit)[21]일 뿐이라고 설명한다. 이런 점에서 고해 또는 신체적인 감각에 직접 영향을 미치는 다양한 방식의 의례들이 아니라, 마음에서 주어지는 경건의 진실함에 더욱 집중하는 것이 중요하다. 이처럼 칼빈이 강조하는 의례의 단순성은 다양한 감각적 자극을 이끌어 내는 외적 실천 방식들에 대한 의무적 요구와 의존을 경계한다.

셋째로, 좀 더 나아가 의례의 단순성은 단순히 금욕적 훈련의 제한을 넘어서서 시각적 청각적 감각에 의한 장치들과 매개들을 통해서 사물과 사람에게 집중하는 예배 방식을 경계하는 것이다. 칼빈은 공예배 안에서 "이미지를 경배하는 것, 기름 부음의 의식, 면죄부 구입, 귀신축출을 위한 물 뿌림 등 다양한 의례 방식들을 가리켜 아주 유해한 실천들(pestilential practices)"[22]이라고 규정한다. 그에 따르면, 이러한 의례의 실천들은 우상으로 간주될 수 있고 나아가 십계명의 두 번째 계명에 반하는 것이다.[23] 이뿐만 아니라, 칼빈은 로마 가톨릭 미사에서 사제들이 '공연적 모습과 동작'으로 성찬과 기도를 인도하는 것에 담긴 감각적 매개 방식들을 경계한다. 예배 인도자들의 공연적 동작

---

21 Calvin, *Calvin's Commentaries*, Vol. 21., 109-110 (on 1 Timothy 4: 7-8).
22 Calvin, *God or Baal*, 28 (Letter to Nicholas Duchemin).
23 Calvin, *God or Baal*, 28. J. Ligon Duncan III, "Foundations for Biblically Directed Worship," in *Give Praise to God*, 55.

들(theatrical gestures)은 하나님을 예배하는 과정에서 그리스도에게 돌려져야 할 경배를 떡 곧 사물과 사제 곧 사람에게 집중하게 하는 모욕에 해당한다.[24] 칼빈은 이처럼 미사에 나타난 의례 방식들을 통한 사물과 사람에 대한 집중이 그리스도에 대한 모욕이라고 평가하면서 예배 의례의 단순성을 강조한다. 곧 의례의 단순성은 경배의 대상인 하나님에게 집중해야 하며, 미사에 담긴 사물과 사람에게 집중하는 예배의 신성모독에 대한 올바른 전환을 뜻한다.

이와 함께, 칼빈은 의례 실천에서 일정한 이해 수준을 갖고 있거나 교육받은 자들만이 예배에 적극적으로 참여하게 하는 것을 경계한다. 복잡한 의례와 사물 또는 인도자의 동작에 집중할 때 그것을 충분히 이해하고 참여하는 것은 쉽지 않다. 칼빈은 예배의 의례는 반드시 모든 이들이 명확하고 분명하게 이해할 수 있는 방식이어야 하고, 예배자들 전체의 참여를 위한 명료하고 분명한 방식으로서의 단순성을 강조한다. 스탠포드 리드(Stanford Reid)는 칼빈의 예배에서 단순성은 "예배자들이 자신의 이해와 교육 수준과 상관없이 차별 없이 모두 적극적으로 참여할 수 있도록 이끄는 방식"[25]을 뜻한다고 강조한다. 예배의 단순성은 특정한 계층과 교육 수준에 있는 자들만이 아니라 예배자들이 명확히 이해하고 참여하게 하는 것을 지향한다. 곧 칼빈이 강조하는 의례의 단순성은 의례 자체의 단순한 구성과 배열이 아니라, 예배자들 모두에게 명확한 이해와 참여를 이끄는 방식 그리고 그

---

24 Calvin, *God or Baal*, 36.
25 Stanford Reid, "Calvin and the Founding of the Academy of Geneva," *Westminster Theological Journal* 18, no. 1 (November 1955), 19.

것을 위한 명료한 설명과 가르침을 수반하는 실천을 의미한다.[26] 이처럼 칼빈이 강조하는 예배 의례의 단순성은 복잡한 구성요소들을 통한 사물들 또는 예배 인도자의 이해하기 어려운 복잡한 행동과 표현들이 아니라, 예배자들이 명료한 이해를 통해 하나님을 향한 경배에 참여하도록 이끄는 방식을 뜻한다.

2) '영과 진리' 안에서의 단순성

단순한 예배 또는 예배의 단순성을 개혁의 과제로 제시한 칼빈은 의례의 단순성과 아울러 다른 한편 물질에 의존하는 예배자들의 위험을 경고하고 영과 진리 안에서의 예배를 강조한다. 하지만 칼빈은 '영과 진리' 안에서의 단순성을 물질과 비물질의 단순한 이원론적 대비 방식으로 제시하거나 외적 장소나 공간으로서의 물질성을 간과하는 의미로 단순성을 풀어내지 않는다. 오히려 예배 실천에서 물질적 매개나 장소보다 예배자들과 하나님과의 관계 방식을 강조하는 의미로 단순성을 풀어낸다.

첫째, 칼빈은 '영과 진리' 안에서 드리는 단순한 예배가 예배자들의 내면에서 주어지는 실천 방식이라는 것을 강조한다. 참된 예배는 특정한 장소 안에서 또는 물질에 의존하는 방식이 아니라, 예배자들이 '영과 진리 안에서' 하나님께 드리는 것으로 결정된다. 공예배는 예배

---

[26] 칼빈의 의례 실천과 함께 그의 설교와 가르침에 담긴 명료성, 단순성에 대한 신학적 해석학적 강조에 대해서는 Myung Jun Ahn, "Brevitas et facilitas: A Study of a Vital Aspect in the Theological Hermeneutics of John Calvin" (PhD Dissertation, Universiteit van Pretoria, 1998) 을 참고.

자들이 보이지 않으시는 하나님을 향한 경배의 실천 방식이다.[27] 칼빈은 예배의 이해와 실천에서 예배자들과 하나님과의 관계 방식을 전제하면서, 예배자들이 특정한 장소나 물질에 의한 방식이 아니라, 스스로 직접 하나님의 성전으로서 하나님을 향해 예배한다는 점을 강조한다. 곧 참된 예배의 장소는 외적 장소나 물리적 요소들을 구성하는 공간이 아니라, 예배자들의 내면이다. 칼빈에 따르면, "[예배자들은] 장소의 구별과는 상관없이 '영과 진리로' 하나님을 경배하도록 계명을 받았다."[28] 이런 이유로 칼빈은 예배자들에게 하나님을 예배하는 또 다른 방법은 처음부터 주어지지 않았고, 순전하고 '단순한'(simple) 존재로 거하시는 하나님을 향해 복잡한 형상과 방식으로 예배하지 않도록 주의하라고 강조한다.[29] 이러한 강조는 참된 예배가 하나님의 존재 방식과 연결되어 있다는 점을 반영한다. 곧, 하나님은 영이시고, 영적 예배란 '비물질적 존재'로 거하시는 하나님에게 부합한 방식의 예배를 뜻한다. 이런 맥락에서 칼빈은 '영과 진리' 안에서 드리는 예배를 하나님의 존재 방식에 부합한(consistent with God's being as nonmaterial) 실천으로 간주한다.[30]

칼빈의 이러한 언급은 물질이나 장소를 무시하거나 불필요한 것으로 논증하기 위한 것이 아니라, 예배자들의 마음이 영이신 하나님을 향한 경배에서 가장 중요한 자리임을 강조하기 위한 것이다. 물질이나 시각적 이미지와 같은 다양한 외적 구성요소들이 하나님을 향한

---

27 Calvin, *Institutes*, 2.8.17.
28 Calvin, *Institutes*, 3.20.30.
29 Calvin, "On the Necessity of Reforming the Church," 127.
30 Calvin, *Calvin's Commentaries*, Vol. 17., 164 (John 4:24).

경배의 자리나 매개 또는 방식이 아니라, 영이신 하나님을 예배하는 인간이 스스로 하나님의 성전으로서 예배의 핵심 장소가 되어야 함을 뜻한다. 곧 칼빈은 하나님을 다양한 이미지나 물질로 축소해서는 안 될 뿐 아니라, 이와 더불어 인간의 마음을 대신하는 외적 장소나 물리적 공간이 하나님을 향한 경배의 필수적이고 절대적인 조건과 방식으로 간주하는 것도 강력하게 경계한다. 이런 점에서 칼빈은 제네바교회의 요리문답에서 인간의 마음과 하나님을 향한 경배를 대체시키는 우상과 미신은 영과 진리로 예배하는 것에 대한 가장 선명한 방해, 장애, 그리고 도전이라고 경고한다.[31]

둘째, 예배의 단순성과 관련한 '영과 진리' 안에서의 예배는 순전하고(plain) 순수한(pure) 예배를 의미한다. '영과 진리' 안에서의 예배를 직접 다루는 요한복음 4장에서 칼빈은 무엇보다도 '단순한'(simple) 예배를 '순수한'(pure) 예배로 표현한다.[32] 순수한 예배의 구체적인 함의들은 요한복음 4:23, 24의 '영과 진리'로 드리는 예배와 연결된다. 칼빈은 이 구절의 주석 기록에서 공예배와 관련해서 순수한 예배와 그렇지 못한 예배의 대조를 강조한다. 곧, '예배의 순수성'과 '예배의 타락', '경건하고 참된 예배'와 '왜곡되고 위선적인 예배', '단순한 예배와 병든 의례', '영적 예배와 고대 의례의 단순한 모방' 사이의 대립을 제시한다.[33] 그리고 칼빈은 순전하고 단순한 예배(plain and simple worship)로서 '영과 진리' 안에서의 예배는 "내면에 위치한 마음에서 주어지는

---

[31] John Calvin, "Catechism of the Church of Geneva," *Theological Treatises*, ed. J.K.S. Reid (Louisville:Westminster John Knox Press, 2006), 109.
[32] Calvin, *Calvin's Commentaries*, Vol. 17, 154-58 (on John 4:20).
[33] Calvin, *Calvin's Commentaries*, Vol. 17, 164 (on John 4:24).

믿음"(inward faith of heart)에 따른 것[34]이라고 해석한다. 칼빈이 정리한 이러한 일련의 대조와 단순한 예배에 대한 정의에 나타난 핵심 강조는 데이비드 테일러(David Taylor)가 요약한 대로 하나님의 본질에 충실한 예배를 지속하는 것이다. 곧 이미 위에서 언급한 바와 같이, "영적 존재이신 하나님의 본질에 부합한 방식의 예배를 강조하는 것이 칼빈의 의도"[35]였다. 이런 점에서 단순한 예배로서 '영과 진리' 안에서의 예배가 단지 예배자의 마음에서 드리는 예배 또는 공예배에서 물질적 측면을 최소화하거나 약화시키는 문자적 의미의 단순성만을 강조하는 것이라고 보기에는 제한이 있다.

칼빈은 외적 의례와 물질성에 따른 우상의 예배가 예배자들의 마음을 왜곡시켜서 결국 영적 존재이신 하나님을 향한 순전한 예배를 방해하는 것에 주된 관심을 갖고 있었다. 찬양과 기도 그리고 봉헌과 같은 예배 구성요소들에 대한 직접적인 실천과 참여를 문제 삼은 것이 아니라, 그러한 요소들이 하나님을 향한 내적 의존과 경배를 방해할 때 문제가 된다고 본다. 칼빈은 자신의 서신서에서 예배자들의 마음에서 하나님을 향한 경배를 이끌지 않고 그것 자체에 의존하게 하는 우상 예배(idolatry)가 문제 된다는 점을 강조한다.[36] 곧, 예배 실천과 참여의 구체성 또는 물질적 측면 자체를 거부하는 것이 아니라, 영적 존재이신 하나님을 향한 예배자들의 내적 의존이 상실되거나 왜곡되는 것을 경계하는 것이다.

---

[34] Calvin, Calvin's Commentaries, Vol. 17, 161-64 (on John 4:23).
[35] David Taylor, *The Theater of God's Glory: Calvin, Creation, and the Liturgical Arts* (Grand Rapids: Eerdmans, 2017), 153.
[36] Calvin, *God or Baal*, 101: "The Second Letter Addressed to Gerard Roussel in 1537."

셋째, '영과 진리' 안에서 드리는 예배에 관한 칼빈의 이해와 해석은 하나님의 영이신 성령과 진리이신 그리스도 안에서 이루어지는 예배를 내포한다. 요한복음 4장에 나오는 '영과 진리'로 드리는 예배에 대한 해석은 크게 두 가지로 구분된다. 하나는 예배자의 내적 마음을 강조하는 것이고, 다른 하나는 성령과 진리이신 그리스도를 통한 삼위 하나님의 활동을 강조하는 것이다.[37] 지금까지 칼빈과 개혁주의 전통에서는 주로 전자 곧 영과 진리에 대한 해석을 예배자의 내면을 강조하는 것으로 수용해 왔다.[38] 하지만 칼빈이 영적 존재로서의 하나님과 예배자들의 내면을 강조한다고 해서 그 자체로 예배에서의 물질에 대한 부정과 거부 또는 예배의 물질적 측면에 대한 전적인 간과로 단정할 수는 없다. 오히려, 칼빈이 경계한 것은 물질이 하나님을 대신하거나 예배자들의 마음을 왜곡시켜서 하나님을 향한 경배에 이르게 하지 못하는 것이다. 곧 물질이 예배자들의 내면에서 하나님을 향한 경배와 의존의 대상이 되는 것을 경계한다.[39] 여기서 하나님이 영으로 존재하신다는 요한복음의 표현과 예배와의 관련성을 고려할 때, 하나님의 비물질적 본질을 반영하는 것과 함께 영으로 존재하시는 하나님의 활동과 사역이 예배에 직접 영향을 미친다는 측면을 동시에 확인할 수 있다.

---

[37] 이 두 입장은 전통적으로 하나님의 본질에 대한 강조(essentialist)와 삼위 하나님의 활동에 대한 강조(actualist)의 입장으로 나뉘어진다.

[38] 칼빈에 이어서 대표적으로 메튜 헨리(Matthew Hnery)와 같은 장로교 목회자 역시 영과 진리로 드리는 예배를 인간 중심의(anthropocentric) 활동과 참여로 받아들여서 해석해 왔다. Matthew Henry, *Commentary on the Whole Bible*, vol. 5 (Old Tappan: Fleming H. Revell, 1986), 906.

[39] Eire, *War Against the Idols*, 197-8.

하나님은 예배의 대상이시지만[40] 동시에 예배의 주체이시기도 하다.[41] 영이신 성령은 진리이신 그리스도와 함께 예배자들의 예배를 능동적으로 주관하신다. 곧, 요한복음에 기록된 '영과 진리'로 드리는 예배를 삼위 하나님의 '영 곧 성령과 진리이신 그리스도' 안에서의 예배로 이해하든지, 혹은 삼위 하나님을 향해 '영과 진리'로 드리는 예배로 이해하든지, 어떠한 입장을 지녀도 물질 자체에 대한 중립적 수용이나 일방적인 부정을 의미하는 것은 아니다.[42] 칼빈이 강조한 영적인 예배는 로마 가톨릭의 미사에 담긴 물질 의존성과 예배 대상의 혼동에 대한 강력한 경고다. 곧, 영이신 하나님을 무시하고, 예배자들의 마음이 물질에 의존할 뿐 아니라, 물질에 따른 기계적 참여를 예배의 방식과 대상으로 왜곡하는 것을 경계하는 것이다.[43] 또한 '영과 진리' 안에서의 예배에 대한 요한복음의 강조가 예배자들뿐 아니라 하나님의 영 곧 성령과 진리이신 그리스도에게 있다는 점을 고려할 때, 칼빈이 일방적으로 상황과 맥락과 상관없이 물질성 자체에 대해서 부정하는 것이라고 보기 어렵다. 결국, 칼빈의 주된 관심은 물질이 하나님을 대체하거나 하나님과의 관계 방식을 구축하는 예배의 실천에서 절대적인 기능을 하게 된다는 의존성과 우상성에 빠지는 것을 경계하는 것이다. 이처럼 '영과 진리' 안에서의 예배는 임의

---

40 Calvin, *Institutes*, 2.8.11.
41 하나님을 예배의 대상뿐 아니라 주체로 간주하는 것은 예배자들이 하나님을 향한 반응이 하나님 곧 성령에 의해서 가능하다는 칼빈의 신학에 근거한다. 예배의 주체로서 하나님에 대한 다양한 논의들과 강조에 대해서는 John Witvliet, "The Opening of Worship," *A More Profound Alleluia: Theology and Worship in Harmony*, ed. Leanner Van Dyk (Grand Rapids: Eerdmans, 2005), 1-30 참조.
42 Taylor, *The Theater of God's Glory*, 158.
43 William Edgar, "Worship in All of Life," in *Give Praise to God*, 344.

로 물질에 대한 반대 또는 도전이라기보다는 예배자들의 마음이 하나님을 향해 바른 경배에 이를 수 있도록 이끄는 실천을 강조한 것으로 볼 수 있다.

3. 예배의 단순성에 대한 칼빈의 강조에 따른 개혁주의 예배 실천 과제와 방향

칼빈이 종교개혁의 맥락과 자신의 목회적 상황에서 강조한 예배의 단순성은 위에서 살펴본 것과 같이, 물질과 사람에 집중하는 의례의 복잡성에 사로잡히지 않고, '영과 진리' 안에서 예배자들의 마음이 하나님을 향한 경배에 참여하는 것이다. 오늘날 개혁주의 전통에 따른 예배는 칼빈의 가르침에 따라 여전히 예배의 단순성을 구체화하고 현실에서 구현해야 하는 과제를 지닌다. 칼빈이 가르친 예배의 단순성은 예배 구성요소들의 단순화된 축소를 의미하지 않고, 내면의 태도와 외적 실천 사이의 이원론적 분리에 따른 예배를 추구하지 않으며, 성찬 의례의 약화 또는 간과를 경계할 것을 요구한다.

1) 예배 구성요소들의 단순화와 축소 경계

단순한 예배에 대한 칼빈의 가르침을 오늘날 개혁교회들이 적용할 때 주의할 첫 번째는 예배 구성요소들의 무조건적 축소 또는 생략을 경계하는 것이다. 칼빈은 '단순성'(simplicity)에 대한 주제를 예배의 실천과 연결해서 언급하지만, 그 핵심은 복음의 단순성을 우선적으로 강조하는 데 있다. 예배의 단순성이 필요한 것은 복음의 단순성을 드러내야 하기 때문이다. 칼빈은 그리스도 안에 있는 복음의 단순성을 예배 의례의 단순성과 구분한다. 교회 개혁의 필요성에 대한 논의에서 칼빈은 "그리스도를 향한 단순하고 진실된 순종"을 가장 우선적으로 강조한다.[44] 예배 의례의 구성과 실천은 모두 복음의 단순성을 제시하는 데 주력해야 하고, 그리스도의 단순성을 저해하거나 방해하는 모든 의례를 경계해야 한다. 하지만, 복음의 요체인 그리스도에 대한 단순한 순종 곧 그리스도를 향한 온전하고 진실된 순종으로서의 단순성은 그 자체로 의례에서의 단순한 구성을 의미하는 것이 아니다. 오히려 예배 의례에서 복음의 단순성을 저해하고, 그리스도를 향한 순전한 순종을 방해하는 복잡한 시각적 장치들과 예배 인도자들의 다양한 행위들을 경계하는 것이다. 가톨릭 미사의 경우 복잡하고 다양한 시각적 이미지들과 장치들은 복음의 단순성을 제시하는 데 방해가 되었고, 예배 인도자들의 화려한 언어 구사 및 공허한 즐거움을 드러내기 위한 감각적 표현들은 그리스도를 향한 단순하고 순전한 순종에 걸림돌이 되었다. 특히 칼빈은 가톨릭의 미사에 담긴 그리스도의 복음에 대한 단순성을 저해하는 것들 가운데 예배 인도자들의 "말의 지혜"(고전 1:17)를 언급하면서, 단지 예배자들의 귀를 즐겁게 하고 공허한 기쁨을 이끌어 내는 언어의 유희를 경계한다.[45]

의례의 단순성과 관련해서 단지 가톨릭 미사의 복잡성에 대한 반작용이 아니라, 그리스도의 복음이 지닌 단순성과 연결시킨 칼빈의 강조를 오늘날 예배에 적용할 때 주의할 실천적 과제는 바로 예배 구성요소들에 대한 부주의한 축소와 생략을 주의하는 것이다. 칼빈이

---

[44] Calvin, "On the Necessity of Reforming the Church," 148.
[45] Calvin, *Calvin's Commentaries*. Vol. 20, 71-78 (on 1 Corinthians 1:17).

'예배의 단순성'을 제시할 때 예배 구성요소들의 무조건적 축소가 아닌 그리스도의 복음을 제시하기 위한 구성요소들의 의도적 실천을 지속한 것을 주목해야 한다. 개혁주의 전통이 강조하는 예배 구성의 단순성이 말씀과 성찬의 구조를 제시하고 예배에서 가르침을 강화해야 한다는 것은 분명하다.[46] 그런데, 말씀과 성찬 중심의 단순성을 강조한 것은 성경과 초대교회의 가르침에 따르는 실천의 회복을 의도하고[47], 당시 가톨릭 의례와 그 영향을 받은 예배에서 '알 수 없는 복잡한 기도들', '성인들에 대한 기념과 경외', '다양한 축제일들의 수용', '복잡한 장식들과 시각적 이미지들'에 대한 강력한 거부와 제거를 뜻한다.[48] 하지만, 이러한 의례의 단순성이 공예배에서의 다양한 요소들 곧 기도, 신앙고백, 십계명, 주기도와 같은 순서들을 제거하거나 축소하는 것을 의미하지 않는다. 실제로 칼빈의 제네바 예배를 보면, 예배의 단순성을 피력함에도 불구하고, 공예배에서 설교와 음악과 함께 공동 기도, 십계명, 주기도, 신앙고백을 매주 공예배에 포함했다.[49]

이런 점에서 오늘날 개혁교회의 전통에 있는 공예배는 복음주의 예배의 축소된 구조와 구성 방식을 주의해야 한다. 흔히 삼중구조 방

---

[46] Rice and Huffstutler, *Reformed Worship*, 6.
[47] 이미 잘 알고 있는 바와 같이, 칼빈의 "교회 예배서"(Form of Church Prayers, 1542)는 "성경의 가르침과 초대교회의 실천에 따른" 것이다. John Calvin, "The Form of Church Prayers, 1542, Geneva" in Bard Thompson, *Liturgies of the Western Church* (Philadelphia: Fortress, 1980), 197–210 참조.
[48] Tel, "Calvinist and Reformed Practices of Worship," 179–180.
[49] John Calvin, "Forms of Praye," in *Tracts and Treatises*, Vol. 2 (Eugene: Wipf and Stock, 2002): 100–112 그리고 Thompson, *Liturgies of the Western Church*, 197–210.

식으로 알려진 예배 구성은 복음주의 예배의 대표적 형태로 알려져 있다.[50] 음악을 통한 마음의 준비, 준비된 마음에 전달하는 메시지, 메시지의 초청에 대한 반응으로 알려진 삼중구조의 방식은 북미의 대각성운동에서 비롯된 전도 집회의 방식이 고정된 예배 구조로 정착된 것이다.[51] 이 삼중구조의 의례 방식은 음악, 메시지, 반응에 집중하면서, 실용주의적 측면에서 전도와 교회 성장의 결과를 이끌어 내는 가장 친숙한 형태로 오늘날에 이르기까지 발전해 왔다.[52] 여기서 예배의 구성요소들은 모두 예배자의 만족이나 전도 또는 교회 성장을 위한 실용주의적 목적에 따른 기능을 수행하는 것으로 받아들인다.[53] 곧 예배자들의 만족을 위한 문화 수용과 전도를 통한 교회 성장의 기준에 따라 유익이 되는 요소들에만 집중하고 그로 인해서 음악과 메시지 중심의 예배 구성이라는 단순화에 이르기도 했다.

오늘날 '경배와 찬양' 그리고 '강력한 선포를 제시하는 메시지'만을 예배 구성의 핵심으로 수용하고 그에 따른 단순성을 지향하는 것이 암묵적으로 보편화되고 있다. 레스터 루스(Lester Ruth)와 임쉬홍(Lim Swee Hong) 교수가 강조한 대로 복음주의 예배의 정점에 있는 경배와 찬양 그리고 현대예배는 문화 수용의 방식으로써 음악과 회중들을 향

---

50 Greg Scheer, *Essential Worship* (Grand Rapids: Baker Books, 2016), 60–61.
51 삼중구조 방식의 형성과 역사적 발전에 대한 상세한 고찰은 James White, *Protestant Worship: Traditions in Transition* (Louisville: Westminster John Knox Press, 1989), 171–191 참조.
52 이러한 의례가 문화 수용과 전도 그리고 교회 성장과 맞물려 현대 교회 예배의 구조와 방식을 발전시킨 것에 대해서는 Lester Ruth and Swee Hong Lim, *A History of Contemporary Praise and Worship: Understanding the Ideas That Reshaped the Protestant Church* (Grand Rapids: Baker Academic, 2021)을 참조할 것.
53 Scheer, *Essential Worship*, 61.

한 메시지 선포라는 단순화의 통합(confluence) 현상을 경험하고 있다.[54] 물론 예배에서 문화의 수용, 음악과 메시지의 강력한 실천이 중요하지만, 이러한 공예배 실천에서 신앙고백, 공동기도, 주기도 등 예배자들의 신앙 형성을 위한 칼빈의 개혁주의 예배 구성요소들에 대한 수용을 과거의 전통으로 치부하는 것은 실용주의적 접근에 따른 위험한 결정이다. 개혁주의 전통은 무조건적으로 공예배 의례를 단순하게 구성하는 것이 아니라, 예배자들이 복음의 단순성 곧 그리스도의 단순성을 명료하게 참여할 수 있는 신앙 형성을 위한 구성요소들을 지혜롭게 수용하고 발전시켜 가야 한다.

2) 내면의 태도와 외적 표현 방식의 이원론적 분리 경계

오늘날 개혁교회들을 향한 단순한 예배에 관한 칼빈의 또 다른 중요한 가르침은 인간의 내면 곧 마음에서 주어지는 하나님을 향한 경배와 외적으로 주어지는 표현 사이를 이원론적으로 분리하지 않는 것이다. 내적 측면을 강조하는 것은 하나님의 비물질적 존재 방식에 부합한 인간의 내면에서 주어지는 경배를 강조하는 것이지, 그 자체로 외적 표현 방식에 대한 분리와 자율을 의미하는 것은 아니다. 곧, 단순한 예배가 마음의 내적 진실함에서 주어지는 것을 강조하는 것이라고 해서 그 자체로 외적으로 표현하는 방식들과 물질적 측면에 대한 무시 또는 완전한 분리로 받아들이는 것을 주의해야 한다. 칼빈의 사역 당시 로마 가톨릭의 경우, 교회의 전통에서 주어지는 외적 요소들을 예배 구성의 중요한 측면으로 강조했다. 이미지를 사용하거나 예

---

[54] Ruth and Lim, *A History of Contemporary Praise and Worship*, 293–297.

배의 외적 표현 방식을 통해 사람들의 시선을 주목시키는 화려함에 의존하려 했다.[55] 복잡하고 다양한 악기 사용, 명확한 이해 없이 반복적으로 고백되는 기도문들, 분명한 의미를 파악하지 못한 채 진행하는 몸의 움직임이나 상징적 활동 등은 칼빈의 관점에서 인간의 마음에서 주어지는 하나님을 향한 경배의 거침돌이 된다. 칼빈은 이러한 외적 요인들과 의례 구성 방식들이 비록 매력적으로 보일지라도 참된 경건에 도움을 제공하지 않는다는 점을 강조한다.[56] 곧, 외적 표현 방식이 인간의 내면에서 주어지는 하나님을 향한 참된 경배에 도움이 되지 않을 경우 아무리 매력적으로 보일지라도 그것들을 수용하는 것을 주의해야 한다. 이처럼 칼빈은 예배자들의 내면에서 하나님을 향한 경건에 이르게 하지 않고 단지 화려함에 몰입하거나 전통적으로 주어지는 요소들을 맹목적으로 수용하는 것을 경계한다.

칼빈은 예배자들의 마음에서 주어지는 하나님을 향한 경배를 강조하지만, 외적으로 드러나는 표현 방식에 대해서 일방적으로 거부하지 않는다. 실제로 의례의 표현 자체를 거부하거나 경계한 것이 아니라, 예배 실천이 우상과 미신에 근거한 표현 방식에 영향을 받지 않도록 주의한 것이다. 칼빈은 바울의 권면을 근거로 우리에게 요구되는 것은 "세상에 영향을 받은 의례에서 단절하는 것이 아니라, 미신에 사로잡힌 잘못된 의례를 경계하고 거부하는 것"[57]이라고 한다. 곧 외적 표현으로 주어지는 의례 자체를 거부하는 것이 아니라 우상과

---

[55] Robert King, "Worship in Geneva Before and After the Reformation," ed. Karin Maag and John Witvliet, *Worship in Medieval and Early Modern Europe* (Notre Dame: University of Notre Dame Press, 2004), 50.

[56] Calvin, "the Necessity of Reforming the Church," 131.

[57] Calvin, *God or Baal*, 22.

미신으로 오염된 의례의 표현 방식을 경계하고 주의하는 것이다. 외적으로 주어지는 이미지나 형상 그리고 물질적인 요소들을 떠나서 예배하는 것이 아니라, 그것들이 예배자들의 마음에서 주어지는 경배에 영향을 미치기 때문에 무엇을 경계하고 어떻게 사용할 것인지에 대한 수용 방식을 더욱 고려해야 한다.

칼빈은 외적 표현 방식들을 지혜롭고 변별력 있게 수용하기 위해서 중요한 원리를 제시한다. 곧 특정한 외적 표현 방식들이 교회에 부담(burden)을 줄 경우 위험한 요청이 될 수 있다는 점을 강조한다.[58] 예배 공동체인 교회로 하여금 의례 자체를 요구하는 것이 문제가 아니라, 교회가 감당하기 어렵거나 부담을 느낄 정도로 외적 요소들을 요청하는 것 그리고 명확한 이해와 의미 수용을 하지 않은 채, 교회에 요구하는 의례 요소들을 주의해야 한다. 현대 교회들의 경우 다양한 기술 장비들, 악기와 음향 시설들, 예배 장소에서의 시설물 등은 획일적으로 요구되는 불가피한 구성요소들이라기보다는 교회 상황에 따라 부담이 될 수도 있는 외적 요인들이다. 모든 교회가 예외 없이 특정한 장비를 구비 해야 한다든지, 예배를 위한 외적 요소들에 대한 획일적 기준을 제시하는 것은 개교회의 상황을 고려하지 않을 뿐만 아니라, 어느 하나의 기준으로 모든 예배 공동체의 의례 실천 방식을 규정하는 또 하나의 우상과 부담이 될 수 있음을 주의해야 한다.

이와 아울러, 예배자들의 마음에서 주어지는 하나님을 향한 경배가 예배의 본질과 형식에 대한 다소 무리한 적용에 이르는 것을 경계하는 것도 요구된다. 흔히 예배 실천의 다양한 변화와 새로운 방식을 주장할 때, 예배의 본질과 형식을 구분해서 설명한다. 예배의 본

---

[58] Calvin, "On the Necessity of Reforming the Church," 131-3.

질은 내용과 구조를 통해 예배자들이 하나님을 향해 드러내는 경배와 관련하고, 예배의 형식은 시대와 상황에 따라 적합한 방식으로 주어지는 표현과 연결한다. 곧 그리스도 중심의 예배를 찬양, 기도, 선포, 고백, 축복 등으로 제시하는 것은 예배의 본질에 해당한다. 동시에 이러한 예배의 본질을 담아내는 구성요소들에 대한 예배자들의 다양하고 구체적인 표현 방식은 예배의 형식에 해당한다.[59] 그리고 종종 이러한 구분을 예배의 단순성을 제시하는 '영과 진리로' 드리는 예배와 연결한다. 예배의 본질은 '영과 진리' 안에서 하나님을 향한 경배를 드리는 것이고, 예배의 형식은 그 본질을 지속하면 어떤 방식의 다양한 실천도 가능하다는 논리를 제시한다. 그런데 칼빈의 경우, '영과 진리로 드리는 예배'란 하나님의 본질에 부합한 예배 곧, 예배자들이 참된 경건의 방식으로 제시하는 경배를 의미한다. 칼빈의 강조는 하나님을 향한 내면의 태도만 지속하면 어떠한 형태의 외적 표현도 가능하다는 것이 아니다. 오히려, 예배자들의 내면이 어떻게 하나님을 향한 경건에 이르는 외적 표현과 실천이 될 수 있는지 확인할 것을 강조한다. 곧 외적 표현 방식은 예배의 본질과 구분되는 것이지 무조건 분리되어 자유롭게 선택할 수 있는 것으로 간주하기 어렵다. 예배의 다양한 형식은 본질을 담아내고 제시하며 또 예배자들에게 참여하게 하는 방식에도 영향을 미친다. 예배를 비롯한 구체적인 형식과 표현 방식이 일종의 미디어가 되어 본질로서의 메시지를 제시하는 데 직접 영향을 미친다는 것은 이미 우리 시대에 보편적으로 수용되는 입장이다.[60] 따라서, 예배의 형식이 본질에 미치는 영향을 간과하

---

59 Robert Webber, *Worship Old and New* (Grand Rapids: Zondervan, 1982), 62, 151.
60 Marshall McLuhan, *Understanding Media: The Extensions of Man* (Cambridge: the

게 되면, 자칫 예배를 이해와 깨달음만을 위한 지적 활동으로 제한하고, 몸을 수반한 전인적 참여로서의 예배 실천에 대한 측면을 간과할 수 있다는 점을 주의해야 한다.

3) 성찬 의례의 약화 경계

단순한 예배와 관련해서 칼빈의 가르침을 우리 시대에 연결할 때 주의할 또 다른 점은 성찬 의식을 지나치게 약화하거나 간과하는 것을 경계하는 것이다. 칼빈이 강조한 단순한 예배에서 물질에 대한 경계는 물질을 수반한 성찬 예식의 약화와 축소를 의미하는 것이 아니라, 물질이 하나님과 예배자들 사이의 관계 방식을 약화하거나 가로막는 것을 향한 목회적 주의와 경고를 뜻한다. 중세의 성찬 중심 미사에 나타난 물질의 우상성에 대해서 경고한 칼빈은 기독교 예배에서 물질성을 제거하고, 의미 또는 개념의 수용만을 공예배의 방식으로 강조한 것이 아니다. 물론 칼빈은 성찬 실천에서 고백과 용서 그리고 신앙고백 등의 의미 이해와 수용을 새롭게 강화하지만,[61] 동시에 마음에서 주어지는 경건이 외적 고백에 부합한 방식으로 직접 표현할 것을 더욱 강조한다. 칼빈은 자신의 서신서에서, "참된 마음의 경건은 외적(external) 표현과 고백과 함께 선포되어야 한다"[62]라고 강조한다.

MIT Press, 2002), 7–21 그리고 Neil Postman, *Amusing Ourselves to Death* (New York: Penguin, 1985), 16–29.

[61] Charles Perrot, "Managing a Country Parish," (1567), in *Lifting Hearts to the Lord: Worship with John Calvin in Sixteenth-Century Geneva*, ed. Karin Maag (Grand Rapids: Eerdmans, 2016), 69–70.

[62] Calvin, *God or Baal*, 12.

결국 칼빈에 따르면, 성찬과 관련한 의미론적 수용의 강화와 마음에서 주어지는 경건의 외적 표현이 그 자체로 성찬 의례의 약화를 초래하지 않는다.

아울러, 칼빈이 성찬의 물질성과 관련한 우상성을 지적한 것은 성찬을 대체하는 말씀 중심의 예배를 강화하려는 것으로 보기 어렵다. 성찬과 관련한 칼빈의 우려는 오염된 의례(contaminated ritual)이지, 물질성을 수반한 성례 자체가 아니다. 아울러 칼빈은 성찬 실천에서 그리스도의 임재와 관련한 루터나 츠빙글리의 입장을 넘어서서 성령에 의한 전인적 참여를 강화하기 위해 노력했다. 그는 성찬이 그리스도의 임재를 통한 은혜 경험의 분명한 방편이고, 예배자들의 전인적 참여를 위한 교회의 실천임을 강조한다.[63] 이런 맥락에서 칼빈은 의례가 단지 언어뿐 아니라 몸 전체가 참여하는 방식을 포함한다는 점을 강조한다.[64] 아울러 칼빈은 성찬 중심의 미사가 속죄를 위한 희생의 제사로 왜곡되어서 공예배에서 그리스도의 반복적 희생을 드러내는 것을 경고한다. 그에 따르면, 성찬에서 그리스도의 임재 경험은 성령의 도우심을 따라 부활하신 그리스도의 임재에 참여하는 것이다.[65] 결국, 칼빈이 강조한 예배의 단순성은 단지 성찬 예식의 간소화 또는 간헐적 실천 내지, 성찬에 담긴 물질성의 축소라기보다는 예배자들이 전인격적으로 진리이신 그리스도와 직접 그리고 구체적으로 연합

---

63 John Calvin, "Short Treatise on the Lord's Supper" (1541), in *Theological Treatises*, ed., J.K.S. Reid (Louisville: Westminster John Knox Press, 2006), 144–49.
64 Calvin, *God or Baal*, 26.
65 Martha Moore-Keish, *Do This in Remembrance of Me: A Ritual Approach to Reformed Eucharistic Theology* (Grand Rapids: Eerdmans, 2008), 42.

하는 실체의 경험을 이끌어 낸다.[66]

이와 함께, 성찬 의례와 관련해서 칼빈이 강조하는 예배의 단순성은 성찬 예식에서 물질성을 축소한 의미론적 수용의 간소화와 간헐적 실천이 아니다. 칼빈이 강조한 예배의 단순성이 물질에 담긴 우상성과 미신성을 경계하기 때문에 그 자체로 성찬 예식을 의미론적으로 개념화하는 것만 강조하는 것은 논리적으로 비약된 연결이다. 칼빈이 성찬의 우상성에서 경고한 것은 "떡 자체에 신비성이 입혀져서 그것을 하나님으로 경배하고 예배하는 것(the bread is clothed with divinity, and raise it aloft to be adored as God)"[67]이다. 중세 미사에서 작은 떡 조각이 보여지고, 경배되고, 그것을 마치 하나님으로 간주해서 높이고, 그로 인해서 결국 떡이 하나님이 된다는 예전적 수용의 어리석음을 경고한 것이다. 이러한 경고가 성찬의 실천에서 물질성을 배제한 의미론적 수용만 강화해야 한다는 것은 칼빈의 의도라고 보기 어렵다. 그래함 휴즈(Graham Hughes)는 칼빈을 비롯한 개혁주의 성찬에서 물질성을 배제하는 것은 그리스도의 임재에 대한 참여를 개념화로 축소하는 것이라고 비평한다.[68] 니콜라스 월터스토프(Nicholas Wolterstorff) 역시 칼빈의 개혁주의 성찬에서 중요한 것은 떡의 물질성보다 성찬에 참여하는 공동체의 직접적인 행위에 있으며, 개념화된 지적 수용이 아닌 전인적 참여를 통한 물질성의 포함을 약화시키지 않는 것을 강조한다.[69] 이와 함께 예배의 단순성이 성찬의 약화를 이끌지 않는다는 것은 칼

---

66 Reid, "Calvin and Founding of the Academy of Geneva," 19.
67 Calvin, *God or Baal*, 33.
68 Graham Hughes, *Reformed Sacramentality* (Collegeville: A Pueblo Book, 2017), 16.
69 Nicholas Wolterstorff, *The God We Worship: an Exploration of Liturgical Theology* (Grand Rapids: Eerdmans, 2015), 149-155.

빈이 성찬의 횟수와 관련해서 의도한 내용에서 확인된다. 칼빈은 성찬의 빈번한 실천 곧 매주 공예배의 순서로 포함하기를 원했고 그것이 성경과 초대교회의 가르침이라는 확신을 지녔다.[70] 하지만 의회의 거부에 따라 년 4회의 성찬 시즌을 수용하는 것으로 만족했다.[71] 칼빈의 이러한 의도에 따라서 오늘날 예배의 단순성을 성찬 의례의 약화에 대한 근거 또는 원리로 삼지 않도록 주의해야 한다.

4. 나가는 말

이 장은 개혁주의 예배의 중요한 특징 가운데 하나인 '예배의 단순성'에 관한 의미를 칼빈의 이해를 중심으로 명확히 살펴보고, 오늘날 개혁주의 예배 실천을 위한 함의들을 파악하는 데 주력했다. 칼빈은 예배의 단순성과 관련해서 로마 가톨릭 미사의 우상성과 미신성에 대한 비평적 대안을 제시했다. 복잡하고 다양한 시각적 장치들과 언어의 표현들은 예배자들을 수동적으로 이끌고, 공예배를 사제 중심의 신비한 의례 수행(performance)으로 발전시켰다. 칼빈은 예배자들의 명료하고 적극적인 공예배 참여를 위해서 의례의 단순성을 강조했다. 의례의 단순성은 단지 예배 구성요소들의 축소가 아니라, 명료한 이해와 적극적인 참여를 위한 의례의 분명한 실천을 의미한다. 아울러 칼

---

[70] John Calvin, "To a Question about Certain Rites of the Church," in *Calvin's Ecclesiastical Advice*, trans. Mary Beaty and Benjamin Farley (Louisville: Westminster John Knox Press, 1991), 95-7.

[71] Karin Maag, *Worshiping with the Reformers* (Downers Grove: IVP, 2021), 158.

빈이 제시한 예배의 단순성은 '영과 진리 안에서' 참여하는 예배 방식을 의미한다. 영이신 하나님의 본질에 부합한 예배는 예배자들이 하나님의 영과 진리 안에서 참여하는 의례를 요청한다. 칼빈은 영이신 하나님의 본질을 강조하면서 물질에 집중해서 그것을 우상화하거나 주술화하는 것을 경계한다. 칼빈이 강조한 예배의 단순성은 오늘날 개혁교회 예배 실천을 위해서도 중요한 함의를 지닌다. 하지만 단순성을 단지 피상적으로 연결하는 것을 주의해야 한다. 예배 구성요소들의 무조건적 단순화를 경계해야 하고, 하나님의 본질에 부합한 내면의 예배가 외적 표현과 방식을 무시하거나 간과하지 않도록 주의해야 하며, 예배 구성의 핵심 요소인 성찬 실천의 약화에 이르지 않도록 주의해야 한다. 오늘날 우리 시대의 개혁주의 예배에서 칼빈이 제시한 '예배의 단순성'은 여전히 개혁주의 정체성을 지속하기 위해서 주의를 기울여 실천에 반영해야 할 중요한 특징이다. 예배자들의 명료한 이해와 전인적 참여를 위해 불필요한 우상성에 사로잡혀 교회에 부담을 지우지 않고 성경과 초대교회의 가르침에 따른 핵심 구성요소들의 지속적인 실천을 위한 분별이 요구된다.

04

성령과 공동예배의 기도: 개혁주의 예배 회복을 위한 제언[1]

1. 들어가는 글

기독교 예배의 회복을 위한 노력은 성경과 교회의 역사에서 나타난 중요한 주제 가운데 하나이다. 성경은 우상숭배로부터 참된 하나님을 향한 예배로의 회복을 주요 주제로 제시한다.[2] 초대교회는 각각의 예배 공동체에서 그리스도의 복음 제시와 신앙고백에 부합한 실천을 구현하기 위한 회복의 노력을 다양하게 시도했다.[3] 종교개혁 역시 미신과 우상에 빠진 예배의 새로운 회복을 시도한 노력으로 이해할 수

---

1 이 장은 「개혁논총」 63권 9-43에 게재한 것을 수정 보완한 것이다.
2 Gregory Beale, *We Become What We Worship: A Biblical Theology of Idolatry* (Downers Grove: IVP, 2008).
3 Andrew McGowan, *Ancient Christian Worship* (Grand Rapids: Bakers, 2016) 그리고 Paul Bradshaw, *The Search for the Origins of Christian Worship* (New York: Oxford University Press, 2002) 참고.

있다.⁴ 1960년대 이후의 '예배갱신운동' 역시 문화의 적실성 있는 수용과 함께 각 지역에 속한 예배자들의 적극적인 참여를 돕기 위한 예배 회복의 노력으로 간주할 수 있다.⁵ 이후 현대 문화 수용에 대해 경계하면서 초대교회를 중심으로 한 전통의 회복을 강조한 급진정통주의(Radical Orthodoxy) 역시 예배자들의 전인적이고 적극적인 참여를 강화시킨 회복의 노력으로 주어졌다.⁶ 2019년 시작된 팬데믹은 사회적 거리두기와 모임 제한을 통해서 공동예배 실천의 새로운 과제를 부여했다. 디지털 기술에 의한 온라인 또는 올라인 예배를 새로운 대안과 예배 회복의 방식으로 제시하거나,⁷ 예배를 위한 모임 자체의 중요성을 다시 강조하기도 한다.⁸ 하지만 예배 회복의 과제는 단지 디지

---

4   John Witvliet, "Images and Themes in John Calvin's Theology of Liturgy," *Worship Seeking Understanding* (Grand Rapids: Baker Academic, 2003), 131-2.

5   Michael Regan, "The Reception of the Liturgical Changes of the Second Vatican Council," ed., Duncan Forrester and Doug Gay. *Worship and Liturgy in Context* (London: SCM, 2009): 219-229.

6   급진정통주의가 예배 참여에서 성육신 신학에 따라 물질성을 강화하고 구체적이고 적극적인 참여를 강조하는 것에 대한 기초적인 안내는 James Smith, *Introducing Radical Orthodoxy* (Grand Rapids: Baker Academic, 2004) 참고.

7   Teresa Berger, *@Worship: Liturgical Practices in Digital Worlds* (New York: Routledge, 2018), Deanna Thompson, The Virtual Body of Christ in a Suffering World (Nashville: Abingdon, 2016) 그리고 Meredith Gould, *The Social Medical Gospel: Sharing the Good News in New Ways* (Collegeville: Order of Saint Benedict, 2015) 등에 신학적 예전적 기반을 둔 온라인 예배의 정당성은 북미와 한국을 포함한 세계에서 다양하게 수용하고 있다.

8   John Calvin, *Institutes of the Christian Religion*, ed. John McNeill, trans. Ford Battles (Philadelphia: Westminster, 1960), 2.8.32. Jay Kim, *Analog Church: Why We Need Real People, Places, and Things in the Digital Age* (Downers Grove: IVP, 2020), Donald Whitney, *Spiritual Disciplines for the Christian Life* (Colorado Springs: NavPress, 2014), 111.

털 기술의 수용 방식에 대한 목회적 제안이나, 구체적인 장소에서의 모임 회복을 위한 강조로 축소되지 않는다. 디지털 기술 사용에 의한 가상공간이 하나님의 임재를 제한하지 않고, 모임 자체가 기계적으로 하나님의 임재를 보증하지도 않는다. 이런 점에서 현장 예배와 디지털 기술 사용에 의한 온라인 예배 가운데 어느 하나를 선택하는 것을 넘어선 고찰이 필요하다. 곧 복잡하고 변화된 상황 가운데 있는 공동예배에서 예배자들이 하나님의 임재와 일하심에 보다 적극적이고 능동적으로 참여할 수 있도록 신학적으로 고찰하고 목회적으로 대안을 제시하는 것을 요구한다.

예배 회복을 위한 신학적 접근과 목회적 대안 제시는 모든 공동체를 위한 하나의 일반적인 모델을 마련하는 것이 어렵다. 기독교 예배는 모두를 위한 하나의 예전(the liturgy)을 제시하기보다는 공동체마다 성경과 복음에 기반을 둔 서로 다른 예전 실천들(liturgies)을 구현한다.[9] 역사적으로 기독교 예배는 '기독교'의 예배라는 측면과 공동체의 서로 다른 '예전 실천들' 사이의 복잡한 관계를 통해서 발전해 오고 있다.[10] 이런 점에서 기독교 예배와 관련한 복음의 토대와 성경적 원리를 인정하지만, 실천과 관련해서 모든 공동체를 위한 하나의 획일적인 회

---

[9] 물론 가톨릭과 성공회 또는 동방교회의 예전은 하나의 고정된 실천을 일관적으로 수용하고 모방한다는 점에서 개신교의 예전 실천과 차이를 지닌다. 그럼에도 불구하고 하나의 이상적 예전(the liturgy)은 불가능하고 공동체마다 서로 다른 예전 실천들(liturgies)만이 있고, 동시에 이러한 실천들을 연구 대상으로 간주해야 한다는 것이 좀 더 바람직한 접근이다. Nicholas Wolterstorff, *Acting Liturgically* (New York: Oxford University Press, 2018), 13-6.

[10] Nicholas Wolterstorff, "Introduction," *Historical Foundations of Worship*, ed., Melanie Ross and Mark Maport (Grand Rapids: Baker Academic, 2022): xiii-xviii.

복의 제안은 사실상 어렵고 또 적실성을 갖기 어렵다.[11] 오히려 예배 회복의 제안은 신학과 전통 그리고 예배 공동체가 처한 문화적 상황에 따라 서로 다르게 주어진다. 따라서 본 연구는 개혁주의 신학에 기반을 두고 오늘날 팬데믹에 의해 영향을 받는 한국의 개혁교회 공동예배 실천이 어떻게 '개혁되고 또 계속해서 개혁되는'(reformed and always reforming) 과정으로 회복할 수 있을지를 제안하고자 한다. 이를 위해서 첫째로, 오늘날 공동예배 실천의 현실과 그에 담긴 회복의 주제들을 파악하고 분석한다. 둘째로, 개혁주의 신학과 전통에 근거한 예배 회복의 원리 가운데 성령의 역사와 예배 구성요소로서의 기도에 대한 중요성과 의미를 제시한다. 마지막으로, 오늘날 개혁교회 공동예배의 회복을 위한 공동 기도의 구체적인 실천 방안을 제안한다.

2. 공동예배 실천의 현실: 회복을 위한 새로운 방향성 요구

예배 회복을 위한 노력은 역사적으로 크게 두 가지 방향과 입장으로 주어졌다. 하나는 신학과 원리에 대한 구현을 추구하는 것이고, 다른 하나는 공동예배 실천에 대한 위협과 도전에 대한 반응으로 주어진 것이다. 4-5세기 기독교 예배는 기독교 교리와 신앙의 내용을 실천에 구현하려고 노력했다.[12] 17세기 영국의 개혁주의 예배는 서로 다

---

11 예배 회복 또는 갱신을 위해서 모든 공동체를 아우르는 대안을 제시하는 것은 일종의 예전적 낭만주의(liturgical romanticism)로 경계한다. Hughes Old, *Worship Reformed According to Scripture* (Louisville: Westminster John Knox Press, 2002), 165.

12 어거스틴의 제자, Prosper of Aquitaine은 신자들의 신앙과 공동예배 실천의 관계

른 자율성에 의한 혼란과 무질서를 성경의 원리에 근거해서 하나의 통일된 예배 실천을 제시하기 위한 지침을 제시하면서 예배의 회복을 시도했다.[13] 지난 60여 년 동안 발전해 온 예배갱신운동도 예배자들의 적극적인 참여를 이끌기 위해서 문화 수용을 위한 의도적이고 전략적인 접근을 통한 회복과 갱신을 시도했다. 반면에, 1-3세기 초대교회의 예배는 핍박의 상황에서 기독교 공동체의 정체성을 제시하기 위한 반응으로 형성되었다. 또한 17세기 영국의 비국교도들은 국교도들에 의한 성공회의 '예배모범'(Book of Common Prayer)을 거부하고 핍박의 상황에서 자유교회 전통의 예배를 형성하고 발전시켰다. 2020년 팬데믹과 함께 주어진 새로운 상황 곧 거리두기와 모임 제한은 공동예배 구성과 실천의 외적 도전과 위기 그리고 변화를 요구하는 새로운 상황으로 주어졌다. 이러한 공동예배 실천의 새로운 상황은 신학의 반영과 외적 상황에 대한 반응을 균형 있게 제시할 것을 요구한다. 오늘날 공동예배의 회복을 위해 직면한 현실은 디지털 세계의 새로운 영적 순례자 또는 구도자의 증가, 정보 전달 방식의 메시지 수용에 제한된 예배 참여, 예배와 삶의 균형 있는 연결과 통합의 약화로 나타난다.

첫째, 오늘날 예배 회복의 방향성을 제시하는 우선적 현실은 공동예배 참여자들과 관련해서 새롭게 드러난 현상에서 주어진다. 오늘

구축을 위해 노력했고 lex orandi, lex credendi의 예배신학의 핵심 주제를 발전시켰다. Avery Dulles, "Theology and Worship: The Reciprocity of Prayer and Belief," *Ex Auditu* 8 (1992): 87.

13 'The Westminster Directory of Public Worship'의 의도는 서로 다른 다양한 예배 실천을 성공회의 기준이 아닌 성경의 원리에 따라 통일된 실천으로 제시하기 위한 회복의 노력으로 볼 수 있다.

날 공동예배 실천에 나타나는 두드러진 현상은 디지털 순례자들 또는 구도자들의 증가를 볼 수 있다. 이전에 지역에 기반을 둔 공동예배에서 회중들은 고정된 참여자들로 구성되었다. 디지털 기술을 활용한 온라인(on-line) 예배 또는 물리적 공간과 가상공간을 통합한 이른바 올라인(all-line) 예배의 수용은 온택트(ontact) 방식으로 공동예배 참여의 초연결성을 가능하게 했다. 디지털 기술에 의한 초연결성은 예배 회중에 대한 새로운 기준과 수용 방식을 초래했다. 공동예배를 위해서 고정된 물리적 장소에 모인 자들뿐 아니라 디지털 기술에 의해서 '연결된' 자들을 모두 함께 예배 회중으로 수용한다. 2021년 7월 지엠리서치의 조사에 따르면, 출석하는 교회의 현장 예배 참여자들의 비율이 약 50%, 출석하는 교회의 온라인 예배 참여자들의 비율이 약 32%로 나타났다.[14] 교회의 규모와 예배 진행 방식 그리고 방역 기준과 교회의 예배 실천에 대한 원칙과 안내의 차이에 따라 서로 다를 수 있다. 하지만 현실적으로 현장 예배 참여자들과 온라인을 통한 예배 참여자들 모두가 한 교회의 예배 회중들로 간주된다.

이러한 예배 회중의 변화는 디지털 영적 순례자들 또는 구도자들의 증가를 초래했다. 예배의 새로운 방식에 의한 예배 회중의 변화 또는 예배 회중을 고려한 예배 방식의 변화는 이전에 존재하던 영적 순례자들 또는 영적 구도자들이 디지털 세계에서도 나타나는 것을 의미한다. 영적 구도자들 또는 영적 순례자들은 기독교 신앙에 대한 저

---

14 '코로나19 이후 한국교회 변화 추적조사 결과 보고서'(2021년 7월 21일)에 대한 정재영 교수의 분석과 평가 참조. 정재영, "온라인에 대한 인식 변화와 공동체 형성의 과제," 「개혁주의생명신학과 온택트시대의 목회 정기학술대회 자료집」 (2021): 138.

항과 거부보다는 교회 공동체에 대한 반감과 이탈 현상으로 인해서 목회적 돌봄의 주제를 강화시켰다.[15] 특히 교회 공동체의 핵심 모임과 실천으로서 공동예배에 대한 저항과 거부에 대한 돌봄의 방식으로 초청과 환대를 제시하는 것의 중요성을 부각했다. 그런데 영적 구도자들 또는 순례자들이 디지털 세계를 통해서 나타날 때 주어지는 위험은 디지털 영지주의(digital gnosticism)를 초래하는 것이다.[16] 디지털 영지주의자들은 인터넷 또는 미디어 기술에 의한 연결성을 공동체성으로 혼동하거나 동일한 것으로 간주하고 진정한 의미의 공동체성을 경험하거나 참여하기 어렵다. 예배자들의 공동체적 일체감을 이루기 위한 효율성을 떨어트리고, 오히려 개인을 더욱 고립과 소외의 상태로 이끈다. 이러한 디지털 영지주의적 영성에 영향을 받는 공동예배의 구성과 실천은 예배자들에게 특정한 지역과 상황에 기반을 둔 공동체로의 소속감과 책임감을 간과하거나 포기하게까지 한다. 여기서 주어지는 공동예배의 회복 과제는 온-오프라인에서 증가하고 있는 다양한 영적 구도자들과 순례자들을 위한 환대를 제공하는 것이다. 환대를 제공하는 것은 단지 물리적 장소에서의 환경을 만들어 내는 것뿐 아니라 참된 환영과 공동체로의 소속에 참여할 수 있는 관계와 공동체 구성을 위한 공간과 방식을 창조하는 것이다.[17] 공동예배 회복의 과제로서 환대는 단순히 연결성에 기반을 둔 단체에 자발적으로 참여하는 것을 넘어서서 지역에 기반을 둔 공동체성을 강화하고 속할 수

---

15 정재영, 『교회에 안나가는 그리스도인』 (서울: IVP, 2015), 33.
16 김영한, "언텍트시대의 교회론," 한국복음주의 조직신학회 2021년 5월 기조 강연 참조.
17 Christine Pohl, *Making Room: Recovering Hospitality as a Christian Tradition* (Grand Rapids: Eerdmans, 1999), 150-1.

있도록 초청하고 돌보는 모든 과정과 실천을 요구한다.

둘째, 예배 회복의 방향성과 과제와 관련한 또 다른 현실은 정보 전달과 메시지 중심의 수용이라는 환원주의적 축소와 제한된 예배 경험이다. 기독교 예배의 경험과 참여는 예배의 전 구성요소들에 대한 전인적 참여를 요청한다. 예배의 구조를 명확히 제시한 초대교회부터 예배 구성요소들은 몇 가지 제한된 것들을 축소 또는 선별하지 않았고, 감사, 성경 읽기와 선포, 음악과 고백의 방식으로 진행된 기도, 성찬, 그리고 구제 등을 고정적이고 규칙적으로 실천했다.[18] 이러한 예배의 구조와 구성 방식은 프런티어 예배 방식을 통해서 축소되었고, 이른바, 마음을 준비시키는 음악(preliminary), 복음의 선포로서 메시지(message), 그리고 말씀에 응답하는 반응(altar call or spiritual harvest)이라는 삼중구조 방식을 발전시켰다.[19] 이러한 축소된 구조와 방식은 예배의 엔터테인먼트를 강화하고 전도를 위한 전략적 접근을 통해서 '구도자 집회'라는 현대예배의 새로운 모델로 발전했다.[20] 아울러 이러한 발전은 예배 구조와 구성에서 다양한 요소들의 실천과 그 의미들을 간과하게 했다. 오히려 우리 시대의 많은 공예배가 예배의 환원주의적 축소를 통해서 음악, 말씀, 또는 성찬 중심의 방식을 강화했고,[21]

---

[18] Bard Thompson, *Liturgies of the Western Church* (Philadelphia: Fortress, 1980), 8-9: "The First Apology of Justin Martyr," 65-7.

[19] 프런티어 예배 방식과 삼중구조의 형성과 발전 그리고 신학적 실천적 해석에 대해서는 Melanie Ross, *Evangelical Versus Liturgical? Defying a Dichotomy* (Grand Rapids: Eerdmans, 2014), 10-31 그리고 James White, *Protestant Worship* (Louisville: Westminster John Knox Press, 1989), 171-91 참고.

[20] Todd Johnson, "Disconnected Rituals," *The Conviction of Things Not Seen*, ed., Todd Johnson (Grand Rapids: Brazos Press, 2022), 53-66.

[21] Rory Noland, *Transforming Worship* (Downers Grove: IVP, 2021), 29-46.

예배 구조의 변화를 이해하고 해석하는 새로운 기준점이 되기도 했다.[22] 이처럼 예배의 축소된 경험에 익숙한 현대예배자들은 자신이 선호하는 음악 또는 메시지 선포와 같은 예배 구성요소에 대한 집중된 참여를 지향한다.

우리 시대에 더욱 드러난 온라인(on-line) 또는 올라인(all-line) 예배 방식은 예배 참여의 축소된 경험을 이끌어 낸다. 함께 같은 목소리로 현장에서 하나님을 찬양하는 것에 제한받는다. 공동체 전체가 같은 장소에서 먹고 마시며 그리스도를 기억하는 성찬 참여에도 여러 제한과 어려움이 주어진다. 팬데믹 이전의 온라인 예배는 질병과 개인적인 어려움으로 모임에 참여할 수 없는 자들을 위한 목회적 지원 방식이었다. 하지만 현재 진행하는 온택트 방식의 예배는 고정된 장소에 모인 자들과 온라인으로 연결된 예배자들을 동시에 고려하고 진행하게 된다. 이러한 방식의 예배에서 설교는 가장 적은 변화를 받아들이고 계속해서 강화할 수 있는 구성요소로 드러났다. 말씀 중심의 신앙생활을 추구하는 개혁교회 예배자들에게 온라인 예배 참여와 경험은 성찬과 음악 중심의 예배와 비교할 때 비교적 어려움을 최소화하고 연속성을 지닌 실천으로 지속할 수 있다.[23] 하지만, 말씀에 참여하

---

[22] 예배 역사학자 Lester Ruth에 따르면 전통적 의미의 예배 구분과 해석은 현대예배 실천의 이해와 해석에 적실성을 제시하지 못한다. 오히려 하나님의 임재 경험을 강화하는 핵심 구성요소에 집중해서 예배를 이해하고 해석하는 것이 더욱 적합하게 되었다고 본다. 그에 따르면 예배의 구성에 대한 분류와 해석은 말씀, 음악, 성찬 가운데 어디에 중점을 두고 있는지로 구분할 수 있다고 본다. Lester Ruth, "A Rose By Any Other Name," *The Conviction of Things Not Seen*, 33 - 52.

[23] 개혁교회 전통에서 말씀은 예배의 핵심으로 처음부터 계속해서 발전해 오고 있다. William Dyrness, *A Primer on Christian Worship* (Grand Rapids: Eerdmans,

고 인격적으로 반응하는 것보다는 선포되는 메시지를 정보 전달 방식으로 접하고 수용하는 경험으로 제한시킬 위험이 있다. 현장과 온라인 모두에서 상호 작용을 통한 의사소통 방식에 의한 선포와 수용이 아니라, 일방적으로 제시되는 메시지를 듣고 깨닫는 것에 더욱 집중하게 된다. 예배가 단순한 모임과 필요로 하는 메시지 수용 경험이 아니라, 하나님과 예배자들의 살아 있는 대화이듯이[24] 설교자와 청중들 사이의 인격적 상호 작용에 의한 의사소통 방식으로 진행되는 것이 말씀과 관련해서 중요한 참여 방식이다. 예배에서 말씀은 읽기와 선포에 예배자들이 전인적으로 참여하는 경험이어야 한다. 설교자의 메시지 내용에 대한 수용과 지적 참여 방식에로의 제한보다는 말씀에 설교자와 회중들이 전인적이고 공동체적으로 참여하는 과정과 경험 방식이어야 한다.[25]

셋째, 오늘날 예배 회복을 위한 현실은 공동예배와 삶의 간격과 분리에 따른 상호 연결과 통합의 약화에 있다. 공동예배는 삶과 신앙을 통합시키는 실천이다.[26] 공동예배의 실천을 통해서 세상을 하나님의 관점으로 이해할 뿐만 아니라, 세상에 임재하시고 일하시는 하나님의 역사에 참여하는 삶의 방식도 배우고 익힌다. 예배자들은 세상에서 직면한 삶의 현실을 버려두고 공동예배에 참여하는 것이 아니라,

---

2009), 109.

24 Witvliet, "Images and Themes in John Calvin's Theology of Liturgy," *Worship Seeking Understanding*, 146.
25 Dyrness, *A Primer on Christian Worship*, 110.
26 Matthew Kaemingk and Cory Willson, *Work and Worship: Reconnecting Our Labor and Liturgy* (Grand Rapids: Baker Academic, 2020), 11. Matthew Kaemingk와 Cory Willson은 세상에서의 일과 예전의 통합이 성경과 기독교 역사의 가르침이라는 것을 심도 있게 논증한다.

오히려 공동예배 안으로 그것들을 가져와서 하나님의 관점에서 새롭게 해석하고 다시금 하나님의 역사와 일하심 안에서 살아간다.[27] 그런데 오늘날 예배자들은 예배 참여의 의무에 집중하면서도 세상과 신앙의 연결을 위한 공동예배의 역할에 대해서는 간과하는 경향이 강하다. 팬데믹으로 인한 거리두기와 모임 제한으로 인해서 어떤 방식으로든 공동예배에 참여하는 것만으로도 신앙생활의 중요한 부분을 충족한다고 간주하는 것이다. 하지만 공동예배는 경배를 위해서 중요하지만 동시에 예배를 통한 세상에서의 삶에 주어지는 유익과 관련해서도 의미를 지닌다.[28] 물론 예배와 삶의 관련성을 강조하는 것이 그 자체로 공동예배를 약화시키는 근거가 되는 것은 아니다.[29]

예배를 통한 신앙과 삶의 관계와 관련해서 공동예배의 실천과 관련한 중요한 과제는 하나님의 은혜에 대한 반응을 특정 영역에 제한하지 않는 것이다. 곧 공동예배와 삶 전체를 하나님의 임재와 은혜에 대한 반응과 참여로 간주하는 것이다. 이것은 공동예배에서의 은혜에 대한 반응과 참여가 일상과 삶의 과정에서 나타나는 하나님의 은혜에 대한 반응과 다르지 않고 두 개의 구분된 영역으로 간주하는 것을 뜻한다.[30] 이런 점에서 안식을 통한 예배와 세상에서의 삶이 하나

---

27 Kaemingk and Willson, *Work and Worship*, 210.
28 Nicholas Wolterstorff, "The Tragedy of Liturgy in Protestantism," *Hearing the Call: Liturgy, Justice, Church, and World* (Grand Rapids: Eerdmans, 2011), 31.
29 Wolterstroff는 개혁주의 예배의 최대 약점 가운데 하나가 삶의 강조에 따른 공동예배의 의례적 의미와 역할을 간과하는 것이라고 지적한다 Wolterstorff, "The Tragedy of Liturgy in Protestantism," 36.
30 Daniel Block은 기독교 예배의 개념이 공동예배와 세상에서의 삶을 통한 하나님의 은혜에 대한 신실한 반응 방식이라는 점을 성경적으로 입증한다. Daniel Block, *For the Glory of God: Recovering a Biblical Theology of Worship* (Grand Rapids:

님의 은혜에 대한 구분된 반응 방식이지만, 서로 연결된 리듬의 순환 관계를 지닌다. 동시에 공동예배는 삶을 반영하고 삶은 공동예배의 가치를 제시하는 데 집중한다. 이러한 연결을 가리켜 예배의 선교적 역할과 일상의 예배적 기능으로 발전시켜 선교적 예배와 예배적 선교의 통합을 시도하기도 한다.[31] 예배의 모임과 참여 방식에 대한 목회적 과제와 대응에만 집중하는 것은 공동예배와 삶의 유기적 순환과 통합 관계를 간과하고 단지 모이는 교회나 흩어지는 교회 자체를 분리해서 강조할 수 있는 위험에 빠질 수 있다. 이처럼 공동예배와 삶의 균형 있는 관계를 지속적으로 강화시키는 것은 예배 회복의 중요한 과제가 된다.

위에서 살펴본 것처럼 오늘날 급변하고 있는 예배 현실에서 영적 구도자들 또는 순례자들의 증가, 메시지 전달에 따른 정보 수용의 제한된 참여, 공동예배와 삶의 유기적 연결성 약화는 예배 회복을 위한 중요한 영역이다. 이러한 도전적 현실은 예배를 단지 모이는 예배 또는 새로운 기술 사용을 위한 연결성을 강화하는 예배와 같은 어느 하나의 강조를 넘어서서 신학적 접근과 대안 제시를 요구한다. 정해진 물리적 장소에서 직접적인 모임을 통한 예배가 그 자체로 예배의 의미와 역할을 자동적으로 이끌어 내지 않고, 디지털 기술에 의한 가상 공간의 연결이 인격적이고 전인적인 참여를 보다 효율적으로 보증하는 새로운 방식의 대안 예배라고 확증하기도 어렵다. 현재 수용하는

Baker Academic, 2016). 암 5:21-24은 공동예배의 모임과 세상에서의 삶이 모두 하나님 앞에서 이루어지는 일관된 반응으로 간주되어야 할 것을 강조하는 대표적인 성경 구절이다.

31 Ruth Meyers, *Missional Worship, Worshipful Mission: Gathering as God's People, Going Out in God's Name* (Grand Rapids: Eerdmans, 2014).

대부분의 온라인 예배는 현실적으로 모임의 제한에 대한 임시적 대응으로 실천하는 경우가 많다. 모임의 제한이 요구되지 않는 상황에서 온라인 예배를 하나의 새로운 대안으로 제시하는 것과 임시적 불가피한 상황에서 온라인 예배를 어떻게 활용할 것인가에 대한 논의는 서로 다르다.[32] 이에 대한 논의는 예배 회복을 위한 본 연구의 관심을 넘어선 영역이다. 본 연구는 전통적 방식의 현장 예배와 새로운 대안의 온라인 예배에 대한 현실 수용안을 비교하는 것이 아니라, 어떤 방식을 택하든 은혜로 주어지는 하나님의 임재와 일하심에 예배자들이 더욱 적극적으로 참여할 수 있는 회복 방안으로서 실천적 제안을 제시하는 데 목적을 둔다.[33]

3. 성령과 공동 기도: 예배 회복을 위한 개혁주의적 접근의 원리와 특징

---

[32] 온라인 예배와 성찬 참여에 대한 신학적 토대와 실천적 가능성과 정당성을 제시한 Deanna Thompson은 질병과 개인적 사유로 인해서 모임에 제한받는 이들에게 온라인 예배를 통한 그리스도의 임재 경험과 치유 그리고 회복의 가능성을 제시한 것이다. 따라서, 제한된 상황에서의 가능성과 정당성이 일반적인 상황에서의 보편적 원리가 되는 것과는 구분되어야 한다. 그리고 가상공간의 경험은 언제나 직접적인 대면의 인격적 접촉과 상호작용까지 이어질 수 있어야 한다고 강조한다. Thompson, *the Virtual Body of Christ in a Suffering World*, 101.

[33] 기독교 예배의 대안에 대한 논의는 단지 전통과 쇄신 사이의 긴장 관계에 따른 선택과 결정만이 아니며, 안정과 부흥, 고정된 실천과 즉흥성 허용, 지적 참여와 감정적 참여, 공동체적 참여와 개인의 참여 등과 같이 다양한 관점의 입장에서 논의될 수 있다. 그럼에도 기독교 예배에서 가장 중요한 핵심은 예배자들이 하나님의 임재와 일하심에 대한 참여를 어떻게 제시하고 돕는가에 집중한다. Greg Scheer, *Essential Worship* (Grand Rapids: Baker Books, 2016), 64-5.

오늘날 공동예배는 영적 순례자들 또는 구도자들의 증가, 축소된 예배 구성요소의 제한된 경험, 그리고 공동예배와 삶의 유기적 통합이 약화된 상황을 새롭게 회복하기 위한 대안 제시를 요청받는다. 예배의 구성과 실천은 문화에 영향을 받지만 동시에 신학적 입장과 전통에 따라서 서로 다른 방향을 제시한다. 본 연구는 위에서 제시한 예배 현상의 과제들을 개혁주의 신학과 전통의 입장에서 접근하고 새롭게 회복하기 위한 대안을 제시하고자 한다.

개혁주의 신학과 전통은 예배 실천과 관련해서 성령을 강조한다. 최근 기독교 공동체의 실천으로서 예배에서의 성령의 위치와 역할에 대한 강조가 다시 주어지고 있다.[34] 하지만 예배에서의 성령의 위치와 역할은 초대교회 교부의 유산을 발전시킨 종교개혁과 이후 개혁주의 신학과 전통에서 강조해 왔다. 요한 헤셀링크(I. John Hesselink)는 개혁주의 전통의 초석을 구축한 칼빈을 가리켜 '성령의 신학자'(a theologian of the Holy Spirit)이고 또 '성령의 가르침은 칼빈이 교회에 가져다준 선물'이라는 워필드(B. B. Warfield)의 언급을 강조한다.[35] 요한 위트빌릿(John Witvliet)은 칼빈의 『기독교강요』에서 예배와 관련한 핵심 표현들은 모두 성령과 관련되어 있다는 것을 강조한다.[36] 휴즈 올드(Hughes Old)는 "개혁주의 예배의 핵심에 있는 하나의 교리가 있다면 그것은 바로 성령의 교리"[37]라고 했다. 실제로 칼빈은 예배에서 성령이 말씀에 반

---

[34] Glenn Packiam, *Worship and The World to Come: Exploring Christian Hope in Contemporary Worship* (Downers Grove: IVP, 2020), chapter 9-10.

[35] I. John Hesselink, 『칼빈의 제1차 신앙교육서』, 이승구, 조호영 역 (서울: CLC, 2019), 483.

[36] Witvliet, "Making Good Choices in an Era of Liturgical Change," 273.

[37] Hughes Old, *The Patristic Roots of Reformed Worship* (Zurich: Theologischer Verlag,

응하도록 주도적 역할을 한다는 것을 직접 강조한다.[38] 이처럼 성령의 위치와 역할에 대한 개혁주의의 강조는 예배 구성과 참여에서 중요한 토대와 실천적 원리를 제공한다. 우선, 예배 구성과 실천에서 성령의 주도적 임재와 일하심을 강조한다. 예배는 단지 하나님을 향한 인간의 창의적 고안과 접근에 의해서 이루어지는 경배 활동을 넘어서서, 보다 근본적으로 성령의 주도성에 의해서 이루어지는 삼위 하나님의 일하심에 대한 참여 방식과 과정이다. 성령의 주도성을 명확히 인정하지 않으면 인간중심의 접근(anthropocentric approach)에 따라서 예배에서 예배자들의 행위 자체에 집중한다. 이러한 접근은 유니테리안(unitarian) 또는 실존적(existential) 경험을 예배의 기준과 방향으로 이끌 수 있는 위험이 있다.[39] 위트빌릿(Witvliet)은 예배에서 성령의 주도적 임재와 일하심에 대한 명확한 이해와 수용을 하지 않을 경우, 성령을 거부하는 것이 아니라, 오히려 성령의 역할에 대한 왜곡된 적용을 예배에 반영한다고 경고한다. 곧 예배에서의 성령의 위치와 역할을 무시 또는 간과하고(ignoring or downplaying the role of the Holy Spirit in worship), 성령의 포괄적이고 전인적인 임재와 일하심을 감정과 제한된 경험으로 축소하고(Limiting the Spirit's role to only the spontaneous or ecstatic elements of worship), 심지어 성령의 경험을 어느 정도 조절 및 통제할 수 있다(the temptation of thinking that we can somehow engineer the Spirit's work)는 위험에까지 이른다고 본다.[40]

1975), 341.

[38] Calvin, *Institutes*, 4.14.10.

[39] James B. Torrance, *Worship, Community, and the Triune God of Grace* (Downers Grove: IVP, 1997), 12, 17.

[40] Witvliet, "Making Good Choices in an Era of Liturgical Change," 274-5.

성령의 주도적 임재와 일하심에 대한 강조는 또 다른 측면에서 예배에서 예배자들의 고안과 창의적 접근보다 성령에 의해서 주어진 은혜에 적극적이고 신실한 반응으로서의 참여(active and sincere participation as response)를 강조한다. 기독교 예배는 예배자들이 임의로 고안해 내는 경배의 방식이 아니라, 일종의 명확한 안내와 지침 또는 기준과 규율에 따른 각 공동체의 창의적 반응 방식으로 이해될 수 있다.[41] 곧 모든 것을 임의로 창의성에 기반을 둔 실천을 하는 것이 아니라, 성경에 토대를 두고 성경의 안내에 따라서 그리스도의 복음을 제시하고 기념하고 참여하는 방식에서의 창의적 반응을 인정하고 강조한다.[42] 여기서 성경의 가르침을 따라 성령 하나님의 도우심으로 주어지는 은혜의 방편을 주목할 필요가 있다. 개혁교회에서 인정하는 은혜의 방편 곧 말씀, 성례, 기도는 모두 공동예배의 구성요소에 해당한다. 성령에 의해서 주어지는 은혜에 참여하는 방편은 공동체를 통해서 직접 경험된다. 곧 예배는 공동체 안에서 성령에 의해서 주어지는 은혜의 방편에 참여하는 과정과 방식으로 볼 수 있다. 지금까지 개혁주의 예배는 말씀과 성찬의 강조에 집중해 왔다.[43] 동시에 성령의 주도적 임

---

[41] 예배의 기준, 규율, 또는 실천을 위한 토대를 가리켜 일종의 지침(prescript)으로 볼 수 있는데 기독교 예배는 모든 교파와 전통에서 자율성을 강조하든 통일성과 규범성을 강조하든 성경에서 제시하는 그리스도의 복음을 반영하는 예배를 실천하는 것에서는 같다. Cf. Wolterstorff, "Introduction" *Historical Foundations of Worship, viii* (the structure of Christian worship).

[42] Wolterstorff, *Acting Liturgically*, 31–55 (on the following a liturgical script). Nicholas Wolterstorff, *The God We Worship* (Grand Rapids: Eerdmans, 2015), 39–40. Kevin Navarro, *Trinitarian Doxology: T.F and J.B. Torrance's Theology of Worship as Participation by the Spirit in the Son's Communion with the Father* (Eugene: Pickwick, 2020), 30.

[43] Howard Hageman, *Pulpit and Table: Some Chapters in the History of Worship in the*

재와 일하심은 공동예배 안에서의 기도에도 나타난다. 공동예배에서의 공동 기도의 구성과 실천은 개혁주의 예배에서 지속해서 강조되어 왔다. 칼빈, 낙스, 웨스트민스터 디렉토리에 이어 19세기 이후 개혁주의 장로교 예배 실천은 모두 한결같이 공동 기도의 실천을 강조한다. 올드(Old)는 개혁주의 예배 구성과 실천에서 주어진 중요한 특징이 말씀과 성찬(Word and sacrament)과 아울러 말씀과 기도(Word and prayer)의 강력한 역동적 관계에도 나타난다고 강조한다.[44] 공동 기도의 강조는 이처럼 말씀과 함께 개혁주의 예배 구성과 실천을 위한 중요한 회복의 대상이 된다.

4. 공동예배에서 성령의 역사에 참여하는 기도의 실천: 개혁주의 예배 회복의 과제

개혁주의는 공동예배에서 성령의 능동적이고 주도적인 임재와 역사에 참여하는 것과 은혜의 방편이자 공동예배의 구성요소로서 기도의 실천을 강조한다. 공동예배 안에서 성령의 능동적 역사를 인정하는 것은 단지 인간 내면의 감정에서 주어지는 엑스터시(황홀경)의 경험이

Reformed Churches (Eugene: Wipf and Stock Publishers, 2004). 이 책은 Hageman이 프린스턴 신학교에서 Stone Lectures로 전담한 개혁주의 예배 신학과 역사에 대한 탁월한 고찰로서 개혁주의 예배에서 가장 중요한 특징으로서 말씀 중심 곧 설교의 전달을 강조한다.

44 Hughes Old, *Leading In Prayer: A Workbook for Worship* (Grand Rapids: Eerdmans, 1995), 3.

나 주관적 느낌으로 제한되지 않는다.[45] 예배에서 성령은 내면에서 이루어지는 감각적 느낌과 경험보다는 예배의 구조와 진행 전체를 능동적으로 이끄시는 주체로 임재하시고 역사하신다. 흔히 요한복음 4:23의 "영과 진리의 예배"에 대해서 외적 물리적 공간이 아니라 인간 내면의 태도와 자세에 대해서 해석하는 경향이 지배적이다.[46] 하지만 요한복음 전체의 맥락을 볼 때, 이 구절에서 요한이 강조하는 것은 물질성에 대비되는 예배자의 내면과 태도보다는 성령과 그리스도의 일하심에 있다.[47] 이것은 공동예배에서 그리스도에게 이끄시는 성령 하나님의 일하심을 더욱 강조하는 것을 뜻한다. 성령은 공동예배의 구성요소들 전체를 직접 주관하시고 예배자들을 그리스도에게로 인도하시며 하나님과의 깊은 관계를 형성하게 하신다.[48] 곧 성령께서는 세

---

[45] Nicholas Wolterstorff, "Series Introduction," *Theological Foundations of Worship*, ed., Khalia Williams and Mark Lamport (Grand Rapids: Bakers, 2021), xviii.

[46] 이 본문은 최근에 가상공간을 통한 온라인 예배의 가능성을 이끌어 내는 성경적 근거로 사용되기도 한다. 예배가 물리적 장소에 제한되지 않고 하나님을 향한 내면의 태도에 의해서 결정된다는 해석에 기반을 둔다. 이러한 해석은 요 4:23 "영과 진리로 예배"하는 것에 대한 하나의 해석일 수는 있다. 칼빈 역시 이 본문을 통해서 예배에서 내면의 태도, 내적 자세, 비물리적 공간에 대한 강조를 하는 근거를 이끌어 낸다. Calvin, *Institutes*, 3.20.30; "On the Necessity of Reforming the Church," 128. 하지만 요한복음 전체의 맥락에서 "영과 진리"는 성령과 진리이신 그리스도로서 예배가 그리스도를 지향하고 성령은 그리스도로 안내하고 인도하는 역할을 한다는 삼위일체적 해석이 요한복음의 전체 맥락에 더 부합한 것으로 볼 수 있다. Marianne Thompson, *The God of the Gospel of John* (Grand Rapids: Eerdmans, 2001), 216-7 그리고 Herman Ridderbos, *The Gospel of John; A Theological Commentary*, trans. John Vriend (Grand Rapids: Eeerdmans, 1991), 163-4.

[47] David Taylor, *The Theater of God's Glory: Calvin, Creation, and the Liturgical Arts* (Grand Rapids: Eerdmans, 2017), 159.

[48] Philip Butin, *Revelation, Redemption, Response: Calvin's Trinitarian Understanding of*

례, 성찬, 설교, 공동 기도 등 예배의 구성요소들을 통해서 예배자들을 하나님과의 관계에 더욱 선명하게 참여시킨다.

또한 공동예배의 구성요소 가운데 기도는 예배의 다른 각 구성요소들과 연계되어 실천되거나 또는 독립된 순서로 진행한다. 공동예배의 기도에는 공동체마다 차이는 있지만 대략 예배로의 초청 기도, 고백과 간구의 기도, 조명 기도, 도고 기도, 성찬 기도, 축복 기도 등이 있다.[49] 이 기도들은 각각 다른 예배 구성요소들과 연결되어 있거나 그 자체로 독립된 기능을 하며 예배자들의 참여를 요구한다. 성령은 다른 예배 구성요소들과 함께 이러한 일련의 기도를 통해서 능동적으로 역사하시고 또 예배자들의 참여와 반응을 요구하신다. 성령의 역사에 의한 은혜의 방편으로서 기도를 공동예배 안에서 구체화시키는 것은 자연적으로 이루어지지 않고 예배자들의 의도적 노력과 훈련을 통한 참여를 요구한다.[50] 공동예배의 다양한 기도들 가운데 오늘날 예배 회복을 위해서 주목할 순서는 처음 시작을 알리는 예배로의 초청 기도(invocation), 말씀의 사역에 참여시키는 조명 기도(prayer of illumination), 그리고 세상과 예배의 연결을 이끌어 내는 목회 기도 또는 도고 기도(intercessory prayer as pastoral prayer)이다.

---

the *Divine-Human Relationship* (New York: Oxford University Press, 1995), 102 그리고 Witvliet, "Images and Themes in John Calvin's Theology of Liturgy," 146–7.

49   Howard Rice and James Huffstutler, *Reformed Worship* (Louisville: Geneva Press, 2001), 111–28. Old, *Leading in Prayer: A Workbook for Worship*. Ronald Byars, "Creeds and Prayers," *A More Profound Alleluia: Theology and Worship in Harmony*, ed., Leanne Van Dyk (Grand Rapids: Eerdmans, 2005): 83–108.

50   Rice and Huffstutler, *Reformed Worship*, 111.

1) 성령의 일하심에 참여하는 초청 기도

공동예배의 시작은 예배 인도자가 회중들에게 공식적으로 알리는 선포, 기도, 안내 등에 의해서 이루어진다.[51] 이러한 시작이 다양한 방식으로 구성되고 표현될 수 있지만 분명한 특징은 하나님의 초청에 있다. 공동예배의 모임은 예배 인도자가 예배자들을 초청하는 것이 아니고 예배자들이 하나님을 초청하는 것도 아니라, 하나님의 초청에 예배자들이 참여하는 것이다. 예배자들은 모임을 위한 주도권을 스스로 갖지 않으며, 이미 모임 가운데 임재하시고 초청하시는 하나님의 공간에 참여하는 것이다.[52] 성령 하나님은 예배 공동체를 환영하시고, 삼위 하나님이 임재하시고 일하시는 공간으로 인도하신다. 예배가 인간의 창조에 기반을 두는 것이 아니라, 삼위 하나님의 일하심에 의해서 가능하다는 것을 분명히 선포하고 인지시킨다.[53] 카이퍼(Kuyper)는 공동예배의 시작을 알리는 공식적인 순서로 'votum'을 명확히 풀어서 설명한다. 그에 따르면, 공동예배의 공식적인 첫 순서로서 'votum'은 예배의 시작과 가능성이 목회자 또는 다른 예배 인도자에 의해서 이루어지지 않고 하나님에 의해서 가능하게 된다는 것을 선포하는 것이다.[54] 예배의 공식적인 시작을 알리는 이 순서는 하나님의

---

51 성경구절 읽기, 환영의 인사, 악기 연주나 음악, 기도, 촛불을 통한 상징 사용 등 신학과 전통 그리고 예배 공동체마다 서로 다르게 다양한 방식을 사용한다.
52 Robbie Castleman, *Story Shaped Worship: Following Patterns from the Bible and History* (Downers Grove: IVP, 2013), 81.
53 Hughes Old, "John Calvin and the Prophetic Criticism of Worship," *John Calvin and the Church: A Prism of Reform,* ed., Timothy George (Louisville: Westminster John Knox, 1990), 234.
54 Abraham Kuyper, *Our Worship* (Grand Rapids: Eerdmans, 2009), 107-8.

임재를 초청하는 것이 아니라, 이미 계신 하나님의 임재와 일하심을 예배 공동체가 인식하고 인정하는(recognizing and confirming) 의미를 지닌다.[55] 올드(Old)는 공동예배의 시작을 공적으로 선포하는 'votum'이 하나님을 향한 예배자들의 공적인 선언일뿐 아니라 '기도'가 될 수 있다는 것을 강조한다.[56] 중요한 것은 선포와 기도라는 방식보다 '하나님을 향한'(to God) 고백과 표현에 있다. 그리고 이러한 하나님의 주도적 일하심을 '공동체'가 함께 인정한다는 데 있다.

성령 하나님은 예배의 시작에서 초청 기도를 사용해서 예배자들을 환영하신다. 초청 기도를 통한 예배자들의 환영과 환대는 예배에 참여하는 자들 모두가 성령 하나님의 환대에 반응하는 것을 의미한다. 여기서 공동예배에 참여하는 자들을 향한 하나님의 환대를 강조할 필요가 있다. 오늘날 다양한 영적 순례자들, 특히 디지털 시대의 가상 공간을 통해 더욱 증가된 영적 순례자들이나 구도자들은 예배에서 환대를 경험하기보다는 스스로 관심을 지닌 영적 기대와 갈망을 충족하는 소비주의적 입장을 지닌다. 곧 공동예배에 참여하는 것이 성령 하나님의 초청에 의한 환대와 은혜에 반응하는 것이 아니라, 예배자의 기대를 충족하고 만족을 이끌어 내기 위한 선택과 결정에 의한 자발적 참여로 받아들인다. 이러한 상황에서 공동예배의 첫 순서로서 초청 기도는 성령께서 예배자들을 적극 환대하시고 특정한 절차와 과정을 통해서가[57] 아니라 직접 받아들이시는 것을 강조할 필요가 있

---

[55] Kuyper, *Our Worship*, 110. John Witvliet, "The Opening of Worship: Trinity," *A More Profound Hulleluia*, 11 2.

[56] Old, *Leading in Prayer*, 14.

[57] 공동체로의 입문과 세례와 관련한 절차는 특정한 과정을 거치게 한다. 하지만 공동예배로의 참여 자체는 특정한 과정과 절차를 통해서 참여하게 하는 것보

다. 온라인 또는 현장 예배에서 아주 짧은 시간 무의식적으로 참여할 수 있는 예배자들을 향한 초청은 적극적인 참여자들뿐 아니라 영적 순례자들과 구도자들에 대한 관심을 의도적으로 반영하는 것이 요구된다. 이를 위해서 성령 하나님에 의해 초청을 받아 환대에 참여하는 직접적이고 의도적인 표현과 고백을 기도에 담아내는 것이 도움이 될 수 있다.

성령 하나님의 환대는 예배 초청의 주체이신 하나님을 분명히 언급하고 표현하는 것과 온-오프라인의 영적 순례자들과 구도자들이 개인적으로 예배에 참여하는 것을 넘어서서 공동체의 구성원들과 깊은 관계 형성을 할 수 있도록 초청하는 것을 포함한다.[58] 이런 점에서 예배로의 초청 기도는 소외된 자들, 방황하는 자들, 공동체와 단절된 자들에 대한 의도적 접근과 초청을 담아내고 그들이 삼위 하나님의 환대와 사랑에 참여할 수 있는 공간을 창조하는 역할을 한다.[59] 온라인과 현장의 모임을 통한 예배 사이의 긴장 관계 속에서 어떤 방식을 택하든 예배의 시작 부분에 성령 하나님의 초청을 제시하고 소외와 차별 없는 환대를 드러내는 초청 기도는 개혁주의 전통에서 오랫동안

다는 하나님의 직접적인 환대에 반응하도록 초청하는 것이 더욱 중요하다. 구약의 경우, 성막과 성전의 의례에 참여하는 방식은 일정한 이동과 절차를 요구한다. 하지만 그리스도께서는 일정한 절차와 과정이 아닌 바로 성령의 도우심에 의해 하나님의 임재에 참여할 수 있는 가능성을 제시해 주셨다. Taylor, *The Theater of God's Glory*, 163.

[58] Christine Pohl, *Living into Community: Cultivating Practices That Sustain Us* (Grand Rapids: Eerdmans, 2012), 164.

[59] Miroslav Volf, *Exclusion and Embrace* (Nashville: Abingdon Press, 1996), 129. 여기서 공간은 물리적 장소뿐 아니라 삼위 하나님의 삶에 참여하는 실제적인 경험으로서의 공간을 뜻한다.

사용해 온 시편 124:8("우리의 도움은 천지를 지으신 여호와의 이름에 있도다") 을 원형으로 확대 발전시킬 수 있다. 칼빈과 이후 개혁주의 예배 실천에서 예배의 시작을 알리는 선포(votum)이자 고백 그리고 하나님의 임재를 인정하는 초청 기도의 성경 구절로 사용된 이 구절[60]을 그 자체로 마무리하지 않고, 이후 환대의 직접적인 표현과 내용을 포함하는 것이다. 예를 들어, "우리의 도움은 천지를 지으신 하나님에게 있습니다. 우리의 참된 피난처이신 하나님 아버지, 방황과 혼동에 있는 저희들에게 길이 되어 주신 예수님, 우리 모두를 차별 없이 초청해 주시는 성령님! 우리가 공동체로 성령 하나님의 초청에 믿음으로 반응하고 참여하게 하소서. 공동체를 떠나 개인으로 영적 순례와 구도의 길에 있는 이들이 소외되지 않고 하나님의 초청으로 또 다른 지체와 연합되게 하소서"와 같은 내용을 반영하는 것이다. 개혁주의 기도는 고정된 기도문을 읽는 기도보다 기도 문구의 자율적 선택과 구성을 인정한다.[61] 따라서 성령의 환대를 반영하는 초청 기도는 (1) 하나님의 임재에 대한 우선적 인정과 고백, (2) 하나님의 주도적이고 차별 없는 초청, (3) 영적 구도자들과 순례자들을 향한 의도적인 환대와 초청의 표현을 담아내는 것에 근거한 자율적 표현으로 구성될 수 있다.

---

60 Thompson, *Liturgies of the Western Church:* "The Form of Church Prayers"(197), 칼빈의 경우 시 124:8을 예배의 서두에서 시작을 알리는 선언적 문구와 표현으로 사용하고 '아멘'으로 마무리한다.

61 고정된 기도문의 낭독과 암송이 아닌 자율적 기도의 인정은 개혁주의, 자유교회 전통의 예배에서 중요한 원리이자 실천 방식이다.

2) 성령의 일하심에 참여하는 조명 기도

공동예배 안에서 조명 기도(prayer for illumination)는 예배 구성의 핵심 요소이고, 성령의 역사를 가장 직접적이고 구체적으로 인정하고 표현하고 참여하는 기도이다. 이 조명 기도의 핵심은 공동예배 안에서 성령의 은혜가 말씀을 통해서 이루어질 것을 간구하는 것이다.[62] 곧 예배자들의 마음과 생각에 하나님의 말씀을 받아 깨닫고 말씀을 통해 주어지는 하나님의 임재와 일하심에 참여하도록 성령의 도우심을 요청하는 기도로 볼 수 있다. 그런데 역사적으로 초대교회의 공동예배 안에서 실천한 조명 기도는 주로 세례와 성찬과 관련했다.[63] 하지만 중세의 로마 미사로부터 조명 기도로 간주할 수 있는 공동예배의 기도가 약화되거나 사라졌다.[64] 개혁주의 전통은 조명 기도를 복원시켰고 말씀 중심의 공동예배 안에 핵심 구성요소로 포함시켰다.[65] 칼빈은

---

[62] Old, *Worship Reformed According to Scripture*, 129.
[63] 세례를 집례할 때 성령의 초청 기도를 포함한 것은 이미 터툴리안의 세례 실천에서부터 기록되어 있고, 초대교회에서 보편적으로 수용되었다. James White, *Documents of Christian Worship* (Louisville: Westminster John Knox Press, 1992), 149. 성찬 중심의 초대교회 예배 구성과 실천에서 성령의 조명을 구하는 기도(epiclesis)는 모든 예배에 공통으로 포함되었다. R.C.D. Jasper and G.J. Cuming, *Prayers of the Eucharist: Early and Reformed* (Collegeville: Order of Saint Benedict, 2019), 63, 154 참조.
[64] Old, *Leading in Prayer*, 142.
[65] 츠빙글리, 파렐, 불링거, 덴마크 개혁교회(1537), 칼빈(스트라스부르그와 제네바 모두), 라스코(A Lasco, 1555), 낙스, 미델버그(Middelberg, 1586)이르는 모든 개혁주의 예배에서 예외 없이 조명 기도(prayer for illumination)를 포함하고 있다. Jonathan Gibson and Mark Earngey, *Reformation Worship: Liturgies from the Past for the Present* (Greensboro: New Growth Press, 2018), 670-4. Jasper and Cuming, *Prayers of the Eucharist*, 264-94.

마틴 부처(Martin Bucer)의 예배에 영향을 받은 스트라스부르그에서뿐 아니라 제네바에서도 공동예배 안에 조명 기도를 고정된 순서로 포함시켰다. 이후 개혁주의 전통은 성찬과 세례에서 성령의 조명을 간과하지 않지만, 매주 공동예배 안에서 진행하는 말씀 읽기와 설교에 성령의 조명을 연결하는 방식으로 조명 기도를 실천해 왔다.

공동예배에서 조명 기도는 우선 무엇보다도 하나님을 아는 것과 하나님의 임재 경험이 하나님에 의해서 주어지는 은혜에 참여하는 것임을 강조한다. 인간은 스스로 하나님을 알거나 하나님의 임재를 기계적 또는 주술적으로 이끌어 내지 못한다. 오직 하나님이 능동적이고 주도적으로 스스로를 드러내실 때 하나님을 알 수 있고 또 하나님의 임재에 참여할 수 있다.[66] 성령은 이러한 하나님의 자기 계시에서 주도적 역할을 하시고 예배자들이 은혜로 경험하고 참여하게 하신다. 조명 기도는 예배자들이 하나님을 알고 하나님의 임재를 경험하게 하시는 성령의 인도하심에 참여하는 방식이다.[67] 두 번째로 주목할 것은 이 조명 기도가 말씀의 사역과 연결되어 있다는 점이다. 성령은 하나님의 말씀을 단지 지식과 정보로 수용하거나 새로운 의미를 깨닫게 하는 것을 넘어서서 말씀을 통해서 하나님을 인격적으로 알고 하나님의 임재와 일하심에 참여하게 하신다.[68] 곧 말씀을 새로운 지식과

---

[66] 개혁주의에서 하나님을 아는 것과 하나님의 임재에 참여하는 것에 대한 가능성이 하나님으로부터 비롯된다는 것은 이른바 '하나님의 자기도모 교리'(doctrine of God's accommodation)에서 잘 나타난다. Alister McGrath, "The Doctrine of Trinity: An Evangelical Reflection," *God the Holy Trinity*. ed., Timothy George (Grand Rapdis: Baker Books, 2006), 19.

[67] Wivliet, "Making Good Choices in an Era of Liturgical Change," 275.

[68] Old, *Leading in Prayer*, 140.

깨달음의 대상으로 간주하는 것이 아니라, 그리스도와의 살아 있는 인격적 만남과 연합에 이르게 하는 방편으로 경험하게 하신다.[69] 이런 점에서 말씀과 관련한 성령의 조명을 구하는 기도는 예배자들에게 지적 접근을 넘어서서 인격적 진리에 참여하는 데 주력하게 한다. 동시에 성경을 읽고 설교하는 선포자와 회중 사이의 관계보다 성령 하나님과 예배에 참여하는 설교자와 회중들 사이의 관계를 더욱 강조한다.[70] 세 번째로 주목할 것은 조명 기도가 개인의 기도보다 공동예배 안에서 실천된 것이다. 조명 기도의 핵심 가운데 하나는 성령의 내적 조명의 역사가 말씀을 단지 개인적으로 깨닫고 이해하는 수용을 넘어서서 공동체 전체를 새롭게 비추어 주고 세워가는 역할을 위해 간구하는 것이다.[71] 성령은 공동체 안에서 주도적으로 역사하시고 공동체 전체가 함께 말씀에 대한 이해와 삶으로의 연결을 할 수 있도록 이끄신다.

이처럼 조명 기도는 하나님을 아는 것과 하나님의 임재에 참여하는 일이 성령 하나님의 주도적 일하심으로 가능하고, 말씀을 단지 지식과 정보로 수용하는 것을 넘어서서 인격적 진리로 받아들여 참여하게 하고, 공동체를 세워가는 방식에서 중요한 역할을 한다. 오늘날 온-오프라인의 예배자들 가운데 예배를 단지 말씀 선포의 수용 경험으로 제한시키는 경향이 드러난다. 개혁주의 예배에서 말씀 중심의 구성과 실천은 중요하지만, 예배를 설교자의 선포를 개별적 수용으로 간주하는 것으로 제한시키는 것은 주의해야 한다. 조명 기도의 분

---

[69] Wivliet, "Making Good Choices in an Era of Liturgical Change," 276.
[70] Old, *Leading in Prayer*, 140.
[71] Old, *Leading in Prayer*, 144.

명한 이해와 수용은 공동예배에서 설교자와 회중이 하나의 같은 공동체로서 정보와 지식을 넘어선 인격적 진리에 참여하는 방식으로 이끈다. 이를 위해서 오늘날 예배 회복을 위한 조명 기도의 구체적인 내용과 형식은 하나의 고정된 방식으로 표준화할 수는 없다.[72] 하지만 개혁주의 전통에 근거한 조명 기도의 원형을 목회적 상황에서 자율적으로 수용하는 것이 도움이 될 수 있다. 츠빙글리는 시편 119편에 근거한 조명 기도를 구체화했다. 칼빈은 목회적 융통성에 따른 자율적 조절을 인정하면서 스트라스부르그와 제네바에서 자신의 고정된 조명 기도문을 사용했다. 이들의 기도 내용과 형식을 반영한 기도문의 기본 구조에 근거한 조명 기도는 다음과 같다. "하나님, 하나님의 말씀이 하나님의 영광에 부합하도록 이해되고 수용되고 공동체 전체를 교화시키는 성령의 은혜가 주어지게 하옵소서. 하나님 말씀이 우리의 발에 등이 되고, 우리의 길을 비추는 빛이 되게 하시며, 우리의 마음을 밝히 비추어서 겸손과 순종으로 하나님의 말씀을 따르는 공동체가 되게 하옵소서." 이처럼 공동예배 안에서 예배자들(설교자와 회중들)이 공동체로서 하나님의 말씀을 통해 진리이신 그리스도를 향한 삶의 형성이 지속적으로 가능하도록 조명 기도의 회복을 위한 노력이 요구된다.

---

[72] 개혁주의 전통과 자유교회 전통에서 공동 기도는 하나의 고정된 방식보다 자율적 방식을 더 중요한 기도의 구성 원리와 실천으로 수용해 왔다. 실제로 개혁주의자들은 어느 하나의 고정된 기도문(주기문 제외)을 암송하거나 낭독하는 방식보다 자율적 구성과 고백을 강조했다. Bridget Nichols, "Prayer," *The Study of Liturgy and Worship*, ed., Juliette Day and Benjamin Gordon-Taylor (Collegeville: Pueblo, 2013), 48. Rice and Huffstutler, *Reformed Worship*, 112. Samuel Miller, *Presbyterianism: Its History, Doctrine, Government and Worship* (Madison: Log College Press, 2020), 104-5.

3) 성령의 일하심에 참여하는 목회 기도/도고 기도

도고 기도는 공동예배의 여러 기도들 가운데 예배자들이 공동체로 함께 그리스도의 사역에 참여하는 중요한 실천이다. 기독교 공동체는 성경의 가르침(엡 6:18, 딤전 2:1-4 등)을 따라 도고 기도를 발전시켰다. 초대교회는 공동예배에서 공동체에 속한 이들뿐만 아니라 세상에서 살아가는 모든 이들을 위한 그리스도의 회복과 돌봄의 사역에 참여하는 방식으로 도고 기도를 구체화시켰다.[73] 특히 기도의 대상과 범위를 교회 공동체 안으로 한정하지 않고 세상 전체로 확대한 것은 초대교회 공동체의 도고 기도가 지닌 중요한 특징이다. 이후 중세 시대에 다양한 기도들이 주어졌지만 주일 공동체의 미사에서 도고 기도는 직접적으로 선명한 구성요소로 나타나지 않고 사라졌다.[74] 도고 기도가 공동예배의 핵심으로 회복된 것은 개혁주의 전통의 유산이다. 부처(Bucer)는 공동예배에서 도고 기도를 고정된 순서로 포함시켰고, 초대교회의 실천 방식과 유사하게 복원시켰다. 부처의 스트라스부르그 공동예배에서 "국가의 다스리는 자, 주요 책임을 맡은 자들과 여러 지도자들 그리고 도움을 필요로 하는 다양한 사람들"을 위한 기도가 공식적으로 선명하게 나타난다.[75] 칼빈은 도고 기도를 목회 기도의 핵심으로 발전시켰고, 설교 이후에 고정된 순서로 포함시킴으로써 말씀과 기도의 예배 구조를 더욱 강화시켰다.[76] 특히 설교 이후 고

---

73 Old, *Worship Reformed According to Scripture*, 96.
74 Old, *Leading in Prayer*, 179.
75 Byars, "Creeds and Prayer," in *A More Profound Alleluia*, 97 그리고 Thompson, *Liturgies of the Western Church: The Strassburg Liturgy*, 172-3.
76 Thompson, *Liturgies of the Western Church: Calvin's The Form of Church Prayer*, 199-

정적으로 실천한 칼빈의 도고 기도는 최소 10분 이상의 분량이 될 정도로 상세하고 구체적이다. 아울러 도고 기도를 시편과 주기도와 연결시켜서 예배의 구성과 실천 방식으로 발전시킨 것은 개혁주의 예배 회복에서 주목할 중요한 내용이다. 이후 낙스 역시 스코틀랜드 예배에서 도고 기도를 공동예배의 고정된 구성요소로 포함해서 실천했고, 개혁주의 전통에서 중요한 예배 유산으로 발전시켰다.[77]

이처럼 공동예배에서의 도고 기도는 하나님의 일하심이 공동체 안에 제한되지 않고 하나님이 창조하신 세상 전체에 임하시고 섭리하신다는 인정과 함께 직접적으로 참여하는 방식이다. 성령은 도고 기도를 통해서 공동체가 세상에서 하나님 나라를 구현하고 복음을 제시하는 일에 참여하도록 이끄신다. 하지만 오늘날 공동예배는 도고 기도의 실천을 선명히 드러내지 못하고, 그로 인해서 예배와 세상과의 간격을 멀어지게 했다. 위트빌릿(John Witvliet)은 공동예배 안에서 세상의 상황과 직면한 이슈들에 대한 포괄적이고 구체적인 언급을 정직하게 고백하지 못하는 현실을 정직하게 언급한다.[78] 루스 메이어스(Ruth Meyers)는 오늘날 공동예배에서 음악과 설교 그리고 축제와 경배를 강조하지만, 세상이 직면한 현실을 위한 성령의 회복과 구속 사역에 참여하는 기도의 약화를 가리켜 '도고 기도의 궁핍'(a poverty of intercessory

---

202.

[77] Gibson and Earngey, *Reformation Worship*, 574-91 (Form of Prayers and Book of Common Order).

[78] John Witvliet, "Public Trauma and Public Prayer," *Reformed Public Theology: A Global Vision for Life and the World*, ed., Matthew Kaemingk (Grand Rapids: Baker Academic, 2021), 267.

prayer)이라고 진단하기도 했다.[79] 개혁주의 예배는 말씀 중심의 예배인데, 말씀 앞에 조명 기도를 그리고 말씀 이후에 도고 기도를 고정적으로 위치시켜서 '말씀과 기도'의 예배 실천을 강화시켰다. 도고 기도는 읽고 선포한 말씀에 대한 마무리가 아니라, 말씀이 예배자들의 삶에서 구체적인 열매를 맺을 수 있도록 성령의 도우심을 간구하는 것이다. 또한 말씀에 따른 삶을 살아가야 하는 세상이 예배와 단절된 세상이 아니라, 하나님의 회복 사역이 이루어지는 영역으로 받아들이는 정직한 고백을 하는 것이다. 이런 점에서 세상을 향한 도고 기도는 개인과 교회 공동체를 위한 기도와 함께 예배와 삶을 연결시키는 개혁주의 예배 회복의 중요한 과제가 된다.[80]

오늘날 예배와 삶의 통합을 위해서 공동예배에서 회복할 수 있는 도고 기도의 구체적인 과제는 우선 공동체에 속한 이들이 서로 함께(with each other), 서로를 위해서(for each other), 그리고 세상을 위해서(for the world) 직접적이고 구체적으로(specifically) 기도하는 것이다.[81] 도고 기도의 구성을 위한 내용과 관련해서 휴즈 올드(Hughes Old)는 다섯 가지 핵심 내용을 포함할 것을 제안한다. 첫째는 교회를 위한 기도, 둘째는 교회의 사역을 위한 기도, 셋째는 세상의 구체적인 상황을 위한 기도, 넷째는 국가와 정부의 지도자들을 위한 기도, 다섯째는 공동체 안에 있는 구성원들 가운데 구체적인 어려움 또는 도움을 필요로 하는 자들을 위한 기도 내용을 포함하는 것이다.[82] 이와 아울러, 도고

---

79 Meyers, *Missional Worship, Worshipful Mission*, 109.
80 Witvliet, "Public Trauma and Public Prayer," 271.
81 Calvin, *Institutes*, 3.20.19.
82 Old, *Leading in Prayer*, 181.

기도의 실천에서 고려해야 할 중요한 사항은 공동체의 기도라는 점이다. 도고 기도가 공동체 전체가 참여하지만 인도자의 기도 구성과 언어 사용 그리고 직접적인 고백과 표현이 중요하다.[83] 도고 기도가 예배로의 초청 기도와 조명 기도와 구분되는 점은 그 내용과 분량에 있다. 따라서 기도의 구성뿐 아니라 기도의 직접적인 표현과 고백에서 예배자들이 함께 참여할 때 집중할 수 있도록 의도적으로 노력해야 한다. 이런 점에서 설교를 준비하는 것만큼 말씀 이후의 기도 내용과 구성을 위한 준비를 반드시 요구한다. 칼빈이 말씀과 도고 기도를 하나의 연속된 실천으로 고정시켜 발전시킨 것은 설교의 내용에 따른 도고 기도 내용의 구체화를 위한 준비도 목회자의 과제로 포함시킨 것임을 알 수 있다. 이처럼 설교자에 의해서 인도되는 도고 기도는 예배자들의 삶과 공동예배를 유기적 관계로 연결시킬 수 있는 중요한 회복의 과제이다.

5. 나가는 말

이 장은 한국교회 예배 현실에 대한 회복의 영역과 개혁주의적 입장에서의 대안을 제시하는 데 주력했다. 팬데믹 이후 부각된 새로운 예배 환경과 방식은 예배 회복을 위한 노력의 과제를 더욱 어렵게 이끌

---

[83] 도고 기도가 공동 기도이고 인도자에 의해서 영향을 받는 것은 Paul Bradshaw가 구분한 두 가지 기도 가운데 이른바 'cathedral prayer'로 불리는 방식의 중요한 측면과 특징이다. Paul Bradshaw, *Two Ways of Praying* (Claremont: OSL Publications, 2008), 1–11.

어 내고 있다. 우리 시대의 예배는 온라인 예배 방식에 의해서 디지털 영적 순례자들이 증가하고, 메시지 수용과 새로운 깨달음에 집중하는 소비주의적 경험 추구로 인해서 예배의 전인적 참여가 약화되며, 공동예배를 개인적인 만족과 성취를 위한 수단화로 간주하면서 공동체성과 공공성을 상실하고 있다. 이러한 예배 현실에서 주어지는 회복의 과제는 방황하는 영적 순례자들을 다시 공동체로 환대하고, 지식과 깨달음을 넘어선 예배의 전인적 참여를 회복하며, 예배와 삶의 간격을 좁히고 유기적으로 통합시켜주는 것이다. 개혁주의 신학은 예배에서 성령의 역사를 강조하고 은혜의 방편으로서 공동기도를 강화한다. 예배 구성과 실천에서 성령의 역사에 참여하는 기도를 강화하는 것은 우리 시대 예배 회복의 과제에 대한 대안이 될 수 있다. 예배의 초청 기도는 방황하는 순례자들에게 성령 하나님의 도우심에 따라 하나님의 환대에 참여하는 공동체에 속할 수 있도록 돕는다. 조명 기도는 새로운 지식과 깨달음을 넘어서서 하나님의 말씀인 성경을 전인적으로 참여할 수 있도록 이끈다. 공동예배에서의 도고 기도는 예배를 통한 만족에 집중하는 개인주의적 참여 방식을 넘어서서 세상에서 일하시는 하나님의 임재를 인정하고 참여하는 공공신학의 예전적 실천이 되게 한다.

이 장은 개혁주의 신학에 근거한 공동예배의 회복 방안을 성령과 공동기도의 실천에 집중해서 제안했다. 하지만 예배 회복을 위한 과제는 여전히 다양하고 복잡하게 주어진다. 예배의 현실을 제시하는 공동예배의 목회적 현장은 여전히 온라인 예배 실천 방식과 현장 예배의 중요성에 대한 긴장과 갈등이 주어진다. 전통적 방식의 예배 구성과 실천이 새로운 문화적 환경과 요소들을 어떻게 수용할 것인지에 대해서도 계속해서 예배 회복의 주제로 부각된다. 이러한 목회적 현실에서 주어지는 과제도 예배 회복을 위한 고려 대상으로 계속해서 간주해야 한다. 하지만 이런 예배 회복의 요구에 대한 목회적 현실에 대해서 모든 예배 공동체가 획일적으로 따를 수 있는 새로운 방식의 예배 스타일을 모델로 제시하는 것은 신학적으로 경계 대상이 되고 있다.[84] 모든 예배 공동체를 위한 이상적 예배 모델을 추구하는 것은 새로운 상품을 추구하는 문화적 흐름에 무의식적으로 영향을 받은 결과일 수 있다. 오히려 예배 인도자들과 목회자들이 자신의 예배 신학에 대한 이해를 확신하고 그에 부합한 예배를 주어진 공동체 안에서 구현하는 것이 더욱 바람직하다. 이런 점에서 예배의 구성과 실천에 대한 교단과 전통의 유산을 분명히 확신하고 좀 더 구체적으로 구현하기 위한 노력은 예배 회복의 현실적 대안이 될 수 있다.

---

[84] Pete Ward는 우리 시대 예배 회복을 위해서 특별히 주의해야 할 것이 대형교회 또는 문화적 영향에 따른 이른바 'celebrity worship'을 추구하는 것이라고 비평적으로 제시한다. Pete Ward, *Celebrity Worship* (New York: Routledge, 2020) 참고.

05

공예배 시작의 개혁주의적 의례 구성과 실천[1]

1. 들어가는 말

오늘날 공예배의 구조와 구성에 대한 이해와 실천은 복잡한 현실적 과제에 직면해 있다. 예배 구성에서 예배자들의 문화를 수용하는 것과 교회 역사를 따라 발전해 온 구조와 구성요소들의 복잡한 영향을 동시에 다루어야 한다. 이러한 복잡한 현실적 도전에 대해서 개혁주의 전통의 교회들은 한편으로 단지 문화 수용에 집중하는 단순화된 예배 구조와 구성을 지향하거나,[2] 반대로 예배 구성의 전통적 요소들

---

[1] 이 장은 「신학지남」 90권 3집 189-220에 게재된 논문을 수정 보완한 것이다.

[2] 개혁주의 전통에 속해 있으나, 캠프미팅과 구도자 집회에 영향을 받은 삼중구조(음악을 통한 준비, 메시지 선포, 신앙의 결단 구조)의 예배 구성과 발전을 신학적 고찰 없이 수용하는 복음주의적 예배 경향이 나타난다. 신학적 전통과 교단의 정체성보다 이러한 복음주의적 예배의 보편적 현상에 대해서 Melanie Ross는 자신의 저서, *Evangelical vs. Liturgical?: Defying a Dichotomy* (Grand Rapids:

을 신학적 고찰 없이 무분별하게 수용하기도 한다.[3] 그런데 예배 구성의 문화 반영과 전통의 수용과 관련해서 부각된 목회적 과제 가운데 하나는 '공예배의 시작'을 어떻게 할 것인가와 관련한다. 단순히 문화적 수용을 받아들여, 환영 인사를 하고, 자연스럽게 예배로 초청하거나 입례와 묵도 그리고 예배로의 초청과 간구 또는 선언을 통해서 명확하게 공예배를 시작하는 방식 등 다양한 구성과 실천에 대한 논의가 주어진다.

이 연구의 목적은 공예배 시작의 의례 구성에 대한 개혁주의적 이해와 실천을 명확히 제시하는 데 있다. 예배를 인도할 때 시작 의례 부분의 중요성을 간과하거나 그 의미를 명확히 이해하지 못한 채 진행하는 경우가 나타난다. 물론 공예배의 중요한 구성은 말씀을 읽고, 노래하고, 선포하는 것과 관련한다.[4] 하지만, 오늘날 삶의 예배와 공적 모임으로 진행하는 예배 사이의 명확한 구분과 실천이 요구되는

Eerdmans, 2014)에서 상세하게 분석하고 고찰한다.

[3] 이머징 예배(emerging worship)나 새로운 형식과 스타일을 지향하는 대안 예배(alternate worship) 등에서 나타나는 예배 구성요소들과 방식의 전통적 요소들에 대한 실험적 수용의 방식을 의미한다. 이러한 예배 방식에 대한 비평적 분석에 대해서는 Bryan Spinks, *The Worship Mall: Contemporary Responses to Contemporary Culture* (New York: Church Publishing, 2011) 참고할 수 있다. 아울러, 단지 전통의 수용이 개혁주의 예배 특징으로 간주하는 것을 경계해야 한다는 것에 대해서는 Sam Waldron, *How Then Should We Worship? The Regulative Principle and Required Parts of the Church's Corporate Worship* (Leyland, England: Evangelical Press, 2022), 12-5 참조.

[4] 성경적 예배를 제시하는 이른바 '규정 원리'(regulative principle)와 웨스트민스터 공예배지침(Westminster Directory for Public Worship)에 나타난 공예배의 핵심 구성은 성례를 제외할 경우, 성경을 읽고, 노래하고, 기도하는 것으로 요약할 수 있다. Sinclair Ferguson and Mark Dever, ed., *The Directory for the Public Worship of God* (Scotland: Christian Heritage, 2008), 79-100.

상황에서 공예배 시작의 구체적인 의례와 관련한 개혁주의적 이해와 실천은 목회적으로 중요하고 또 필요하다. 특히 교회의 공예배를 통해 회중들을 직접 인도하고 지도해야 하는 목회자와 사역자에게 공예배 시작의 의례 이해와 실천은 예배의 의례성과 구성요소에 대한 포괄적 이해와 실천을 위해서 중요한 과제이다. 따라서 이 장은 개혁주의적 관점에서 공예배 시작의 구성과 실천에 대한 명확한 이해와 지침을 제공하기 위해 우선 첫째로, 공예배 구성에서 시작 부분의 의례가 지닌 의미와 역할 그리고 관련된 논의 사항을 제시한다. 둘째로, 공예배의 시작 부분에 대한 의례 구성의 간략한 역사적 발전 과정에서 개혁주의적 수용과 실천의 변화에 담긴 특징을 분석한다. 그리고 마지막으로, 공예배 시작의 의례 구성에 대한 개혁주의적 원리와 실천 방향과 과제를 제시하고자 한다.

2. 공예배의 시작 의례 구성과 주요 논제

1) 공예배의 시작 의례 구성

공예배의 실천 의례는 구조와 구성요소로 구분할 수 있다. 역사적으로 발전한 공예배의 구조는 세 가지로 구분된다. 첫째는 말씀과 성찬의 이중구조이고,[5] 둘째는 음악을 통한 마음의 준비와 메시지 선

---

5   Bard Thompson, *Liturgies of the Western Church* (Philadelphia: Fortress Press, 1980), 8-12 (the First Apology of Justin Martyr).

포 그리고 그에 대한 반응의 삼중구조이고,[6] 그리고 셋째는 모임, 말씀, 성찬, 파송의 사중구조이다.[7] 공예배와 관련한 이 세 가지 구조 가운데, 이중구조는 단순한 '흐름'(flow)[8] 이외에 의례적 구조를 제시하지 않고, 삼중구조와 사중구조는 의례적 측면으로 발전한 구성요소를 비교적 명확히 제시한다. 삼중구조는 음악을 예배의 첫 시작으로 간주하고, 사중구조는 모임의 의례(the service of gathering) 안에 예배로의 초청과 기원, 죄의 고백과 용서 등 구체적인 구성요소들을 포함한다. 물론 예배와 관련해서 역사적으로 발전한 이러한 구조를 의도적으로 수용하지 않아도 모든 공예배는 예배자들의 처음 모임에 대한 의례성을 인정한다.[9] 곧 회중들이 모여 참여하는 공예배를 임의로 시작하지 않고, 분명한 시작의 선언과 환영 또는 기도 등과 같은 순서를 포함

---

[6] 이 방식은 프론티어 예배 방식에서 시작된 것으로 이후 대부흥운동 과정에서 찰스 피니(Charles Finney)에 의해서 정착되고, 현대 구도자 집회를 발전시킨 빌 하이벨스(Bill Hybels)에 의해서 구체적으로 발전했다. James White, *Protestant Worship: Traditions in Transition* (Louisville: Westminster John Knox Press, 1989), 171-191, Todd Johnson, "Disconnected Rituals," *The Conviction of Things Not Seen: Worship and Ministry in the 21st Century*, Todd Johnson, ed. (Grand Rapids: Brazos, 2002), 53-66 그리고 Ross, *Evangelical Vs Liturgical*, 10-31에서 이 삼중구조의 예배 구성을 세부적으로 확인할 수 있다.

[7] 흔히 복음에 기초한 예배 구조로 알려진 방식으로서, Constance Cherry, *The Worship Architect: A Blueprint For Designing Culturally Relevant and Biblically Faithful Services* (Grand Rapids: Bakers, 2021), 4/-140에서 세부적으로 확인할 수 있다.

[8] 기독교 공예배의 의례적 구성은 3세기부터 나타나고, 4세기에 구체적으로 발전했다. 따라서, 2세기 초대교회의 공예배는 의례성보다 일정한 구성의 흐름(flow)만 확인할 수 있다. 이와 관련해서, Lester Ruth, ed., *Flow. The Ancient Way to Do Contemporary Worship* (Nashville: Abingdon Press, 2020), 3-12 참고하라.

[9] 공예배의 신앙 표준인, '웨스트민스터 디렉토리'(Westminster Directory)의 경우에도 가장 먼저 '모임'에 대해서 다루고 모임에 참여하는 방식에 대해서 안내한다.

한다.

공예배의 구조와 구성에 대한 서로 다른 입장을 지니더라도 처음 시작을 알리고 참여하는 방식에는 몇 가지 공통 요소를 포함한다. 공예배의 시작과 관련한 가장 핵심적인 요소들은 예배 참여를 위한 하나님의 초청과 반응으로서 준비(prelude), 예배의 선언(votum), 예배로의 초청(call to worship), 입례(entrance), 기원(invocation), 죄의 고백과 용서의 확증(confessions and assurance), 경배(doxology) 등이다. 이 모든 구성과 순서는 예배자들이 함께 모여 하나님을 예배하기 위해 의도적이고 구체적으로 진행하는 첫 부분의 방식과 과정이다. 이러한 예배의 처음 구성과 진행 순서가 주보에 각각 구체적으로 기록되기도 하고, 때로는 예배 안내지에 기록이 없지만, 공예배 인도자에 의해서 세분화된 방식을 따라 진행하기도 한다. 비록 교단과 전통에 따라 구체적인 순서가 다르지만, 오늘날 개혁주의 전통에 속한 대부분의 공예배는 입례와 준비, 예배로의 초청, 경배의 찬양, 죄의 고백, 용서의 확증 또는 기도, 감사의 찬양과 같은 일련의 순서[10]를 따라 진행한다.

이러한 예배 시작 의례에 속한 구성요소들의 진행은 목회적으로 중요한 의미를 지닌다. 예배의 시작은 예배자들에게 삶의 예배와 공예배 사이를 명확히 구분하게 하고, 공적으로 하나님의 초청에 반응하는 예배 참여를 제시한다. 공예배가 단지 음악의 표현이나 설교의 선포와 전달을 넘어서서 일정한 구조 안에서 진행되는 일련의 순서를 담고 있는 의례이기 때문에 처음 시작 부분의 구성은 예배 인도자에게 목회적 실천의 핵심 영역이기도 하다. 그런데 클라우니(Clowney)가

10　Robert Rayburn, *O Come, Let Us Worship* (Eugene: Wipf and Stock, 1980), 171–193.

언급한 바와 같이 공예배의 시작과 관련해서 "성경이 하나님의 초청과 예배자들의 반응에 대해서 고정된 표현을 제시하지 않는다."[11] 곧 목회자는 예배자들이 마음을 집중해서 하나님을 향한 경배에 참여할 수 있도록 바람직하게 인도해야 하는 지혜와 실천이 요구된다.[12] 따라서 공예배의 시작과 관련한 의례 구성의 목회적 실천 과제를 파악하고 그와 관련한 논의 사항을 명확히 이해하는 것이 우선 중요하다.

2) 공예배 시작 의례 구성과 관련한 주요 논제

공예배의 시작이 예배자들을 향한 하나님의 초청과 그에 대한 반응이 되도록 하기 위한 목회적 실천에서 몇 가지 논제들이 주어진다. 그 가운데 첫째로, 가장 우선적인 논제는 공예배의 첫 부분에 하나님의 초청을 반영하는 구성요소들을 결정하는 것이다. 공예배가 단지 예배자들이 함께 모여 찬양하고 말씀을 선포하고 듣는 정도의 간략한 환원주의적 접근에 제한되지 않으려면, 공적으로 시작되는 부분에 어떤 구성요소들을 포함할 것인지 결정해야 한다. 지금까지 대부분의 논의는 공예배의 시작을 위한 구성요소보다는 공예배 전체의 구성요소에 대한 논의에 집중하고 있다.[13] 이러한 논의 가운데, 공예배 구

---

11 Edmund Clowney, "Presbyterian Worship," in *Worship: Adoration and Action*, ed. D.A. Carson (Eugene: Wipf and Stock, 2002), 121.
12 Rayburn, *O Come, Let Us Worship*, 174.
13 예배 실천의 구체적인 논의를 담고 있는 저술들은 대부분 공예배 구성요소에 대한 포괄적인 접근에 집중한다. 예를 들어, Norma deWaal Malefyt and Howard Vanderwell, *Designing Worship Together: Vital Worship, Healthy Congregation: Models and Strategies for Worship Planning* (Herndon: The Alban Institute, 2005)가

성요소에서 시작 부분의 의례를 의도적으로 접근해야 할 필요성과 실천적 제안을 강조한 노력이 최근 주어졌다.[14] 최근에 로리 놀란드(Rory Noland)는 공예배 갱신을 위한 목회적 접근을 제시하면서 단지 음악과 말씀의 구성이 아닌, 모임의 첫 부분에서 주어지는 실천들의 중요성을 강조한다.[15] 하지만 공예배 구성의 모임과 관련한 목회적 과제는 단지 시작 부분의 모임을 위한 구분을 넘어서서, 시작 의례에 속한 구성요소들을 구체적으로 결정하고 그 순서와 진행 방식을 세분화하는 것이다. 역사적으로 발전한 공예배 모임의 구성요소들은 대략 '예배로의 초청', 도입을 위한 '찬양', 도입을 위한 '기도', 예배를 위한 '기원', '신앙고백', 예배 인도자와 예배자들 상호 간의 '평안의 나눔', 예배를 여는 단계에서의 '예배자들을 향한 축복', '영광송', 모임을 선언하는 '성경 구절 낭독', 성가대 또는 독창에 의한 '입례송', '죄의 고백과 용서의 확증', 마음을 준비하며 하나님의 음성을 듣기 위한 '침묵' 또는 '묵상'(기도), 그리고 모임을 준비하기 위한 악기 연주 방식의 '전주' 등 다양한 구성요소들이 있다.

이러한 공예배 시작 부분의 의례 구성을 위한 다양한 구성요소들은 공예배 가운데 모두 포함하거나 고정된 방식으로 실천하는 것이 아니다. 오히려 이러한 다양한 구성요소들 가운데 교단과 신학의 전통에 부합한 구성요소들을 분별하고, 목회적 상황에 부합한 방식으

대표적이다.

[14] Cherry, *The Worship Architect; a Blueprint for Designing Culturally Relevant and Biblically Faithful Services*의 경우 공예배의 '모임'(the gathering)에 대한 구분된 접근과 실천적 제안을 제시한다.

[15] Rory Noland, *Transforming Worship: Planning and Leading Sunday Services As If Spiritual Formation Mattered* (Downers Grove: IVP, 2021), 41–46.

로 예배자들을 인도하기 위한 지혜를 활용해서 결정해야 한다. 곧, 공예배 시작과 관련한 일반적인 순서를 의도적으로 수용하기 위한 목회적 분별이 요구된다. 흔히 켄트 휴즈(Kent Hughes)가 언급한 것처럼 전주, 환영, 예배로의 초청과 기원, 경배, 신앙고백, 찬양 순으로 진행하는 것이 일반적일 수 있다.[16] 그리고 대부분의 개혁주의와 장로교 전통에 속한 교회들은 '예배로의 초청'에 대한 분명한 언급과 표현을 강조한다.[17] 하지만, 공예배에서 '예배로의 초청'에 대한 목회적 실천의 구체화는 서로 다양하게 주어진다. 휴즈 올드(Hughes Old)는 공예배 시작의 의례 구성이 '예배를 위한 간구'(invocation)에서 출발하는 것으로 간주한다.[18] 물론, 예배를 위한 간구 이전에 전주(prelude)와 경배송(doxology)을 포함하는 것을 허용하거나 제안하기도 한다.[19] 개혁주의적 입장에서 포괄적으로 수용할 수 있는 예배 자료서(Worship Sourcebook)는 '예배로의 초청'에 '예배 선언'과 '평안의 나눔'을 포함하고 '예배를 위한 기원'을 제시한다. 곧 '예배 선언'과 '평안의 나눔' 그리고 '예배를 위한 기원'으로 시작할 수 있다고 제안한다.[20] 이처럼 공예배에서 시작 부분의 의례 구성과 관련한 목회 실천의 과제는 다양한 구성요소들에 대한 명확한 이해와 구분 그리고 구성의 실천을 위한 순서의 결

16　R. Kent Hughes, *The Pastor's Book* (Wheaton: Crossway, 2015), 51-52.

17　Ryan Kelly, *Calls to Worship, Invocation, and Benediction* (Phillipsburg: P&R, 2022), XXV.

18　Hughes Old, *Leading in Prayer: A Workbook for Worship* (Grand Rapids: Eerdmans, 1995), 11-17.

19　Old, *Leading in Prayer*, 365.

20　The Calvin Institute of Christian Worship, *The Worship Sourcebook* (Grand Rapids: CRC Publication, 2004), 45-80.

정과 실천 방향 등을 명확히 하는 것이다.

둘째로, 공예배 시작의 첫 부분에서 좀 더 구체적으로 주어지는 논제는 성경적 예배 원리의 적용과 관련한다. 공예배 첫 부분의 의례 구성요소가 다양하지만, 가장 우선적인 위치에 주어지는 것은 '예배로의 초청'과 관련한다. 공예배의 시작을 알리는 '예배로의 초청' 또는 '예배를 위한 기원/간구'에서 성경적 예배와 관련한 중요한 논제는 언어 사용에 관한 결정과 선택이다. 공예배의 시작을 알리는 첫 언어의 표현이 성경에서 주어져야 하는지 또는 성경을 활용해서 자율적으로 선택할 수 있는지가 중요한 목회적 논제로 주어진다. 이것은 성경이 예배의 처음 시작에 대해서 어떻게 해야 하는지에 대한 분명한 제시가 없지만, 공예배를 성경적 원리에 따라 성경의 가르침에 부합한 방식으로 실천해야 하는 규정(규율) 원리(the regulative principle of worship)[21]의 적용을 위해서 주어진 논제이다. 성경의 가르침에 따라 성경에서 분명히 규율하는 것만 공예배에 포함해야 한다는 이 원리의 가르침은 예배로의 초청을 성경적으로 진행하는 것에 대한 목회적 실천에서 분별과 결정을 요구한다. 특히 성경의 원리에 따른 개혁주의 전통의 공예배 실천들이 그 자체로 예배로의 초청에 대한 성경적 규율을 제시하지 않기 때문에, 오늘날 목회에서 구체적인 적용을 위해서 정확하고 명료한 선택과 결정을 해야 한다.

공예배의 시작인 예배로의 초청에 사용하는 언어를 어떻게 선택하고 구성할 것인가와 관련한 논의는 예배자들을 향한 목회자의 실천에서 간과할 수 없는 중요한 영역이다. 위에서 언급한 바와 같이, '예

---

21 John Calvin, "The Necessity of Reforming the Churc," *Calvin's Tracts* (Eugene: Wipf and Stock, 2002), 128.

배로의 초청'에 대한 언어 사용을 성경의 규율에 따라 실천할 때 주어지는 실제적인 목회적 과제는 성경의 언어만을 직접 사용할 것인가 혹은 성경의 의미를 반영하는 언어를 자율적으로 발전시켜 적용할 것인가를 결정하는 것이다.[22] 개혁주의 전통은 하나님이 예배자들을 초청하는 의미를 담아내기 위해서 한편으로 성경의 언어만을 그대로 사용해야 한다는 입장과 다른 한편으로, 성경에 근거한 자율적 언어 사용도 가능하다는 입장 사이의 논의를 전개한다. 이른바 '정통장로교회'(Orthodox Presbyterian Church)의 입장은 성경의 표현만 예배로의 초청으로 적합하고, 예배 인도자의 경우는 공예배 초청의 주체가 아니기 때문에, 성경 이외의 다른 언어를 사용하는 것이 적합하지 않다고 본다.[23] 이와 달리 성경의 가르침에 따른 예배로의 초청이 그 자체로 성경의 언어만을 사용하는 것은 아니라는 입장도 주어진다. 브라이언 채플(Bryan Chapell)은 성경에 따른 예배 실천이 성경의 언어만을 그대로 답습 또는 인용하는 것이 아니라, 성경의 원리와 가르침을 반영하는 자율적 표현이 예배로의 초청으로 적합하다고 간주한다.[24] 하나님이 예배 초청의 주체이심을 드러내는 개혁주의 실천에서 성경 언어 표현의 고정과 자율의 문제는 '웨스트민스터 디렉토리'의 가르침과 관련한다. 성경의 규정(규율) 원리를 제시하는 '웨스트민스터 디렉

---

22 Kelly, *Calls to Worship, Invocations, and Benedictions*, xvi-xvii.
23 정통장로교회 교단(Orthodox Presbyterian Church)의 경우 오직 하나님의 말씀으로만(only in God's word) 예배 인도자가 예배로의 초청을 사용해야 한다고 규정한다. "Directory for the Public Worship of God," in *The Book of Church Order of the Orthodox Presbyterian Church* (Willow Grove: The Committee on Christian Education of the Orthodox Presbyterian Church, 2020), 133.
24 Bryan Chapell, *Christ-Centered Worship: Letting the Gospel Shape Our Practice* (Grand Rapids: Baker Academic, 2009), 61.

토리'(Westminster Directory for Public Worship)는 성공회의 '예배모범서'(Book of Common Prayer)와 달리 예배의 자율성을 인정한다. 하지만 '디렉토리'의 강조는 성경의 규율에 따른 고정된 실천과 목회적 판단에 의한 자율적 선택과 결정을 동시에 존중한다.[25] 이처럼 예배로의 초청에서 언어 사용의 결정은 예배자들의 예배 참여에 직접 영향을 미치기 때문에 여전히 중요한 논제로 주어진다.

셋째로, 공예배 시작과 관련해서 주어진 논의 가운데 또 다른 이슈는 예배의 대화 구조에 따른 목회자의 위치와 역할에 대한 것이다. 공예배는 기본적으로 하나님과 예배자들 사이의 대화 구조를 반영하는 실천이다.[26] 공예배에서 하나님은 예배자들에게 말씀하시고 들으시며, 예배자들은 하나님을 향해 고백하고 표현하는 방식으로 반응하는 상호 의사소통을 인격적으로 진행한다. 이러한 상호 의사소통의 의례 구성에서 목회자의 위치와 역할에 대한 권위와 책임을 명확히 해야 한다. 그런데 최근 공예배의 핵심 개념인 하나님과 예배자들 사이의 대화 구조 방식에서, 둘 사이를 가로막는 어떠한 장애도 인정하지 않아야 한다는 논의가 제기되고 있다. 곧 예배자들과 하나님 사이에 있는 목회자의 위치와 역할이 불필요하다는 입장이 제기되고 있

---

[25] J. Ligon Duncan III, "Foundations for Biblically Directed Worship," *Give Praise to God: A Vision for Reforming Worship*, ed. Philip Ryken, Derek Thomas, and J. Ligon Duncan III. (Phillipsburg: P&R, 2003), 58에 따르면, 성경의 규율에 따른 고정된 방식을 강조한다. 반대로, R. J. Gore는 자신의 저서, *Covenantal Worship: Reconsidering the Puritan Regulative Principle* (Phillipsburg: P&R, 2002)에서 성경의 규율에 따른 자율적 판단과 결정을 강조한다. 이처럼 개혁주의 원리는 같은 원리에 대한 해석과 적용의 방식이 서로 다르다.

[26] Nicholas Wolterstorff, *The God We Worship: An Exploration of Liturgical Theology* (Grand Rapids: Eerdmans, 2015), 161.

다. 이에 대해, 개혁주의 전통에서 예배의 회복에 대한 입장을 견지하는 데릴 하트(Darryl. G. Hart)의 경우, "미국의 복음주의 전통에서 하나님과 예배자들 사이에 있는 어떠한 권위도 장애(barrier)가 된다는 입장"[27]이 편만해 있다는 것을 비평적으로 지적한다. 하트의 이러한 비평적 진단은 공예배에서 목회자의 위치와 역할에 대한 교회 제도와 안수 그리고 목회자의 구분된 사역에 대한 회의와 거부를 초래하는 입장에 대해 우려를 드러낸 표현이다. 이와 관련해서, 존 페인(Jon Payne)은 예배로의 초청에 대한 목회적 책임과 역할이 목회자에 의해서 주어지고, 예배자들은 책임 있게 반응하는 것이 개혁주의 전통의 역사적 가르침이라고 언급한다.[28]

공예배의 대화 구조에 따른 기본 개념에 충실한 것이 그 자체로 예배 인도와 관련한 목회자의 위치와 역할을 약화시키는 것에 대해서 명확한 이해와 접근이 요구된다. 목회자는 예배 인도에서 좁은 의미의 예전적 전통에 따라 예배자들이 하나님의 초청에 대한 분명한 이해와 수용 그리고 하나님을 향해 경배하는 실천에 참여하도록 인도하는 책임을 지닌다. 공예배 구성의 시작 의례를 담당하는 목회적 과제는 하나님으로부터 위임받은 사역자의 책임 있는 사역을 반드시 요구한다. 곧 목회자의 은사나 능력이 아니라, 회중들을 하나님에게로 인도하는 직책 자체에 대한 책임과 권위를 수용한다.[29] 하지만 공예배 시작 부분에 있는 하나님의 초청과 간구에 대한 구체적인 진행을

---

[27] Darryl G. Hart, *Recovering Mother Kirk: the Case for Liturgy in the Reformed Tradition* (Eugene: Wipf and Stock, 2014), 36.

[28] Jon Payne, *In The Splendor of Holiness: Rediscovering the Beauty of Reformed Worship for the 21st Century* (White Hall: Tolle Lege Press, 2008), 47.

[29] Hart, *Recovering Mother Kirk*, 113.

목회자가 아니라, 음악 인도자 또는 성도에 의해서 진행할 수 있다는 입장도 현실적으로 수용되고 있다. 공예배의 처음 의례 구성에 목회자가 아닌 음악 인도자가 시작할 수 있다는 것은 비교적 최근에 주어진 현상이다.[30] 이처럼 공예배 구성의 첫 부분에 대한 의례 구성에 대한 논의는 단지 무엇을 포함할 것인가와 더불어, 누가 인도할 것인가에 대한 논의가 지속되고 있다. 공예배 인도자에 대한 논의 곧 목회자가 인도해야 한다는 입장과 아니면 누구든지 인도할 수 있다는 입장은 처음 의례 구성과 구체적인 순서에도 영향을 미치는 논제여서 여전히 중요하다. 특히, 예배로의 초청 방식과 더불어 예배를 위한 간구(invocation)의 수용과 실천에 직접 영향을 미친다.[31] 공예배의 처음을 환영으로 시작할 것인지 하나님의 임재를 구하는 간구로 시작할 것인지는 예배 인도자의 목회적 지위와 역할에 따라서 달라진다.

3. 공예배 시작 의례 구성의 개혁주의적 발전

공예배 시작과 관련한 논제들은 예배로의 초청에 대한 성경적 신학적 입장에서의 분명한 원리와 실천적 제안을 요구한다. 공예배 시작 의례의 구성요소가 무엇인지, 어떤 순서로 진행할 것인지, 성경의 활용과 언어 표현을 어떻게 제시할 것인지, 그리고 목회자가 인도할 것인지 아니면 인도자의 특별한 기준을 반영하지 않을 것인지 등에 대한

---

[30] See Hong Lim and Lester Ruth, *Lovin' On Jesus: A Concise History of Contemporary Worship* (Nashville: Abingdon Press, 2017), 18.

[31] Kelly, *Calls to Worship, Invocations, and Benedictions*, xxviii-xxix.

사안에 대해서 실천적인 답변을 제시해야 한다. 이에 대한 답변은 신학과 전통에 따라서 달라진다. 따라서, 개혁주의 전통에서 발전한 공예배의 첫 의례 구성에 대한 실천 방향의 원리와 과제를 살펴봐야 한다. 개혁주의 공예배 구성의 첫 의례 부분에 나타난 구성과 실천에 대한 중요한 특징은 다양한 구성의 인정, 하나님의 초청과 간구 그리고 죄의 고백과 경배라는 핵심 구성요소의 발전, 목회자의 책임과 인도에 대한 분명한 위치와 역할의 강조로 나타난다.

첫째, 개혁주의 전통에서 발전한 공예배 시작 의례는 예배의 첫 의례를 분명하게 제시하지만, 구체적으로 하나의 고정된 형식과 통일된 구성요소로 나타나지 않는다. 츠빙글리(Zwingli)의 말씀 중심의 공예배(1525)[32]에서 처음 시작 부분은 '일반 기도', '주기도', 그리고 '평안의 나눔'으로 구성된다. 일반기도는 말씀의 깨달음을 위한 조명 기도와 기독교 사역자와 정부 지도자 및 사회와 공동체를 위한 도고 기도를 포함한다. 이 기도는 주기도로 마무리된다. 그러고 나서, 예배 인도자가 예배자들과 함께 '평안의 나눔'을 제시한다.[33] 파렐(Farel)의 말씀 중심의 주일 공예배(1533)[34]의 경우도 목회자에 의해서 예배자들에게 하나님을 향한 돌이킴의 권면과 초청, 지도자들을 위한 기도, 조명 기도, 그리고 주기도로 구성된다. 부처(Bucer)의 경우는 조금 더 상

---

[32] "A Form of Prayer According to Paul's Teaching in 1Tim 2, Which Is Now Used in Zurich at the Beginning of the Sermon (1525)" in *Reformation Worship*, ed., Jonathan Gibson and Mark Earngey (Greensboro: New Growth Press, 2018), 193–194.

[33] Bard Thompson, *Liturgies of the Western Church* (Philadelphia: Fortress Press, 1980), 147–148 (Liturgy of the Word, 1525).

[34] "The Manner and Way," in *Reformation Worship*, 209–211.

세하게 주일 공예배 시작 부분의 의례를 구성한다. 부처가 사용한 '교회의 실천들'(Church Practices, 1539)[35]에 따르면, 공예배의 처음 부분은 '죄의 고백과 용서의 확증', '찬양', '평안의 나눔', '조명 기도', '성경 읽기' 순으로 진행한다. 이 순서는 하나의 기도에 모든 내용을 포함하지 않고, 각각 구분된 기도로 세분화하고, 죄의 고백을 강조한다.

개혁주의 전통의 초석을 마련한 칼빈(Calvin)의 경우는 공예배 첫 의례 부분을 더욱 세분화해서 구성한다. 칼빈의 '공예배서'(Form of Ecclesiastical Prayers, 1542, 1566)[36]에 따르면, 공예배의 시작 의례는 '예배 선언'(votum), '죄의 고백', '용서를 위한 기도', '격려와 위로의 목회적 표현', '십계명', '조명 기도', '주기도' 순으로 진행된다. 물론, 십계명과 격려와 위로의 목회적 표현이 빠져도, '예배의 선언', '죄의 고백', '용서를 위한 기도', '조명 기도'는 언제나 변함없이 고정적으로 실천된다. 이 순서에 따르면, 칼빈은 모든 공예배를 예배의 공식적인 선언, 곧 'votum'(시편 124:8, "우리의 도움은 천지를 지으신 여호와의 이름에 있도다")으로 시작한다. 낙스(Knox)의 경우 그의 '예배서'(the Form of Prayers, 1556)[37]에서 제시하는 공예배의 첫 의례 부분은 '죄의 고백', '시편 찬양', '조명 기도'로 구성된다. 이후 개혁주의 전통을 계승한 '웨스트민스터 디렉토리'의 경우, 공예배가 회중들을 향한 '예배로의 초청'을 의미하는 '기도'로 시작한다.[38] 이 예배로의 초청을 위한 기도는 고정된 문구와 표현으로 주어져 있다. 예배로의 초청을 담고 있는 이 기도의 핵심

---

35 "Church Practices (1539)," in *Reformation Worship*, 282–297.
36 "Form of Ecclesiastical Prayers," in *Reformation Worship*, 305–306.
37 "Form of Prayers," in *Reformation Worship*, 550–551.
38 Thompson, *Liturgies of the Western Church*, 357: The Westminster Directory.

내용은 인간의 연약함 고백, 용서를 위한 간구, 말씀을 위한 조명 기도의 내용을 모두 포함한다. 이처럼 개혁주의 전통은 초기 16세기 다양한 개혁주의자들의 공예배 구성과 이후 '웨스트민스터 디렉토리'에 따른 자율적 선택과 수용을 목회적으로 구체화했다.[39] 이 과정에서 신학의 원리와 확신보다는 다양하고 폭넓은 영역에서 주어지는 실천들을 수용하고 그로 인해서 복잡한 형식과 방식으로 나타나고 있다. 이런 역사적 발전의 과정으로 인해서 개혁주의 전통은 공예배 구성에서 첫 의례 부분에 나타나는 다양성을 인정한다.

둘째, 개혁주의 전통에서 나타나는 공예배의 첫 시작 부분의 다양한 구성과 발전에도 불구하고, 실천에 나타난 중요한 특징과 원리를 찾아볼 수 있다. 곧, 예배의 대화 구조에 따른 하나님과 예배자들 사이의 분명한 인격적 관계 방식의 구축을 위한 구성을 제시하는 것이다. 개혁주의 전통은 공예배에서 예배의 대상이자 주체이신 하나님의 초청과 주권적 환대에 예배자들이 반응하는 방식의 구성을 강조한다.[40] 곧, 개혁주의 전통은 하나님과의 관계 구축을 위한 예배자의 참여를 위해서 하나님의 분명한 초청, 그 초청에 대한 인간의 반응을 의례의 방식으로 참여하도록 목회적 상황에 따른 창의적 실천을 담아낸다. 이러한 개혁주의 실천의 방식은 신학의 원리는 분명하지만, 상

---

[39] 19세기 이후 장로교 예배의 첫 부분에 대한 의례 구성에 대한 이해와 발전에 대해서는 Bryan Spinks, *Scottish Presbyterian Worship-Proposals for Organic Change, 1843- the Present Day* (Edinburgh: Saint Andrew Press, 2020)을 참고할 수 있다.

[40] Hughes Old, "Calvin's Theology of Worship," *Give Praise to God*, 417-424 그리고 Hughes Old, *Worship Reformed According to Scripture* (Louisville: Westminster John Knox Press, 2002), 1-6.

황에 따라 서로 다른 실천을 분명히 허용한다.⁴¹ 이런 점에서 다양한 구성요소로 주어지는 공예배의 처음 의례 구성을 하나의 고정된 형태로 제시하는 것보다 하나님의 초청에 대한 인간의 반응과 참여를 목회적 상황에 따라 다양하게 표현할 수 있도록 허용하는 것이 바람직하다.

하나님과 예배자들 사이의 대화 방식을 제시하는 개혁주의 공예배 구성의 첫 의례 부분은 대략 공통적인 특징을 제시한다. 곧, 16세기 초기 종교개혁자들과 이후 17, 18세기에 나타난 개혁주의 공예배의 처음 구성은 '하나님의 초청'에 대한 분명한 제시, '성령의 도우심을 통한 하나님의 초청에 반응하는 예배자', '하나님의 거룩한 존재에 대비된 인간의 연약함과 하나님을 향한 전적 의존'을 드러내는 방식을 포함한다. 이 세 가지 특징을 제시하는 구체적인 방법은 목회적 상황에 따라 다를 수 있다. 그럼에도 불구하고 개혁주의 전통에서 발전해 온 공예배 구성의 첫 시작 부분의 의례는 이러한 세 가지 특징을 반영하는 몇 가지 핵심 실천을 포함하고 있다. 여기에 포함되는 구성요소의 실천에는 (1) 공예배 시작을 알리는 의도적인 선언, 기원 또는 간구, (2) 죄의 고백과 용서의 기도, 그리고 (3) 조명 기도가 포함된다. 츠빙글리, 파렐, 부처, 칼빈, 낙스, '웨스트민스터 디렉토리' 모두 예외 없이 공예배의 시작을 단순히 인사나 가벼운 환영으로 시작하지 않고, 모두 하나님 앞에서, 하나님을 의존하거나, 하나님의 초청과 부르심에 경건함과 두려움으로 반응하는 방식을 선언 또는 기도의 방식

---

41 Howard Rice and James Huffstutler, *Reformed Worship* (Louisville: Geneva Press, 2001), 6. 라이스와 허프스투틀러는 개혁주의 전통에 나타난 변화의 수용과 다양한 실천에 대한 허용을 '수용성'(adaptability)라 부른다.

으로 제시한다.⁴² 이 선언과 기도에서 중요한 표현은 위대하신 하나님과 연약한 인간 또는 하나님의 도우심을 필요로 하는 인간을 명확히 제시하는 것이다. 이 원리를 드러내는 방식과 표현으로 목회자의 판단에 따라 예배의 선언, 예배로의 초청, 예배 기원, 죄의 고백과 용서를 위한 기도, 조명 기도, 주기도 등을 포함하기도 한다.

셋째, 개혁주의 전통에서 발전한 공예배 시작 의례는 목회자의 위치와 역할에 대한 분명한 입장을 견지한다. 칼빈은 제네바의 공예배 처음 시작과 관련해서 목회자가 회중들의 예배 참여를 위한 기도로 출발한다는 것을 분명히 제시한다.⁴³ 칼빈은 예배의 선언(votum) 이후, 예배자들에게 목회자인 자신의 언어를 따라 표현하는 '죄 고백의 기도'와 '용서를 위한 기도'를 인도한다. 죄의 고백과 용서의 간구가 목회자의 권위는 아니지만, 예배자들을 대표하는 위치에서 주어지는 분명한 실천임을 제시한다. 이와 더불어, 낙스도 자신의 '예배서'(Form of Prayers 1556; Book of Common Order 1564)에서, "회중들이 정해진 시간에 함께 모일 때, 목회자가 다음과 같은 고백의 기도를 통해 회중들 각자가 자신을 살필 수 있도록 인도할 것"⁴⁴을 제시한다. 또한, 초기 종교개혁 이후 개혁주의 장로교 전통의 공예배 지침인 '웨스트민스터 디렉토리' 역시 서문에서 "목회자들은 공예배와 관련해서 가르침과 기도를 통해서 하나님의 백성들을 그리스도에게 인도해야 하는 부지

---

42 Gibson and Farngey, *Reformation Worship*, 670–673 (Appendix: Orders of Worship).
43 Calvin, "Form of Ecclesiastical Prayers," in *Reformation Worship*, 307.
44 Knox, "Form of Prayers 1556; Book of Common Order 1564," in *Reformation Worship*, 567.

런한 책임"⁴⁵을 명시한다. 이처럼 개혁주의 전통은 공예배가 하나님과 예배자들 사이의 대화 구조 안에서 진행하지만, 시작 부분에서 목회자의 위치와 역할에 대해 분명히 언급한다.

공예배 시작 의례의 구성과 실천에서 목회자의 위치와 책임 그리고 역할에 대한 분명한 언급은 개혁주의 전통에서 여전히 수용하는 부분이다. 이러한 목회자의 위치에 대한 강조는 반드시 목회자가 모든 공예배를 인도해야 하거나 시작 부분의 의례 구성을 직접 담당해야만 한다는 것이라기보다는 공예배 시작의 목회적 의미와 책임을 강조하는 것이다. 개혁주의 전통은 말씀과 성례의 사역에 대한 목회자의 위치와 책임을 강조한다.⁴⁶ 이를 위해서 설교와 성례 집례를 위한 분명한 훈련을 요구받는다. 이와 더불어, 혼례, 장례 등 생애 주기에 따른 예식에서도 목회자의 위치와 역할에 대한 목회 직분을 강조한다.⁴⁷ 이처럼 개혁주의 전통은 공예배와 관련해서도 단지 구분된 설교와 성례만 아니라, 모임에서 시작되는 의례 구성의 시작과 마지막도 목회적 위치와 책임을 수용한다. 특히, 마지막 축복의 의례에서 목회자의 위치와 역할이 중요하듯이, 처음 시작하는 예배 선언과 간구 그리고 죄 고백 기도와 용서의 기도 등 모두 회중들을 하나님에게로 인도하는 목회적 의미를 담고 있는 실천이다.⁴⁸ 이런 이유로, 개혁주의

---

45 "the Westminster Directory," in *Liturgies of the Western Church*, 356.

46 Joseph Small, "A Church of the Word and Sacrament," *Christian Worship in Reformed Churches Past and Present*, ed., Lukas Vischer (Grand Rapids: Eerdmans, 2003), 314-316.

47 Harold Daniels, *To God Alone Be Glory: The Story and Sources of the Book of Common Worship* (Louisville: Geneva Press, 2003), 72-73.

48 예배의 사중구조에 따르면, 모임, 말씀, 성찬, 파송이라는 순서로 공예배가 진행된다. 여기서 말씀과 성찬 파송은 목회적 위치와 책임이 명확히 주어지는데,

전통은 목회자의 예배 인도와 관련해서 단순한 관찰과 실천을 통한 배움을 인정하지만, 동시에, 개혁주의 실천의 토대를 구축한 칼빈과 낙스의 예배서들에 담긴 언어와 실천 지침을 주의 깊게 확인하고 수용할 것을 강조한다.[49]

4. 공예배 시작 의례의 개혁주의적 실천: 구성과 실제

공예배의 구성과 실천에서 시작 부분에 해당하는 의례는 예배 구조에 대한 이해로부터 출발한다. 역사적으로 발전한 공예배의 사중구조는 모임의 의례를 분명히 구분한다.[50] 그런데, 이 모임의 의례에 속하는 구성요소들은 신학과 전통 그리고 목회적 판단에 따라 구체적으로 달라질 수 있다. 그럼에도 불구하고, 공예배의 시작 부분에 대화 구조를 반영하는 하나님의 초청과 예배자들의 반응을 위한 구성요소들을 이끌어 낼 수 있다. 개혁주의 전통은 공예배의 시작 부분에 해당하는 의례 구성을 획일적으로 고정하지 않지만, 하나님의 초청과 환대에

모임 부분은 목회적 역할과 책임이 비교적 선명하게 나타나지 않는다. 하지만, 개혁주의 전통은 사중구조를 명확히 수용하지 않더라도 모임과 관련한 목회적 책임을 강조한다. 개혁주의와 장로교 전통의 사중구조(모임, 말씀, 성찬, 파송)는 분명한 의례를 수반한다. 이와 관련해서, Daniels, *To God Alone Be Glory*, 106 (The Service For the Lord's Day Diagram) 참고할 것.

[49] Karin Maag, *Worshiping with the Reformers* (Downers Grove: IVP, 2021), 39–40 (Training the Worship Leaders).
[50] 공예배의 사중구조가 개혁주의의 유산은 아니지만, 성경적 예배를 따르는 구성의 현대적 수용에서 자유교회 전통과 함께 보편적으로 받아들이고 있다. Cherry, *The Worship Architect*, 53–66.

반응하는 인간의 예배 참여를 위한 핵심 구성요소들을 제시해 준다. 공예배 시작 부분의 의례 구성을 목회적 판단에 따라 자율적으로 할 수 있다는 것을 인정하면서, 여기서는 공예배 시작 부분을 구성하는 요소들과 실천 방식에 대한 기본 지침과 방향을 제시하고자 한다.

1) 시작 의례의 구성요소 결정

공예배의 시작 의례는 단지 설교를 위한 준비[51] 또는 성찬을 위한 선행 순서[52]를 넘어서서 그 자체로 예배자들이 하나님의 임재에 반응하고 참여하는 의미를 지닌다. 공예배의 시작에 대한 개혁주의 전통의 실천에서 확인한 바와 같이, 모두가 획일적으로 따라야 하는 하나의 고정된 방식은 없다. 하지만 예배자들을 향한 하나님의 초청을 분명히 선언하고, 하나님의 거룩한 임재에 반응하며 참여하게 하는 몇 가지 중요한 구성요소를 포함하는 것은 요구된다. 개혁주의 전통에서 발전한 공예배 시작 부분의 의례 구성요소에서 강조된 것은 '예배로의 초청', '죄의 고백과 용서의 기도', '조명 기도'이다.

첫째로, '예배로의 초청'은 예배 인도자가 목회적 책임을 갖고 예배

---

[51] 공예배의 삼중구조에 따르면, 말씀 선포 이전의 순서는 단지 예배자들의 마음을 준비하기 위한 엔터테인먼트에 주력한다. 이 구조는 마음을 준비하는 단계(preliminary)가 공예배 시작 부분의 공식 구성이다. 이러한 구성은 회심자들을 위한 예배 구성인 프런티어 예배에서 비롯된 것이다. James White, *Protestant Worship: Traditions in Transition*, 171-191.

[52] 이 구성은 중세의 예배에서 발전한 방식으로 봉헌이나 기도를 통해서 하나님의 은혜를 구하는 순서를 강조한다. 이러한 구성은 이미 종교 개혁 시대에 설교에 대한 반응으로 봉헌의 위치를 전환함으로써 개혁주의 전통에서 분명한 입장을 지닌다. Old, *Leading in Prayer*, 363.

자들을 하나님의 초청에 반응하도록 인도하는 것이다. 이 순서는 칼빈이나 카이퍼(Kuyper)의 경우와 같이, 단지 예배의 공식적인 시작을 알리는 '선언'(votum)으로 할 수도 있고[53], 다른 성경 구절들을 활용해서 예배자들을 초청하는 방식으로 구성할 수도 있다. 이 '예배로의 초청'은 회중들이 정해진 시간에 예배 장소에 모일 때, 전주(prelude)를 수반하기도 하고, 부처(Bucer)의 경우에서 확인할 수 있는 바와 같이, 예배자들에게 평안을 전하는 '인사'(salutation)[54]를 수반하기도 한다.

둘째로, '죄의 고백과 용서의 기도'는 공예배 시작 부분에서 개혁주의 인간 이해와 개혁주의 예배 정체성을 제시하는 핵심 구성요소이다. 개혁주의 전통은 인간의 타락이 예배 참여에 제한을 미치는 영향을 실제적으로 수용하고 반영한다. 이것은 개혁주의 예배 신학 곧, "인간은 스스로 원해도 하나님 앞에 자기 스스로 바른 예배에 참여할 수 없다"[55]는 것을 의미한다. '죄의 고백과 용서의 기도'는 예배 인도자에 의해서 이루어질 수도 있고, 예배자들이 자신의 죄를 직접 고백하도록 주의 깊게 인도한 후, 용서의 기도 부분만 준비해서 진행할 수도 있다. 이 '죄의 고백과 용서의 기도'는 하나님의 도우심을 구

---

[53] 아브라함 카이퍼의 경우, 공예배의 공식적인 시작을 반드시 예배 선언(votum)으로 할 것을 강조한다. Abraham Kuyper, *Our Worship* (Grand Rapids: Eerdmans, 2009), 107.

[54] "Church Practices," in *Reformation Worship*, 282. 이 인사는 목회자가 "주님의 평안이 여러분에게 있기를 바랍니다"라고 하면 회중들이 "또한 당신에게도 함께 있기를 바랍니다"라고 응답하는 방식으로 나타난다. 초대교회의 예배에서 발전한 평안의 입맞춤(passing the peace/kiss of peace)의 변화된 수용 방식으로 볼 수 있다.

[55] Horton Davies, *The Worship of the English Puritans* (Clear Spring: Solid Deo Gloria, 1997), 19.

하는 간구 또는 '기원'(invocation)을 포함한다. 이 '예배의 기원'은 "하나님의 임재, 도우심, 그리고 예배를 향한 하나님의 축복을 구하는 기도"[56]로 이해할 수 있다. 성령 하나님의 도우심을 구하는 이 '기원'은 개혁주의 예배에서 인간 스스로가 자신의 힘으로 하나님을 향해 온전히 나갈 수 없다는 것을 분명히 제시하는 신앙고백의 표현일 뿐 아니라, 공예배에 포함된 기도로서 공동체가 함께 고백해야 하는 실천임을 제시한다.[57] '웨스트민스터 디렉토리'는 하나님의 용서, 도우심, 받으심에 대한 간구를 포함하는 '예배의 기원'을 명확히 제시한다.[58] 이러한 간구 여기서 한 가지 중요한 점은 카이퍼가 강조한 것처럼, 예배의 선언(votum)과 예배를 위한 기원(invocation)을 같은 것으로 혼동하지 말아야 하고, 명확히 구분해서 실천해야 한다.[59] 예배의 선언은 말 그대로 독립적으로 선언을 하는 것이고, 기원은 기도로 구분된다.

셋째로, 공예배의 시작 의례 구성에서 중요한 것은 '조명 기도'(prayer for illumination)이다. 조명 기도는 예배에서 성령의 도우심으로 하나님을 향한 경배에 이르고, 동시에 말씀을 깨달아 진리에 이르는 삶을 살아가도록 도움을 요청하는 기도이다. 조명 기도는 한편으로는 죄의 고백과 용서를 위한 기도에서 성령의 도우심을 통한 하나님의 임재에 참여하는 은혜를 구하는 '예배의 기원'(invocation)과 연결되

---

56 Kelly, *Calls to Worship, Invocations, and Benedictions*, xxviii.
57 개혁주의 전통의 공예배에서 죄의 고백과 그 고백과 함께 주어지는 성령의 도우심을 구하는 간구는 초기 개혁주의자 가운데 요하네스 오에콜람파디우스 (Johannes Oecolampadius, 1482–1531)에게서 볼 수 있다. "The Order of Worship: The Testament of Jesus Christ (1523)," *Reformation Worship*, 142, 144.
58 *The Westminster Directory of Public Worship*, 83.
59 Kuyper, *Our Worship*, 110.

어 있다. 또 다른 한편, 이 조명 기도는 "말씀 중심의 예배에서 성경을 읽고 선포하는 모든 과정이 성령의 도우심으로 온전히 예배자들에게 전달되고 깨달아져서 교회를 더욱 건강하게 구축하기 위한 도움을 요청하는 기도"[60]를 뜻한다. 츠빙글리는 자신의 공예배 첫 부분에 기원의 방식으로 '하나님의 도우심을 구하는 간구'를 포함한다.[61]

이렇게 개혁주의 전통에 근거한 공예배 시작 의례의 구성은 '예배로의 초청', '죄의 고백과 용서의 기도,' 그리고 '조명 기도'를 분명히 포함한다. 하지만, 이 세 가지 핵심 구성요소의 실천은 목회적 상황에 따라 자유롭게 주어질 수 있다. 이와 더불어, 오늘날 공예배의 현실 실천에서 주어지는 전주, 묵상, 입례, 기원, 찬송 등은 위 세 개의 핵심 구성요소들 가운데 또는 진행 과정에 지혜롭게 포함할 수 있다.

2) 시작 의례 구성요소의 순서 결정과 실천 방식

공예배의 시작 의례에 포함하는 '예배로의 초청', '죄의 고백과 용서의 기도', 그리고 '조명 기도'는 일정한 순서로 진행된다. 주일 또는 공적으로 정한 시간에 공동체가 함께 모여 예배할 때, 이 세 가지는 말씀과 성찬 그리고 파송과 더불어 진행하는 공예배의 시작 부분을 구성한다. 공예배의 시작을 위한 의례 구성의 구체적인 순서는 다음과 같이 고려할 수 있다.

---

[60] Old, *Worship*, 129.
[61] "Act or Custom of the Supper, Remembrance or Thanksgiving of Christ, as It Will Be Initiated in Zurich at Easter in the Year 1525," in *Reformation Worship*, 185.

(전주)

(입례)

(1) 예배로의 초청

(1-1) 예배 선언(votum)

(1-2) 예배 기원[62]

(2) 죄의 고백과 용서의 기도

(찬양, 찬양대의 찬양, 시편 낭독/성시 교독)

(3) 조명 기도

위 순서는 공예배 시작을 위한 핵심 구성이다. 이 구성의 진행과 실천 방식에 대해서는 목회적 판단에 따라 결정될 수 있다. 그럼에도 불구하고 구체적인 실천을 위한 고려 사항을 제시할 수 있다. 첫째, 예배의 초청 앞에 있는 '전주'와 '입례'는 공식적인 예배의 선언 또는 기원을 통한 초청을 하기 전 단계의 과정이다. 이 두 가지는 예배 시작 의례에서 필수 구성요소에 해당하지는 않지만, 공예배 진행을 위한 목회적 판단에 따라 자유롭게 구성할 수 있다. 특히 전주를 위한 음악의 준비와 입례를 위한 구체적인 방식은 목회적 판단과 결정에 따라 달라질 수 있다. '예배로의 초청'을 위한 '선언' 또는 '기원' 이전의 순서들(전주와 입례)은 "하나님을 향한 경배에 참여하는 예배자들의 마음을 준비시키기 위한 적절한 환경과 상황을 제공"[63]하는 데 주력한다. 여기서 주의할 것은 '예배로의 초청' 이전에 예배자들의 마음

---

[62] 여기서 생략할 경우, '죄의 고백과 용서의 기도' 뒤 또는 '조명 기도' 앞에 위치해서 실천할 수도 있다.

[63] Rayburn, *O Come, Let Us Worship*, 172.

을 준비하기 위해서 경배와 찬양 방식을 도입하는 것과 관련한다. 경배와 찬양 방식 또는 공적으로 예배 시작을 알리는 선포 이전에 찬양을 하면, 그 찬양이 하나님을 향한 경배와 은혜에 대한 반응이 아니라, 예배자들의 마음을 준비하는 역할로 축소된다. 이러한 음악의 활용은 전도 집회를 위해 구성된 삼중구조에서 '마음을 준비하는 단계'(preliminary)를 수용하는 것이다.[64] 이것은 경배와 찬양 자체의 문제가 아니라, 공예배에서 음악의 위치와 역할과 관련한 사안이다. 따라서, 음악 곧 찬양은 예배의 선언 이후에 포함하는 것이 경배와 은혜에 대한 반응의 의미를 부여하는 데 좀 더 바람직하다.

둘째, '예배의 초청'으로서 '예배 선언'(votum)은 개혁주의 공예배 시작에서 중요한 실천이다. 칼빈(Calvin)과 카이퍼(Kuyper)의 공예배 이해와 실천에서 분명하게 제시된 이 '예배 선언'[65]은 성경을 사용하는 것이 적절하다. 성경 구절의 직접적인 사용을 우선하되, 예배 시작과 관련한 성경 구절들[66]을 목회자의 언어로 재조절하거나 그 의미를 담

---

[64] 예배의 삼중구조 방식은 음악을 통한 마음의 준비를 강조한다. 이 방식은 전도 집회에서 비롯했고, 대부흥시대의 설교자 중심의 메시지 선포를 위한 준비로 간주되었으며, 이후 오순절 방식의 예배에서 예배자들의 마음을 준비하는 구성에서 핵심으로 수용되고 있다. 이 방식의 발전과 예배와 관련한 의미들에 대해서는 Todd Johnson, "Disconnected Rituals," ed., Todd Johnson, *Conviction of Things Not Seen* (Grand Rapids: Brazos, 2002), Chapter 3에서 자세히 논의한다.

[65] Kuyper, *Our Worship*, 107. 카이퍼는 예배에 대한 자신의 확신과 실천을 다룬 글에서 'votum'과 마지막 'benediction'을 명확히 강조한다.

[66] 예배로의 권면 또는 모임을 통한 경배의 초청을 담고 있는 성경 구절들을 선택하면 됩니다. 대표적으로 고전 16:29, 시 95:2, 시 68:32, 시 96:0, 시 40:1, 시 65:1, 시 9:1-2, 잠언 5:23-24, 신 28:6, 10, 11, 12, 롬 8:38-39, 고후 13:14, 삼상 2:2, 대상 16:29 등이 있다. 예배로의 초청에서 선언을 위한 성경 구절들은 다음의 자료들을 활용할 수 있다. Robert Vasholz, *Calls to Worship: A Pocket Resource* (Scotland: Christian Focus Publications, 2008), The Calvin Institute

아내는 표현으로 조절해서 사용할 수도 있다.[67] 시편 124:8의 "우리의 도움은 천지를 지으신 여호와에게서로다"는 성경에서 이끌어 온 가장 분명한 예배의 선언이다. 예배 인도자는 성경 구절을 사용해서 공예배의 시작에 대한 분명하고 간결한 선언을 제시한다. 이 초청의 방식은 예배 인도자의 "기도(prayer)가 아니라, 분명한 선언(declaration)의 방식"[68]으로 주어진다. 물론 시편 124:8 이외에 다른 성경 구절을 활용해서 선언의 방식으로 공예배의 시작을 알리는 것도 가능하다. 여기서 중요한 것은 '예배의 선언'을 '예배로의 초청'과 관련시키는 것이다. '예배로의 초청'에서 가장 중요한 핵심은 예배 초청의 주체를 하나님으로 분명히 확신하고 드러내는 것이다. 따라서, 예배로의 초청에서 성경 구절을 활용할 때, 예배 인도자와 회중들이 함께 읽거나 교독하는 방식을 같이 고려할 수 있다. 이 과정에서 묵도를 수반하거나 찬양대 또는 음악 연주를 통한 지원이나 도움을 받는 것은 모두 목회적 판단에 따라 결정할 수 있다.

셋째, '예배 기원'(invocation)은 예배로의 초청에서 선언과 달리 기도

---

of Christian Worship, *The Worship Sourcebook* (Grand Rapids: CRC Publications, 2004), 45-80. Kelly, *Calls to Worship, Invocations, and Benedictions*, 2-121.

[67] 예배로의 초청에서 사용하는 성경을 직접 성경의 구절만 사용해야 한다는 입장과 성경에 근거한 조절된 언어 표현도 가능하다는 입장은 여전히 논의되고 있는 중요한 사안이다. 하지만, 역사적으로 발전한 개혁주의 예배에서 다양한 방식과 형태의 예배로의 초청을 인정할 때, 성경 구절의 직접 인용뿐 아니라, 성경에 근거한 표현도 예배로의 초청 방식으로 가능하다는 입장이 수용된다. 이러한 입장을 제시하는 대표적인 인물은 R. J. Gore, Jr.와 Edmund Clowney이다. R. J. Gore, Jr. "Response: Covenantal Worship, Reconsidering the Critics," *Westminster Theological Journal* 67, no. 2 (Fall, 2005): 377 그리고 Clowney, "Presbyterian Worship," 121 참고.

[68] Kuyper, *Our Worship*, 110.

로 진행하는 실천이다. 그런데, 예배 선언과 더불어 예배 기원은 모두 공예배에 예배 초청과 관련해서 하나님의 임재를 확신하는 분명한 선언과 간구를 담는다는 점에서 공통적이다.[69] 이 '예배 기원'은 단지 하나님의 임재를 불러내거나 초청하는 것이 아니라, 이미 공예배의 시간과 장소에 임재하시는 하나님에 대한 분명한 인정과 확신을 담아내는 방식이다.[70] 이 예배 기원에 담아야 하는 몇 가지 요소들이 있다. 그것은 (1) 기원의 대상인 하나님을 분명히 언급하고, (2) 거룩하심 또는 경배를 받으시기에 합당하신 하나님에 대한 분명한 언어의 표현을 제시하고, (3) 하나님의 속성 또는 성품을 언급하고, (4) 그 하나님이 바로 우리의 하나님이라는 것을 명명하고, (5) 예배가 성령의 도우심과 그리스도의 중보로 이루어지는 은혜의 과정이 되도록 간구하며, (6) 삼위 하나님의 경배를 포함한다.[71] 이러한 내용을 적절하게 포함하는 간구의 원형은 주기도에서 찾아볼 수 있다. 주기도의 원형에 따라, 삼위 하나님의 거룩하심과 주권을 인정하고 성령 하나님에 의해서 진리로 다스리시는 은혜를 구하며, 그 삼위 하나님의 영광을 간구하는 것이다. 이와 더불어, 성경의 다른 구절들을 활용해서, 위에서 제시한 여섯 가지 특징을 담아내는 간구를 목회자의 지혜로운 판단에 따라 구성해서 실천할 수 있다.

넷째, '죄의 고백과 용서의 기도'는 거룩하신 삼위 하나님 앞에서 인간의 모습을 정직하게 고백하고 회복을 확신하는 기도이다. 이 기도는 회개와 용서의 기초가 삼위 하나님에게 있다는 강력한 신앙고

---

69 Kuyper, *Our Worship*, 110.
70 Old, *Leading in Prayer*, 11.
71 Old, *Leading in Prayer*, 12-15.

백의 표현이다.⁷² 또한, 이 기도는 예배의 장애가 인간에게 있다는 것을 인정하는 중요한 실천으로서, 개혁주의자들이 실천한 바와 같이, 죄를 명확히 그리고 정직하게 고백하게 하는 것이 중요하다. 이와 더불어, 하나님의 용서와 자비를 구하는 간구가 동시에 요구된다. 곧, '죄 고백과 용서의 기도'를 통해서 예배자들에게 성령의 내적 임재와 치유 곧 회복을 간구하는 것까지 포함한다. 이러한 고백을 통한 치유와 회복을 간구하는 것은 하나님의 형상으로의 재창조 과정이 예배를 통해서 이루어진다는 신앙고백을 포함한다.⁷³ 이 '죄의 고백과 용서의 기도'에서 고려해야 할 중요한 사안은 개인의 죄 고백뿐 아니라, 공동체 안에서 이루어지는 실천으로서 공동체를 향한 죄 그리고 공동체적인 죄를 같이 고백하도록 안내하는 것이 목회적으로 중요한 과제이다. 또한 용서의 기도 또는 간구를 포함하는 것은 죄 고백 이후 주어지는 회복과 치유가 인간 스스로 만들어 내는 것이나 단순한 위안이 아니라, 하나님에 의해서 주어지는 은혜임을 확증한다는 점에서 중요하다. 예배 인도자의 선언이 용서를 가져다주는 것이 아니라, 하나님에 의해서 주어지는 은혜의 경험이라는 것을 분명히 하는 것이 필요하다. 물론, 용서의 기도 이후 목회적으로 지혜롭게 성경 구절을 통해 용서하시는 하나님에 대한 선언과 확증을 제시하는 것은 지혜롭게 수용할 수 있는 실천으로 간주할 수 있다.⁷⁴ 이러한 죄의 고백과

---

[72] Boddy Griffith Jr., *Confessions of Sin and Assurance of Pardon* (Scotland: Christian Focus Publications, 2016), 9.

[73] Old, *Leading in Prayer*, 78.

[74] 죄의 고백과 용서의 간구를 위한 구체적인 예시에 대해서는 Griffith Jr., *Confessions of Sin and Assurance of Pardon*과 Old, *Leading in Prayer*, 85-137을 참고할 수 있다.

용서의 간구를 강화하기 위해 십계명을 함께 낭독하거나 활용하는 방안도 개혁주의적 전통에서 수용했다는 것을 목회 현실에서 고려하면 도움이 된다.

다섯째, '조명 기도'는 공예배 시작 부분의 의례에 반드시 포함해야 할 중요한 실천이다. 개혁주의 전통은 예외 없이 '조명 기도'를 말씀의 의례(성경 읽기와 선포로서의 설교)와 연결된 공예배 시작 부분의 실천에 필수적으로 포함했다. '조명 기도'의 핵심은 공동체의 모임 곧 공예배에서 성경의 선포와 더불어 읽는 것을 통해서 하나님의 진리를 깨닫고 받아들이게 하는 실천이다. 이 '조명 기도'는 성령 하나님의 도우심이 없이는 하나님에 대한 인간 스스로의 생각과 마음이 헛되다는 것을 인정하는 것이다. 따라서, '조명 기도'는 예배자들의 마음과 생각을 비추시는 '성령의 도우심을 명확히 언급'하고, 인간이 스스로의 생각이 아니라, 성령의 도우심으로 하나님의 진리에 더욱 깊게 헌신하고 참여하도록 구한다. 이러한 '조명 기도'의 실천은 예배의 주체가 설교자 또는 예배 인도자가 아니라, 하나님이라는 것을 분명히 제시하고 말씀을 읽는 것, 선포하는 것, 듣는 것 모두 성령 하나님의 주도적인 임재와 일하심에 참여한다는 것을 명확히 제시하는 의미를 지닌다. 이 실천에서 주의할 것은 공예배 안에서 성경을 읽는 것과 선포하고 듣는 것 전체가 성령의 주도적인 임재와 일하심에 의존한다는 것을 명확히 제시하는 것이다. 곧, '조명 기도'의 위치를 설교 앞이 아니라, 성경 읽기와 설교 앞에 두는 것이다. 공예배에서 공동체의 성경 읽기도 성령의 조명을 통해 하나님의 진리를 깨닫는 과정으로 수용하고 실천하는 것이 중요하다. 이런 섬에서 개혁주의 공예배는 성경과 성령의 역사를 강화하고 둘 사이를 연결된 실천으로 발전시킨다.[75] 마지막으로 '조명 기도'의 실천과 관련해서, 직접적인 언어 표현의 기도가 아니라, 성경 봉독 이후 설교 사이 또는 성경 봉독 앞에 찬양대의 찬양 또는 개인의 연주나 회중 전체의 찬송을 포함하는 경우가 있는데, 주로 감리교 전통에서 발전한 실천으로서, 음악 곧 찬양이 조명 기도의 역할을 하는 것으로 수용하는 경우다.[76] 하지만, 회중 전체의 찬양을 강화시키는 개혁주의 전통에서 찬양대의 찬양은 조명 기도의 역할보다는 회중을 위한, 회중을 돕는 찬양과 경배의 역할로 수용하는 것이 더욱 바람직하다. 곧, 찬양대의 찬양을 '조명 기도'로 대체하는 것은 주의해야 한다.

5. 나가는 말

지금까지 공예배 시작의 의례 구성에 대한 개혁주의적 이해와 실천을 고찰했다. 공예배의 실천은 단지 좁은 의미로 함께 모여 찬양하고, 말씀을 듣고, 결단으로 반응하는 방식을 넘어선 의례적 접근을 요구한다. 곧, 하나님의 초청에 대한 예배자들의 반응과 참여를 명확히 제시하고, 그로 인해서 하나님과 예배자들 사이의 대화 구조에 따른 인격적 관계 형성을 위한 구성과 실천을 강조한다. 개혁주의 전통은 공예배의 시작 의례에 주어진 다양한 실천을 수용하면서도 동시에 성경의 가르침에 따른 원리를 받아들여 구체적으로 회중들을 하나님의 초청과 환대에 반응하는 목회적 책임과 역할을 강조한다. 이러한

---

75 Old, *Leading in Prayer*, 142-143.
76 Old, *Leading in Prayer*, 144.

입장에서 개혁주의 전통은 공예배 시작 부분의 의례에 '예배로의 초청', '죄의 고백과 용서의 간구', '조명 기도'라는 핵심 구성요소를 발전시켰다. 현재 각 교회에서 공예배의 첫 부분에 묵도, 입례, 찬양 등 다양한 순서를 포함할 수 있지만, 개혁주의 전통에 따른 실천을 강화하기 위해서 반드시 반영해야 할 중요한 원리는 첫째, 하나님에 의한 예배자들의 초청을 선언하거나 기원하고, 둘째, 예배자로서 하나님 앞에 선 인간의 연약함과 죄를 공동체 안에서 공동체와 함께 고백하고, 셋째, 진리의 말씀을 오직 성령의 도우심을 통해서 깨닫고 더욱 알아갈 수 있다는 조명 기도의 실천을 포함하는 것이다. 이와 관련한 선언, 기원, 기도의 내용과 방식은 모두 성경을 문자적으로 답습하지 않더라도 성경의 가르침을 따라 구성하고 실천하는 것이 요구된다. 아울러, 현재 공예배의 시작 의례에 포함하고 있는 다른 요소들 곧 묵도, 성시 교독, 시편 낭독, 찬송 등은 하나님의 초청에 반응하는 예배자들의 참여를 위해서 목회적 판단에 의해 지혜롭게 지속적으로 구성해서 실천할 수 있다. 이 장은 공예배의 시작 부분에 대한 의례 구성의 개혁주의적 실천 원리와 방향을 제시하는 데 주력했다. 따라서, 공예배의 핵심 구조인 말씀의 의례(성경 읽기와 설교)와 성찬의 구성에 대한 연결이 어떻게 이루어지는지, 또 공예배의 마지막 부분의 축복과 어떤 의미를 갖고 연결될 수 있는지에 대해서는 추후 연구 과제로 남겨 둔다.

06

공예배 기도 구성의 개혁주의적 이해와 실천: 칼빈의 제네바 공예배 사역을 중심으로[1]

1. 들어가는 말

기독교 공예배 구성의 목회적 과제는 설교와 음악뿐 아니라 기도를 포함한다. 예배 인도자로서 목회자는 설교를 위한 본문 선택과 그 구성 및 전달, 예배 주제에 부합한 찬양 선곡과 진행, 그리고 다양한 형태와 방식으로 구성되는 기도를 주도적으로 준비하고 실행한다. 역사적으로 기도는 초대교회로부터 공예배의 필수 구성요소이고[2], 중세에는 성찬 중심의 예배에서 성찬 기도를 발전시키면서 가장 중요한 핵심 실천으로 자리를 잡았다. 개혁주의 전통 역시 복잡한 성찬 기도를 제거했지만, 공예배에서 기도 실천을 강화하기 위한 의도적인 노

---

[1] 이 장은 「신학지남」 91권 4집, 305-337에 게재된 논문을 수정 보완한 것이다.
[2] 행 2:42. 공예배 구성요소의 성경적 토대는 이 본문에 따라 말씀, 교제, 성찬, 그리고 기도를 포함한다. 초대교회 예배 구성요소로서 기도의 위치와 역할에 대한 세부적인 논의는 Andrew McGowan, *Ancient Christian Worship* (Grand Rapids: Baker Academic, 2014), 183-216 참고.

력을 지속했다.³ 그런데 기도에 관한 연구는 대부분 기도의 개념과 원리 그리고 성경적 방식과 형태에 대한 접근에 주력하거나⁴, 공동체의 기도 모임에 대한 포괄적 접근에 주력하는 경우⁵가 대부분이다. 최근 팬데믹 이후에는 하나님과의 관계 구축을 위해 개인과 공동체의 기도에 관한 중요성과 실천이 더욱 선명하게 부각했다.⁶ 또한 공예배와 기도에 관한 연구도 주로 기도로서의 예배(worship as prayer)로 간주하면서 공예배의 여러 구성요소에 담긴 언어 사용에 대한 분석과 제안에 집중해 왔다.⁷

하지만, 공예배 안에서 기도는 구분된 구성 방식으로 실천된다. 예배로의 초청에 포함되는 '기원'(invocation), 이른바 '대표 기도'로 알려진 '목회 기도'(pastoral prayer), 성경 읽기와 선포에 성령을 초청하는 '조

---

3 역사적으로 발전한 예배 구성과 실천에서 기도의 중요성과 구체적인 형태에 대한 세부적인 논의에 대해서는 R.C.D. Jasper and G.J. Cuming, *Prayers of the Eucharist: Early and Reformed* (Collegeville: The Liturgical Press, 2019)를 참고.

4 기도의 개념과 원리 그리고 방식에 관한 연구들 가운데 주목할 자료들은 Matthew Henry, *A Method for Prayer*, ed., J. Duncan, III. (Greenville: Reformed Academic Press, 1994), Andrew Murray, *With Christ in the School of Prayer* (Newberry: Bridge Logos, 1999) Steven Chase, *The Tree of Life: Models of Christian Prayer* (Grand Rapids: Baker Academic, 2005), Lawrence Hoffman, *The Art of Public Prayer* (Woodstock: SkyLight Paths Publishing, 2006), Deborah van Deusen Hunsinger, *Pray Without Ceasing: Revitalizing Pastoral Care* (Grand Rapids: Eerdmans, 2006) 등이다.

5 예를 들어, Hughes Old, *Leading in Prayer: A Workbook for Ministers* (Grand Rapids: Eerdmans, 1995), Pat Quinn, *Praying in Public* (Wheaton: Crossway, 2021) 등이다.

6 W. David Taylor and Phaedra Taylor, *Prayers for the Pilgrimage: A Book of Collects for All of Life* (Downers Grove: IVP, 2024)를 예로 들 수 있다.

7 Gary Furr and Milburn Price, *The Dialogue of Worship* (Macon: Smyth and Helwys, 2009), Gail Ramshaw, *Reviving Scared Speech: The Meaning of Liturgical Language* (Akron: OSL Publication, 2000)과 Debra Rienstra and Ron Rienstra, *Worship Words: Discipling Language for Faithful Ministry* (Grand Rapids: Baker Academic, 2009).

명 기도'(illumination prayer), 성찬에서 실천하는 '위대한 감사 기도'(prayer of the great thanksgiving), 말씀 선포 이후 이루어지는 '다짐 기도'(responsive prayer), 축복을 위한 기도 등은 예배 구성과 진행을 위해 각각 분명한 의미와 역할을 지닌다. 공예배의 전체 구성을 위해 각각 구분된 의미를 담고 있는 이러한 기도의 위치와 역할 그리고 구성에 대한 실천적 제안은 목회적 과제를 담당하는 데 직접적인 유익을 제공한다. 이 장은 공예배의 기도 구성에 대한 목회적 적용과 연결을 위한 실천을 제시하는 데 주력한다. 이를 위해서 종교 개혁의 토대를 구축한 칼빈이 신학적으로 확신하고, 제네바에서 직접 사역한 실천을 중심으로 오늘날 개혁주의 전통의 공예배에서 수용 발전할 수 있는 기도의 구성과 방식에 대해 목회적으로 제안하고자 한다. 이러한 실천적 제안을 제시하기 위해서, 이 장은 우선 공예배에서 기도의 구성에 대한 개혁주의적 이해를 시도한다. 그러고 나서, 칼빈의 공예배 실천에 나타난 기도의 구성과 신학적 목회적 의미를 해석하고, 그 가르침에 따라 오늘날 개혁주의 공예배 기도 구성을 위한 실천적 제안을 제시한다.

2. 공예배의 기도 구성에 대한 개혁주의 전통의 강조와 특징

개혁주의 전통에서 기도는 공예배의 구성과 실천에서 중요한 요소로 발전해 왔다. 종교개혁 초기부터 공예배의 기도는 개혁의 핵심 실천 내용으로 발전했다. 은혜의 방편으로서 기도는 실천적으로는 하나님과 예배자들의 삶을 직접 연결하는 '제일 신학'(primary theology)의 역할을 한다.[8] 개혁주의 전통에서 기도는 중세와 다른 신학을 반영하고, 공예배의 기본 구조를 말씀과 기도로 강화하며, 공예배의 기도 구성과 실천에서 언어의 중요성과 목회적 책임을 강조한다.

우선 첫째로, 개혁주의 공예배의 기도는 중세 미사의 기도와 다른 신학을 발전시켰다. 곧, 개혁주의 전통은 기도가 예배자들이 직접 하나님을 향한 표현과 고백일 뿐 아니라 하나님의 임재와 다가오심에 대한 '반응'으로 하나님을 경험하는 것을 강조한다. 반응으로서 기도의 신학과 실천에 대한 개혁주의적 강조는 하나님의 '자기 도모' 또는 '자기 계시'(God's accommodation)를 특징으로 제시하는 개혁주의 신학의 반영이다.[9] 중세 시대의 예배에서 기도는 초대교회와 더불어 여전히 하나님과의 대화로서 경배와 고백 그리고 간구와 감사의 구조와 내용을 담고 있다. 하지만, 이러한 기도의 구조와 내용을 예배자들과 하나님 사이의 직접적인 고백과 표현이기보다는 성인들과 마리아의 중보적 연결을 통해서 경험하게 한다.[10] 또한, 중세 예배에서 기도는 하

---

[8] 예배와 관련해서 신학은 하나님에 관한(about God) 연구로서 '제이 신학'(secondary theology)과 하나님과 함께(with God) 그리고 하나님을 향해(to God) 직접 표현하는 '제일 신학'(primary theology)로 구분할 수 있다. 이러한 구분은 교리를 원론적 가르침으로써 '제일 교리'와 실천적 지침으로써 '제이 교리'로 구분하는 것과도 연결된다. 물론 여기서 강조는 이론과 실천의 우선이 아니라, 이론적 접근과 실천 사이의 구분과 연결에 대한 학문적 접근의 필요성과 중요성을 제시하는 데 있다. 이와 관련한 예전적 접근의 연구는 David Fagerberg, *Theologia Prima: What Is Liturgical Theology?* (Chicago: Liturgical Training Publication, 2012)를 참고할 수 있다.

[9] Timothy George, "Introduction," *God the Holy Trinity*, ed. Timothy George (Grand Rapids: Baker Academic, 2006), 9.

[10] Margot Fassler, "Psalms and Prayers in Daily Devotion: A Fifteenth-Century Devotional Anthology from the Diocese of Rheims: Beinecke 757," *Worship in Medieval and Early Modern Europe: Change and Continuity in Religious Practice*, ed.

나님을 향해 인간이 주도적으로 접근하는 실천으로 간주되었다. 하지만, 개혁주의 전통은 종교개혁 이후 기도가 하나님을 향한 신뢰에 기반을 두고 하나님의 임재와 다가오심에 대한 반응으로 실천되어야 한다는 것을 강조한다.[11] 개혁주의 공예배에서 기도의 출발은 예배자들을 향한 하나님의 은혜와 사랑에서 주어지는 초대이고, 기도의 구체적인 실천은 그 초대에 대한 가장 분명한 반응이다.[12]

둘째, 개혁주의 전통에서 기도는 말씀과 함께 공예배의 중요한 구조를 구성한다. 공예배는 초대교회로부터 말씀과 성찬의 구조로 발전했고, 개혁주의 전통은 그러한 구성에 대해 지속적으로 강조하고 계승한다.[13] 곧, 개혁주의 전통은 성찬 중심의 미사에서 말씀 중심의 예전으로 대체한 것이 아니라, 초대교회 실천에 따른 말씀과 성찬의 구조를 계승했다. 하지만, 종교개혁 이후 개혁주의 공예배는 말씀과 성찬의 구조를 지닌 채 현상적으로 성찬이 매주 포함되지 않았다. 오히려, 말씀과 더불어 기도의 기본 구조를 강화시켰다. 초기 개혁주의 예배 실천의 실례를 제시하는 츠빙글리의 공예배 구성에서부터 이러

Karin Maag and John Witvliet (Notre Dame: University of Notre Dame Press, 2004), 34.

[11] Karin Maag, *Worshiping With the Reformers* (Downers Grove: IVP, 2021), 88–9.

[12] John Hesselink, "John Calvin on Prayer," *On Prayer: Conversation with God* (Louisville: Westminster John Knox Press, 2006), 23.

[13] Ronald Wallace, *Calvin's Doctrine of the Word and the Sacrament* (Grand Rapids: Eerdmans, 1957), 137; Thomas Long, "Reclaiming the Unity of Word and Sacrament in Presbyterian and Reformed Worship," *Reformed Liturgy and Music* 16, no. 1 (1982): 13; Howard Hageman, *Pulpit and Table*, (Richmond: John Knox Press, 1962), 116.

한 말씀과 기도의 기본 구조가 선명하게 나타난다.[14] 칼빈 역시 제네바 사역에서 말씀과 성찬의 공예배 구조를 강조하면서 동시에 말씀과 기도의 역동적인 구조를 강화시켰다. 특히 휴즈 올드(Hughes Old)가 언급한 것처럼, "말씀 읽기와 선포 전 성령의 역사를 구하는 조명 기도와 말씀 이후 기도에 대한 요청으로 말씀 선포의 내용을 기도의 언어로 재구성하는 실천을 강화한 것은 개혁주의 예배 구성의 중요한 특징"[15]으로 발전했다.

셋째, 개혁주의 전통은 공예배의 기도에서 언어의 자율성과 목회적 준비와 책임 있는 실천을 강조한다. 종교 개혁은 중세 성찬 중심의 예배에서 복잡하고 주술적으로 발전한 성찬 기도의 새로운 실천에 주력했다. 복잡하고 긴 분량으로 구성된 성찬 기도는 라틴어를 사용하고 고정된 언어 사용을 중요한 특징으로 제시한다. 개혁주의 전통은 예배에서 기도 자체를 없애거나 약화시킨 것이 아니라, 고정된 기도문에서 자율적이고 즉흥적인 언어 사용의 기도를 허용하고 발전시켰다. 특히, 카린 마그(Karin Maag)가 분석한 바와 같이, 라틴어로 된 이해할 수 없는 기도를 모국어의 언어로 전환해서 수용한 것은 예배자들의 적극적인 참여를 이끌어 내는 급진적 실천으로 볼 수 있다.[16] 개혁주의 전통이 이해하고 적극 참여할 수 있는 언어로 기도를 구성하는 데 중요한 기준은 성경적 기도의 구성과 실천이다. 개혁주의 전통은 고정된 예배 형태나 기도 방식을 인정하지 않지만, 성경에 따

---

[14] Ulrich Zwingli, "Liturgy of the Word (1525)," in *Liturgies of the Western Church*, ed. Bard Thompson (Philadelphia: Fortress, 1961), 147-48.

[15] Old, *Leading In Prayer*, 3.

[16] Maag, *Worshiping With the Reformers*, 87, 100-101.

른 기도 구성과 성경에서 직접 사용하는 기도 언어를 적극 발전시킨다.[17] 이러한 성경적 기도의 구성과 실천을 위한 개혁주의적 노력은 즉흥적 기도의 언어 사용에 대한 의도적 접근과 실천을 위한 신학적 목회적 노력으로 볼 수 있다. 곧, 개혁주의 전통은 공예배에서 기도를 위해 임의로 혹은 즉흥적으로 주어지는 언어 사용이 아니라, 의도적으로 준비해서 책임 있게 실천하기 위해 노력한다.[18] 이처럼 개혁주의 공예배에서 기도는 한편으로는 고정된 형태와 방식을 주문처럼 반복하는 것을 지양하고 다른 한편으로는 방향성 없이 임의로 주어지는 언어 사용에 대한 양극단을 경계하면서 성경적 언어 구성과 사용을 강화한다.

3. 칼빈의 제네바 공예배에 나타난 기도 실천과 특징

칼빈의 제네바 사역은 오늘날 공예배의 기도 구성과 실천을 위한 개혁주의적 토대이자 역사적 사례가 된다. 칼빈은 공예배 기도와 관련해서 삼위 하나님의 계시와 은혜에 대한 예배자들의 반응으로 이루어지는 기도 신학을 반영하고, 말씀과 기도의 분명한 구조를 제시하며, 공기도 언어의 자율적이고 책임 있는 목회적 실천을 구현하는 개혁주의적 특징을 강화하기 위해 노력했다. 칼빈의 제네바 공예배에 나타

---

17 Ryan Kelly, *Calls To Worship, Invocations, and Benedictions* (Phillipburg: P&R Publishing, 2022), xi-xii.

18 Jonathan Gibson and Mark Earngey, *Reformation Worship: Liturgies from the Past for the Present* (Greensboro: New Growth Press, 2018), 66-67.

난 기도와 그 실천에 담긴 특징을 해석하는 것은 오늘날 개혁주의 공예배 기도 구성을 위한 실천적 토대가 된다.

1) 칼빈의 제네바 공예배 구성과 기도

칼빈이 제네바 사역에서 공예배를 구성한 방식과 내용은 그의 예배 실천 규범과 지침인 '교회 기도서'(Form of Ecclesiastical Prayers)[19]에서 확인할 수 있다. 제네바에서 칼빈이 실천한 공예배의 구조와 구성을 기도와 관련해서 정리하면 다음과 같다.[20]

예배 선언(Votum, 시 124:8)
고백(참회)과 용서를 위한 기도
시편(십계명)
조명 기도
말씀(읽기와 설교)
목회 기도(도고)
(주기도: 목회 기도 후 연결)
축복(민 6:24-6; 성찬 진행 시, 성찬 후)
[성찬]
기도

---

[19] John Calvin, "Forms of Prayer for the Church," *Calvin's Tract* Vol. 2, Trans., Henry Beveridge (Eugene: Wipf and Stock Publishers, 2002: 100–12. Bard Thompson, *Liturgies of the Western Church* (Philadelphia: Fortress Press, 1980): 197–208 ('The Form of Church Prayers').

[20] 이 공예배 구조와 구성은 1542년과 1566년 제네바를 기준으로 한 실천 내용이다.

신앙고백(사도신경)

성찬 제정사

권면

분병, 분잔

시편

감사의 기도

축복(민 6:24-6)

위와 같이 칼빈의 제네바 공예배는 은혜의 방편으로서 기도와 말씀의 구조와 구성을 명확히 제시한다. 공예배의 선언과 함께 고백과 참회의 기도 그리고 용서를 위한 기도가 이어지고, 말씀 읽기와 선포 전후에 조명 기도와 목회 기도의 연결이 명확히 보인다. 아울러 성찬을 진행할 때 감사의 기도를 포함하는 것도 선명하게 드러난다.

2) 칼빈의 제네바 공예배 기도의 특징과 의미

이러한 칼빈의 제네바 공예배는 기도의 신학적 구성과 목회적 실천을 제시한다. 칼빈의 제네바 공예배에 나타난 기도의 가장 첫 번째 특징은 삼위 하나님의 임재와 다가오심에 대한 반응으로서의 기도 신학을 반영한 것이다. 제네바 공예배의 처음 부분은 예배로의 초청 이후 '기원'이나 '묵도'가 아니라, 하나님의 임재와 예배로의 부르심에 대한 공식적인 초청(votum)과 그에 대한 반응으로서 고백과 용서를 위한 기도로 구성된다. 참회 또는 고백 기도는 하나님의 얼굴로 비추어지는 임재 앞에 인간의 죄와 연약함을 고백하는 정직한 반응이다. 이 고백의 가장 직접적인 의미는 하나님의 초청에 대한 반응이고 신학적으로는 예배의 걸림돌로서 인간의 죄를 인정하는 것이다.[21] 기독교 예배는 하나님의 은혜를 직접 이끌거나 생성하는 열정적인 기도의 시간과 장소가 아니라, 이미 은혜로 주어지는 하나님의 임재와 다가오심에 대한 반응이다.[22] 참회 기도는 하나님의 임재와 부르심에 대한 가장 정직하고 분명한 반응이며, 칼빈은 이러한 기도의 신학을 예배 실천에 반영했다. 칼빈이 참회 기도 가운데, "참된 돌이킴으로 우리의 절망을 회복시켜 주시는 은혜를 의지"[23]한다는 내용은 하나님의 주도적인 은총에 대한 반응으로서 기도 신학을 구체적인 언어로 담고 있는 표현이다. 이와 더불어, 목회 기도 역시 말씀으로 다가오시는 하나님에 대한 가장 분명한 반응을 의미한다. 칼빈은 매 주일 예배 설교 이후 10-5분 분량의 긴 도고적(intercessory) 측면을 강조하는 목회 기도를 실천했다.[24] 이 기도는 선포한 말씀에 대한 반응으로 예배자들이 삶의 자리에서 하나님의 주권과 섭리를 인정하는 삶을 살아가고, 세상의 필요에 대한 하나님의 도우심을 구하는 것을 강조한다. 곧 목회 기도는 말씀에 대한 개인의 내면을 살피는 반응을 넘어서서 말씀이 세상에서도 구현될 수 있도록 반응하는 공적 참여의 방식을 뜻한다.[25] 이뿐만 아니라 칼빈은 성찬을 진행할 때, 감사의 기도를 통해 창조와

---

21 William Dyrness, "Sin and Grace," *A More Profound Alleluia*, 33-4.
22 John Witvliet, "What to Do with Our Renewed Trinitarian Enthusiasm," *Trinitarian Theology for the Church*, ed. Daniel Treier and David Lauber (Downers Grove: IVP, 2009), 242.
23 Thompson, *Liturgies of the Western Church*: "The Form of Church Prayer," 197.
24 Thompson, *Liturgies of the Western Church*, "The Form of Church Prayers," 199-202.
25 Witvliet, "Public Trauma and Public Prayer," 271.

구속의 은혜를 제공하시는 그리스도의 임재에 참여하는 것을 포함한다. 이 감사의 기도 역시 하나님 아버지로부터 시작되고, 그리스도의 은혜로 가능하게 된 새로운 생명의 공급과 지속적인 섭리에 대한 반응의 의미를 지닌다.

두 번째, 칼빈의 제네바 공예배 기도에 나타난 또 다른 특징은 삼위일체의 중보적 측면을 반영한 것이다. 칼빈의 공예배 기도는 삼위일체에 대한 구분된 언어 사용뿐 아니라, 예배를 위한 기도의 구조와 구성에 삼위일체의 주도적이고 능동적인 측면을 선명하게 제시한다. 칼빈이 직접 사용한 고백 기도는 "우리가 하나님을 거스름으로써 스스로에 대해 슬퍼하고… 우리를 향한 아버지 하나님과 주님이신 예수 그리스도의 자비를 구하며… 성령 하나님의 은혜로 참된 회개에 이르게 하시며, 다시금 하나님을 기쁘시게 해 드릴 수 있는 삶으로 인도해 주옵소서"[26]라는 내용을 담고 있다. 이 고백은 하나님을 향한 참회의 고백일 뿐 아니라, 삶의 회복과 하나님과의 관계 구축을 위한 예배가 하나님의 능동적인 개입과 주도적 인도하심에 의해서만 가능하다는 것을 뜻한다. 이 고백 기도는 바로 이어서 아버지 하나님, 아들 예수님, 성령 하나님의 이름으로 용서가 주어진다는 명확한 선언과 기도로 이어진다. 이와 더불어, 조명 기도 역시 삼위 하나님의 주도적이고 중보적인 사역의 측면을 선명하게 내포한다. 칼빈은 말씀 읽기와 선포 전에 성령과 예수 그리스도 그리고 아버지의 주도적인 사역을 통해 말씀을 통한 삼위 하나님의 임재에 참여할 수 있다는 고백을 선명하게 언어로 담아냈다. 칼빈의 제네바 예배에서 사용한 조명 기도의 내용에는 "아버지의 거룩한 뜻을 드러내시기를 기뻐하시고,

---

[26] 칼빈의 고백 기도의 한 부분을 직접 번역한 표현이다.

그 말씀을 직접 우리의 마음에 새겨 주시기를 기뻐하시는 그 은혜를 예수 그리스도를 통해서 풍성하게 받을 수 있게 하시며… 성령 하나님의 은혜로 말씀이 아버지 하나님의 이름을 높이고 교회를 더욱 견고하게 세워 가시는 역사에 겸손과 순종으로 참여할 수 있도록 인도하소서"[27]라는 내용이 포함된다. 또한 성찬에서의 기도에도 성령의 중보적 역할과 주도적 이끄심에 의해 그리스도의 임재에 참여할 수 있다는 것을 같은 방식으로 제시한다.[28] 칼빈의 이러한 기도 구성과 언어 사용은 예배에서 삼위 하나님의 능동적 임재를 선명하게 제시하고, 예배자들의 언어와 행동 그리고 생각에 이르기까지 모두 직접 주관하시며, 촉진하고 또 받으시는 측면을 제시한다. 칼빈은 이처럼 삼위 하나님을 예배의 대상일 뿐 아니라, 예배의 능동적 주체로서 예배자들에게 하나님의 임재에 참여할 수 있도록 이끄시는 중보적 측면을 강조한다. 이러한 칼빈에게서 선명하게 나타나는 예수 그리스도와 성령의 중보적 위치와 역할에 대한 기도 구성과 실천은 이후 개혁주의 예배 신학과 실천의 토대로 발전해 오고 있다.[29]

세 번째, 칼빈의 제네바 공예배 기도에 나타난 또 다른 특징은 기

---

[27] 칼빈의 조명 기도 가운데 일부를 직접 번역한 표현이다. 칼빈은 조명 기도의 경우, 구체적인 언어 사용에 대해서는 목회자의 분별과 판단에 따라 자율적으로 구성할 수 있다고 언급한다. Calvin, "The Form of Church Prayers," in Thompson, *Liturgies of the Western Church*, 199.

[28] Calvin, "The Form of Church Prayers," in Thompson, *Liturgies of the Western Church*, 203-07.

[29] 특히 개혁주의 예배 신학의 성경적 신학적 토대를 구축한 Jean Jacques von Allmen은 성령의 중보적 위치와 역할에 대한 예배와 기도의 측면을 실천적으로 발전시켰다. Jean Jacques von Allmen, *Preaching and Congregation*, trans. B. L. Nichols (Richmond: John Knox Press, 1962), 7-8 그리고 *Worship Its Theology and Practice* (New York: Oxford University Press, 1965), 26-31.

도 언어의 자율적 구성에 대한 목회적 책임과 특징을 반영한 것이다. 칼빈의 제네바 '공예배 기도서'(the Form of Church Prayers)의 처음 부분에 "목회자는 예배 시작의 기도에 해당 일 설교 주제 또는 시대의 상황에 적합하다고 보이는 권고적 측면의 내용을 자율적으로 구성할 수 있다"[30]라고 언급한다. 이와 더불어 조명 기도의 구성과 언어 사용에 대해서도 "기도의 형태는 목회자의 분별과 판단에 따른다"[31]라고 명확하게 안내를 제시한다. 이뿐만 아니라, 칼빈은 설교 이후 목회 기도의 긴 구성 마지막 부분에 '주기도'를 포함하되, 성경 본문을 그대로 사용하지 않고, 예배자들의 이해와 상황을 고려해서 문장에 포함하는 언어들을 부분적으로 바꾸기도 한다. 곧 칼빈의 공예배에서 '주기도'가 공예배의 구분된 기도로 사용된 것이 분명하지만, 상황에 따라 언어를 조절 변화한 것이 분명하다. 이러한 기도 언어의 자율성을 인정하는 것은 칼빈의 예배 개혁과 실천에서 스스로가 지닌 기도 언어 자율성에 대한 신학을 반영한 것이다. 칼빈은 교회 개혁의 필요성에 대한 자신의 논지를 전개하는 과정에서 공예배 기도의 자율적 구성은 고정된 중세의 기도에 대한 종교개혁의 핵심 실천이라고 강조한다.[32] 하지만, 칼빈에게서 공예배 기도의 자율적 구성은 임의로 주어지는 즉흥적 기도라기보다는 성경적 언어 사용에 의한 목회적 책임을 요구한다. 칼빈에 따르면 공예배 기도 구성과 언어의 자율적 선택과 결정은 미리 준비하되, 매주 고정된 방식으로 기록된 기도문을 읽

---

30 Calvin, "The Form of Church Prayers," in Thompson, *Liturgies of the Western Church*, 197.
31 Calvin, "The Form of Church Prayers," in Thompson, *Liturgies of the Western Church*, 199.
32 John Calvin, "The Necessity of Reforming The Church," *Calvin's Tracts*, Vol.1, 128.

는 것이 아니라 기도의 내용을 마음에서 충분히 확신하고 즉흥적 측면을 동시에 반영하는 방식이다.[33] 이러한 기도의 목회적 구성과 책임에 대한 칼빈의 실천과 발전은 개혁주의 전통에서 소위 '개념화된 기도'(conceived prayer)로 발전했다. 이 '개념화된 기도'는 공예배 인도에서 목회자들이 기도를 미리 연구하고, 성경에 따라 구성하며 깊이 묵상하고, 즉흥 기도의 방향성을 상실한 언어 사용을 경계하며, 성경에서 제공하는 언어로 성령의 인도하심을 따라 실천하는 기도이다.[34]

4. 개혁주의 공예배 기도 구성의 실천 방향과 과제

지금까지 공예배 기도 구성에 대한 개혁주의적 이해와 특징을 칼빈의 실천을 중심으로 개괄적으로 살펴보았다. 개혁주의 전통은 공예배에서 기도를 필수 구성요소로 발전시켰고, 삼위 하나님의 주도적이고 중보적인 측면을 인정하며, 성경에 따른 기도 언어의 구성도 강조한다. 이러한 공예배 기도의 개혁주의 특징은 칼빈의 실천에서 구체적으로 살펴본 바와 같이, 기도의 일정한 구조를 인정하지만 동시에 고정된 문구를 반복해서 읽는 방식으로 사용하지 않고 목회적 자

---

[33] Elsie McKee, *John Calvin: Writings on Pastoral Piety* (New York: Paulist Press, 2001), 195-246.

[34] Gibson and Earngey, *Reformation Worship*, 67. 성경적 기도 언어 구성과 실천에 대한 이 '개념화된 기도'(conceived prayer)는 기록된 기도를 읽는 것이 아니고, 기도문을 작성하되, 철저하게 기도의 내용을 내면화하고 성령의 인도하심을 의지하면서 실천하는 성경적 기도 방식으로 발전해 왔다. 이에 대한 내용과 실천에 대한 역사적 발전에 대해서는 Matthew Henry, *A Method for Prayer* (Greenville: Reformed Academic Press 1994)를 참고할 수 있다.

율성을 통한 책임감 있는 구성을 강조한다. 기도는 기본적으로 하나님과 예배자들 사이의 대화로 간주할 수 있다는 신학적 공유에도 불구하고 구체적인 구성과 언어 사용에 대해서는 여전히 논쟁이 이어지고 있다. 여기서는 공예배 기도에 대한 다양한 논쟁 이슈들을 규명하기보다 좀 더 현실적으로 칼빈의 실천에서 마련된 개혁주의적 토대를 따라 공예배 기도 구성의 목회적 실천 과제를 제안하고자 한다.

첫째로, 개혁주의 공예배 기도 구성의 우선적 과제는 공예배 안에 포함하는 기도를 명확하게 구분하고 실천하는 것이다. 예배는 그 자체로 하나님과의 대화로서 기도의 측면을 지니고 있지만, 공예배 안에 여러 기도가 구분된 방식으로 구성된다. 공예배 안에서 각각의 기도는 구분된 위치와 역할 곧 의미를 지닌다. 칼빈의 이해와 실천에서 확인된 개혁주의 공예배에 구분된 방식으로 포함하는 기도는 예배로의 초청에 해당하는 '기원', '고백과 용서를 위한 기도', '조명 기도', '목회 기도', 그리고 성찬을 진행하는 경우 포함하는 '성찬 감사 기도'이다. 물론, 칼빈의 공예배 실천에서 예배 시작을 알리는 공적인 선언과 초청(votum)이 명확하지만, 그 자체를 '기원'(invocation)과 같은 것으로 간주할 수 있는지에 대해서는 논쟁의 여지가 있다.[35] 하지만, 칼빈 예배 연구에 집중한 엘시 맥키(Elsie MecKee)는 칼빈의 제네바 공예배

---

[35] 기원(invocation)은 역사적으로 성찬에서 성령의 도우심을 구하는 기도에서 출발했고, 예배의 시작을 알리는 공적 선언으로서 'votum'은 외적으로 구분된 방식의 실천이다. 이에 대해서 개혁주의 전통의 예배가 기원으로 시작할 것인지, 공적 선언으로 시작할 것인지에 대해 논의가 주어지고 있다. 그런데, 기원과 예배의 공적 선언은 모두 성령의 도우심에 의해서 이루어진다는 공통적 의미와 특징을 지니고 있으므로 공예배의 시작에서는 'votum' 역시 기원의 의미로 받아들일 수 있다. 이러한 예는 Old, *Leading In Prayers*, 27 참고.

실천에 나타난 '예배로의 초청'은 '기원'으로 간주할 수 있다고 본다.[36] 이처럼 공예배에 성찬식이 포함되지 않을 경우, 공식적으로 포함될 기도는 '기원', '고백과 용서를 위한 기도', '조명 기도', '목회 기도'이다. 개혁주의 전통에 따른 공예배 기도 구성을 위해서 이 네 개의 구분된 방식의 실천은 우선 확인해야 할 과제가 된다. 삼위 하나님의 도우심을 요청하는 예배의 공식적인 시작을 알리는 기원, 예배의 걸림돌이 인간의 죄라는 것을 정직하게 고백하고 하나님의 은혜로 주어지는 용서를 구하는 기도, 말씀 읽기와 선포가 성령의 주도적 역사로 진행되기를 의존하고 간주하는 조명 기도, 그리고 말씀에 비추어 삶과 세상에 하나님의 주권적 섭리가 명확하게 주어지도록 구하는 목회 기도는 개혁주의 공예배 기도 구성에서 필수로 요구되는 실천이다.

둘째로, 개혁주의 공예배 기도 실천의 과제는 말씀과 기도의 구조적 연결에 목회적 의도성을 반영하는 것이다. 개혁주의 공예배 기도와 칼빈의 실천에서 살펴볼 수 있는 중요한 특징은 말씀과 기도의 구조적 연결이다. 곧, 예배의 초청을 알리는 기원으로서 하나님의 말씀에 죄의 '고백 기도'로 반응한다. 하나님의 말씀을 읽고 선포하는 실천 앞에 '조명 기도'를 두고, 하나님의 말씀 읽기와 선포 뒤에 '목회 기도'를 통해 반응한다. 이처럼 말씀과 기도는 공예배의 핵심 구조로 주어진다.[37] 칼빈의 경우, 고백 기도는 말씀, 구체적으로는 시편 124:8

---

[36] McKee, *John Calvin: Writings on Pastoral Piety*, 100.

[37] 기독교 예배의 구조에 대한 접근은 이중구조, 사중구조, 삼중구조로 논의되고 있다. 이중구조는 말씀과 성찬의 구조, 사중구조는 모임, 말씀, 성찬(반응), 파송의 구조, 삼중구조는 마음의 준비, 메시지 선포, 반응의 방식으로 구성된다. 이러한 구조는 예배의 구성요소에 대한 신학적 의미를 반영하는 해석인데, 개혁주의 전통은 기본적으로 말씀과 성찬의 구조를 인정하지만, 실천적으로는

(우리의 도움은 천지를 지으신 여호와의 이름에 있도다)로 표현되는 예배로의 초청 곧 기원에 대한 반응으로 하나님의 거룩하심에 비추인 인간의 죄와 연약함을 고백하는 기도이다. '조명 기도'와 '목회 기도'는 각각 하나님의 말씀을 읽는 것, 선포하는 것, 그리고 듣는 것은 모두 삼위 하나님의 도우심으로 참여할 수 있다는 신학을 반영하는 실천이다.[38] 여기서 중요한 것은 '조명 기도'가 말씀 사역 곧 성경 읽기와 선포 앞에 놓인 것이다. 공예배에서 말씀을 읽고 선포하는 것은 하나의 연결된 구성이고, 그 앞에 조명 기도와 그 후에 목회 기도가 구조적으로 위치에 있다. 이러한 의도적 구조와 구성은 오늘날 말씀 읽기와 선포 사이에 다른 구성요소들(광고, 찬양대 찬양, 또는 봉헌 등)을 포함하거나 또 다른 방식으로 말씀 읽기와 선포 사이를 하나로 연결하지 못하는 것을 주의하도록 요청한다. 이와 더불어, 말씀 읽기와 선포 이후에 이루어지는 '목회 기도'의 의도적 구성을 반영하는 것이 요구된다. '목회 기도'는 말씀에 대한 반응으로서 우리 시대에 말씀 선포 이후에 결단하는 시간을 갖는 것과는 구분된 의미를 지닌다. 이 '목회 기도'는 칼빈의 실천에 따르면, 가장 종합적인 기도로서 찬양, 고백, 간구, 도고, 그리고 감사 등을 모두 포함한다.[39] 우리 시대에 목회 기도는 칼빈의 실천과 다른 의미와 역할로 수용된다. 특히 17세기 개혁교회 전통에서 '목회 기도'의 위치를 말씀 선포 이후가 아니라, 말씀 선포 이

말씀과 기도의 구조로 발전해 왔다. 이에 대한 개혁주의 예배 역사와 신학의 관점에 대한 세부적 논의는 Howard Hageman, *Pulpit and Table: Some Chapters in the History of Worship In the Reformed Churches* (Eugene: Wipf and Stock, 2004) 참고.

38 Hughes Old, *Worship Reformed According to Scripture* (Louisville: Westminster John Knox Press, 2002), 129.

39 Old, *Worship Reformed According to Scripture*, 102.

전으로 전환하면서 목회 기도의 수용과 발전이 더욱 복잡해졌다.[40] 하지만, 어떤 경우에라도 '목회 기도'의 위치가 '조명 기도'의 역할을 대체하거나 축소하지 않도록 주의하는 것이 요구된다. 또한, 말씀과 기도의 의도적 연결 구조에 대한 개혁주의 예배 실천을 목회적으로 지속할 수 있는 책임이 요구된다.

셋째로, 개혁주의 공예배 기도 구성과 내용에 나타난 방향의 균형을 구현하는 것이다. 개혁주의 공예배 기도의 중요한 특징 가운데 하나는 삼위일체의 주도성과 중보성을 반영하는 것이다. 기도는 하나님과의 대화 방식으로 구성되지만, 예배자들이 하나님과의 관계 구축을 강화하고, 동시에 예배자들을 통해서 그리고 세상에서 삼위 하나님이 주권적으로 역사하시는 섭리에 대한 인정과 참여를 강화한다. 예배자들이 하나님과의 관계를 강화하는 것은 수직 관계의 방향이고, 예배자들이 세상에서 하나님의 일하심에 대한 참여를 강화하는 것은 수평 관계의 방향이다. 칼빈의 경우, 공예배에서 하나님과의 관계 구축을 위한 수직적 기도는 죄 고백의 기도와 말씀 선포에 참여하는 듣기 방식, 그리고 들은 말씀에 대한 반응으로 주어지는 목회 기도에서 나타난다. '고백의 기도'는 하나님 앞에 비추어진 인간의 모습을 정직하게 인정하는 것이다. 이러한 고백은 "하나님의 사랑과 부르심에 대한 응답이고, 오직 하나님의 도우심에 의해서 그리고 하나님 앞에서만 참된 인간으로 회복될 수 있다는 인정"[41]을 의미한다. 이런 점에서 고백의 기도는 우리의 삶을 하나님에게 끊임없이 방향 전환하는 수직적 관계 회복의 연속된 노력을 뜻한다. 이와 더불어, 세

---

40 Old, *Worship Reformed According to Scripture*, 102.
41 Dyrness, "Sin and Grace," 41.

상을 위한 그리고 세상에서 예배자들의 삶을 위한 수평적 관계는 목회 기도의 도고적 측면에서 나타난다. 칼빈의 공예배 기도에서 살펴볼 수 있듯이, 도고 기도는 목회 기도의 중요한 핵심 내용이다. 특히, 칼빈은 매주 설교 이후 사회와 공적 영역의 상황을 위한 긴 분량의 도고를 목회 기도에 포함했다.[42] 이러한 기도의 수평적 측면에 대한 강화는 칼빈이 예배자들에게 권면한 바와 같이, "하나님은 각 개인이 자신을 위한 기도만 허락하실 뿐 아니라, 서로를 위해 기도하는 것을 허용하고 권장"[43]하시는 측면을 반영하는 것이다. 목회 기도는 개인의 삶을 넘어서서 사회적 이슈들, 공적 영역에서 이루어지는 삶의 과제에 대한 하나님의 섭리를 공식적으로 인정하는 예전의 실천이다. 이러한 공예배 기도의 도고적 측면은 개인과 세상을 연결하는 중요한 예전적 실천이다. 특히, 우리 시대는 개인의 필요에 의한 신앙을 강조하고, 불필요한 긴장과 갈등을 회피하면서, 세상을 위한 하나님의 섭리를 약화시키는 개인주의적 신앙에 영향을 받아서 예배자들에게 도고 기도의 중요성과 필요성을 제시하기 어려운 상황에 있다.[44] 이런 상황에서, 개혁주의 공예배에 포함하는 기도는 개인의 이슈에만 집중하지 않고, 가정, 일터, 사회 기관과 정부, 그리고 세상의 이슈들에 대한 하나님의 섭리를 인정하고 의존하는 도고 기도의 구체

---

42 칼빈을 비롯한 개혁주의 전통의 목회 기도에 포함하는 도고적 측면에 대한 역사적 실천적 연구에 대해서는 Elsie McKee, *The Pastoral Ministry and Worship in Calvin's Geneva* (Geneva: Librairie Droz, 2016), 310-48 그리고 C. F. Miller, "Intercessory Prayer: History, Method, Subjects and Theology," *Studia Liturgica* 3, no.1 (1964): 20-29 참고.

43 John Calvin, *Institutes of the Christian Religion*, ed. John McNeill and trans. Ford L. Battles (Edinburgh: Calvin Translation Society, 1846), 3.20.19.

44 Witvliet, "Public Trauma and Public Prayer," 266-7.

적인 실천을 통해 예배자들의 수평적 측면의 관계를 강화하는 노력이 요구된다.

넷째로, 개혁주의 공예배 기도 구성의 또 다른 실천적 과제는 기도 언어의 자율성에 대한 목회적 책임을 구체화하는 것이다. 개혁주의 공예배 기도는 기록된 기도문의 반복적 사용이 아니라, 자율적 기도 구성과 실천을 발전시켰다. 하지만 자율적 기도는 그 자체로 임의로 하는 기도가 아니라, 목회적 상황에 부합한 적실성 있는 언어 구성의 책임을 요구한다. 이런 점에서 개혁주의 공예배 기도는 고정된 방식의 기록된 기도문을 거부하지만, 일정한 구조 안에서 명확한 언어 선택과 사용을 위한 실천적 과제를 제시한다. 개혁주의 전통은 이러한 공예배 기도 구성의 실천적 원리로써 성경적 언어 사용과 삼위일체의 신학적 구조를 발전시켰다. 성경에 따른 기도 언어는 '찬양, 고백, 간구, 도고, 감사'의 언어를 구조적으로 담아낸다.[45] 이러한 성경적 기도 구성은 공예배 기도 언어에도 반드시 포함되어야 한다. 하나님을 향한 찬양과 경배, 죄를 슬퍼하고 인정하는 고백, 하나님의 도우심을 구하는 간구, 세상을 위한 도고는 하나의 기도에 포함하거나 각각 구분된 기도 형태로 공예배에서 예배자들이 표현하는 기도의 언어가 되도록 해야 한다.[46] 좀 더 구체적으로 공예배의 적용을 위해서 고려할 점은 고백의 기도와 목회 기도를 통해서 탄식과 슬픔, 죄의 고백 그리고 간구와 세상을 위한 기도를 공예배의 기도 언어로 구체화할 수 있는 목회적 책임과 돌봄을 위해 노력하는 것이 필요하다. 이와 더불어, 기도 구성의 언어에 대한 신학적 측면으로 삼위일체를 의도적으

---

[45] Old, *Worship Reformed According to Scripture*, 102.
[46] Old, *Worship Reformed According to Scripture*, 100.

로 반영하는 목회적 책임이 요구된다. 기도는 기본적으로 삼위 하나님과의 연합과 교제를 구체화하는 방식이다. 이런 점에서 개혁주의 기도 신학의 반영을 위해 아버지 하나님의 돌보심, 부활하신 그리스도께서 하늘 아버지 옆에서 베푸시는 세상을 위한 중보, 그리고 성령 하나님의 돌보심과 함께 마음을 조명하시는 사역의 구체적인 언급과 표현을 목회적으로 제시하는 노력을 요구한다. 역사적으로 이러한 삼위일체를 반영하는 신학에 따라 기도를 "그리스도를 통해서, 성령의 도우심으로, 아버지의 영광에 이르는 사역"[47]으로 정의하기도 한다. 이러한 삼위일체 신앙을 공예배 기도에 반영하기 위해서, 공예배에 포함하는 각각의 기도에 삼위일체의 표현을 반영하는 것과 공예배 기도 전체에 삼위일체를 유기적으로 반영하는 목회적 노력이 필요하다. 공예배 가운데 삼위일체를 반영하는 가장 적합한 기도는 '고백의 기도'이다. 칼빈은 이 기도에서 아버지 하나님의 위대한 영광을 먼저 선포하고, 예수 그리스도의 이름으로 주어지는 자비를 구하며, 성령 하나님을 통해 주어지는 회복의 은총을 직접적인 언어로 제시한다.[48] 이와 더불어, 삼위일체를 공예배 기도에 반영하는 방식은 공예배 전체의 구성에 삼위일체의 모습과 사역을 반영하는 것도 고려해 볼 수 있다. 즉, 아버지 하나님의 영광을 선포하고 인정하는 예배의 초청을

---

[47] Graham Redding, *Prayer and Priesthood of Christ in the Reformed Tradition* (London: T&T Clark, 2003) 참고. 기도와 삼위일체를 연결하는 내용의 실천적 논의는 기도의 대상을 "아버지, 아들, 성령으로 직접 명명할 것인가" 또는 "성령의 도우심으로 그리스도를 통해 아버지의 영광에 이르는 방식의 실천인가"에 대해 집중하고 있다. 중요한 것은 둘 중 하나를 선택하는 것이 아니라, 기도의 언어와 구조 그리고 내용에 삼위 하나님의 일하심을 직접 반영하는지를 의도적으로 살피고 그러한 언어 사용을 구체화하는 것이다.

[48] Calvin, "Form of Ecclesiastical Prayer," in *Reformation Worship*, 308.

위한 기원, 그리스도의 용서와 화해를 구하는 고백 기도, 내면의 마음에 빛을 비추어 주시고 새로운 깨달음을 허락하시는 성령 하나님의 역사를 구하는 조명 기도, 세상에서 삼위 하나님의 능동적이고 적극적인 관여와 참여를 인정하는 도고 기도 등은 모두 삼위 하나님의 역사를 각각 구체적으로 제시하고 반영하는 기도로 간주할 수 있다.

　마지막 다섯째로, 개혁주의 공예배 기도 구성의 실천적 과제는 기도 작성뿐 아니라 직접 기도를 인도하는 리더십의 역량을 강화하는 것이다. 공예배에서 기도는 음악에서의 악보와 같이 기도를 인도하는 목회적 역량에 영향을 받는다. 공예배 참여에서 예배 인도자들 곧 목회자들의 주된 역할은 기도 인도와 말씀 선포이다. 특히, 하워드 헤이그만(Howard Hageman)이 강조한 바와 같이, "개혁주의 예배에서 목회적 실천 과제의 핵심은 기도와 성경을 읽고 선포하는 것"[49]이다. 말씀 선포와 관련한 사역은 설교의 이론과 실제 등으로 통해서 신학 교육의 중요한 자리를 차지하고 있다. 반면에 공예배의 기도 구성과 인도와 관련해서는 이론적이고 체계적인 접근과 훈련을 받는 경우가 많지 않다. 예배서 또는 기도서의 기록된 기도문을 사용하지 않는 개혁주의 공예배에서는 기도문 구성과 작성뿐 아니라, 기도를 직접 인도하는 목회적 과제가 중요하다. 칼빈 역시 기도 구성과 직접적인 인도의 목회적 과제를 충실하게 감당했고, 공예배 기도 인도를 위한 적실성 있는 실천을 강조했다. 특히, 공예배 기도의 기본 구조를 인정하면서 동시에 목회자의 직접적 선택에 의한 언어 사용의 개발과 의도적인 실천을 명확히 강조했다. 칼빈은 공예배 시작 부분의 '고백 기도'를 인도할 때, "우리 모두 하나님의 얼굴 앞에 스스로를 내어 드리

---

[49] Hageman, *Pulpit and Table*, 121.

고, 잘못과 죄를 고백하며 기도하겠습니다"[50]라는 제안을 하면서, 이후 구체적인 기도의 내용에 대해서는 목회적 자율성에 맡긴다. '조명 기도' 역시 말씀 이해와 수용을 위해서 성령의 도우심을 강력하게 구하는 기본 구조를 지속하지만, 구체적인 기도 형태와 언어에 대해서는 "목회자의 분별"(the discretion of the minister)[51]에 맡긴다. 이와 더불어, 설교 이후 또는 이전에 이루어지는 '목회 기도'에서는 더욱 직접적으로 기도 구성의 목회적 역량을 요구한다. 물론 '목회 기도'를 설교 이전 이른바 '대표 기도' 방식으로 진행하거나 혹은 설교 후 '반응 기도' 방식으로 진행하는 구분이 주어지더라도, 두 기도의 언어 구성과 내용에 대해서 목회적 지도와 인도의 책임을 요구받는다. 이러한 공예배 기도 구성과 인도의 목회적 역량 강화를 위해서 주목할 방식은 바로 이른바 '개념화한 기도'(conceived prayer)이다. 이 '개념화한 기도'(conceived prayer)는 기록되어 전해진 기도문을 읽거나 기도 전에 미리 기도문을 적어서 읽는 방식이 아니다. 오히려 설교를 통한 선포와 같이 목회자가 함께 기도에 참여하는 자들에게 예언적으로 선포하듯이 명확한 개념과 의미를 담아 인도하는 방식이다. 이런 점에서 이 '개념화한 기도'의 특징은 기록된 기도처럼 명확한 내용을 담고, 즉흥적 기도처럼 진지함과 열정을 담아내는 방식이다.[52] 이처럼 공예배 기도의 구성과 실천에서 목회자들은 기도 시간에 즉흥적으로 언어를 구사하

---

50 McKee, *John Calvin: Writings on Pastoral Piety*, 100.
51 '조명 기도'의 구체적인 언어에 대한 목회적 분별에 맡기는 칼빈의 권면과 안내는 그의 '예배서'에서 직접 찾아볼 수 있다. Calvin, "Form of Ecclesiastical Prayer," in *Reformation Worship*, 310 참고.
52 Old, *Leading in Prayer*, 5 그리고 Old, *Worship Reformed According to Scripture*, 103–5.

기보다는 기도 내용을 미리 철저하게 준비하고 언어를 정교화하며, 진정성을 담아 실천하는 목회적 역량 강화가 요구된다.

5. 개혁주의 공예배 기도 구성의 예시

개혁주의 공예배 기도 구성의 실천 과제와 방향은 기도의 명확한 구분과 구성, 말씀과 연결된 구조, 삼위일체의 주도성과 중보 사역의 반영, 기도 언어의 정교한 준비, 그리고 기도 인도의 목회적 역량 강화를 구체화하는 것이다. 이러한 개혁주의 공예배 기도 구성을 위한 목회적 연결과 실천을 위한 예시는 다음과 같이 제시해 볼 수 있다. 이 예시는 공예배 기도의 규범이나 모범이 아니라, 개혁주의 공예배 기도의 실천 원리를 반영하는 하나의 사례로 간주하는 것이다.

1) 기원의 예시

모든 공예배는 예배로의 초청 또는 기원으로 시작한다. 예배로의 초청 주체는 하나님이고, 기원은 예배자들이 하나님의 주도적인 초청에 반응하는 방식으로 예배에 참여하도록 이끄는 역할을 한다. 기원에 포함해야 할 중요한 내용은 우선, 예배의 주체이자 동시에 예배의 대상인 하나님에 대한 명확한 언급을 담아내는 것이다. 아울러 하나님의 성품과 임재 그리고 일하심에 대해 명확히 표현하는 것이다. 이와 함께 기원은 성령 하나님의 일하심과 그리스도의 중보 사역을 통해서 예배가 가능하고 또 의미를 지닐 수 있다는 것을 분명하게 담아낸다. 공예배의 시작에서 이러한 하나님에 대한 명확한 언급과 하나님의 성품 그리고 주도적 임재와 일하심을 가장 잘 담아내는 성경적 기원 또는 공적인 선언(votum)은 다음과 같이 진행할 수 있다.

"우리의 도움은 천지를 지으신 여호와의 이름에 있도다(시 124:8).[53] 하나님 아버지, 자비와 인자가 풍성하시며 우리를 사랑으로 인도하시고 의에 거하게 하옵소서. 우리가 예수 그리스도의 이름으로 아버지를 높여드리오니, 우리의 경배를 받아주소서. 우리의 연약함을 긍휼히 여기시고, 성령 하나님의 인도와 도우심이 가득한 예배가 되게 하옵소서. 오직 아버지와 아들이신 예수 그리스도와 성령 하나님께 영광과 경배를 드리게 하옵소서. 예수님의 이름으로 기도합니다. 아멘."

이 기원은 모든 공예배의 규범이나 고정된 기도문은 아니다. 다만 기원에서 중요한 대상으로서 하나님에 대한 분명한 언급, 삼위 하나님의 성품과 일하심, 그리고 예배의 주체와 경배의 대상으로서 삼위 하나님에 대한 언급을 담아내는 것은 모든 기원에 의도적으로 포함해야 할 과제가 된다.

2) 죄 고백과 용서를 위한 기도의 예시

죄 고백과 용서를 위한 기도는 개혁주의 공예배에서 하나님 앞에서 인간의 모습과 예배의 걸림돌에 대한 신학적 확신을 구체적으로 표현하는 중요한 실천이다. 기독교 예배가 경배와 축제의 의미를 지

---

[53] 칼빈에 의해서 사용된 성경 구절이다. 이외에도 요 4:22-3, 벧전 1:3, 시 105:1-3a, 시 8:1, 시 29:1-2, 고전 5:7-8 등 다양한 구절들을 사용할 수 있다.

니기 위해서는 반드시 예배자들의 죄를 고백하고, 슬픔을 탄식하며, 용서를 위한 기도와 간구를 포함하는 것이 필요하고 중요하다.[54] 특히 기독교 공동체의 모임으로서 예배에서 경험할 수 있는 중요한 요소 가운데 하나인 고백과 용서를 위한 기도는 의도적으로 수용하고 실천해야 할 목회적 과제다. 이러한 고백의 기도를 구분된 기도로 할 것인지 또는 목회 기도나 공예배 안에서 이루어지는 다른 기도에 부분적으로 포함할 것인지를 논의할 수 있지만, 역사적으로 발전한 개혁주의 공예배에서 고백의 기도는 독립적으로 구분된 방식으로 실천해왔다. 고백과 용서를 위한 기도 구성과 실천의 중요한 특징은 칼빈의 공예배 구성에 따른 실천에서 볼 수 있듯이 기원을 통한 하나님의 초청에 대한 가장 우선적이고 즉각적으로 반응하는 것이다. 또 다른 중요한 특징은 분명한 언어 사용을 통한 고백의 구체성이다. 인간의 죄성에 대한 고백, 구체적인 잘못에 대한 고백, 그리고 하나님과의 신실한 관계 안에서 살아가지 못하는 존재론적 연약함에 대한 고백을 모두 담아내는 것이다. 이와 더불어 고백의 기도는 고백의 내용에 대한 하나님의 자비로 주어지는 용서를 간구하는 것을 포함한다. 용서의 주체는 하나님이시기 때문에 고백의 내용과 더불어 성령 하나님을 통해서 주어지는 용서를 명확하게 고백하는 것을 포함하는 것이 중요하고 필요하다. 공예배에서 고백과 용서를 위한 기도는 목회자의 안내와 예배자들의 참여를 통해서 다음과 같이 진행할 수 있다.

"(목회자의 안내) 성도 여러분, 우리 모두 우리의 연약함과 죄를 하나님 앞에 고백하고 하나님의 자비로운 용서를 구하겠습니다.

---

[54] Quinn, *Praying In Public*, 32–3.

(기도 진행: 목회자가 직접 인도하거나, 예배자들이 스스로 기도하는 시간을 허용)
전능하신 하나님 아버지, 거룩하신 하나님 앞에 우리가 정직하게 우리의 연약함과 죄를 인정하고 고백합니다. 우리는 불쌍한 죄인이고, 악에 쉽게 무너지고, 선을 행할 수도 없으며, 하나님의 거룩하신 계명을 끊임없이 순종하지 못하며 살아갑니다. 우리는 하나님의 기준에 따르면 멸망에 이를 수밖에 없는 연약한 자들입니다. 하지만, 주님! 우리는 하나님을 기쁘시게 하지 못하는 우리 자신을 미워합니다. 참된 회개와 돌이킴으로 우리 자신의 연약함을 고백합니다. 우리는 우리의 연약함을 회복시키시는 하나님의 자비와 은혜를 갈망합니다. 자비로우신 하나님 아버지, 예수 그리스도와 성령의 은혜로 우리의 죄악을 사하시고, 우리 마음에서 주어지는 참된 회개를 받으시며, 하나님이 기뻐하시는 의와 순전함의 열매를 맺게 하옵소서. 예수님의 이름으로 기도합니다. 아멘."

이 고백과 용서를 위한 기도 역시 고정된 문구로 규범화할 필요는 없다. 하지만, 삼위 하나님 앞에 비추인 인간의 연약함과 죄를 명확히 고백하고, 참된 용서와 회복이 오직 삼위 하나님에 의해서 이루어질 수 있다는 간절한 갈망을 담아내는 것은 이 기도의 기본 구조와 구성의 핵심이다.

3) 조명 기도의 예시

말씀과 기도의 구조적 연결을 강조하는 개혁주의 공예배에서 조명 기도는 목회 기도와 더불어 중요한 실천 사항이다. 조명 기도는 말씀을 통해서 스스로 드러내시는 하나님의 역사에 대한 예배의 수용 방식이다. 성령과 계시에 대한 교리를 공예배 안에서 구체적으로 연결하고 실천하는 방식이 바로 조명 기도이다. 조명 기도는 성령의 역사를 공예배 안에서 직접적이고 구체적으로 인정하고 의존하는 방식으로서 개혁주의 예배의 중요한 특징이기도 하다.[55] 조명 기도의 핵심은 말씀을 읽는 것과 선포하는 것 모두 성령 하나님의 조명에 의해서 이해되고, 깨달아질 수 있다는 의미를 반영하는 것이다. 조명 기도 실천에서 고려하고 주의해야 할 우선적 과제는 성경을 읽는 것에 조명 기도의 필요성을 반영하는 것이다. 말씀을 선포하는 과정에서만이 아니라, 말씀을 읽는 것도 성령의 조명에 의존하는 것을 의도적으로 실천하는 것이다. 이와 더불어 말씀을 선포하고 그 선포되는 말씀을 듣고 이해하고 수용하는 모든 과정이 성령의 주도적 역사에 의존할 때 효력이 주어진다는 것을 반영하는 것이다. 물론 이러한 조명 기도를 단지 그 자체로 영적 힘을 지닌 마술이나 주문으로 사용하는 것은 주의해야 한다. 조명 기도의 경우, 목회자의 직접적인 기도 구성과 실천이 더욱 중요하다. 이 조명 기도에 성령의 은혜로 말씀이 교회에 적합하게 선포되고 예배자들이 겸손과 순종으로 그 말씀을 받아들일 수 있도록 언어를 구성하는 것은 전적으로 목회자의 분별과 노력 그리고 책임에 좌우된다. 목회자들이 공예배에서 사용할 수 있는 조명 기도의 예시는 다음과 같다.

"은혜가 풍성하신 하나님, 하나님의 거룩하시고 선하신 뜻이 우리의 마음에 분명하게 새겨질 수 있도록 인도하시고, 우리의 삶에서 하나님의 말씀을 따라 살아갈 수 있도록 인도해 주옵소서. 오직 성령 하나님이 우리의 마음을 조명하시고, 말씀을 이해하게 하시며, 경건함과 겸손으로 그 말씀을 따라 살

55　Old, *Worship Reformed According to Scripture*, 129.

아가며 하나님의 영광에 이르는 은혜를 베풀어 주옵소서. 우리가 하나님의 아버지의 자녀로 살아가고 주되신 그리스도를 신실하게 섬기며 살아갈 수 있도록 성령 하나님이 우리의 마음과 생각 그리고 삶을 비추어 주옵소서. 예수님의 이름으로 기도합니다. 아멘."

이 조명 기도 역시 고정된 기도서의 기도문처럼 반복할 필요는 없다. 하지만 성령의 조명이 성경 읽기와 선포에 주도적으로 역사하고, 예배자들이 성령의 도우심을 따라 말씀을 마음에 새기고 삶으로 살아낼 수 있도록 도움을 요청하는 원리와 특징을 지속하는 것이 요구된다.

4) 목회 기도의 예시

목회 기도의 경우 개혁주의 전통에서 구체적인 위치와 역할 그리고 방식이 다양하게 발전해 왔다. 칼빈과 낙스는 말씀에 대한 반응으로서 목회 기도를 구체화했고, 이후 17세기 개혁주의자들은 말씀 선포 이전에 목회 기도를 옮겨 배치했다. 하지만 서로 다른 위치에도 불구하고 목회 기도의 중요한 특징 가운데 하나는 도고 기도의 측면을 강화한 것이다. 목회 기도의 내용에 나타난 중요한 특징은 두 가지이다. 하나는 읽고 선포한 말씀을 예배자들의 삶에서 살아낼 수 있도록 언어로 제시하는 것이고, 다른 하나는 세상의 필요를 위해서 주인과 왕이신 하나님의 섭리를 인정하고 선포하는 것이다. 말씀을 삶에서 살아내도록 구하는 것은 신앙 형성을 위한 핵심 실천이고, 말씀이 세상을 지배하도록 간구하는 것은 하나님을 선포하는 예언적 사역의 핵심 실천이다. 공예배에서 목회 기도를 실천하기 위해서 우선 필요한 과제는 목회 기도의 위치를 확인하는 것이다. 말씀 읽기와 선포 이전에 할 수도 있고, 말씀 선포 이후에 할 수도 있다. 또한 목회 기도의 주체가 목회자인지 아니면 예배자들 가운데 대표로 인도하는 방식으로 진행할 것인지를 결정해야 한다.[56] 어떤 방식의 실천이든 목회 기도는 말씀을 삶과 연결하고, 세상을 위한 기도를 동시에 반영하는 것이 필요하다. 특히 목회 기도는 선포한 말씀에 대한 정리와 더불어 하나님의 창조와 섭리, 그리스도의 회복 역사, 성령 하나님의 공동체 회복과 세상에서의 주도적 일하심을 포괄적으로 담아내는 신학의 반영이 중요하다.[57] 이런 점에서 도고 기도의 측면을 반영하는 목회 기도는 설교에 대한 간략한 요약, 교회와 사역, 공동체와 세상을 위한 간구, 약자들과 사회적 돌봄을 필요로 하는 이들을 위한 도고를 포함하는 것이 요구된다. 목회 기도의 도고적 측면을 반영한 예시는 다음과 같다.

"전능하신 하나님, 우리에게 약속하신 은혜를 따라 말씀해 주셔서 감사합니다. 오늘 우리에게 전해 주신 가르침을 따라 우리가 삶에서 하나님의 약속을 확신하며 살아갈 수 있도록 인도해 주옵소서(이 부분에 설교의 내용을 좀 더 구체적으로 기도로 전환할 수 있다). 우리가 하나님의 선하신 뜻을 따라 이 세상에서 하나님의 창조와 구속 그리고 회복의 역사가 지속되길 소망합니다. 우리가 속한 사회의 지도자들과 국가를 위해서 일하는 이들에게 정의와 공의

---

[56] 한국교회의 경우, 목회 기도는 대부분 대표 기도로 구성해서 실천하고 있다. 이 경우, 목회자보다 교인들 가운데 대표를 정해서 진행한다. 이 대표 기도가 목회 기도와 일치하는 것은 아니지만, 목회 기도를 대표 기도로 대체할 경우, 구체적인 내용에 대한 교육과 안내는 필요하다.

[57] Old, *Leading In Prayer*, 175-83.

를 향한 용기와 지혜가 주어지게 하옵소서. 우리 교회의 지도자들이 더욱 신실하게 복음을 위해 사역할 수 있도록 날마다 성령의 능력과 지혜 그리고 거룩한 분별이 가득하게 하옵소서. 우리 사회에 어두움과 아픔 그리고 상처와 고립으로 힘겨워 하는 자들에게 하나님의 사랑과 돌봄의 은총이 더욱 풍성하게 임하게 하옵소서. 우리 사회의 가난한 자들, 병든 자들, 갇힌 자들, 전쟁과 기근 등으로 인해서 고통을 겪는 이들을 향한 돌봄과 회복의 은혜를 베풀어 주옵소서. 예수님의 이름으로 기도합니다. 아멘."

이 도고 중심의 목회 기도 역시 고정된 문구로 반복할 필요는 없다. 하지만, 말씀과 삶을 연결하고, 사회와 국가의 책임을 맡은 자들, 교회의 지도자들, 교회에 아픔과 여러 이유로 돌봄이 필요한 자들, 그리고 세상에 도움이 필요로 하는 자들에 대한 구체적인 언급과 도고를 포함하는 언어 구성은 중요한 실천 원리가 된다.

6. 나가는 말

이 장은 공예배 기도 구성에 대한 개혁주의적 이해와 실천의 방향과 과제를 제시하는 데 주력했다. 특히, 칼빈이 제네바에서 구현한 공예배 기도의 구성과 실천에 담긴 의미를 해석하고, 오늘날 공예배에 반영할 수 있는 실천 과제의 원리와 방향 그리고 구체적인 예시를 제시했다. 개혁주의 공예배에서 기도는 하나님의 초청과 임재에 대한 반응으로 주어지고, 말씀과 구조적으로 연결된 구성을 강화하며, 목회적 자율성에 따른 언어 사용과 개발의 책임을 요구한다. 칼빈은 제네바의 공예배에서 기원, 죄의 고백과 용서를 위한 기도, 조명 기도, 목회 기도 등 구분된 방식의 기도를 구성하고 신학적 의미를 담아 언어 사용의 자율적 선택에 따른 책임 있는 노력을 시도했다. 이러한 개혁주의 공예배 기도 신학과 실천에 따른 구체적인 과제는 공예배 안에 구분된 기도를 의도적으로 구성해서 배열하고, 기도와 말씀을 의도적으로 연결하고, 기도 내용에 하나님과의 관계 형성과 세상을 위한 도고의 역할을 균형 있게 제시하며, 구체적인 실천에서 언어 선택과 사용의 자율적 실천을 위한 목회적 분별력을 강화하는 것이다. 오늘날 공예배에서 개혁주의 신앙의 정체성을 지속하기 위해서 무엇보다도 주력해야 할 실천적 과제는 기도의 구분된 구성과 목회적 자율성에 따른 의도적 구성이다. 공예배 기도가 예배자들과 삼위 하나님과의 관계를 구축하고, 예배자들의 삶과 세상에서 일하시는 하나님을 확신하며 고백하고 간구하는 내용이 될 수 있도록 목회적 책임을 다하는 것이 요구된다. 이러한 공예배 기도의 신학적 구성과 목회적 실천은 각 개인의 신앙 형성과 예배 참여의 적극성을 이끌어 낼 수 있는 중요한 실천이다. 하지만, 공예배의 기도가 예배의 다른 구성요소들 곧 말씀, 음악, 성찬 등과 깊은 연결성을 지니고 있기에 좀 더 확대된 연구와 세부적인 고찰을 요구한다. 이에 대한 연구는 다음 과제로 남겨 둔다.

제2부

예배와 예식을 위한 목회적 돌봄의 과제

07

디지털 기술 시대의 신앙 형성을 위한 예배와 예전적 과제[1]

1. 들어가는 말: 플랫폼과 도구를 넘어선 삶과 사역의 새로운 생태로서 디지털 시대

오늘날 디지털 기술은 단지 정보 전달과 삶의 용이성을 제공하는 것을 넘어서서 삶의 방식을 지배하는 새로운 생태가 되었다. 디지털 기술 사용은 소수의 취미가 아니라, 일상의 루틴으로 삶을 지배한다. 대부분의 개인은 삶에서 디지털 기술 사용 여부를 선택할 수 없고, 교회는 디지털 기술에 의한 사역 방식의 전환과 활용 여부를 선택하기 어렵다. 곧, 개인과 공동체는 디지털 기술의 사용 여부를 결정하는 것이 아니라 디지털 기술의 구체적인 사용 방식에 대한 의도된 또는 의도하지 않은 선택과 결정을 한다. 이러한 삶의 변화된 시대는 이미 디지털 기술에 의한 생태를 자연스럽게 받아들이는 이들(digital natives)과 그러한 상황을 저항 또는 새로운 호기심에 의해 적극 수용하

---

[1] 이 장은 「신학지남」 제91권 4집, 41-53에 게재된 논문을 수정 보완한 것이다.

는 이들(digital immigrants)의 복합적인 측면을 직면하게 한다.[2] 이러한 복합적 상황은 디지털 기술이 삶의 배경(landscape)이나 가치 중립적인 플랫폼(platform)을 넘어 삶과 신앙의 형성을 위한 방식을 결정하는 새로운 환경과 생태(ecology)를 제공한다.[3]

디지털 기술이 삶과 신앙 형성의 새로운 생태를 제공하면서 가져온 주된 특징은 접근 용이성(accessibility)이다. 디지털 기술은 장소와 시간을 넘어서 모두를 원하는 방식으로 연결하는 초연결사회를 초래했다.[4] 초연결사회는 정보의 빠른 습득과 더불어 사람, 기관, 문화, 종교 등을 망라해서 다양하고 복잡한 방식으로 서로 연결시켜 주고 있다. 이러한 초연결성은 사람과 사람 사이의 간격을 줄이고, 서로에 대한 소속감을 강화할 수 있는 기회로 간주할 수 있다. 그래서 모든 것이 상호 연결된 것을 새로운 가능성으로 수용하기도 한다. 하지만 초연결성에 따른 지식과 정보 그리고 사람 사이의 상호 연결은 또 다른 특징으로 모호함과 상실을 드러낸다. 복잡한 지식과 정보의 접근과 공유는 실제로 선명하고 분명한 시각과 감정 그리고 신뢰를 갖기 어려운 영적 지적 모호함(spiritual and intellectual haze)[5]에 빠지게 하고, 나아가 디지털 기술이 의도하는 관점으로 세상을 보고 대응하는 세계관

---

[2] Stephen Lowe and Mary Lowe, *Ecologies of Faith in a Digital Age* (Downers Grove: IVP, 2018), 98.

[3] Lowe and Lowe, *Ecologies of Faith in a Digital Age*, 104-6.

[4] 네트워크 세계(a network world) 또는 네트워크 시대(the age of the network)로 알려진 우리 시대는 초연결망을 통해 접근 용이성을 강화시켰다. Lee Rainie and Barry Wellman, *Networked: The New Social Operating System* (Cambridge: MIT Press, 2014), 255 참고.

[5] Samuel James, *Digital Liturgies: Rediscovering Christian Wisdom in an Online Age* (Wheaton: Crossway, 2023), 48.

을 수용하게 한다. 이러한 디지털 기술로 인해 경험하는 연결성과 모호함의 역설적 충돌은 정보의 지배를 강화하면서 진실과 가치 공유를 주변으로 밀어버리는 상황을 초래했다.[6] 이러한 디지털 기술에 따른 정보 지배 현상은 인간의 지각과 사회적 관계 방식 전체를 혼란과 모호함이라는 삶의 생태를 가중하고 있다.

이처럼 삶의 새로운 생태를 제공하고, 초연결성에 의한 삶의 방식의 전환과 변화를 이끈 디지털 기술은 신앙의 실천에도 영향을 미친다. 특히 신앙 형성의 주된 영역인 예배는 디지털 기술의 연결성에 많은 변화를 경험하고 있다. 디지털 기술이 신앙 형성의 핵심 실천인 예배에 미치는 영향과 결과를 비평적으로 고찰하는 것은 중요한 과제로 부각했다.

2. 디지털 시대의 신앙 형성과 예배 현실

디지털 기술로 인해 주어진 삶의 새로운 방식은 인간의 생각, 감정, 관계 및 삶의 방식을 형성하는 새로운 환경과 생태를 제공한다. 디지털 기술에 의한 미디어, 사회관계망, 인공 지능의 활용은 단순한 도구를 넘어서서 삶의 방식과 가치를 주도하고, 그러한 체화된 방식의 습관을 통해 마음의 갈망까지 지배한다. 제임스 스미스(James K. A. Smith)는 이러한 삶의 형성을 위한 사회적 환경과 방식을 문화적 실천으로서의 예전(liturgy as cultural practice)으로 제시한다.[7] 디지털 기술은 삶

---

[6] 한병철, 『정보의 지배』 (서울: 김영사, 2023), 100-1.
[7] James K. A. Smith, *Desiring the Kingdom: Worship, Worldview, and Cultural Formation*

의 방식을 주도하고 그러한 삶의 방식을 습관으로 체화시키면서 마음의 갈망까지 이끄는 의례를 구성한다. 그런데, 이러한 삶의 방식을 일정한 습관에 의해서 형성하고 마음의 갈망을 주도하는 핵심 실천은 기독교 공동체의 예배에서 주도해 왔다. 예배는 고정된 방식의 지속적이고 반복적인 습관을 통해 예배자들의 마음이 하나님을 갈망하도록 이끄는 신앙 형성의 핵심 실천 가운데 하나다.[8] 디지털 기술에 의한 새로운 삶의 방식은 그 방식에 익숙한 삶을 살아가는 예배자들의 신앙 형성에도 영향을 미친다. 특히 디지털 기술에 의한 정보 접근의 용이성과 사회 연결 시스템은 권위와 중심성을 약화, 위축, 상실하게 하고, 핵개인화[9] 또는 초개인주의적 삶을 이끌면서 가정과 공동체의 가치에서 멀어지게 한다. 이러한 현상은 예배를 위한 성경과 교회의 중심성과 권위가 위축되고, 개인의 필요와 만족을 추구하는 방식의 신앙 형성에 집중하는 결과를 초래한다.[10]

성경의 권위가 위축되고, 진리의 확실성이 상실되며, 공동체의 중심성이 무너지는 디지털 시대의 신앙 형성의 현실은 예배와 관련한 복잡하고 도전적 현상을 초래한다. 곧 디지털 기술로 인한 접속과 연결의 편이성 그리고 다양한 장비의 활용으로 인한 예배 실천의 제한된 유익에도 불구하고, 예배를 위한 공동체의 모임과 실천을 통한 신앙 형성에 도전적 현실을 제시한다. 디지털 시대에 직면하는 첫 번째

    (Grand Rapids: Baker Academic, 2009), 24.

[8] 주종훈, 『하나님께 나아가자: 기독교 예배, 세계관, 그리고 삶의 형성』(서울: 총신대학교출판부, 2024), 39.

[9] 송길영, 『시대예보: 핵개인의 시대』(서울: 교보문고, 2023) 참고.

[10] David Kinnaman, *You Lost Me: Why Young Christians Are Leaving Church… and Rethinking Faith* (Grand Rapids: Baker Books, 2011), 37-58.

예배 현실은 공예배를 위한 중심성 약화 현상이다. 디지털 기술에 의한 접근 용이성은 정해진 시간에 구체적인 장소에 함께 모여 예배하는 실천의 당위적 요구가 어려운 상황을 초래했다. 예배자들은 개인적으로 가능한 시간에 원하는 장소에서 디지털 장비를 통해 예배에 참여하는 경험을 자연스럽게 받아들이고 있다. 이러한 상황은 질병 또는 개인적인 사유로 공동체의 모임에 직접 참여가 어려운 자들에게 연결성을 가능하게 하는 제한된 유익을 보장하지만[11], 공예배를 위한 모임의 중심성과 중요성 그리고 필요성에 대한 실천적 참여를 약화한다. 인격적 대상인 하나님을 향한 예배에서 예배자들이 직접적이고 구체적인 모임에서 함께 참여하는 근접성(proximity)은 가상공간이나 접근 용이성에 의한 개인의 연결로만으로는 어려운 경험이다.[12] 물론 디지털 기술을 사용한 개인의 공예배 참여는 일상과 삶의 자리에서 하나님을 예배할 수 있다는 새로운 가능성을 제공하지만, 그보다는 개인주의적 편의와 예배 참여의 기본 의무 충족만 가능하게 하고, 공동체로 함께 모여 하나님을 경배하는 경험의 중요성을 약화한다.

두 번째 디지털 시대의 새로운 예배 현실은 중심성 약화의 결과로 주어지는 경계의 붕괴 현상이다. 디지털 기술의 미디어 장비는 고정된 장소에서의 모임 없이 개인이 원하는 곳에서 공동예배에 참여할 수 있게 한다. 공예배를 위한 고정된 장소의 새로운 이해와 경험은 개인의 생활 공간, 가정, 예배당 사이의 경계를 모호하게 한다. 하

---

[11] Deanna Thompson, *The Virtual Body of Christ in a Suffering World* (Nashville: Abingdon Press, 2016), 53-76 (Chapter 3. Incarnational Living in the Digital Age).

[12] Katelyn Beaty, *Celebrities For Jesus: How Personas, Platforms, and Profits Are Hurting the Church* (Grand Rapids: Brzos Press, 2022), 3-22.

공간 또는 장소가 특정한 목적을 위해 구분된 역할을 한다는 이해를 더 이상 수용하지 않는다. 개인의 공간에서도 공적 실천으로서의 예배에 참여할 수 있고, 신앙 형성을 위한 다양한 경험이 가능하다고 받아들인다. 개인의 학습 공간, 쉼과 오락의 공간은 동시에 신앙 형성을 위한 예배의 공간이 될 수 있다는 것을 자연스럽게 받아들인다. 이러한 경계의 붕괴 현상은 개인과 가정 그리고 공예배 사이의 경계를 허물고 일상에서 하나님을 경험할 수 있다는 신앙적 유익을 가져다줄 수 있지만, 각 영역의 구분된 기능과 역할을 약화한다. 개인의 공간에서 묵상과 기도의 방식으로 하나님을 예배하는 것과 가정에서 함께 기도하고 신앙을 고백하는 것 그리고 공동체가 전체로 모여 하나님을 경배하는 것은 역사적으로 명확히 구분된 실천이고 하나가 다른 하나를 대체하지 못한다.[13] 따라서 개인, 가정, 공동의 예배를 위한 영역을 명확히 구분해서 각각의 실천에서 주어지는 신앙의 유익을 지속적으로 추구하는 것이 필요하다.

세 번째 디지털 시대의 새로운 예배 현실은 신앙의 중심성과 권위의 위축을 통해 주어지는 공동체성 약화 현상이다. 공예배는 각 개인의 참여를 전제로 하지만, 공동체가 함께 하나님을 경배하고 하나님의 자기 드러내심에 반응하는 실천이다. 그런데 디지털 기술에 의한 공예배 가운데 온라인 예배는 개인의 자발적 참여 또는 개인 중심의 예배 참여와 실천을 전제로 실행한다. 이른바 '온택트'(ontact) 방식을 통해 물리적 장소를 넘어 서로 연결되는 경험이 가능하지만, 직접적인 모임 참여 없이 예배를 가능하게 한다. 이러한 개인의 자발적 참

---

13 마 6:6, 시 87:2, 히 10:25 등은 개인, 가정, 공동체의 모임으로 각각의 경계를 지닌 구분된 영역의 예배를 강조한다.

여에 의존하는 방식은 연결성에 의한 공예배 경험만으로도 충족할 수 있다는 생각을 갖게 하고, 공동체 안에서 서로를 향한 직접적인 접촉과 만남 그리고 헌신을 위한 공동체성을 보증하거나 강화하지는 못한다. 공동체성은 개인의 선택과 자발성에 의존하는 연결이 아니라, 공동체를 중심으로 공동체의 한 부분으로서 자신을 이해하고 공동체를 향한 헌신, 희생, 섬김을 통한 지체 의식을 요구한다.[14] 이러한 공동체성의 핵심은 서로에게 속하는 의식과 경험을 수반한다.[15] 개인의 자발적 선택과 결정에 의존하는 디지털 기술의 미디어 예배와 신앙 실천은 공동체의 특징과 본질을 깊이 경험하기보다는 여전히 개인주의적 특징을 반영하고 공동체에 다소 애매하고 느슨한 연결만을 보증한다. 개인이 공동체를 떠나지 않으면서 동시에 공동체에 속한 소속감과 헌신 없는 '느슨한 연대'는 디지털 기술이 개인주의의 가치를 더욱 강화하는 방식과 결과로 볼 수 있다.[16] 이러한 현실은 예배의 공동체성을 약화하고 예배자들의 모임을 통한 소속감을 강화하기보다는 주관주의적 만족을 추구하는 개인주의만 부각하게 한다.

네 번째 디지털 시대의 새로운 예배 현실은 예배의 기본 개념과 기능인 대화 구조의 약화 현상이다. 예배는 기본적으로 하나님과 예배

---

[14] James Wilhoit, *Spiritual Formation as if the Church Mattered: Growing in Christ through Community* (Grand Rapids: Baker, 2008), 50–1.

[15] Eric Jacobsen, *Three Pieces of Glass: Why We Feel Lonely in a World Mediated by Screen* (Grand Rapids: Brazos Press, 2020), 133.

[16] '느슨한 연대'는 개인주의에 영향을 받은 오늘날의 가치를 반영하는 표현으로서 공동체에 완전히 속하지 않고 동시에 공동체를 떠나지도 않는 현대인의 특징을 묘사하는 종교 사회적 분석의 내용이다. Robert Wuthnow, *Loose Connections: Joining Together in America's Fragmented Communities* (Cambridge: Havard University Press, 2002).

자들 사이의 인격적 대화 구조의 실천이다. 하나님이 예배자들에게 먼저 다가와 자신을 드러내시며 말씀하시고, 예배자들은 하나님을 향한 반응으로 참여하는 대화 구조는 예배 실천의 핵심 경험이다.[17] 그런데, 디지털 기술을 통한 예배 참여는 하나님과의 만남을 위한 대화 구조보다 메시지와 스크린에 비추어지는 이미지 수용에 집중하게 한다. 예배자들이 미디어를 활용한 온라인 예배에 참여할 말씀과 기도 그리고 음악과 같은 구성요소들에 전인적으로 하나님과의 만남을 지향하기보다는 메시지를 수동적으로 수용하거나 음악 연주와 비추어지는 화면을 마치 공연을 관람하듯이 받아들이게 한다. 이러한 메시지와 이미지 수용의 예배 참여는 예배에서 만남(meeting)보다는 의미(meaning)에 집중하게 한다. 물론, 예배에서 메시지 수용은 중요하다. 특히 말씀 중심의 예배에서 의미 수용과 말씀을 통한 임재 경험과 참여는 중요하다. 하지만 공예배는 지적으로 메시지를 통한 의미 수용과 더불어 예배자들과 하나님 사이의 대화 구조에 따른 의사소통 방식의 인격적 만남이 더욱 중요하다. 이런 이유로, 디지털 기술을 활용해서 미디어를 통해 자신이 원하는 메시지만 찾아다니는 이른 바 '떠도는 예배자들'(floating worshipers)과 스크린에 비추어지는 이미지나 영상 또는 문구들에만 수동적으로 수용하려는 경험은 전인성을 약화하는 현대의 위험한 예배를 이끌고, 인격적 예배 참여에 강력한 도전이 된다.

---

17 예배의 대화 구조는 예배의 개념에서 주어진 것이다. 예배는 하나님의 계시(revelation)에 대한 인간의 응답(response)이다. 인간이 하나님을 향해 먼저 제시하거나 고백하는 것이 아닌, 하나님의 주도에서 출발하고 인간은 반응으로 응답하는 것은 대화 구조의 핵심이다. Ron Man, *Let Us Draw Near: Biblical Foundations of Worship* (Eugene: Cascade, 2023), 23.

다섯 번째 디지털 시대의 예배 현실은 예배 본질과 방식에 대한 신학적 고찰과 목회적 연결의 애매함을 직면하게 한다. 디지털 기술은 예배의 방식에 상당한 영향을 미치고, 예배 스타일과 참여 방식에까지 영향을 미친다. 대형 LED 스크린에 비추는 영상과 자막 그리고 다양한 이미지는 예배자들에게 마치 새로운 '아이콘'(icon)을 경험하게 하는 것과 같다.[18] 시대와 상황에 부합하기 위해서 거의 모든 예배 공간에는 디지털 기술을 활용해서 제작한 영상 광고, 창의적이고 미적인 이미지를 포함한 찬양 가사의 제시, 영상 송출을 통해 새로운 방식의 대안 예배 스타일을 위해 디지털 기술에 기반을 둔 미디어를 다양하게 사용하고 있다. 디지털 기술을 사용하는 예배의 새로운 대안 제시의 신학적 기반은 대부분 예배의 본질과 형식에 대한 논의에 집중한다. 이 논의의 핵심은 예배가 본질에 집중할 수 있다면 그 형식의 자율성은 보증할 수 있다는 것이다. 그런데, 이 논의에서 예배의 본질이 무엇이며, 예배의 형식이 무엇인지에 대한 고찰이 불분명하게 언급된다. 대략 예배 형태와 형식의 자율성을 제안하는 경우 요한복음 4:23-24에 기반을 두고 예배가 영과 진리로 실천한다면 그 형식은 무엇이든, 어떠한 것이든 가능할 수 있다는 논의에 의존한다. 요한복음의 이 본문은 예배가 삼위 하나님에 의한 참여라는 본질을 제시한다. 하지만, 예배 방식은 그 자체로 본질을 담아내기 때문에, 방식이 본질과 구분되지만, 분리할 수 없다는 점을 고려해야 한다. 디지털 기술의 사용은 예배자들의 예배 참여 방식과 삼위 하나님에 대한 경험의 본질에 영향을 미친다. 예배 참여 방식은 그 방식에

---

[18] Quentin Schultze, *High-Tech Worship? Using Presentational Technologies Wisely* (Grand Rapids: Baker Books, 2004), 19-21.

의한 의미 경험과 본질에 대한 이해에 직접 연결되어 있다.[19] 요한복음 4장의 예배 관련 구절은 본질에 집중하면 형식은 자유할 수 있다는 근거를 제시하기보다 예배의 장소에 대한 가르침과 삼위 하나님의 주도성을 제시하는 데 집중한다.[20] 실제로, 지금까지 언급해 온 바와 같이 디지털 기술에 의한 모든 장비는 단순한 '장비'로 사용되기보다 삶의 방식과 예배에 영향을 미치는 신앙 형성을 위한 생태의 한 측면으로서 목회적 도구이자 방편(instruments)의 역할을 한다.

3. 디지털 시대 신앙 형성을 위한 예배와 예전의 과제

위에서 제시한 디지털 기술이 이끈 새로운 예배 현상은 목회적으로 적절한 대응을 요구한다. 기독교 예배는 하나님의 자기 계시에 기반을 두고, 하나님의 영광에 참여하면서, 하나님의 형상으로 변화해 가는 신앙 형성의 과정과 방식이다(고후 3:18). 이러한 영광의 참여와 신앙 형성을 이끄는 예배는 주님의 영 곧 성령의 주도적인 일하심으로 가능하다(고후 3:18). 디지털 시대의 새로운 예배 생태와 환경에서도 예배의 본질적인 과제는 변함없이 지속된다. 하지만, 디지털 시대

---

[19] 미디어의 오랜 논리는 전달 방식 곧 형식이 본질을 포함한 메시지를 담아낸다. 따라서, 본질만 분명히 하면 그 방식은 얼마든지 자유로울 수 있다는 생각은 논리적으로 가능하지만, 실천적으로는 복잡한 관계를 축소해 버리는 위험을 초래한다. 전달 방식의 미디움이 본질의 메시지를 지배한다는 논의에 대해서는 이미 Marshall McLuhan, *Understanding Media: the Extension of Man* (Cambridge: MIT Press, 2002), 7-21에서 언급했다.

[20] W. David Taylor, *The Theater of God's Glory: Calvin, Creation, and the Liturgical Arts* (Grand Rapids: Eerdmans, 2017), 152-63.

의 예배 환경과 참여 방식의 전환은 예배와 예전의 과제를 좀 더 세부적으로 이끈다. 우리 시대 디지털 환경이 예배자들에게 미친 중심성 약화, 경계의 붕괴, 공동체성 약화, 대화 구조의 위축, 그리고 예배의 본질에 대한 피상적 접근에 대응하기 위해 예배와 예전은 여전히 하나님의 영광과 신앙 형성을 위한 핵심 실천 과제를 지속해야 한다. 이를 위해서 오늘날 디지털 시대의 예배 환경에서 주어지는 예배와 예전의 과제를 다음과 같이 고려해 볼 수 있다.

첫째, 디지털 기술에 의한 온라인 접속의 예배에 대한 정당성 또는 부당성에 대한 논의를 넘어 예배의 본질에 대한 접근과 실천을 구체화하는 것이다. 예배의 본질에서 중요한 초점은 대면과 비대면 방식 가운데 하나를 선택하거나 두 방식 사이의 이원론적 대립이 아니다. 오히려, 예배를 통해서 하나님과 예배자들 사이의 인격적 관계 구축을 위한 하나님의 자기 계시에 대한 인간의 반응이 중요하다. 이와 관련해서, 디지털 기술에 의한 온라인 방식의 예배에서 성령의 역사를 통해 그리스도의 임재를 경험하는 것 자체를 임의로 부인하기는 어렵다. 동시에, 이와 반대로 디지털 기술에 의존하지 않는 현장 예배의 경우라고 해서 그리스도의 임재 경험이 기계적으로 보증되지도 않는다. 예배의 본질은 대면(현장)과 비대면(디지털 기술에 의한 온라인) 사이의 선택으로 결정되지 않고, 오히려 성육신의 신비와 같이 하나님과 예배자들 사이의 인격적 대면이 명확히 주어지는 것을 강조한다. 따라서, 예배의 본질적 관심은 관계의 '외면'을 넘어서는 인격적 '대면'이 있는지를 파악하고 공동체의 모임에서 이루어지는 실천에 주력하는 것이다. 현장 예배에서도 비인격적 외면이 주어질 수 있고, 디지털 기술에 의한 예배 방식에서도 인격적 관계 구축의 대면이 완전히 차단되지 않고 부분적으로 주어질 수 있다. 하지만, 현장에서 아날로그 방식으로 진행하는 예배 경험이 디지털 방식의 제한된 참여보다 훨씬 더 선명하고 직접적으로 예배의 대면적 측면을 강화할 수 있는 것을 굳이 포기하거나 약화시키는 것을 주의해야 한다.

둘째, 디지털 기술에 의해 가능해진 온라인 예배의 편의도모에 주력하거나 가상공간에서의 신앙 실천에 대한 효율성보다 공동체성 강화를 위해 그러한 기술을 제한적으로 사용하는 목회적 분별을 지녀야 한다. 디지털 기술과 예배의 연결은 팬데믹 상황에서 선명하게 부각했다. 디지털 기술로 가능해진 온라인 예배는 가상공간에서의 영적 경험을 정당화하기까지 한다. 하지만, 디지털 기술은 현장에서 경험하는 인격적 접촉과 연합에 의한 공동체성의 경험을 대체하기 어렵다. 디지털 기술 자체가 가치 중립적이지 않고, 그 기술을 사용하는 방식은 모두 정체성과 소속감 그리고 삶의 가치를 규정하는 일정한 방향성을 결정하고 있다.[21] 디지털 기술에 의한 신앙 경험과 예배 참여는 효율성과 편의성 그리고 원하는 모습과 부분의 제한된 연결을 가능하게 하지만, 관계의 인격적 연결과 공동체성을 온전히 경험하기 어렵다. 따라서, 디지털 기술에 의한 온라인 예배나 참여 방식은 몸이 불편하거나 특별한 사유에 의해 자신이 속한 공동체의 현장 모임에 참여할 수 없는 자들을 위한 한시적이고 제한적인 장치와 방편이어야 한다. 실제로 예배 공동체에 속해있으나 모임에 직접 참여할 수 없는 공동체의 지체들이 자신이 속한 공동체의 현장 모임을 기억하고 소속감을 고취하는 데는 디지털 기술의 유익을 활용할 수 있다. 하지만, 현장을 떠난 디지털 기술에 의한 온라인 예배 참여는 반드시 기회가 주어지고 회복되었을 때 공동체의 직접적인 모임에 참여할 수

---

21 Felicia Song, *Restless Devices* (Downers Grove: IVP, 2021), 128-34.

있는 방향과 안내를 지향하고 있어야 한다.

셋째, 디지털 예배의 또 다른 실천 과제로서 예배 계획과 실행에 참여하는 사역자들과 목회자들은 공예배 안에서 디지털 기술 장비 사용의 의존을 주의하고 영상 또는 이미지 사용이 시각에 미치는 측면을 지혜롭게 분별하고 조절해야 한다. 디지털 기술의 공예배 수용에서 가장 큰 영향을 미치는 것은 대형 화면 곧 스크린 사용이다. 목회자는 예배 계획과 구성에서 기도와 설교 그리고 음악과 같은 예배 구성요소들의 확인과 준비를 넘어서서 그러한 구성요소들이 예배 공간에서 어떻게 실행하는지를 같이 고려하고 반영한다. 예배 음악에서 가사를 띄우는 것을 넘어 가사의 내용을 이미지와 함께 스크린에 비추는 것이 보편적으로 나타난다. 설교 시간에 설교자의 모습과 더불어 성경 구절과 예화 또는 필요한 내용을 스크린에 비추는 방식도 보편화되어 가고 있다. 하지만, 공예배에서 디지털 기술을 활용해서 영상 또는 자막 등 스크린에 비추는 모든 과정과 방식은 예배의 목적과 예배자들이 하나님을 더욱 온전히 경배하도록 집중해야 한다. 화려한 이미지나 영상은 조명을 동반에서 대형 스크린에 비출 경우 예배자들을 압도해서 오히려 시각과 마음을 분산할 위험이 크다. 또한 공예배에서 하나님을 찬양할 때, 종종 스크린 화면에 예배자들을 비추는 경우도 있는데, 이러한 시도는 예배의 대상을 하나님에게 집중하는 태도와 시선을 흩트리고, 예배의 대상에 대한 혼란을 초래할 위험이 있다. 공예배는 하나님과 예배자들 사이의 직접적인 대화와 만남을 진행하는 시간과 장소이어야 하는데, 의도치 않아도 마치 **문화 공연**이나 송출되는 프로그램 정도로 간주하는 결과를 초래할 수 있다. 예배에서 시각 장치나 이미지들이 디지털 기술로 인해서 더욱 새로운 방식으로 보편화되고 있지만 예배는 문화의 논리에 갇히지 않도록 노력해야 한다.[22] 이런 점에서 스크린을 중심으로 한 디지털 장비 사용은 기능의 최대화에 집중하는 것이 아니라, 예배자들이 최대한 하나님을 향한 경배와 반응에 집중하도록 제한해서 사용하는 분별력을 갖고 노력해야 한다.

넷째, 디지털 기술을 활용한 온라인 사회 연결망에서 주목받고 있는 셀럽화(celebrity) 현상이 공예배에 나타나지 않도록 주의하는 것이 요구된다. 예배에서 셀럽화 현상은 의도하지 않았지만, 경배와 찬양 운동의 한 특징으로 주어지면서 발전했다. 예배 음악 인도자의 은사와 역량에 주목하고 공예배의 처음 시작 부분에 음악 인도자들이 영향을 미치기 시작하면서, 찬양과 경배의 내용보다 그것을 인도하고 실행하는 인도자들에게 주목하기 시작했다.[23] 최근에는 온라인 사회 연결망(SNS)을 통해서 그리고 각 교회의 영상 송출을 통해서 설교자들의 영향력이 강화되고, 셀럽으로 등장하는 현상이 주어지고 있다. 디지털 기술의 사회 연결망을 통해서 셀럽 목회자들이 강화되고 동시에 대형 교회 설교자들의 메시지를 쉽게 접하기 시작하면서 예배의 셀럽 현상은 더욱 선명하게 주어지고 있다.[24] 이러한 디지털 기술에 따른 예배의 셀럽 현상은 제도적 교회를 약화하고, 디지털 순례자들의 영적 구도 현상만 강화한다. 곧, 종교적 경험에 목마른 디지털 순

---

22 Quentin Schultze, *High-Tech Worship?* (Grand Rapids: Baker, 2004), 24.
23 물론, 찬양 인도자의 등장이 셀럽과 직접 연결되는 것으로 간주하는 것은 복잡한 논의가 요구된다. 하지만, 공예배에서 자유로운 복장을 하고, 기타를 치면서, 음악을 인도하는 자들이 예배의 처음과 진행 과정에 시각적으로 주목을 받으며 중심에 서기 시작하면서 예배 인도자의 셀럽에 대한 접근을 가능하게 했다.
24 Pete Ward, *Celebrity Worship* (London: Routledge, 2020), 144.

례자들의 영적 구도 현상을 이끌며, 공동체성을 위축시킨다. 예배에서 디지털 기술의 활용은 익명적으로 예배에 참여하거나 셀럽화된 음악 인도자의 찬양이나 설교자의 메시지를 접하는 실천이 되지 않도록 주의해야 한다. 이처럼 디지털 장비와 기술은 한 공동체의 예배를 상품화하거나 모델화해서 다른 예배자들에게 영향을 미치는 방식이 되지 않도록 주의해야 한다. 예배는 구체적인 시간과 장소에서 인격적 대면을 통해 그리스도와의 만남이 가능하도록 이끄는 실천이 되도록 집중해야 한다.

4. 나가는 말: 디지털 기술의 생태에서 하나님을 향한 경배의 지속적인 실천 지속

위에서 간략히 비평적으로 분석하고 고찰한 바와 같이, 디지털 기술은 현대인의 삶에 단순한 도구를 넘어서 삶의 새로운 생태를 제시한다. 디지털 기술은 연결성 확대를 통한 예배의 새로운 가능성과 기회를 제공해 준다. 질병과 기타의 사유로 공동체에 함께하지 못하는 이들에게 자신이 속한 공동체와 함께 예배할 수 있는 기회를 제공한다. 동시에 공예배에서 책을 사용하지 않고, 대형 스크린의 디지털 기술을 활용해서 예배 참여자들에게 시각적으로 새로운 경험을 이끌기도 한다. 이러한 변화된 예배 환경과 방식에서 예배는 디지털 기술의 극대화를 통한 새로운 문화 공연이나 시각 장치의 무분별한 수용을 주의 깊게 비평적으로 대응하고, 예배자들이 하나님의 주도적인 다가오심에 더욱 전인격적으로 반응하는 예배 구성과 실천에 집중해야 한다. 이러한 예배의 본질에 부합한 목회적 과제는 단지 디지털 기술을 수용할 것인가 그렇지 않을 것인가 보다 디지털 기술이 예배를 주도하는 것이 아니라, 예배의 본질에 부합한 디지털 기술의 제한적 사용과 주의 깊은 활용에 집중해서 노력하는 것이다. 예배는 새로운 기술과 장비 그리고 인간의 열정적 접근이 아니라, 성경에 따라 그리스도께서 제정하신 은혜의 방편에 집중할 때 참된 경배와 신앙 형성을 가능하게 할 수 있다.

08

다음 세대를 위한 예배와 신앙: 가정 신앙형성의 예전적 고찰과 대응[1]

1. 들어가는 말

기독교인의 삶의 형성은 하나님과의 관계 그리고 자신과 이웃을 포함한 세상과의 관계 방식을 구체화하는 것으로 요약할 수 있다.[2] 하지만, 기독교인의 삶의 체계 또는 삶의 방식을 형성하는 과정은 기계적으로 주어지지 않고, 몇 가지 프로그램으로 충족하기도 어렵다.[3] 아

---

[1] 이 장은 「생명과말씀」 39권 2집 159-194에 "다음 세대를 위한 개혁주의생명신학의 실천: 가정 신앙형성의 예전적 고찰과 대응"의 제목으로 게재된 논문을 수정 보완한 것이다.

[2] 기독교 신앙을 하나님과의 관계 방식을 통한 삶의 형성으로 풀어낸 것은 요한 칼빈의 '기독교강요'에 나타난 '하나님을 아는 지식'과 '인간을 아는 지식'의 상호 관계성에서 확인할 수 있고, 아브라함 카이퍼가 신앙을 관계 방식으로 제시하면서 언급한 '삶의 체계로서의 기독교 신앙'을 통해 잘 일러서 있다. John Calvin, *Institutes of the Christian Religion*, ed. John McNeill and trans. Ford Battles (Philadelphia: the Westminster Press, 1960) 그리고 Abraham Kuyper, *Lectures on Calvinism* (Grand Rapids: Eerdmans, 2002), 9-41 참고.

[3] James Wilhoit, *Spiritual Formation As If The Church Mattered* (Grand Rapids: Baker

울러 삶의 형성 과정과 방식으로서 기독교 신앙은 사회와 문화 그리고 시대를 지배하는 사상 등 복잡한 요인들에 영향을 받는다. 곧, 계속해서 변화하는 시대의 사상과 문화는 기독교인들의 신앙 형성을 위해 불가피하게 직면하고, 신학적으로 고려하고, 실천적으로 대응해야 할 주제가 된다.

다음 세대에 대한 이해와 관심 그리고 책임 있는 접근과 노력은 목회적으로 특히 예전적으로 오랫동안 이루어져 왔다. 무엇보다도 기독교 공동체에 입문하고 신앙에 따른 삶의 방식을 강화하는 초대교회의 신앙입문교육(catechumenate)과 신앙강화교육(mystagogy)은 성인들뿐 아니라 자녀들의 신앙 형성에도 직접 영향을 미치는 중요한 방식으로 발전했다.[4] 이와 더불어 교회는 신앙요리문답(catechism)을 통해 기독교 신앙의 핵심 내용을 체계적으로 구성해서 신앙입문자들과 다음 세대의 신앙 교육과 형성을 위한 방편으로 사용해 왔다. 특히, 4세기 이후 유아세례가 정착되면서 세례 후 교육이 강화되고, 이 과정에서 부모 또는 신앙 후견인이 자녀와 아이들이 성장하는 기간에 신앙과 삶의 형성을 위한 책임을 감당해 왔다. 이런 배경과 맥락에서 가정에서의 신앙 교육과 형성이 강화되고, 구체적으로 요리문답을 사용한 가정예배가 역사적으로 발전했다.[5]

Academic, 2008), 13-14.

4 William Harmless, *Augustine and the Catechumenate* (Collegeville: A Pueblo Book, 2014) 참고.

5 Matthew Henry, *Family Religion* (Scotland: Christian Focus, 2008), James Alexander, *Thoughts On Family Worship* (Philadelphia: Presbyterian Board of Publication, 1847), Terry Johnson, *The Family Worship* (Ross-shire: Christian Focus Publications, 2009), Jonathan Williams, *A Practical Theology of Family Worship* (Grand Rapids: Reformation Heritage Books, 2021) 등을 보면 모두 성경과 기도 그리고 요리문답의 교리 교육

하지만 다음 세대를 향한 신앙 교육과 형성에서 가정의 중심성을 강화하고, 성경과 기도 그리고 교리교육의 중요성을 인정하면서, 동시에 고려할 것들이 주어진다. 우선 교리를 사용한 신앙교육은 성경이 개인의 책으로 주어지기 이전부터 가정과 공동체 안에서 신앙 형성을 위한 핵심 가르침과 내용을 요약 정리해서 구두 방식으로 제시한 것이다.[6] 요리문답을 통한 교리의 요약된 가르침은 그 자체로 다음 세대를 위한 가정 중심의 신앙 교육 목적이라기보다는 하나님을 더욱 갈망하고 신앙에 따른 정체성과 삶을 형성하기 위한 과정에서 도움을 제공하는 것이다.[7] 이와 더불어 삶의 형성을 위해 믿음의 내용은 중요하지만, 그러한 내용은 언제나 실천을 수반한다. 근대 이후 기독교 신앙이 합리주의와 경험주의적 인식론에 영향을 받아서 훈련과 실천 없이 그리스도인이 될 수 있다는 가능성을 열어 놓았다.[8] 하지만 초대교회의 교부들과 개혁주의자들의 가르침에 따르면, 기독교 신앙은 믿음의 내용을 인식론적으로 정리하고 분석해서 단지 선포하는 것뿐 아니라 그것을 직접 고백하고 표현하고 공적 영역에서 삶으로 제시하는 것까지 포함한다.[9]

을 통한 가정예배를 다음 세대의 신앙 교육과 형성의 핵심으로 설명하고 제시한다.

6 Thomas Hastings, "Worshipping, Witnessing, and Wondering," in *Consensus and Conflict: Practical Theology for Congregations in the Work of Richard Osmer,* ed., Kenda Dean, Blair Bertrand Amanda Drury, and Andrew Root (Eugene: Cascade Books, 2019), 125.

7 Ellen Charry, *By The Renewing of Your Minds: The Pastoral Function of Christian Doctrine* (New York: Oxford University Press, 1997), 240, 243.

8 Charry, *By the Renewing of Your Minds,* 244.

9 Charry, *By the Renewing of Your Minds,* 204: on John Calvin.

이 장은 디지털 시대를 살아가는 다음 세대의 신앙과 삶의 형성을 위한 가정과 교회의 역할과 책임을 예전적으로 제시하고자 한다. 이를 위해서 우선 디지털 시대에 다음 세대가 직면하고 있는 문화와 삶의 특징과 신앙 형성과 관련한 이슈들을 분석한다. 그러고 나서 다음 세대의 삶의 형성을 위한 가정과 교회의 위치를 제시하고, 실천 과제를 예전적으로 제안하고자 한다.

2. 디지털 시대의 다음 세대가 직면한 현실과 신앙적 특징

'다음 세대'를 규정하는 기준은 사회학적으로 서로 다를 수 있지만, 이 장에서는 이른바 '밀레니얼세대'(Millennials, 1980년생~1994년생)와 'Z세대' 혹은 'i세대'(iGen, 1995년 이후 출생)를 아우르는 연령대의 대상을 가리킨다.[10] 다음 세대의 사회적 문화적 특징은 디지털 기술에 영향을 받고 있다. 우리 시대에 디지털 기술은 단순히 삶의 환경과 도구를 넘어서 삶의 방식을 이끌고 결정한다.[11] 디지털 시대를 살아가는 다

---

[10] 'Z세대' 혹은 'I세대'는 '알파 세대'로 불리기도 하며, 사회학자들에 따라 그 구분 시기와 연도가 다소 달라지기도 한다. 본 연구는 Jean Twenge의 구분을 따른다. Jean Twenge, *IGen: Why Today's Super-Connected Kids Are Growing Up Less Rebellious, More Tolerant, Less Happy-and Completely Unprepared for Adulthood* (New York: ATRIA Paperback, 2017), 5–7.

[11] Samuel James, *Digital Liturgies: Rediscovering Christian Wisdom in an Online Age* (Wheaton: Crossway, 2023), Felicia Song, *Restless Devices: Recovering Personhood, Presence, and Place in the Digital Age* (Downer Grove: IVP, 2021), 17–32. Quentin Schultze, "Following Pilgrims into Cyberspace," in *Understanding Evangelical Media: The Changing Face of Christian Communication*, ed., Quentin Schultze and Robert Woods Jr. (Downers Grove: IVP, 2008), 141–143.

음 세대의 신앙과 삶에 나타난 특징은 정체성 형성, 의사소통의 인격성, 그리고 관계 방식의 형성 측면에서 나타난다.

1) 정체성 형성의 기준 전환

다음 세대는 디지털 시대 속에서 자신의 정체성을 규정하는 새로운 기준과 방식을 수용하고 있다. 성경에 따른 인간의 정체성은 하나님과의 관계 속에서 규정한다. 그런데 하나님과 분리된 근대 사회는 인간을 규정하는 기준을 사고로 전환했다.[12] 현대 사회에서는 욕망의 표현 방식으로 나타나는 소비가 인간을 규정하는 새로운 기준으로 주어졌다.[13] 그런데 근대의 이성주의적 접근과 현대의 소비주의적 접근과 아울러 디지털 사회도 인간을 규정하는 새로운 기준과 방식을 제시한다. 디지털 기술은 인간의 정체성 형성과 관련해서 삶의 통제와 조절 방식으로 소셜 미디어의 역할을 강화한다. 서로 다른 장소에 있는 이들과의 연결성을 강화하고 신속한 정보 교환과 소식을 나누는 것은 디지털 기술이 제공해 주는 유익이다. 하지만 디지털 기술에 의해 가능한 소셜 미디어는 일상이나 단편적인 생각과 다양한 사진을 연속적으로 올리거나 원하는 부분만 편집해서 공유한다. 자신이 누구인지를 제시하고 자신의 가치를 결정하는 데 소셜 미디어에서 '팔로잉'과 '좋아요'는 중요한 기준이 된다. 곧 자신이 올린 것과 자신에 관한 사진에 대한 반응은 감정적 피드백을 넘어서서 자신의 정체

---

[12] James K. A. Smith, *You Are What You Love* (Grand Rapids: Brazos Press, 2016), 3-4.

[13] Smith, *You Are What You Love*, 47, 49.

성을 규정하는 기준이 된다.¹⁴ 특히 '나의 이야기와 나의 진리'(my story and my truth)를 강화하면서, 절대 권위를 지닌 이야기와 진리에 비추어 자신을 규정하는 정체성 형성을 약화한다.¹⁵

이와 더불어, 디지털 시대에 소셜 미디어가 정체성 형성을 위해 사용하는 방식은 자아의 경계를 확대하는 것(expanding the boundaries of the self)으로 간주할 수 있다. 이것은 자신의 인격적 실제 모습을 넘어서서 디지털 기술에 의해 가상 공간에서 표현되는 자신을 실체로 간주하는 것이다.¹⁶ 여기서 자신을 제시하는 중요한 방식이 '비교'와 '편집'이다. 자신의 가치를 편집된 이미지나 사진으로 제시하고 그것을 다른 이들과 비교한다. 이러한 비교는 항상 자신보다 다른 이들의 삶의 모습이 더 나은 것으로 간주하고, 자신의 가치를 다른 이들의 반응으로 결정하게 한다. 이러한 비교와 편집에 의한 자신의 정체성 제시 방식은 자신을 정직하게 이해하고 수용하기보다 스스로 원하는 부분만을 제시하는 거짓된 자아에 노출된다.¹⁷ 이러한 현상은 다음 세대로 하여금 자신의 정체성을 형성하는 과정과 방식에서 하나님과의 관계성 또는 신앙에 따른 의미와 가치를 확신하는 데 어려움을 겪

---

14 Amy Crouch and Andy Crouch, *My Tech-Wise Life: Growing Up and Making Choices in a World of Devices* (Grand Rapids: Baker Books, 2020), 26.

15 Mames, *Digital Liturgies*, 69-90.

16 이와 관련한 논의와 주장은 이미 미디어 학자들에 의해서 주어졌다. Sherry Turkle, *Life on the Screen* (New York: Simon and Schuster, 1997), Richard Holeton, *Composing Cyberspace: Identity, Community, and Knowledge in the Electronic Age* (Boston: McGraw Hill, 1998), David Smith, Kara Sevensma, Marjorie Terpstra, and Steven McMullen, ed., *Digital Life Together: The Challenge of Technology for Christian Schools* (Grand Rapids: Eerdmans, 2020), Quentin Schultze, *Habits of the High-Tech Heart* (Grand Rapids: Baker Academic, 2002) 등을 참조할 수 있다.

17 Crouch and Crouch, *My Tech-Wise Life*, 127.

게 한다. 특히 비교를 통한 정체성 수용을 강화하고, 신앙적 의미의 인간 이해보다 비교에서 주어지는 차이를 수치로 수용하게 한다.[18] 여기서 중요한 것은 디지털 기술에 의한 소셜 미디어 사용이 가치 중립적이지 않다는 데 있다. 소셜 미디어를 제공하는 디지털 플랫폼은 단지 도구(instrument)로 주어지기보다는 그것을 사용하는 이들에게 의미와 가치를 수용하는 방식까지 결정해서 제공하는 장비(device)로 주어진다.[19] 특히 자신의 정체성을 편집해서 스스로 만들 수 있다는 가치와 방식은 하나님과의 관계로 구축되는 정체성에 도전을 제시한다.[20] 디지털 장비는 그것을 사용하는 방식에 의해 그것이 이미 결정한 시스템과 가치를 받아들이기 때문에, 신앙에 따른 명확한 정체성 수용을 위해서는 디지털 기술과 장비에 대한 지혜로는 분별과 선택이 요구된다.[21]

2) 의사소통의 위축과 인격성 약화

다음 세대는 디지털 사회의 의사소통에서 위축된 인격적 측면을 경험하고 있다. 오늘날 디지털 기술과 장비는 정보 접근과 서로 다른 대상과의 연결성을 이전과는 다른 방식의 새로운 경험으로 가능하게 해준다. 디지털 기술은 방대한 정보 접근이 가능하게 하고, 동시에 다양

---

18 James, *Digital Liturgies*, 113-28.
19 Andy Crouch, *The Life We're Looking For* (New York: Convergent, 2022), 142.
20 Jacob Shatzer, *Transhumanism and The Image of God* (Downers Grove: IVP, 2019), 163-65.
21 Smith, Sevensma, Terpstra, and McMullen, ed., *Digital Life Together*, 143,144.

한 미디어 사용을 통해서 신속한 의사소통도 가능하게 한다.[22] 에이미 크라우치(Amy Crouch)의 조사와 분석에 따르면, 스마트폰과 컴퓨터 등의 디지털 장비를 사용하는 가장 큰 유익은 정보 접근의 용이성과 가족 또는 동료들과의 연결성 그리고 세상에 대한 보다 바람직한 이해 제공이다.[23] 하지만 디지털 장비를 통한 의사소통은 정보 접근의 용이성과 배움의 효율성 증대, 상호 의사소통을 위한 다른 이들과의 연결성 강화에도 불구하고, 인격적 관계 형성을 위축시킨다. 디지털 방식의 의사소통은 무엇보다도 살아 있는 음성의 대화를 약화하고, 자신을 의도적으로 숨기거나 원하는 만큼 부분적으로 제시하면서 관계의 인격성을 약화하기까지 한다. 사회학자 페실리아 송(Fecilia Song)은 이러한 디지털 기술에 지배받는 현상을 가리켜 관계 방식의 산업화 곧 획일화 현상이라고 간주한다. 1990년대 초반 조지 릿저(George Ritzer)가 the McDonaldization of Society를 통해 제시한 효율성과 예측 가능성에 따른 사회의 통제 방식[24]을 디지털 기술은 그대로 발전시켜 우리 시대의 관계 방식으로 확대한다. 곧 인격적 관계보다는 비인격적 연결을 통해서 또 다른 대상을 통해 만족과 기쁨을 찾거나, 팔로워 또는 구독자의 숫자로 모든 관계의 의미를 규정하기도 한다.[25]

관계의 비인격성과 관련해서, 디지털 방식의 의사소통에서 가장 드러난 현상은 '대화'(talk)가 '텍스트'(text) 교환 방식으로 전환 또는 대

---

[22] Smith, Sevensma, Terpstra, and McMullen, ed., *Digital Life Together*, 289: Parent Communication and Information Overload.

[23] Crouch, *The Tech-Wise Life*, 28.

[24] George Ritzer, *The McDonaldization of Society: An Investigation into the Changing Character of Contemporary Social Life* (Thousand Oaks: Pine Forge Press, 1993).

[25] Song, *Restless Devices*, 72-5.

체된 것이다. 물론 디지털 기술이 의사소통에서 대화를 없앤 것은 아니지만, 실제로 디지털 장비 사용자들은 음성 사용을 통한 대화보다는 인격적 대화에서 멀어진 또는 직접적인 대화를 약화하는 방식의 비음성 사용 곧 문자 등을 사용한 의사소통을 선호하고 또 익숙하게 수용한다. 셀리 터클(Sherry Turkle)은 의사소통에서 살아 있는 음성 사용의 대화가 없는 경우, 타인과의 "공감 능력, 깊은 연결성, 삶의 충족감 등이 약화된다"는 점을 비평적으로 논증한다.[26] 실제로, 디지털 장비를 사용하는 의사소통은 의사소통의 대상과 직접 얼굴을 직면하고 대화하는 것을 어색하게 받아들이고, 그것의 필요성과 가치도 받아들이는 데 어려움을 느끼게 한다. 이처럼 디지털 기술의 발전과 수용은 의사소통의 효율성을 이끈 것은 분명하지만, 대면을 통한 직접적인 대화에서 주어지는 삶의 인격성을 발전시키는 데는 한계를 지닌다.[27] 앤디 크라우치(Andy Crouch) 역시 디지털 기술에 의한 의사소통에 나타나는 인격성을 축소키는 측면에 대해서 비평한다. 크라우치에 따르면, 디지털 기술은 별도의 노력을 사용하지 않아도 신속한 의사소통과 타인과의 연결성을 가능하게 하지만, "마음과 영혼과 뜻과 힘을 다해 이웃을 사랑하는 인간의 인격성을 약화한다."[28] 반면, 기독교 신앙은 의사소통의 효율성이나 능력보다 직접적으로 대면해서 살아 있는 음성을 사용하는 대화와 포용 그리고 관계 방식을 더욱 강조한다. 따라서 의사소통은 단지 메시지 또는 정보의 교환만을 위한 것

---

26 Sherry Turkle, *Reclaiming Conversation: The Power of Talk in A Digital Age* (New York: Penguin Books, 2016), 13.
27 Turkle, *Reclaiming Conversation*, 13-14.
28 Crouch, *The life We're Looking For*, 45.

이 아니라, 인격적 관계 형성의 과정과 방식이기에 대면과 대화를 생략하기 어렵다.

3) 개인주의 부각

디지털 사회는 의사소통에서 인격성을 위축시킬 뿐만 아니라, 관계의 단절과 약화를 통한 개인주의를 부각한다. 이른바 표현적 개인주의(expressive individualism)는 개인의 감정을 강조하고 스스로 원하는 것의 성취를 위해 종교를 포함한 삶의 모든 장치를 수단화한다.[29] 이러한 개인주의는 사회적으로 외로움과 단절을 강화한다. 디지털 기술은 서로에 대한 연결과 관계성의 새로운 경험을 이끌었다. 하지만, 서로에 대한 연결이 훨씬 수월해진 디지털 기술 사회에서 사회적 고립(social isolation) 또는 관계의 단절(alienation)은 더욱 부각하고 있다. 통계청 보도 자료에 따르면, OECD 국가 가운데 대한민국은 공동체 영역에서 관계성의 질(Quality of Social network support)이 전체 41개 국가 가운데 38위에 해당하며, 고립과 단절로 인한 관계성 문제가 심각하다.[30] 다음 세대는 이미 스마트폰과 다양한 디지털 기기 사용을 통해서 아이러니하게도 가족과 동료들과의 직접적인 관계로부터 단절된 삶을 살아간다. 애이미 크라우치의 설문 조사에 따르면, 다음 세대 가운데 개인의 디지털 기기 사용을 줄이고, 가족들 또는 동료들과 직접적인 관계 형성을 위한 시간을 보내기를 원한다고 생각하는 비율이

---

29 James, *Digital Liturgies*, 5-6.
30 통계청 통계개발원, "국민의 삶 질 2022 보도 자료," (2023년 2월 20일 자).

80퍼센트가 넘는다.³¹ 이러한 조사 결과는 디지털 기기 사용이 불가피하지만, 그 과정에서 인격적이고 친밀한 관계와 공동체를 지향하는 인간의 관계적 갈망을 확인할 수 있다.

소샤냐 주보프(Shoshana Zuboff)에 따르면, 디지털 방식의 소셜 미디어를 통한 사회적 연결은 관계의 구축과 확대를 추구하지만, 그 자체의 방식에 갇히게 되고 결국 개인에 몰입하며, 관계의 혼란과 고립을 초래한다. 심리적으로 동료들과의 직접적인 만남을 어렵게 하고, 소셜 미디어 없이는 어떠한 사회적 개입도 주저하거나 불가능하게 이끈다.³² 이러한 관계의 어려움과 고립은 다시 소셜 미디어를 통해서 다른 이들과의 연결에 의존하면서 건강한 관계를 위한 개인의 성장을 어렵게 한다. 주보프는 소셜 미디어를 통해 비추어지는 주변 사람들과 자신에 대한 상대적 비교가 오히려 사회적 고립과 단절을 통해 건강한 관계를 어렵게 하는 중요한 요인이라고 비평한다.³³ 앤디 크라우치는 우리 시대 "관계의 파괴(relational bankruptcy)는 기술 사회의 성취와 약속에 가려진 어두운 부분(shadow side)"³⁴이라고 비평적으로 분석한다. 종교 사회학자 로버트 우스나우(Robert Wuthnow)는 디지털 사회의 복잡한 연결성에도 불구하고 개인주의에 영향을 받아 공동체와의 적절한 거리를 유지하면서 깊은 관계성을 약화하는 위험을 가리켜 '느슨한 연대'(loose connections)로 규정하기까지 한다.³⁵ 이처럼, 우리

31　Crouch, *My Tech-Wise Life*, 72.
32　Shoshana Zuboff, *The Age of Surveillance Capitalism: The Fight for a Human Future at the New Frontier of Power* (London: Profile Books, 2019), 446.
33　Zuboff, *The Age of Surveillance Capitalism*, 464.
34　Crouch, *The Life We're Looking For*, 12-13.
35　Robert Wuthnow, *Loose Connections* (Cambridge: Harvard University Press, 1998).

시대의 디지털 사회는 표현적 개인주의에 따라 성취와 효율적인 삶의 방식과 가치를 중요시하지만, 인격성을 포함한 관계와 상호 의존을 약화하고 있다. 이러한 개인주의의 부각은 기독교 신앙의 관계성과 공동체성을 통한 신앙 형성의 중요성과 가치에 도전적 장애로 주어진다.

3. 다음 세대의 신앙 형성을 위한 교회와 가정의 위치와 역할

디지털 사회를 살아가는 다음 세대의 모습에 나타난 특징은 위에서 분석한 바와 같이 비교와 편집된 자아 제시를 통한 정체성 혼란, 살아 있는 음성 사용의 대화 상실과 약화를 통한 관계의 인격성 위축, 그리고 개인주의의 부각에 따른 관계성과 공동체성의 약화이다. 이러한 특징은 그 자체로 신앙 형성을 위한 가정과 교회의 과제가 된다. 신앙 정체성 형성과 인격적 관계 구축 그리고 공동체성을 강화하는 것은 기독교 신앙의 핵심 과제들이다. 신앙 형성을 위해 우선 고찰할 과제는 교회와 가정의 위치와 역할을 명확히 확신하고 회복하는 것이다.

먼저, 다음 세대의 정체성과 인격적 관계성 회복 그리고 공동체성 강화를 위해 우선 고려할 과제는 교회로부터 단절된 관계를 연결하는 것이다. 다음 세대는 교회로부터 단절된 삶 또는 피상적 관계 안에서 살아가고 있다. 곧, 다음 세대는 가족이나 동료들과의 관계 또는 연결 자체가 상실된 것이 아니라 교회 공동체로부터의 단절과 피상적 관계 안에 있다. 다음 세대는 디지털 기술과 소셜 미디어 등을 통해서 세상과 소통하고 연결된 삶을 살아가지만, 신앙 형성의 핵심 역할을 하는 교회와는 단절된 모습을 보인다. 데이비드 키나만(David Kinnaman)은 다음 세대가 교회로부터 떠나는 이유를 여섯 가지로 정리한다. 키나만에 따르면, 다음 세대가 신앙 형성 과정에서 교회와 단절하는 이유는 (1) 삶과 정체성의 창의적 표현 제한, (2) 그리스도를 따르는 소명 제시의 진부함에서 주어지는 피상성, (3) 일반 학문과 논리를 무시하는 신앙 제시의 편협성, (4) 관계의 건강과 회복에 대한 언급 없이 지나치게 율법적으로 가르치는 신앙 규율, (5) 세상에서 살아내는 신앙의 공적 영역에 대한 배제성, (6) 신앙의 질문과 의심에 대한 수용 제한이다.[36] 이러한 이유는 다음 세대가 교회를 떠나는 이유이자 동시에 그들의 신앙 형성을 위한 교회의 현실적이고 직접적인 책임과 사역의 방향과 과제가 된다.

이와 더불어 교회는 다음 세대의 신앙 형성을 위해서 직접 삶과 정체성을 창의적으로 표현하는 장소가 되고, 세상에서의 소명을 다루는 대화의 장이 되고, 공적 영역에서 삶을 기도의 내용으로 담아내며, 삶의 다양한 질문과 이슈들을 함께 다루는 기회를 제공해야 한다. 이를 위해서 교회는 다음 세대가 교회로부터 소외되거나 주변으로 밀려난 현실에 대한 선이해와 조절이 요구된다. 이러한 과제에 대해서 켄다 딘(Kenda Dean)은 "다음 세대는 교회 안에서 책임과 헌신뿐만 아니라 선택과 결정을 위한 영역에서도 힘을 부여받고 중심에 있도록 해야 한다"[37]라고까지 언급한다. 토드 볼싱거(Tod Bolsinger)는 다

---

[36] Kinnaman, *You Lost Me*, 92-93.
[37] Kenda Dean, "Accidental Prophet: Richard Osmer and the 'Theological Turn' in Youth Ministry," *Consensus and Conflict: Practical Theology for Congregations in the Work of Richard Osmer*, ed., Kenda Dean, Blair Bertrand, Amanda Drury, and Andrew Root (Eugene: Cascade, 2019), 44.

음 세대를 포함한 모든 성도가 교회를 통하지 않고서 건강한 신앙 정체성과 관계 형성이 어렵다는 것을 강조한다.[38] 제임스 윌호잇(James Wilhoit) 역시 신앙 정체성과 관계 형성에서 공동체 안에서 주어지는 의도적 훈련과 노력의 중요성 및 필요성을 강조한다.[39]

더 나아가, 다음 세대의 신앙 형성을 위한 가정의 위치와 역할에 대한 분명한 확신과 책임 있는 노력이 요구된다. 다음 세대는 그들의 정체성을 형성하는 데 가정의 위치와 역할을 이전 세대보다 덜 의존한다. 우리가 사는 시대는 핵가족 시대를 넘어서서 핵개인화 시대로 불리기도 한다.[40] 디지털 사회에서 건강한 가정의 역할과 과제를 심도 있게 분석하고 제시한 앤디 크라우치는 정체성 형성과 관련해서 X세대 이전은 모두 60퍼센트 이상 가정의 중요성을 인정하지만, 밀레니얼세대부터는 50퍼센트 이하로 떨어진다는 분석을 주목한다.[41] 정체성 형성과 관련해서 가정의 위치가 위축되는 것은 자연스럽게 가정의 의미를 내포하고 구현하는 교회의 위치와 역할에 대한 약화를 초래한다. 곧, 가정이 할 수 없는 일을 교회가 대신하는 것이기보다는 교회의 역할과 가정의 역할이 상호 보완적이고, 불가피하게 연결되어 있다는 것을 의미한다.[42]

신앙 형성과 관련한 가정의 중요성과 역할에 대해서 리차드 오스

---

38 Tod Bolsinger, *It Takes A Church to Raise a Christian* (Grand Rapids: Brazos, 2004).
39 James Wilhoit, *Spiritual Formation as if the Church Mattered: Growing in Christ through Community* (Grand Rapids: Baker, 2008).
40 송길영, 『시대 예보: 핵개인의 시대』 (서울: 교보문고, 2023).
41 Andy Crouch, *The Tech-Wise Family: Every Steps for Putting Technology in Its Proper Place* (Grand Rapids: BakerBooks, 2017), 44.
42 Crouch, *The Tech-Wise Family*, 62.

머(Richard Osmer)는 "부모의 형상이 자녀의 신앙 정체성에서 결정적인 역할을 한다"⁴³는 점을 강조한다. 여기서 부모의 영향에 따라 신앙 정체성이 형성되는 것은 일시적인 접촉이나 사건에 의해서 이루어지는 것이 아니고, 오랜 시간의 상호 작용을 통해 얻어지게 되는 지속적이고 연속적인 형성 과정과 방식을 요구한다. 이런 점에서 다음 세대는 단지 교회의 미래일 뿐 아니라, 이미 가정에서 부모와 함께 교회를 넘어서서 신앙 형성의 중심 역할에 참여하는 동역자 곧 사역의 대리인(agent of ministry as partner)으로 간주된다.⁴⁴ 앤디 크라우치는 디지털 사회에서 다음 세대를 위한 신앙 형성과 교육에서 부모가 지혜와 분별 그리고 용기와 절제와 같은 제자도의 구체적인 과제를 담당할 것을 강조한다.⁴⁵ 그런데 자녀들의 신앙 형성을 위한 가정의 역할에 대해서는 이미 청교도들에 의해서 강조됐다. 기독교 가정은 이미 하나의 교회로서 역할하고, 예배는 가정에서 신앙 형성을 위한 핵심 실천으로 발전해 왔다.⁴⁶

---

43 Richard Osmer, "Challenges to Youth Ministry in Mainline Congregations," *Affirmation* 2 (1989), 13.
44 Dean, "Accidental Prophet," 47.
45 Crouch, *The Tech-Wise Family*, 35-38.
46 최근 가정예배의 중요성과 회복에 대한 새로운 강조가 디지털 사회, 팬데믹 상황에서 더욱 주목받고 있다. 이에 대한 역사적 발전과 신학적 실천적 고찰에 대해서는 Williams, *A Practical Theology of Family Worship*을 참조할 수 있다.

4. 다음 세대의 신앙 형성과 회복을 위한 예전적 실천의 위치와 중요성

기독교 예배는 예배자 개인과 교회 공동체의 정체성을 규정하고, 하나님과의 인격적 의사소통을 강화하며, 공동체성을 제시하는 핵심 실천이다. 기독교 예배는 하나님의 영광을 선포하고 참여하면서, 예배자들의 삶을 전인적으로 형성하고 관계 방식의 변화를 이끈다.[47]

우선 첫째로, 기독교 정체성과 관련한 주된 예배의 실천 방식은 세례와 말씀과 관련한다. 기독교 세례는 삶의 전 과정이 하나님과의 언약을 따라 은혜 안에서 이루어진다는 것을 제시하는 신앙 정체성의 핵심 실천이다.[48] 그리스도인은 세례를 통해서 하나님이 인간을 있는 모습 그대로 받아들인다는 은혜에 참여한다.[49] 이와 더불어 성경 곧 하나님의 말씀은 선포를 통해서 그리스도인의 신앙 정체성을 형성하는 가장 중요한 실천으로 발전해 왔다. 말씀을 선포하고 동시에 듣는 것은 하나님을 가까이하고 또 직접 하나님과의 관계 구축을 통해 신앙의 정체성을 형성하는 예배 구성과 실천의 방식이다.[50]

다음 둘째로, 하나님과의 인격적 의사소통과 관련한 예배 실천은 기도와 음악과 관련한다. 기도는 공예배와 개인의 경건에서 하나님과

---

[47] Alvin Dueck, "Worship as Transformed Lives," *Worship That Changes Lives,* ed. Alexis Abernethy (Grand Rapids: Baker Academic, 2008), 235–248.

[48] Witvliet, "Baptism as a Sacrament of Reconciliation in the Thought of John Calvin," in *Worship Seeking Understanding,* 150. 그리고 Hughes Old, *Shaping of the Reformed Baptismal Rite in the Sixteenth Century* (Grand Rapids: Eerdmans, 1992), 179.

[49] Calvin, *The Institutes of Christian Religion,* 4.15.3.

[50] Rosalind Brown, "Proclamation," *The Study of Liturgy and Worship,* ed., Juliette Day and Benjamin Gordon-Taylor (Collegeville: A Pueblo Book, 2013), 81.

가장 직접적이고 구체적으로 교통하는 의사소통의 방식이다. 기도의 구성과 방식에서 중요한 것은 언어의 선택과 구성일뿐 아니라, 그 언어의 직접적인 고백과 표현이다.[51] 기도를 통한 하나님과 예배자들 사이의 대화 방식으로 주어지는 의사소통은 관계 구축에서 핵심이다. 곧 살아 있는 음성의 대화는 교제와 교통을 통해 관계를 구축하는 핵심이다.[52] 이와 함께 예배 음악 역시 기도의 범주 안에서 고백하고 표현하는 언어로 이해할 수 있다. 예배 음악에서 중요한 것은 예배자들이 고백하고 표현하는 음악의 장르와 더불어 가사의 언어에 담긴 내용이다. 찬양은 하나님을 향한 경배와 감사의 언어를 구체화하는 관계 구축의 핵심 실천이다.[53] 특히 찬양은 예배자들에게 하나님을 향한 고백과 다양한 표현을 통해 관계 구축의 강화를 위한 구체적인 언어와 그 표현을 직접 익히게 하는 예배의 핵심 실천 방식이다.[54]

그리고 셋째로, 기독교 신앙의 공동체성 강화는 모임에서 함께 읽는 것과 함께 먹고 마시는 성찬을 통해서 강화된다. 예수 그리스도의 사역과 초대교회의 실천은 공동체가 함께 읽는 것을 신앙 형성의 핵심 요소로 발전시켰다.[55] 곧 성경을 통한 신앙 형성은 공동체 안에서 공동 읽기 방식을 강조한다. 공동 읽기 방식은 공동체가 함께 성경

---

[51] Old, *Worship Reformed According to Scripture*, 107.
[52] Jonathan Linman, *Holy Conversation: Spirituality for Worship* (Minneapolis: Fortress Press, 2010), 23-24.
[53] Linman, *Holy Conversation*, 128.
[54] Debra Rienstra and Ron Rienstra, *Worship Words: Disciplining Language for Faithful Ministry* (Grand Rapids: Baker Academic, 2009), 49.
[55] Brian Wright, *Communal Reading in the Time of Jesus* (Minneapolis: Fortress Press, 2017) 참고.

을 해석하고, 하나님의 말씀을 함께 듣는 신앙의 핵심 실천이다.[56] 이와 함께 성찬은 공동체가 함께 그리스도의 임재에 참여하고 그 임재를 삶의 방식으로 확대하는 신앙 형성의 중요한 실천이다. 공동체성과 관련해서 성찬은 그리스도의 임재에 개인이 참여하는 것이라기보다는 공동체 안에서 다른 지체들과 함께 그리스도의 임재에 참여하는 측면이 더욱 강조된다. 특히 성찬의 공동체적 참여는 그리스도의 몸으로 구성된 또 다른 지체들에 대한 태도와 관계 방식을 강조한다.[57] 곧, 개인의 신앙 형성을 넘어선 관계 방식을 구체화하는 윤리적 측면을 반영하는 핵심 실천이다.

이처럼 기독교 예배의 구성요소는 신앙과 삶의 형성을 위한 중요한 의미를 지닌다. 물론, 기독교 예배가 예배자들의 삶을 성령의 역사에 대한 참여 없이 기계적으로 이끌거나 변화를 임의로 통제하지는 않는다.[58] 그럼에도 기독교 예배는 예배자들에게 하나님과의 관계 방식을 구축하면서 정체성을 형성하고, 인격적 의사소통을 강화하며, 공동체성을 회복하는 데 중요한 역할을 한다.

---

[56] Clayton Schmit, *Public Reading of Scripture* (Nashville: Abingdon Press, 2002), 10.
[57] Witvliet, "Covenantal Theology in Ecumenical Discussions of the Lord's Supper," in *Worship Seeking Understanding*, 86.
[58] Witvliet, "The Cumulative Power of Transformation in Public Worship," in *Worship That Changes Lives*, 41-42.

5. 다음 세대의 신앙 형성과 회복을 위한 교회와 가정의 예전적 실천 과제

교회와 가정은 세례와 말씀 선포를 통한 정체성 형성, 기도와 음악을 통한 하나님과의 살아 있는 대화 방식 구축, 그리고 공동 성경 읽기와 모임을 통한 공동체성 강화를 통해 다음 세대의 신앙 형성과 회복을 위한 구체적인 실천 과제를 구현하기 위해 노력할 것이 요구된다. 여기서 세례, 말씀, 기도, 성찬은 모두 예전적 실천 내용들이다. 교회와 가정은 다음 세대의 신앙 형성을 위한 새로운 대안이나 자원에 의존하는 프로그램보다 은혜의 방편으로 주어진 성례, 말씀, 기도를 좀 더 구체적이고 의미 있는 실천으로 발전시키는 것이 더욱 요구된다.

우선 첫째로, 교회와 가정은 다음 세대의 신앙 정체성 형성을 위해 세례 후 교육과 삶의 연결을 위한 실천을 강화해야 한다. 초대교회부터 발전한 신앙입문자들을 위한 교육(catechumenate)은 유아세례가 고정되면서부터 세례 후 교육을 정착시켰다. 다음 세대에게 세례는 그 의미를 상실한 단회적 의례로 받아들이는 경우가 많다. 특히 교회와 가정에서 의례의 궁핍(poverty of rites) 현상으로 인해서 외적 의례가 지닌 신앙의 의미를 직접 연결하고 적용하는 데 어려움을 직면하고 있다.[59] 세례는 단회적 의례 참여로 이루어지는 것이기보다는 생의 전 과정과 일상에서 그리스도와의 관계성으로 정체성을 규정하고 살아가게 하는 의미를 지닌다. 교회는 규칙적이고 고정적으로 정체성 확인과 규정을 위한 기독교 신앙의 내용을 예배 안에서 다룰 수 있는 실천을

---

[59] Elaine Ramshaw, *Ritual and Pastoral Care* (Philadelphia: Fortress, 1987), 39. 흔히 의례의 부정직성(dishonesty of rituals)이라고도 한다.

강화하는 것이 필요하다. 칼빈이 제네바에서 주일 3~4회 공예배를 할 때 오후 시간 예배에서 신앙을 위한 교리 내용을 포함하고, 부모와 함께 참여한 아이들에게 가르치는 시간을 고정한 것은 교회의 세례 후 교육을 위한 예전적 실천이다.[60] 이와 더불어, 부모는 가정에서 자녀들이 그리스도 안에서 있는 모습 그대로 받아들여지는 삶을 직접 인정하고 표현하는 실천을 강화해야 한다. 세례를 통해서 그리스도 안에서 받아들여지는 것은 하나님의 언약으로 주어지는 은혜 경험이다. 가정은 자녀들의 실력이나 성취로 인해서 인정받는 것이 아니라, 있는 모습 그대로 하나님의 자녀로서의 가치를 지니고 있다는 것을 직접 경험하게 하는 중요한 역할을 감당한다. 부모는 디지털 기술에 의한 사회연결망이나 미디어를 통해서 비교와 편집된 자아에 자녀들이 갇히지 않고, 그리스도 안에서의 정체성을 인정하도록 언어와 삶의 방식에서 직접 표현하는 것이 중요하다. 이를 위해서 디지털 장비와 미디어에 접속하는 삶의 방식을 비평적으로 지켜보는 것은 필요하다.[61]

둘째로, 말씀을 통한 기독교 신앙의 정체성 수용과 삶의 형성을 위한 공동체적 실천을 지속해야 한다. 말씀과 관련한 신앙 실천은 공동체 안에서 함께 읽는 것을 포함한다. 교회 공동체는 오랫동안 아이들과 다음 세대의 자녀들을 나이에 따라 구분된 교회학교 방식에 의해서 성경을 읽고 듣는 방식에 집중해 왔다. 이러한 방식은 신앙 형성

---

60 Karin Maag, *Lifting Hearts to the Lord: Worship with John Calvin in Sixteenth-Century Geneva* (Grand Rapids: Eerdmans, 2016), 25-32 그리고 Elsie McKee, *The Pastoral Ministry and Worship in Calvin's Geneva* (Geneve: Droz, 2016), 75-80.

61 Kinnaman, *You Lost Me*, 224-225.

의 발달 단계에 의존하고 교육의 전문성을 강화하는 점에서 유익하지만[62], 신앙 공동체 전체가 함께 하나님 말씀을 듣고 반응하고 신앙을 형성하는 오래된 실천에서 멀어지거나 어색하게 했다. 이런 점에서 말씀을 읽고, 선포하는 것은 세대를 구분하지 않고 전체를 통합시켜서 실천하는 것이 중요하다. 실제로 학생 시절 교회 공동체와 가정에서 교인들과 그리고 부모와 함께 성경을 읽고 듣고 자란 세대는 이후 삶의 과정에서 더욱 견고한 신앙을 형성하고 공동체 활동에 참여한다는 결과를 줬다.[63] 이를 위해서 교회 공동체는 세대를 통합한 공예배 실천을 강화하고 그러한 실천을 이벤트로 간주하기보다는 고정되고 연속적 방식으로 구성하는 것이 요구된다. 다음 세대와 함께 성경을 읽고, 선포된 말씀을 나누는 것은 하나님의 환대를 직접 경험할 뿐 아니라, 서로에 대한 이해와 수용을 공동체가 함께 직접 경험하는 신앙 형성의 중요한 실천이다.[64] 이와 더불어, 가정에서 함께 성경을 읽고 말씀을 듣는 것은 공예배 실천의 어색함과 도전을 극복하는 데 중요한 역할을 한다. 가정에서 함께 성경을 읽는 것은 개인 성경 읽기를 대체하는 것이 아니라, 공예배와 개인의 신앙 실천 사이의 연결 역할을 한다. 그리고 성경이 개인의 묵상뿐 아니라, 가정과 교회 공동체를 향해서 말씀하시고 직접 안내하는 하나님의 말씀이라는 것을

---

[62] Holly Allen and Christine Ross, *Intergenerational Christian Formation* (Downers Grove: IVP, 2012), 87-90.

[63] Kara Powell and Chap Clark, *Sticky Faith: Everyday Ideas to Build Lasting Faith in Your Kids* (Grand Rapids: Zondervan, 2011), chapter 3. Sticky Identity.

[64] Allen and Ross, *Intergenerational Christian Formation*, 189-203 (Intergenerational Worship).

삶의 과정에서 익히게 하는 유익을 제공한다.[65]

셋째, 하나님과의 인격적 관계 구축을 강화하기 위해서 기도 실천을 더욱더 의도적이고 집중적으로 발전시켜야 한다. 하나님과의 인격적 관계 구축은 생명 회복을 위한 실천에서 중요한 과제다. 기도의 가장 기본적인 정의는 하나님과의 대화이다.[66] 하나님과의 대화를 통한 친밀하고 인격적인 관계 형성은 자신의 삶을 '인격적 대상이신 하나님'을 향하도록 전환하고, 나아가 하나님과 함께 그리고 하나님 안에 살아가기 위한 전인적 참여 방식이다. 스티븐 체이스(Steven Chase)는 대화로서의 기도는 "자신의 전인격을 하나님에게 가져가는(bring our full self to God) 인격 형성의 핵심 실천"[67]으로 간주한다. 다음 세대와 자녀들에게 하나님과의 인격적 관계 형성 방식으로서 기도의 대화적 측면을 익히게 하는 것은 관계의 언어를 가르치는 것이다. 필요를 요구하는 '부탁'과 주어진 삶에 대한 '감사' 그리고 연약함과 잘못에 대한 '인정'과 같은 가장 기본적인 언어 표현은 인격적 관계 형성과 성장에서 요구되는 핵심 실천이다.[68] 이를 위해서 교회와 가정에서 다음 세대의 자녀들에게 감사와 고백, 그리고 필요를 요청할 수 있는 적절한 언어 사용의 훈련을 강화하는 것이 요구된다. 특히 가정에서의 경건 실천과 예배에서 감사와 고백 그리고 간구와 같은 하나님과의 인격적 관계 형성을 위한 신앙의 기본 언어를 익히도록 노력할 것

---

[65] 이와 관련한 자료들은 많은 데, 대표적으로 Joel Beeke, *Family Worship Bible Guide* (Grand Rapids: Reformation Heritage Books, 2023)을 참고할 수 있다.

[66] Calvin, *the Institutes*, 3.20.4.5.

[67] Steven Chase, *The Tree of Life: Models of Christian Prayer* (Grand Rapids: Baker Academic, 2005), 59.

[68] Rienstra and Rientstra, *Worship Words*, 49.

이 요구된다.

기도와 관련해서, 다음 세대의 신앙 인격 형성을 위해 의도적으로 접근해야 할 실천은 살아 있는 음성 사용의 대화 방식이다. 오늘날 다양한 디지털 기술 장비에 익숙한 세대는 살아 있는 음성을 통한 직접적인 대화의 어색함과 부자연스러움을 경험하고 있다. 터클(Turkle)이 제시한 대로 인격적 대상과 음성 사용을 통한 살아 있는 대화 방식을 위한 의도적 노력이 요구된다.[69] 공예배 안에서 단지 듣거나 생각으로 반응하게 하는 것뿐 아니라, 직접 소리를 내어 기도하고 찬양하는 언어 사용에 더욱 집중하는 것이 도움이 된다. 아울러 가정에서도 부모와 자녀 사이에 디지털 장비나 앱을 사용해서 의사소통하기보다는 직접적인 대화를 규칙적이고 의도적으로 실천하는 것이 도움이 될 수 있다.

넷째, 다음 세대의 신앙 형성과 회복을 위해서 가정에서의 모임과 공동 성경 읽기를 의도적으로 실천할 것이 요구된다. 가정은 신앙 형성을 위한 가장 기본적인 공동체 단위이다. 가족 구성원들을 있는 모습 그대로 받아들이고, 각 구성원에게 하나님이 부여하신 가치를 그대로 인정하기 위한 책임 있는 노력은 성경 읽기를 통해서 가능하다. 성경은 개인 경건을 위한 읽기와 묵상을 포기하지 않으면서, 동시에 가정에서 함께 읽고 하나님의 뜻에 따라 서로의 삶을 비추어 보는 삶을 가능하게 한다. 공동 성경 읽기를 통한 신앙 형성을 강조한 초대교회[70]와 공동체적 삶을 우리 시대에 가장 구체적으로 지속할 수 있

---

69 Turkle, *Reclaiming Conversation: The Power of Talk in a Digital Age*, 153.
70 Wright, *Communal Reading in the Time of Jesus* 그리고 Dietrich Bonhoeffer, *Life Together* (Minneapolis: Fortress Press, 1996) 참고.

는 최소 단위는 가정이다. 가정은 어떤 경우에도 개인주의 신앙 실천과 방식을 극복하게 하는 위치와 역할을 부여받는다. 가족 구성원이 함께 성경을 읽는 것은 역사적으로 발전해 온 신앙 형성의 실천을 우리 시대에 지속하는 방법이다. 가족 구성원이 함께 성경을 읽는 가장 적합한 방법 가운데 하나는 식탁 시간의 활용이다. 식사는 가족 구성원 전체가 함께 모일 수 있고, 유일하게 연령대와 상관없이 공유할 수 있는 자리이다. 초대교회는 공동체성 강화를 위해서 함께 모여 먹고 마시는 것과 신앙의 교훈과 유익을 위해서 함께 말씀을 사용한 담론의 방식으로 대화하는 실천을 발전시켰다.[71] 오늘날 가정은 신앙 공동체의 최소 단위로 함께 식사하는 것과 그 자리에서 성경을 함께 읽고 나누는 시간을 포함해서 공동체성 강화와 신앙 형성을 위한 중요한 실천을 계승하는 노력이 요구된다.

마지막으로, 다음 세대를 위한 신앙 형성과 회복을 위해 디지털 장비 사용에 대한 지혜로운 수용과 용기 있는 저항이 요구된다. 스마트폰을 포함한 우리 시대의 디지털 장비는 이제 더 이상 선택의 사안을 넘어선다. 디지털 기술을 활용한 미디어 장비는 단지 엔터테인먼트뿐 아니라 교육과 신앙 실천을 위한 방식으로 수용한다. 그런데 미디어 장비는 그 자체로 중립적이지 않고, 그것을 사용하는 방식을 통해서 마음의 갈망과 삶의 지향점과 가치도 형성하는 힘을 지닌다.[72] 케이틀린 비티(Katelyn Beaty)는 이러한 현상을 비평적으로 분석하면서 미디어 장비의 '인격적 접근이 없는 사회적 영향력'에 대해서 주의하라

---

[71] Aland Kreider and Eleanor Kreider, *Worship and Mission After Christendom* (Waterloo: Herald Press, 2011), 91-110.

[72] James, *Digital Liturgies*, 69-166.

고 당부하기까지 한다.[73] 디지털 장비 사용의 신앙적 위협에 대해서 가정은 다음 세대의 삶의 방식을 형성하기 위한 지혜와 용기가 요구된다. 기독교의 핵심 실천으로서 예배가 모임에서 출발하는 훈련이 요구되듯이 디지털 장비 사용에 대한 훈련은 신앙 형성을 위한 예전적 접근에서 중요한 영역이다. 이를 위해서 앤디 크라우치가 제시한 디지털 장비 사용에 대한 기독교 가정의 지혜로운 수용과 실천을 주목해 볼 필요가 있다. 크라우치는 디지털 사회에서 신앙과 삶의 인격성 강화와 공동체성 회복을 위해서 일과 쉼의 리듬을 고정하고 규칙적으로 디지털 장비에서 멀어지는 안식을 제안한다. 또한 스마트 텔레비전과 같은 장비를 목적 없이 습관에 의해서 접하지 말고, 의도적으로 정해진 시간 공동체와 함께 접하도록 원칙을 갖고 사용할 것을 제한한다.[74] 이러한 핵심 제안들은 다음 세대가 디지털 시대에 신앙 형성을 위해 교회와 가정에서 구체적이고 적실성 있게 수용할 수 있는 생명 회복과 하나님 나라 구현을 위한 실천이 될 수 있다.

6. 나가는 말

이 장은 다음 세대의 신앙을 형성하고 회복하기 위해 오늘날 교회와 가정이 어떻게 예전적으로 대응할지에 대해 주력했다. 삶이 방식으로 주어지는 신앙 형성을 위해서 다음 세대는 디지털 시대 안에서 다

---

[73] Katelyn Beaty, *Celebrities For Jesus: How Personas, Platforms, and Profits Are Hurting the Church* (Grand Rapids: Brazos, 2022), 3-22.
[74] Crouch, *The Tech-Wise Family*, 139-160.

양한 영향을 받고 있다. 삶의 배경을 넘어서서 방식을 이끄는 디지털 사회는 다음 세대로 하여금 비교와 편집으로 제한된 정체성을 형성하고, 관계 방식에서 인격성을 약화하며, 개인주의를 강화하면서 공동체성을 치명적으로 손상한다. 그런데 역사적으로 교회와 가정은 신앙 형성과 회복을 위해서 중요한 위치에 있다. 오늘날도 교회와 가정은 분리되지 않은 구분을 통해서 유기적으로 연결되어 있고, 자라나는 세대의 신앙 형성을 위해 중요한 역할과 책임을 지닌다. 다음 세대의 신앙 형성과 회복을 위해서 교회와 가정이 지닌 책임을 수행하는 것은 새로운 기술이나 프로그램에 의존하는 것보다 하나님의 은혜를 제시하고 참여하는 예전적 접근과 방식을 수용하는 것이 가능하고 도움이 된다. 말씀 읽기와 기도 그리고 세례는 교회와 가정에서 모임과 더불어 구체적으로 신앙 정체성과 인격적 관계 회복 그리고 공동체성 회복을 위한 핵심 실천이다.

　이 장은 디지털 사회 속에서도 전통적으로 수용하고 발전해 온 모임, 말씀, 기도, 그리고 세례와 함께 먹고 마시는 성례전적 방식을 포함한 예전적 실천이 여전히 자녀들의 신앙 형성과 회복을 위해 가능한 접근이며 오늘날 현실적으로 중요하고 필요한 과제임을 강조했다. 오늘날 교회와 가정은 다음 세대의 건강한 정체성 형성과 인격적 관계 회복 그리고 공동체성 강화를 위한 신앙 회복을 위해서 여전히 지혜로운 접근과 의도적인 실천을 강화할 것이 요구된다. 하지만 이 연구는 다음 세대 신앙 형성과 회복을 위한 예전적 접근의 토대를 구축하는 데 집중했다. 따라서 교회와 가정에서 직접 사용할 수 있는 실천적 지침의 구체적인 제시를 위한 다음 단계의 연구를 지속하는 것이 과제로 남는다.

09

다음 세대의 회복을 위한 예전적 제안: 개혁주의 가정예배[1]

1. 들어가는 말

하나님과의 관계 방식을 구체화하는 신앙 형성에서 가정은 중요한 위치를 차지한다. 가정에서의 신앙 형성은 개인의 경건과 공예배의 실천과 구분되며, 어느 하나가 또 다른 하나의 방식을 대체하지 못한다. 그런데 하나님과의 관계 구축을 위한 동기와 방식을 제안하는 많은 시도는 주로 개인의 경건과 공예배의 실천에 주목하고 있다.[2] 특히

---

[1] 이 장의 부제는 다음 세대를 위한 'The Directory for Family Worship'의 교훈과 오늘날 적용을 위한 실천 과제이다. 이 장은 「개혁논총」 65권 119-147에 게재한 것을 수정 보완한 것이다.

[2] 한국의 많은 기독교인들에게도 영향을 미친 Tish Warren, *Liturgy of the Ordinary* (Downers Grove; IVP, 2016)는 성공회 방식의 매일 기도를 현대를 살아가는 개인의 경건에 주목한다. 최근에 주어진 Alastair Sterne, *Rhythms for Spiritual Practices for Who God Made You to Be* (Downers Grove: IVP, 2020)는 예배와 삶의 규율 그리고 리듬을 강조하면서 한 개인이 하나님과의 관계 구축을 위한 실천 방식을 제시한다. 이와 아울러, 예배 갱신과 회복을 위한 시리즈로 출간되고 있는 미

예배와 관련한 실천적 제안들은 주로 공동체의 모임에 개인의 참여 방식을 강화하고 안내하는 것에 주력한다. 공동체를 중심으로 한 실천에 개인의 참여를 강화하는 것은 개인주의적 참여에 따른 신앙 형성에 대한 대안이 될 수 있다. 하지만 하나님과의 관계 방식을 구축하는 신앙 형성에서 가정의 위치와 역할을 간과하거나 무시하지 않도록 주의해야 한다. 특히 팬데믹으로 인해 공동체의 모임에 대한 제한과 위협을 경험하는 과정에서 교회는 신앙 형성을 위한 가정의 위치와 역할에 대해서 다시 새롭게 주목하고 있다.

신앙 형성을 위한 가정의 위치와 역할 그리고 실천적 과제를 다루고 제시하는 것은 사실 새로운 목회적 강조와 대안은 아니다. 팬데믹 이전부터 가정에서 가족들의 신앙 형성과 자녀 교육을 위한 신학적 목회적 실천적 제안들이 주어져 왔다.[3] 이러한 제안들은 주로 가정

국 IVP의 도서들을 보면 대부분 공예배의 실천에 집중하고 있다. 예를 들면, 가장 최근에 출간된 도서들 가운데, Rory Noland, *Transforming Worship* (Downers Grove: IVP, 2021)과 Steven Felix-Jager, *Renewal Worship* (Downers Grove: IVP, 2022)는 모두 공예배의 회복과 갱신을 위한 제안에 집중한다. 물론 공예배를 중심으로 한 실천적 제안에서 가정의 중요성을 부분적으로 강조한 문헌도 있다. James Smith는 *Desiring the Kingdom* (Grand Rapids: Baker Academic, 2009), 185-186에서 개인주의의 경계를 언급하고, 가족의 우상성을 넘어서서 공동체의 예배 회복을 제안한다. 하지만 가족을 교회의 한 부분으로 강조하는 것에 집중하면서도 가족 자체의 신앙 형성에 대한 강조는 담지 않는다.

3 가정에서의 신앙 형성과 교육을 강조한 것은 성경과 교회의 역사에서 찾아볼 수 있으나, 현대에 와서 이 주제를 목회적으로 그리고 실천적으로 제시한 대표적인 저술들은 다음과 같다. Kerry Ptacek, *Family Worship: Biblical Basis, Historical Reality, Current Need* (Taylors: Southern Presbyterian Press, 2000), Joel Beeke, *Family Worship* (Grand Rapids: Reformation Heritage, 2009), Terry Johnson, *The Family Worship* (Fearn: Christian Focus Publications, 2009), Jonathan Williams, *A Practical Theology of Family Worship* (Grand Rapids: Reformation Heritage, 2021) 등이 있다.

예배의 성경적 근거와 정당성, 가정예배의 구성요소와 실천 방식에 대한 원론적 제시에 집중한다. 물론 시대의 변화 속에서 가정 중심의 신앙 형성을 위한 교육과 실천은 여전히 중요하다. 하지만 가정에서의 신앙 교육과 실천이 공예배의 경우에서와 같이 일종의 고고학적 재구성(archaeological reconstruction)으로 이루어질 수 없다.[4] 가정에서의 신앙 형성을 위한 교육과 실천을 위해 성경의 가르침에 기초하고, 역사적으로 분명히 기여한 사례를 확인하면서, 우리 시대의 필요와 상황에 부합한 제시와 안내가 요구된다.

이 장은 신앙 형성에서 중요한 위치를 차지하는 가정의 역할과 실천 과제를 제시하는 데 주력한다. 가정에서의 신앙 교육과 실천의 핵심인 가정예배에 대한 성경적 정당성 또는 당위성을 논증하는 것은 이미 여러 학자들에 의해서 역사적으로 충분히 고찰되어 왔다.[5] 이 장의 관심은 성경적 가르침에 따른 가정 중심의 신앙 교육과 실천으로

---

[4] 한 시대의 예배 또는 신앙의 실천 방식을 하나의 고정된 형태와 방식으로 받아들여서, 다른 시대에 그대로 답습하는 예배 실천의 한 극단적 입장으로서 개혁주의 신앙에서는 경계한다. Hughes Old, *Worship: Reformed According to Scripture* (Louisville: Westminster John Knox Press, 2002), 165.

[5] 가정예배를 중심으로 한 신앙 교육과 실천의 성경적 중요성과 당위성에 대한 강조는 주로 청교도 시대와 그 전후 목회자들에 의해서 이루어져 왔다. 대표적으로 Samuel Davies, Philip Doddridge, Arthur Hildersham, Thomas Houston, Sameul Stennett, Henry Venn, George Whitefield, Samuel Worcester 등이다. 이들의 가정예배와 실천의 강조는 *The Godly Family: Essays on Duties of Parents and Children* (Pittsburgh: Soli Deo Gloria Publications, 1993)에서 볼 수 있다. 이외에도 가정에서의 신앙 교육과 예배 실천의 강조는 Richard Baxter와 Matthew Henry에서 찾아볼 수 있다. Richard Baxter, *A Christian Directory or, A Sum of Practical Theology, and Cases of Conscience* (N.A: Independently Published, 2018), Matthew Henry, *Family Religion: Principles for Raising A Godly Family* (Scotland: Christian Focus Publications, 2008)을 참고할 수 있다.

서 가정예배를 필수로 받아들일 것인가 선택적으로 수용할 것인가의 논쟁[6]을 넘어서서 이전 시대와 달리 새로운 환경에 있는 우리 시대의 가정에서 예배를 중심으로 구축되는 신앙 교육과 실천의 원리와 과제를 규명하고자 한다. 최근의 가정 신앙 형성을 위한 실천적 제안은 주로 교육적 대안으로 주어져 왔다. 하지만 가정 중심의 신앙 형성과 관련한 강조는 교육과 아울러 개인과 공동체를 연결하는 가정의 성경적 이해를 기초로 더욱 포괄적으로 접근하는 것도 중요하다.

이를 위해서 가정에서의 신앙 교육과 실천에 대한 분명한 가르침을 제시하는 'The Directory for Family Worship'(DFW, 1647)을 오늘날 가정의 구조와 상황 속에서 어떻게 수용하고 적용할 것인지 살펴보고자 한다.[7] 이러한 역사적 사례에 따른 고찰과 제안이 다음 세대를 향한

---

[6] 이러한 논쟁은 Jonathan Williams가 명확히 규명하듯이, 일부는 성경에 따른 필수 실천으로 간주하고, 다른 일부는 선택적 사안으로 수용한다. Richard Baxter와 Mathew Henry 그리고 비교적 최근에는 Joel Beeke와 Timothy Jones는 가정 신앙 실천의 예배가 의무이어야 한다는 입장이다. Timothy Jones, "How A Biblical Worldview Shapes the Way We Teach Our Children," *The Journal of Discipleship and Family Ministry: Equipping the Generations for Gospel-Centered Living* 4, no.1. (Fall/Win, 2013), 3. 반면에 청교도인 가운데 George Hamond (1620–1705) 신앙 형성을 위한 가정 교육과 예배는 성경의 직접적 언급을 명확히 찾아낼 수 없는 선택 사항으로 간주한다. George Hamond, *The Case for Family Worship* (Orland: Soli Deo Gloria Publications, 2005), 17. Hamond의 입장을 따르는 인물 가운데 Daniel Block은 성경신학에 근거한 예배 개념과 실천을 총체적으로 접근하면서 가정 신앙 교육과 예배 실천은 삶의 총체적 반응(holistic response)의 한 부분일 뿐 의무라고 보기는 어렵다고 간주한다. Daniel Block, *For the Glory of God* (Grand Rapids: Baker Academic, 2014), 110 참조.

[7] '웨스트민스터 신앙고백'(Westminster Confession of Faith, 1647) 그리고 '웨스트민스터 대소요리문답'(Westminster Catechism, 1647, 1648)과 함께 개혁교회 전통은 신앙고백에 부합한 교회의 실천을 위한 지침을 제시했다. 그 가운데 'Directory for Worship'은 공예배를 위한 지침이고, 'Directory for Family Worship'은 가정 예

유일한 대안은 아니지만, 가정 중심의 신앙 형성을 위한 교육과 실천은 여전히 다음 세대를 위한 중요한 과제이다. 가정의 신앙 교육과 실천을 위해서 'DFW'를 살펴보는 것은 단지 다음 세대의 문화를 수용하는 시도보다 신앙고백과 실천의 일치를 추구하기 위한 것이다. 신앙의 실천은 신앙의 고백과 일치를 추구한다. 다음 세대를 위한 교회와 가정의 역할은 단지 그들을 향해 다가가는 문화적 수용의 노력을 넘어서서, 신앙 정체성을 형성하는 데 도움을 제공하는 것을 요구한다.[8] 곧 오늘날 각 가정의 신앙 형성은 단순히 기독교의 포괄적 수용과 적용이라기보다는 가정이 속한 신앙 공동체의 고백과 전통과도 연결된다. 이런 점에서 다음 세대의 신앙 형성을 위한 성경의 가르침에 따른 신앙고백과 실천의 일치를 추구하기 위해 'DFW'의 가르침에 따른 우리 시대의 실천 방안을 제시하고자 한다. 이를 위해서 우선 가정 중심의 신앙 실천에 대한 우리의 현실을 간략히 살펴보고 성경과 교회 역사의 가르침에서 얼마나 멀어져 있는지 간략히 분석한다. 그러고 나서 성경과 교회 역사의 가르침에 따른 가정 중심의 신앙 실천을 위한 기준점을 제시하는 'DFW'에 나타난 가정 중심의 신앙 교육과 실천의 내용을 살펴본다. 마지막으로 'DFW'를 오늘날 변화된 상황과 새로운 환경에서 다음 세대의 신앙 형성을 위해서 어떻게 수용하고 구체적으로 실천할 수 있을지에 대한 원리와 과제를 제시하고자 한다.

배 곧 가정에서의 신앙 교육과 실천을 위한 지침이다.
8 Richard Osmer, "Challenges to Youth Ministry in Mainline Congregations," *Affirmation* 2 (1989), 5–7.

2. 가정 중심의 신앙 교육과 실천의 약화와 그 원인

역사적으로 가정 중심의 신앙 실천은 19세기까지 큰 변화 없이 매일 기도 방식으로 발전해 왔다. 가족들이 정해진 아침과 저녁에 모여 가장을 중심으로 함께 성경을 읽고, 자녀들에게 성경과 신앙의 핵심 내용을 가르치고, 모두가 시편과 찬송으로 하나님을 찬양하는 실천은 가정 중심의 신앙 형성에서 기본적으로 수용되어 온 방식들이다.[9] 하지만 19세기 이후 21세기에 이르는 지난 200여 년의 역사에서 가정은 신앙 형성의 위치와 역할에서 공동체와 개인의 강조에 비해 약화 되었다.[10] 이러한 변화들은 가족들이 함께 모여 의례의 방식으로 하나님을 예배하거나 성경 또는 교리를 가르치고 배우는 직접적인 참여가 생소한 경험으로 비추어진다. 케리 프타첵(Kerry Ptacek)은 오늘날 나타나는 가정 중심의 신앙 교육과 실천의 약화 현상을 몇 가지로 요약한다. 곧, 부모가 자녀를 가르치지 않는 것, 가정 중심의 신앙 실천을 교회 주일학교에만 의존하는 것, 가족에서 가장의 역할을 간과하는 것, 아내에 대한 남편의 신앙적 책무를 약화시키는 것 등이다.[11] 이러한 가정 신앙 교육과 실천의 약화는 한국의 기독교 가정에서도 나타난다. 자녀에 대한 부모의 신앙교육은 그 중요성을 인정하지만 교회학교의 교육 프로그램에 대한 의존도가 높다. 가정 중심의 신앙 실천의 약화는 최근에 주어지는 연구가 주로 가정 신앙 교육과 예배의 회

---

9 Beeke, *Family Worship*, 17-33.
10 Diane Tripp, *Daily Prayer in the Reformed Tradition: An Initial Survey* (Cambridge: The Alcuin Club, 1996), 36.
11 Ptacek, *Family Worship*, 61-8.

복 방안을 담아내고 있다는 점에서 명확히 알 수 있다.

　가정 중심의 신앙 형성과 교육은 오늘날 더욱 그리고 계속해서 약화되고 있다. 가정 중심의 신앙 형성과 교육이 약화된 원인은 다양하게 분석할 수 있다. 가정에서 신앙 형성을 위한 교육과 실천이 약화된 이유를 가정과 교회의 책임에 대한 간과로 볼 수 있지만, 다음 세대의 삶과 문화가 지닌 특징이 우선적으로 중요한 요인이 된다. 다음 세대의 삶과 문화가 지닌 주요한 특징은 가정 중심의 신앙 형성과 교육을 위한 구체적인 노력에 어려운 상황으로 주어지고 있다. 데이비드 키네먼(David Kinnaman)은 학생들을 포함한 젊은 기독교인들이 가정과 교회의 중심성을 떠나는 이유를 새로운 기술 사회의 사회적 영적 특징에서 찾는다. 키네먼(Kinnaman)에 따르면, 디지털 기술 사회의 정보 접근성은 세상과의 연결성을 혁신적으로 가능하게 했지만, 동시에 고정적인 연결보다는 이전 세대와 분리되는 영적 방황(spiritual nomadism)을 이끌었다.[12] 이와 더불어, 전통적 개념의 가정 비율이 약화되고 교회에 대한 의심과 회의 또는 거부로 인해서 탈가족화 또는 탈제도화 현상을 보인다.[13] 이러한 영적 방황과 탈가족화 또는 탈제도화에 속한 세대는 결국 권위에 대해서 회의를 드러낸다. 권위에 대한 회의는 신앙의 기준과 토대가 되는 성경에 대한 의심과 저항을 이끌고, 사회 속에서 영향을 미치는 자들(influencers)에 의해 삶이 지배된다. 이러한 디지털 기술 사회의 현상과 영향을 비평적으로 분석한 앤디 크라우치(Andy Crouch)는 우리 시대 자녀의 신앙 교육과 형성에서 가장 큰 도전과 어려움은 미디어 기술 장비의 **수용** 여부가 아닌, 신앙에

12　David Kinnaman, *You Lost Me* (Grand Rapids: BakerBooks, 2011), 41.
13　Kinnamna, *You Lost Me*, 49-50.

따른 지혜로운 사용을 위한 지혜와 용기라고 말한다.[14]

  이와 더불어, 둘째로 가정을 중심으로 한 신앙 교육과 형성이 약화된 원인은 시간의 리듬에 따는 신앙 실천의 훈련 부족과 교회 사역의 구조에서 가정의 위치와 역할에 대해 간과한 것에서 비롯된다. 우선 오늘날 기독교인들은 계속해서 변화되는 삶의 환경과 여건에서 바쁘고 분주한 일상을 자연스러운 현상으로 수용한다. 분주함과 바쁜 일상을 당연한 것으로 받아들이고 개인뿐만 아니라 가정 중심의 신앙 실천을 위한 시간 확보에 어려움을 받아들인다.[15] 하지만 이러한 어려움은 시간 자체의 축소가 아니라 주어진 시간에 대한 활용과 의도적 접근의 부족과 필요를 뜻한다. 역사적으로 가정 중심의 신앙 교육과 실천의 약화에 대해서 가장 우선적으로 언급된 요인은 산업화에 따른 가족 경제 활동의 변화 그리고 분주함과 바쁜 일상에 의한 시간 부족으로 간주되어 왔다.[16] 하지만 가정이 아닌 직장 중심의 경제 활동과 시간 활용은 그 자체로 가정 중심의 신앙 교육과 활동에 대한 약화를 초래하는 원인은 아니다. 오히려 일과 여가를 구분하면서 일에 대한 쉼을 강조하고, 그에 따라 가족 중심의 신앙 실천에 대한 중요성과 필요성을 간과하기 시작한 것이 더욱 중요한 원인으로 볼 수 있다. 이런 이유로 가정 중심의 신앙 교육과 실천이 완전히 사라지지 않았지만, 부모의 책임과 역할이 약화되고 간과되는 것은 사실이다.

  존 제임스(John James)는 이러한 현상에 대해서 자녀에 대한 부모의

---

14 Andy Crouch, *The Tech-Wise Family: Every Steps for Putting Technology in Its Proper Place* (Grand Rapids: BakerBooks, 2017), 35.
15 Alexander, *Thoughts On Family Worship*, 250.
16 Tripp, *Daily Prayer in the Reformed Tradition*, 36.

신앙교육 책임을 되돌려야 한다고 강조한다.[17] 이와 더불어, 제임스 알렉산더(James Alexander)는 19세기 미국 장로교 가정에서의 신앙 교육과 예배의 약화 원인이 산업화에 따른 시간 확보의 어려움으로 보일 수 있으나, 그보다는 시간 활용을 위한 의도적 접근의 부족으로 간주한다. 그에 따르면, 19세기 당시 미국의 산업화에 따라 시간에 대한 부담과 분주함이 그리스도인들의 삶을 지배하지만 여전히 직장 일을 하면서 아침과 저녁에 가족들이 모여 예배한 가정들이 많았다.[18] 이것은 시대와 상황의 변화가 가정 중심의 신앙 교육과 실천을 위한 시간의 감소를 초래한다는 것보다는 주어진 시간에 대한 활용과 의도적 접근을 위한 노력이 더욱 중요하고 필요하다는 것을 뜻한다.[19] 이런 점에서 프타첵(Ptacek)은 산업화가 바쁘고 분주한 일상을 이끌어서 개인의 여가 시간을 줄이기보다는 "일에 대한 보상으로 개인의 여가 시간을 더욱 확보하기 위한 노력으로 가정 중심의 신앙 교육과 실천을 축소한 것"[20]이라고 본 것은 타당한 분석이다. 결국 가정 중심의 신앙 교육과 실천의 약화는 변화되는 상황과 가정 구조의 전환에서 시간에 대한 의도적 훈련과 접근의 약화로 인해 주어진 결과로 볼 수 있다.

셋째로, 가정 중심의 신앙 교육과 형성이 약화된 또 다른 요인은 자녀 신앙 형성과 교육을 위한 가정과 교회의 '구분을 넘어선 분리'에서 비롯된다. 개혁주의 전통의 경우 초대교회의 실천을 따라 매일 기

---

17 John James, *The Christian Father's Present to His Children* (Morgan: Soli Deo Gloria 1993), 19-32.
18 Alexander, *Thoughts on Family Worship*, 36-7.
19 Beeke, *Family Worship*, 35-6.
20 Ptacek, *Family Worship*, 62.

도의 실천 방식으로 가정 중심의 신앙 실천과 예배를 강조했다.[21] 특히 세례 후 신앙교육의 강화를 위해 부모가 가정에서 자녀들에게 요리문답을 사용해서 가르치고 함께 예배하는 일은 장로교 전통에서 더욱 강화된 실천이었다.[22] 하지만 19세기가 되면서 북미 교회에서 회중성을 강조하는 과정에서 어린이들과 어른들을 분리해서 예배하기 시작했다. 동시에 교회의 주일학교 강화는 부모가 없는 아이들을 대상으로 시작했으나 부모를 지닌 자녀들을 향한 신앙교육으로 확대하면서 가정 신앙교육을 위한 부모의 역할이 조절되었다.[23] 주일학교의 활동을 통한 아이들의 모임은 성장하고 강화되었는데, 이와 동시에 부모들이 자녀들의 교육을 위해 주일학교 교육에 의존하는 정도가 강해졌다. 부모의 역할은 자녀를 교회에 보내는 것에 집중하고, 교회 지도자들은 가정의 신앙교육에 대해서 강조하거나 지원하는 일에 집중하지 못하게 된 것이다.[24] 주일학교 교육이 가정에서의 신앙교육과 연계되거나 상호 보완적 측면을 강화해야 하는데, 의도하지 않게 부모들의 책임과 의무를 약화시키거나 부모와 분리된 교회학교의 프로그램을 강조하는 방향으로 이끌었다.[25]

넷째로, 가정 중심의 신앙 교육과 실천의 약화를 초래한 또 다른 이유는 가정과 교회의 분리와 함께 교회 구조와 사역의 방식에서도 비롯된다. 교회는 가정을 중심으로 신앙 형성을 위한 실천을 주도하기보다는 주로 소그룹 또는 각종 위원회를 중심으로 구성해서 사역

---

21 Tripp, *Daily Prayer in the Reformed Tradition*, 32.
22 Henry, *Family Religion*, 27-64 ('A Church in the House').
23 Clarence Benson, *The Sunday School in Action* (Chicago: Moody Press, 1941), 11.
24 Ptacek, *Family Worship*, 64.
25 Ptacek, *Family Worship*, 66. 그리고 Johnson, *The Family Worship Book*, 8.

을 진행한다. 이로써 교회는 의도하지 않게 가정 중심의 신앙 형성의 중요성과 실천을 위한 다양한 자료 공급 및 지원에 다소 무관심하거나 간과하는 경향을 보이게 된다. 테리 존슨(Terry Johnson)은 가정 중심의 신앙 형성에 대한 약화가 가정예배를 대신하고 있는 다양한 소그룹 활동에 기인한다고 비평적으로 제시한다. 그는 영적 성장을 위해서 교회들이 가정 대신 별도의 구분된 소그룹을 강화한 것이 가정 중심의 신앙 형성을 약화시키는 핵심 요인으로 간주한다.[26] 교회에서 소그룹 모임과 활동은 신앙 형성 과정에서 중요하고 필요하다. 하지만 소그룹을 구성하고 운영하는 과정에서 가정을 주변으로 밀리게 한 핵심 요인 가운데 하나는 개인의 자발성에 근거하는 것이다. 미국의 많은 교회들이 근대의 역사에서 폐쇄된 특징을 드러내는 사회와 파편화된 개인 사이를 연결해 주는 대안으로 '자발적 개입과 참여'를 통한 소그룹을 강조해 왔다.[27] 하지만 소그룹 형태로 주어진 교회 내 다양한 모임들은 소외와 단절을 극복하는 방식을 제공했지만, 개인의 필요가 주어지지 않을 때는 다시 또 소그룹과 공동체로부터 멀어질 수 있다는 것을 허용한다. 결국 로버트 우스나우(Robert Wuthnow)가 미국 사회를 비평적으로 진단한 느슨한 연대(loose connections)[28] 현상이 주어지게 되었다. 교회의 구조와 사역은 자발성에 의한 동호회와는 달리 가족 공동체의 성격을 지닌다. 사회의 소그룹 또는 다양한 모임들과는 달리 철저하게 하나님의 부르심과 언약에 근거한 공동체성을

---

26 Johnson, *The Family Worship Book*, 9.
27 Eugene Peterson, *Five Smooth Stones for Pastoral Work* (Grand Rapids: Eerdmans, 1980), 192-193.
28 Robert Wuthnow, *Loose Connections: Joining Together in America's Fragmented Communities* (Cambridge: Harvard University Press, 1998) 참고.

지닌다. 자발성에만 근거한 소그룹 모임을 통해 신앙 형성이 이루어진 그리스도인들은 언약에 따른 가정 공동체 중심의 신앙 형성과 교육에 어색함을 반영한다. 결국 가정에서의 신앙 형성과 활동도 자발적 선택과 필요에 의해서 가능한 것으로 축소시켜 버리는 현상을 초래한다.

3. 개혁주의 가정 신앙 형성을 위한 지침: 'The Directory For Family Worship'(DFW)의 가르침과 특징

우리 시대 가정 중심의 신앙 형성의 약화에도 불구하고 성경과 개혁주의 전통은 가정예배를 비롯한 교육과 실천을 강조한다. 성경은 다양한 맥락에서 개인이 아닌 가정 중심의 신앙과 실천을 명확히 가르친다.[29] 개혁주의 전통은 '매일 기도'(daily prayer)를 개인의 경건과 공예배에서만 아니라 가정 중심의 실천으로 발전시켰다.[30] 청교도 시대의 가정예배는 성경과 개혁신앙의 전통에서 강조한 매일 기도의 중요한 기여로 볼 수 있다.[31] 가정 중심의 신앙 교육과 실천의 적용을 위해서 우리 시대에 직접 활용이 가능한 매뉴얼을 제시하는 것도 도움이 될 수 있다.[32] 하지만 가정예배와 관련한 명확한 지침과 구성을 제시하는

---

[29] 수 24:15, 시 78:4, 엡 6:4 등은 가정 중심의 신앙 교육과 실천에 대한 성경의 분명한 가르침을 담고 있는 구절들이다.
[30] Old, *Worship Reformed According to Scripture*, 147-152.
[31] Old, *Worship Reformed According to Scripture*, 151-152.
[32] 최근에 가정예배의 회복을 위한 목회적 실천 제안들이 다양하게 주어지고 있다. 가정예배에 대한 검색어로 발견되는 문서와 자료들을 모두 열거해서 정

'The Directory For Family Worship'(DFW)은 다음 세대를 위한 신앙고백에 따른 실천의 일치를 추구하고 가정 중심의 신앙 교육과 실천의 원리를 파악하는 데 중요한 기준을 제시해 준다. 특별히 신앙의 실천이 신앙고백과 일치되어야 한다는 예배신학의 입장을 고려할 때[33], 가정 중심의 신앙 실천 역시 신앙고백에 따른 지침과 원리에 근거하는 것에서 예외로 간주하기 어렵다.

웨스트민스터 신앙의 표준인 신조와 신앙고백 그리고 요리문답은 그에 부합한 실천의 안내와 지침을 포함한다. 개혁주의 전통의 예배 실천에서 가장 중요한 표준과 지침은 웨스트민스터 공예배 지침(The Westminster Directory of Public Worship)[34]이다. 'The Directory For Family Worship'(DFW)은 공예배의 지침과 함께 웨스트민스터 의회에서 승인하고 역사적으로 개혁주의 가정예배를 비롯한 신앙 교육과 실천의 표준으로 수용하며 발전해 왔다.[35] 'DFW'의 내용을 저술한 인물들은 명확하지 않다.[36] 하지만 개혁주의 전통을 따르는 스코틀랜드 장로교에

리하는 것만으로도 별도의 연구 영역에 해당한다. 여러 자료 가운데 최근에 Jonathan Gibson, *Be Thou My Vision: A Liturgy for Daily Worship* (Wheaton: Crossway, 2021)은 팬데믹 이후 부각된 가정예배의 중요한 실천 자료로 주목받고 있다.

[33] Avery Dulles, "Theology and Worship: The Reciprocity of Prayer and Belief," *Ex Auditu* 8 (1992), 87.

[34] "The Directory for the Public Worship of God"로도 알려진 이 문헌은 회중의 모임, 성경 읽기, 기도, 선포, 세례, 주의 만찬, 주일, 결혼, 아픈 자 방문, 장례, 금식, 감사의 기도와 함께 시편 노래에 대한 개혁주의 전통이 예시 표준이다. Mark Denver and Sinclair Ferguson, ed. *The Westminster Directory of Public Worship* (Scotland: Christian Heritage Imprint, 2008) 참고.

[35] Ptacek, *Family Worship*, 48.

[36] 이 문헌 구성과 저술에 기여한 자들로 William Gouge와 Robert Cawdrey를 포함

서 신앙고백과 실천의 일치를 추구하는 중요한 문헌으로 수용되어 오고 있다.[37] DFW의 구성은 공예배와 개인 경건과 아울러 가정의 신앙 형성과 고취를 위해서 반드시 실천되어야 할 가정예배를 다룬다. 전체 열네 개의 항목으로 구성되어 있고, 각각 짧은 단락의 문단으로 가정예배와 관련한 교훈과 실천 지침을 제시한다. DFW의 열네 개 항목의 세부 내용 구성은 다음과 같다.

1. 개인 경건 실천의 중요성과 필요성 그리고 가족들의 개인 경건 함양을 위한 가장의 책임
2. 가정예배의 구성요소: 기도와 찬양, 성경 읽기와 가르침 그리고 대화를 통한 나눔, 가장의 권면과 훈계
3. 가장에게 주어지는 성경 해석의 소명과 교회의 역할(성경 해석과 가르침)을 지닌 가정: 토론 방식의 나눔은 교회 공동체 전체의 모임에서 제한된 실천이나 가정에서 가능
4. 가정예배의 책임을 지닌 가장의 위치와 역할: 게으름 권면과 약한 자 훈련, 필요시 목회자의 도움 요청
5. 가정예배와 신앙교육을 위한 가장의 소명 확신과 영적 권위의 중요성
6. 가정예배와 신앙교육에 참여하는 대상: 가족 구성원들과 함께 거주하는 자들
7. 예배가 아닌 몇몇 가족들의 단순한 모임이 지닌 위험성 경계

시키곤 한다. Ptacek, *Family Worship*, 48와 Horton Davies, *Worship and Theology in England Book 1* (Grand Rapids: Eerdmans, 1996), 123 참고.

[37] 'The Directory for Family Worship'에 대한 안내와 개략적 설명에 대해서는 Douglas Comin, *Returning to the Family Altar* (Aberdeen: James Begg Society, 2004)를 참고할 수 있다.

8. 주일과 가정: 공예배 이후, 가족의 모임을 통해 대화와 토론으로 신앙교육 및 개인의 독서, 묵상, 기도 시간을 갖게 함
9. 기도 방식(기록된 기도와 즉흥 기도)과 기도내용(고백, 감사, 간구, 중보)
10. 가정 신앙 교육과 실천의 우선성 강조
11. 가정예배와 더불어 겸손과 감사의 훈련
12. 교회 세움과 경건, 세상에서의 경건
13. 목회자와 경건한 동료들의 필요성과 도움
14. 여행 또는 특별한 상황에서 가정예배와 신앙 실천의 예외 인정

위 열네 개 항목의 구성을 좀 더 요약하면 '교회와 가정', '가정예배의 구성과 인도', '가정예배의 참여', '주일과 가정예배', 그리고 '기도'로 정리할 수 있다. 가정 중심의 신앙 교육과 실천을 담아내고 있는 DFW는 이러한 내용 구성에서 몇 가지 특징을 지닌다.

첫째, 교회의 구성과 발전은 가정의 구성과 발전을 통해서 이루어진다는 것을 확신한다. 'DFW'는 가정을 전체 교회에 속한 작은 규모의 '교회 구성과 활동을 반영하는 것'을 제시한다. 가정은 단지 개인과 전체 교회를 이어주는 가교를 넘어서서 가정 자체가 교회의 역할을 지니고, 그로 인해서 전체 교회의 구성과 건강한 성장과 발전을 위한 위치와 역할을 지닌다. 이런 이유로 예배의 세 가지 방편 곧 개인 경건, 공예배와 아울러 가정예배를 필수로 간주하고 각각의 실천이 서로 다른 실천을 대체하지 않는다는 점을 명확히 강조한다. 이것은 가정을 중심으로 한 신앙 실천과 교육 그리고 예배가 단순히 개인의 경건을 보완하고, 공예배를 좀 더 강화하기 위한 방편을 넘어서서 그 자체로 교회 구성과 세움 그리고 발전을 위해서 필수적이라는 것을 뜻한다. 이처럼, 'DFW'은 단순히 예배 지침의 매뉴얼을 넘어서서,

이러한 가정의 위치와 역할을 교회와 연결해서 제시한다.

이러한 교회로서의 가정의 위치와 역할 강조는 교회를 위한 가정과 개인의 헌신을 요구하는 것이 아니라, '가정을 중심으로 한 교회 구조와 사역을 강화'할 것을 강조한다. 리차드 백스터(Richard Baxter)는 이러한 교회로서의 가정에 대한 확신을 지니고 가정을 중심으로 한 교회 사역을 발전시켰다. 곧 그는 가정 방문, 가정 중심의 신앙교육을 위한 요리문답의 구성과 지도, 가정에서의 교회 생활을 위한 권면과 상담의 실천 등을 사역의 핵심으로 구체화했다.[38] 메튜 헨리(Matthew Henry) 역시 가정을 교회로 간주하고 가정에서의 신앙 교육과 실천의 핵심인 예배를 강조한다. 그에 따르면 가정에서의 교회 경험은 공동 모임으로서 교회 구성의 원형을 제공한다.[39] 조엘 비키(Joel Beeke)는 교회 공동체 예배의 핵심 구성요소인 말씀과 기도가 가정 신앙 실천의 핵심이라는 점에서 가정을 교회로 간주할 것에 대한 실천적 확신을 제시한다.[40] 하지만 이러한 주장은 가정이 전체 회중의 모임으로서 교회를 대신하는 것이 아니라, 가정의 구성 자체를 교회와 같이 신앙 실천의 중요한 위치로 간주하는 것을 강조하는 것이다. 디지털 사회에서 개인 중심의 독립된 생활이 보편화된 현실은 가정 중심의 교회 구조와 사역의 필요성을 더욱 제기한다.

둘째, 'DFW'의 구성은 가정을 중심으로 한 경건 구축에서 2와 3

---

[38] Williams, *A Practical Theology of Family Worship: Richard Baxter's Timeless Encouragement for Today's Home*, 83-100 (Baxter's Family-Equipping Ministry at Kidderminster).

[39] Henry, *Family Religion*, 30-3 ('A Church in the House').

[40] Joel Beeke, *The Family At Church* (Grand Rapids: Reformation Heritage Books, 2008).

의 항목에서 성경적 신앙의 훈련(discipline)을 강조한다. 가정은 가족 구성원들의 경건 구축을 위한 신앙 훈련을 제공하는 중요한 위치를 차지한다. 이것은 단지 신앙의 훈련을 위한 장소를 제공하는 것을 넘어서 신앙의 태도와 자세 그리고 구체적인 방식의 훈련을 포함한다. 앤디 크라우치는 미디어 기술이 지배하는 삶에서 미디어 사용을 지혜롭게 조절하고 용기 있게 저항할 수 있는 가정의 역할을 지원하고 회복시키는 것이 교회 사역에서 중심에 있어야 한다는 것을 강조한다.[41] 'DFW'는 성경적 신앙 훈련의 구성과 내용을 명료하게 제시해 준다. 곧 책임 있는 가장의 지도 아래서 찬양과 기도, 성경 읽기와 가르침, 그리고 교훈과 훈계를 통한 훈련을 강조한다(DFW, II). 여기서 기도는 개인의 고백이나 사적인 필요에 제한하지 않고 교회와 국가 그리고 가정을 위한 고백과 간구의 훈련을 포함한다. 또한 성경을 읽는 것은 읽기 자체로 끝나지 않고 그것을 이해할 수 있는 수준으로 설명하고 가르치는 것을 포함한다. 아울러 신앙의 교훈과 훈계를 제시하는 교화를 훈련의 방식에 포함시킨다(DFW, II). 그런데 찬양과 기도, 성경 읽기와 설명, 교훈과 훈계는 공예배에서 은혜의 방편으로 수용하는 구성요소들과 연결된다. 'DFW'는 가정에서의 신앙 형성과 교육이 성례를 제외하고 공예배에서 실천하는 신앙 훈련과 크게 다르지 않다는 것을 보여 준다.

아울러 가정에서 진행하는 신앙 훈련에서 이른바 대화 방식의 '컨퍼런스'(conference)를 강조한다. 흔히 신앙의 훈련을 뜻하는 'discipline'을 '권징'으로 명하고 교회와 가정에서 신앙 지도의 원리와 내용으로 수용한다. 하지만 'DFW'의 교훈과 훈계는 경건한 대화 방식의 나눔

---

[41] Crouch, *The Tech-Wise Family*, 35, 186–192.

과 지도를 뜻하는 'conference'를 의미한다. 조앤 정(Joanne Jung)은 그의 책, *Godly Conversation: Rediscovering the Puritan Practice of Conference*[42]에 서 청교도 시기에 발전한 거룩한 대화 방식은 가정과 소그룹 등에서 신앙의 형성을 위해 사용한 훈련으로 실천해 왔다는 것을 강조한다. 이 방식은 이후 가정에서 하나님의 말씀에 집중하고 그에 따른 삶을 형성시키는 가장 중요한 훈련으로 발전했다. 이러한 경건한 대화 방식을 통한 말씀에 대한 교훈과 훈계의 방식은 가정 중심의 신앙교육에서 단지 성경을 읽고 기도하고 찬송하는 것과 아울러 빠질 수 없는 구성요소로 자리를 잡았다.[43]

셋째, 'DFW'의 구성은 가장의 영적 책임과 권위 그리고 가족 구성원들의 적극적인 참여 방식을 동시에 강화한다. 가정에서의 신앙 교육과 실천은 전적으로 가장(head of family)의 책임에 있다. 개인 중심과 권위 해체에 따른 오늘날 가정의 상황에서 신앙 형성과 교육을 위한 책임을 지닌 자에 대한 이해와 수용은 더욱 중요하고 필요하다. 가장은 가족에 속한 이들의 개인 경건을 위한 실천을 감독하고 가정예배를 비롯한 신앙 실천의 참여와 훈련을 위한 모든 책임을 지닌다(DFW, 1,4). 가장은 전문 사역자가 아니어도 가정의 신앙교육을 위해 성경을 읽고 가르치는 소명을 부여받는 책임을 지닌다(DFW, 3). 이러한 책임은 동시에 가장의 영적 권위를 강화한다. 'DFW'는 한 가정의 가장이 되는 것은 사역을 위한 소명을 부여받는 것과 같이 영적 권위를 부여받는 것으로 간주한다(DFW, 5). 따라서 가정의 가장은 소명을 확인하

---

42 Joanne Jung, *Godly Conversation: Rediscovering the Puritan Practice of Conference* (Grand Rapids: Reformation Heritage Book, 2011), Chapter 5, 6.
43 Ptacek, *Family Worship*, 73.

고 그에 따른 영적 권위를 분명히 확신하는 것이 요구된다.

그런데 'DFW'는 단지 가장의 소명과 책임 그리고 권위뿐만 아니라 더불어 가족 구성원들의 적극적인 참여를 강조한다. 특히 가장 외에 배우자와 자녀들의 위치와 참여에 대해서 분명한 입장을 제시한다. 주일 공동예배 이후 가정은 말씀을 함께 나누는 중요한 역할을 수행한다. 이때 배우자와 자녀들에게 말씀에 대한 자신의 질문과 생각을 같이 나눌 수 있는 기회를 제공한다. 교회 공동체 안에서는 궁금한 것을 나누거나 말씀에 대해 스스로 가지고 있는 생각을 교환하는 것이 여러 면에서 수월하지 않다. 이에 대한 명확한 대안이자 지원 방식으로 가정은 상대적으로 교회 안에서 자신의 생각을 자유롭게 표현할 수 없는 가족 구성원들에게 자유롭게 자신의 의견을 개진할 수 있는 기회를 부여한다. 'DFW' 사용 당시 주일학교가 보편화되기 이전 여성들과 자녀들이 신앙 형성과 관련해서 교회에서 배운 말씀에 대해 궁금한 것 또는 신앙의 내용에 대한 질문을 나눌 수 있는 유일한 곳은 가정이었다.[44] 이런 점에서 백스터는 가장이 배우자에게 신앙을 지도하는 것은 일방적으로 가르치는 것이 아니라, 말씀과 신앙의 내용에 대해 정직하고 구체적인 상호 인격적인 대화와 나눔의 방식을 통해서 이루어지는 것임을 강조한다.[45] 이러한 가르침의 실천은 배우자를 향한 사랑의 방식으로 간주되기도 한다.[46] 또한 자녀들의 경우 일방적으로 하나님의 말씀을 듣고 순종하기 위한 의무뿐만 아니라, 자녀의 입장에서 궁금한 것을 질문하고 자연스럽게 표현할 수 있는 기

---

[44] Ptacek, *Family Worship*, 50.
[45] Richard Baxter, *Godly Home* (Wheaton: Crossway, 2010), 74.
[46] Williams, *A Practical Theology of Family Worship*, 50–51.

회를 제공받는 것은 중요하다. 이것이 사랑의 방식으로 자녀를 돌보고 신앙으로 양육하는 훈련의 특징이기도 하다.[47]

4. 다음 세대를 위한 가정 중심의 신앙 실천: 'The Directory For Family Worship'(DFW)의 가르침에 따른 오늘날의 실천 과제

가정은 하나님의 모습을 반영하는 신앙의 중요한 기관[48]으로서 여전히 오늘날 성경적 가르침에 따른 신앙 형성에서 중요한 위치와 역할을 차지한다. 가정에서의 신앙 형성과 교육을 위한 'DFW'의 가르침은 오늘날 다음 세대를 향해 직접적으로 실천할 수 있는 중요한 지침을 제시해 준다. 신앙고백과 실천의 일치를 추구하기 위한 신학적 목회적 접근 방식으로써 'DFW'에 따른 가정 중심의 신앙 형성을 위한 실천 과제는 다음과 같이 제시할 수 있다.

첫째, 교회와 가정 사이의 관계를 명확히 하는 것이다. 목회자들의 접근은 주로 교회 사역의 활성화를 통해 가정에 유익을 주기 위해 주력한다. 교회와 가정 사이의 관계를 강화하기 위한 방식은 중요하고 필요하지만, 우선순위의 문제를 고려하는 것이 중요하다. 백스터가 자신의 목회 사역에서 주력한 것은 가정의 우선적 돌봄과 회복에 집중하는 것이었다. 그는 교회 사역의 활성화를 위해서 가정의 섬김

---

[47] Baxter, *Godly Home*, 96 그리고 Williams, *A Practical Theology of Family Worship*, 46.

[48] Beeke, *Family Worship*, 3. 그리고 Joel Beeke, *Puritan Evangelism: A Biblical Approach* (Grand Rapids: Reformation Heritage Book, 2017), 65.

을 요구하지 않고 오히려 반대의 접근을 시도했다. 가정을 우선적으로 회복하는 것에 목회의 역량을 집중하고, 그러한 회복을 통해서 하나님이 교회의 개혁과 부흥으로 이어지게 하는 순서를 의도적으로 반영했다.[49] 이러한 우선순위에 따른 접근은 교회의 필요를 위해 가정을 요청하는 것이 아니라, 각 가정이 먼저 하나님의 모습을 반영하는 교회로서 살아갈 수 있도록 목회적 지원에 집중하는 것을 요구한다. 가정의 위치에 대한 신학적 목회적 확신을 명확히 제시한 매튜 헨리는 가정에서의 교회 경험(고전 16:19)을 우선 강조하고 가정에서의 신앙 실천이 자녀 곧 다음 세대의 신앙 형성과 교회 개혁의 시작이라고 확증한다.[50]

둘째, 가정에서의 신앙 형성과 교육은 오랫동안 발전해 온 가정예배 구성과 실천에 대한 참여를 예외로 둘 수 없다. 가정에서의 신앙 형성은 다양하고 포괄적이며 전인적으로 이루어지는 것은 분명하다. 다니엘 블록(Daniel Block)이 명시한 것처럼 가정예배는 가족 구성원들이 하나님을 향한 총체적인 반응(holistic response)으로 간주할 수 있다.[51] 하지만 하나님을 향한 총체적인 반응이 의례 방식으로 구성되는 가정예배를 간과하거나 축소하는 방식으로 전환하는 것을 뜻하는 것은 아니다. 오히려 인간의 내면에서 주어지는 태도와 일상의 삶에서 하나님을 향한 반응과 함께 가정 단위에서 의례의 방식으로 하나님을 향한 경배와 은혜의 방편에 참여하는 것이 중요한 과정이다. 따라서

---

[49] Joel Beeke and Mark Jones, *A Puritan Theology: Doctrine for Life* (Grand Rapids: Reformation Heritage Book, 2012), 864.
[50] Henry, *Family Religion*, 28 (A Church in the House).
[51] Block, *For the Glory of God*, 110.

'DFW'가 강조한 가족 구성원들이 함께 성경을 읽고, 성경의 가르침을 배우고, 그 가르침을 삶과 연결시키는 교훈과 권면의 방식을 생략하지 않도록 주의해야 한다. 성경에서 가정예배 구성과 순서 그리고 진행에 대한 구체적인 모델을 찾을 수 없다고 해서 가정예배의 구성과 실천을 위한 성경적 가르침이 없다고 단정하지 않는 것이 필요하다. 왜냐하면 스캇 브라운(Scott Brown)이 언급한 대로 "성경에서 '가정예배'라는 표현이 없는 것이 가정예배의 원리와 실천에 대한 가르침이 없다고 단정하는 것은 성경적 가르침이 아니기 때문이다."[52] 이런 점에서 가정예배를 단지 신앙생활의 유익을 위한 선택과 자유의 사안으로 제한시키는 것을 주의해야 한다. 조지 하몬드(George Hamond)가 강력하게 언급한 바와 같이, 가정에서 하나님을 예배하는 것은 신앙의 자유 문제가 아니라 성경에서 명백히 요구하는 훈련 방식이다.[53]

셋째, 가정에서의 신앙교육 활성화를 위해서 대화의 중요성을 간과하지 않도록 하는 것이다. 'DFW'는 가족 구성원들 사이의 경건한 대화(godly conversation)를 가정예배에서 성경을 가르치고 신앙을 지도하는 중요한 방식으로 강조한다. 기도와 찬양 그리고 성경 읽기와 함께 성경을 가르치고 신앙을 확인하며 그에 부합한 삶을 살아가도록 지도할 때 경건한 방식으로 대화하는 것은 자녀들의 신앙 형성에서 중요한 방식이다. 최근 디지털 사회에서 살아가는 자녀들의 중요한 의사소통 방식은 거의 문자 메시지를 주고받는 것에 집중한다. 가정에서

---

[52] Scott Brown and Jeff Pollard, ed., *A Theology of the Family: Five Centuries of Biblical Wisdom for Family Life* (Wake Forest: NCFIC, 2016), 45: Williams, *A Practical Theology of Family Worship*, 28에서 재인용.

[53] George Hamond, *The Case for Family Worship* (Orland: Soli Deo Gloria, 2005), 17.

도 대부분의 중요한 의사소통을 직접 목소리를 사용하는 대화 방식보다 스마트폰이나 태블릿 또는 컴퓨터를 사용해서 문자를 입력, 전송하는 방식을 선호하기도 한다. 이른바 '컨퍼런스'(conference)로 알려진 경건한 대화 방식은 가정 중심의 소그룹 활동에서 신앙을 지도하고 형성하는 과정에서 중요한 의미를 지닌다. 살아 있는 대화는 인격적 의사소통 방식에서 필수적인 요소이다. 쉐리 터클(Sherry Turkle)은 디지털 시대에 인격적 관계 방식의 의사소통 회복을 위해 '대화'의 중요성을 다시금 강조한다.[54] 아울러 새로운 디지털 기술 사회에 영향을 받은 세대에서 살아 있는 대화의 중요성을 교육의 현장인 학교와 함께 가정에서 회복되어야 한다는 것을 강조하는 것이 중요한 과제로 부각되고 있다.[55] 이제는 단지 디지털 방식으로 정보를 제공하고 전달하는 것이 아니라 인격적 방식으로 대화하고 신앙을 확인하며 지도하는 살아 있는 언어의 사용에 더욱 주력하는 것이 요구된다.

넷째, 가정 중심의 신앙 교육과 실천을 위해 가정예배의 규칙성을 반영하는 것이다. 가정예배를 활성화하는 가장 중요한 원리와 실천 과제는 가정 중심의 매일 기도 방식을 고정하는 것이다. 가정 중심의 신앙 실천의 약화에 대한 대안을 제시한 제임스 알렉산더(James Alexander)는 가정예배와 자녀들의 신앙교육을 위한 최우선적 과제는 바로 가정예배를 위한 시간의 고정에 있다고 본다.[56] 역사적으로 산업

---

[54] Sherry Turkle, *Reclaiming Conversation: The Power of Talk in A Digital Age* (New York: Penguin Books, 2016).

[55] David Smith, Kara Sevensma, Marjorie Terpstra Steven McMullen, eds., *Digital Life Together: the Challenge for Christian Schools* (Grand Rapids: Eerdmans, 2020), 289-296 (Parent Communication and Information Overload).

[56] Alexander, *Thoughts on Family Worship*, 190.

화 이전의 가정에서는 아침과 저녁에 함께 모여 고정된 방식으로 가정예배를 진행해 왔다. 그런데 최근 가족 구성원들의 생활과 일상의 리듬을 보면 이른 아침이나 저녁 시간에 함께 모여 가정예배를 진행하는 것이 어려운 경우가 주어진다. 하지만 생활 방식의 변화에도 불구하고 가족 구성원들이 함께 모이는 시간을 일 단위 또는 주 단위로 고정하는 것은 불가피하게 요구된다. 물론 고정된 시간을 형식주의 또는 율법주의에 따라 기계적으로 수용하는 것은 경계해야 한다.[57] 정해진 시간에 대한 의무감을 가지고 형식적으로 가정예배에 참여하는 것은 가족 구성원들의 신앙 형성을 위해 오히려 부작용을 초래할 수 있다. 그럼에도 불구하고 삶의 리듬을 고정하고 가족들이 모일 수 있는 시간을 정해서 함께 모이는 것은 우선순위로 정해야 할 사안이다. 최근 신앙교육에서 고정된 시간의 리듬을 따라 습관을 형성하게 하는 것은 신앙 내용에 대한 전달과 수용과 함께 중요한 과제로 부각되고 있다. 알라스테어 스턴(Alastair Sterne)은 하나님을 향한 경건에서 삶의 리듬을 고정하고 의도적으로 접근하는 습관의 형성이 중요하다는 것을 강조한다.[58] 루스 바턴(Ruth Barton) 역시 일과 쉼의 순환적 반복에서 고정된 시간의 리듬에 따른 삶의 형성을 강조한다.[59] 중요한 것은 가족들이 최대한 모두 모일 수 있는 시간을 일 단위로 구성해서 고정하고 함께 모여 신앙을 위한 실천에 참여할 수 있도록 하는 것이다.

다섯째, 가정 중심의 신앙 형성을 위해 세대통합 예배 방식을 적극

---

[57] Ptacek, *Family Worship*, 71.
[58] Sterne, *Rhythms for Spiritual Practices for Who God Made You to Be*, 11-114.
[59] Ruth Barton, *Embracing Rhythms of Work and Rest: From Sabbath to Sabbatical and Back Again* (Downers Grove: IVP, 2022).

적으로 고려하고 실천하는 것이 도움이 될 수 있다. 교육은 인지 발달과 세대별로 다르게 접근할 수 있는 영역이다. 하지만 예배는 주일학교의 교육과는 달리 세대별 구분에 따라 나누어 실천하는 것보다 공동체 전체가 함께 실천하는 것이 더욱 바람직하다. 성경은 오랫동안 세대 구분이나 지적 능력 또는 학력과는 상관없이 모두가 함께 모여 읽고 배워 왔다.[60] 예배의 핵심 구성요소는 성경이고 공동체가 함께 성경을 읽고, 기도하고, 노래하는 것이 핵심이다. 이때 가족 단위로 공동체 안에서 함께 예배에 참여하는 것은 가족들이 별도로 모인 가정의 모임에서 예배의 실천에 대한 자연스러운 연결을 가능하게 한다. 실제로 4세기 이전 대부분의 초대교회와 16세기 종교개혁의 시대에는 공동예배에 가족 단위로 참여했고, 이후 19세기 미국의 장로교에서도 이러한 전통의 실천을 따랐다.[61] 교회 공동체에서 가족 단위로 예배에 참여하고 가르침을 받는 일을 가장 기본으로 구축하고, 그 위에서 주일학교와 다양한 소그룹의 활동을 통해 신앙 형성에 도움을 제공하는 것이 바람직하다. 특히 가정에서의 모임이 교회와 연결성이 없이 전혀 새로운 구성과 방식으로 별도의 예배와 교육을 하는 경우 신앙 교육과 관련한 부모 교육과 안내를 제공하는 데 어려움이 주어질 수 있다. 교회는 가정 중심의 신앙 실천을 위한 전(온)세대 통합의 예배와 각 가정의 신앙교육을 위한 적절한 자료를 제공하는 데 주력하는 일이 요구된다.

---

[60] Brian Wright, *Communal Reading in the Time of Jesus: A Window into Early Christian Reading Practice* (Philadelphia: Fortress Press, 2017), 1-7.
[61] Ptacek, *Family Worship*, 76-77.

5. 나가는 말

이 장은 오늘날 디지털 사회에서 교회로부터 멀리하는 다음 세대를 위한 가정의 책임과 역할에 대해 예전적 대안을 제시하는 데 집중했다. 성경의 가르침은 가정 중심의 신앙 교육과 실천의 중요성을 강조한다. 가정에서의 신앙 형성과 교육을 위한 당위적 강조는 개혁주의 전통에서 제시한 유산이기도 하다. 이런 맥락에서 이 장은 특히 성경적 신앙의 표준에 근거한 실천 문헌으로서 '가정예배지침'(Directory for Family Worship)의 구성과 특징을 분석하고 그에 기반을 둔 우리 시대의 실천 과제를 제시하는 데 집중했다. 오랫동안 교회와 가정의 간극이 주어졌고, 가정에서의 교회 경험, 곧 가정 중심의 신앙 실천을 간과해 왔다. '가정예배지침'은 성경의 가르침에 따른 가정 중심의 신앙 형성을 강조하고 가정예배의 구성에 대한 명확한 안내를 제시해 준다. 오늘날 변화하는 사회, 디지털 기술에 지배되는 환경에서 교회 중심의 사역은 다시 가정 중심의 사역으로 전환하고 그에 기반을 둔 교회의 회복과 부흥을 시도하는 것이 요구된다. 교회는 가정 중심의 신앙 형성을 위한 가정예배 실천의 방향을 구체적으로 제시하고, 가정에서의 경건한 대화를 회복할 방법을 제공하며, 공예배와 같이 가정에서도 규칙적인 리듬에 따라 실천할 수 있도록 안내할 뿐 아니라, 전세대가 함께 교회와 가정에서 예배할 수 있는 방식을 명확히 제시할 수 있어야 한다. 가정 회복을 위한 목회적 노력은 다음 세대를 위해 교회의 부흥과 회복을 위한 불가피한 사역의 과제이며, 목회자들이 다시금 집중해야 할 영역이다.

10

칼빈의 '제네바 세례예식서'
(the Form for Administering Baptism, 1542)에 나타난 신앙과 삶의 형성[1]

1. 들어가는 말

세례는 그리스도 안에서 정체성을 형성하고 기독교 공동체로 입문하는 과정에서 중요한 의례로 발전해 왔다. 개혁주의 전통에서 세례는 성찬과 함께 하나님의 은혜를 경험하는 성례로 간주되고, 신앙과 삶의 형성에서 결정적이고 중요한 위치를 지닌 의례로 이해된다. 지금까지 성례로서의 세례 이해와 연구는 세례의 의미를 규명하고, 세례의 자격 및 정당성을 이끌어 내는 데 집중할 뿐 아니라, 문헌에 담긴 세례의 실전 방식들에 대한 연구에 주력한다. 곧 성경과 교단의 신학이 강조하는 세례의 가르침과 의미를 규명하고,[2] 유아세례에 대한 정

---

[1] 이 장은 「개혁논총」 55권 73-104에 게재된 논문을 수정 보완한 것이다.
[2] 예수님의 세례와 초기 기독교 공동체의 세례 사이의 관계를 연구하거나, 신약성경에 나타난 세례의 의미들을 연구하는 데 집중한다. 대표적으로 눅 3:15-22,

당성의 논쟁을 하며,[3] 최근에는 어린이세례의 근거와 타당성을 제시하는 연구가 부각되기도 했다. 이와 함께 역사적 문헌들에 담긴 세례의 실천 방식들에 대해 세부적으로 이해하고 그 의미를 파악하는 데 주력한다.[4] 세례에 대한 이러한 다양하고 폭넓은 접근은 개혁주의 전통에서도 나타난다. 특히 세례의 실천이 담고 있는 의미들에 대한 신학적 접근이 두드러진다. 세례와 구원의 문제, 세례와 칭의 그리고 성화의 문제를 포함해서 다양한 신학적 의미를 규정하는 노력은 조직신학의 주요 내용으로 포함된다.[5]

이런 다양한 접근들 가운데 세례에 대한 기독교 예배학의 주된 관심은 구체적인 실천과 그 실천에 담긴 의미를 파악하고 오늘날의 상황에 연결시키는 것이다. 세례의 실천과 관련한 개혁주의적 접근 가운데 가장 영향력 있는 연구 가운데 하나는 휴즈 올드(Hughes Old)의 저

행 2:38, 갈 2:20, 행 10:44-48, 롬 6:1-11, 고전 6:11, 갈 3:27, 골 2:11-13, 3:5-11, 행 19:1-7 등에 나타난 세례의 실천과 의미를 담고 있는 본문들에 대한 연구를 통해서 그리스도와의 연합, 삼위 하나님과의 관계 방식 등의 구조를 통해서 세례의 의미를 규명하고 규정하는 학문적 접근과 연구이다.

[3] 종교개혁 시기에 재세례파와의 논쟁으로 부각된 중요한 주제로 오늘날까지 이어지고 있다.

[4] 초대교회의 'Didache', Justin's 'First Apology', 'Apostolic Traditions' 등의 문헌들은 비교적 상세하게 초기 기독교의 세례 실천에 대한 내용을 담고 있다. Paul Bradshaw, *The Search for the Origins of Christian Worship* (New York: Oxford University Press, 2002), 73-117.

[5] 어거스틴의 가르침을 따라서 정통신앙의 가르침에 세례가 지닌 의미를 발전시키는 것은 개혁주의 신학에서 중요한 주제이다. Augustine, "On Baptism: Against the Donatistis," in *An Augustine Reader*, ed. John O'Meara (Garden City: Doubleday Image, 1973), 206-11 그리고 Ronald Wallace, *Calvin's Doctrine of Word and Sacrament* (Edinburgh: Oliver and Boyd, 1957) 참고.

술, *The Shaping of the Reformed Baptismal Rite in the Sixteenth Century*[6]이
다. 세례의 의미와 신학적 중요성에 집중한 대부분의 연구와는 구별
되게 그는 칼빈을 중심으로 종교개혁의 세례 실천과 형성 그리고 신
앙적 의미에 대한 심도 있는 통합적 접근과 연구로 세례와 관련한 개
혁주의 예배 연구에 초석을 마련했다. 이후 개혁주의 예배학의 접근
과 연구에서 세례는 신앙 형성의 중심을 차지하고 또 기초가 되는 것
으로 받아들인다.[7] 하지만 세례가 신앙과 삶의 형성에 미치는 중요한
측면이 세례의식과 관련해서 구체적으로 어떻게 실천되는지에 대해
서는 보다 세부적인 논의를 요구한다. 아울러 목회 현장에서의 과제
는 세례에 대한 신학적 의미를 반영할 수 있는 구체적인 실천 방식을
구현하는 것이다. 세례에 대한 이해가 그 이해에 부합한 실천을 자동
적으로 이끌어 내는 것이 아니기 때문에,[8] 세례의 실천 방식을 구체적
으로 이해하고 그 안에 담긴 의미를 상세히 파악해서 오늘날 사역에
연결하는 것이 요구된다. 이런 맥락에서 이 장은 세례의 교리적 접근

---

[6] Hughes Old, *The Shaping of the Reformed Baptismal Rite in the Sixteenth Century* (Grand Rapids: Eerdmans, 1992). 이 책은 칼빈의 '제네바 세례예식서'에 대한 배경뿐 아니라 가톨릭과 재세례바에 대응한 칼빈의 이해와 실천을 파악하는 데 좋은 출발점이 된다.

[7] 개혁주의 예배신학자인 존 윗트빌릿(John Witvliet)은 칼빈의 실천과 사상에서 세례가 기독교 신앙의 초석(Baptism as cornerstone of Christian faith)으로 나타난다고 논증한다. John Witvliet, *Worship Seeking Understanding* (Grand Rapids: Baker Academic, 2003), 150.

[8] 신앙과 삶의 형성에 중요한 역할을 하는 예배의 실천(싱테 포함)은 예배에 대한 이해를 통해서 사연스럽게 형성되지 않고 이해와 실천 사이의 부합성을 위해 또 다른 접근과 노력을 해야 한다는 것이 최근의 예배학에서 주어지는 강조점이다. James Smith, *Imagining the Kingdom* (Grand Rapids: Baker Academic, 2013), David Smith ed. *Teaching and Christian Practices: Reshaping Faith and Learning* (Grand Rapids: Eerdmans, 2011) 참고.

에 집중하기보다는 목회 사역을 위한 개혁주의적 관점에서 세례가 신앙과 삶의 형성에 미치는 중요한 의미를 어떻게 가르치고 있는지를 살펴본다. 곧 예배의 역사적 접근과 신학적 해석을 사용해서 개혁주의 세례의 토대를 구축한 칼빈의 실천을 기초로 오늘날 교회가 어떻게 세례와 신앙 그리고 삶의 형성을 구현할 수 있는지를 파악하고자 한다. 이를 위해서 우선 첫째로, 칼빈이 신앙과 삶의 형성을 위한 자신의 사역에서 세례를 실천했던 배경과 과제를 간략히 살펴본다. 다음 둘째로, 칼빈이 1542년 작성하고 실천한 '제네바 세례예식서'(the Form of Administering Baptism)에 담긴 내용과 특징을 해석하고 살펴본다. 그리고 나서 마지막으로 그의 세례 실천이 신앙과 삶의 형성과 관련해서 어떤 의미를 제공하는지를 파악하고 오늘날 개혁주의 교회들의 세례 실천을 위한 교훈과 과제를 제시하고자 한다.

2. 칼빈의 세례 실천 배경과 과제

칼빈은 개혁의 과정에서 세례를 기독교 신앙 공동체를 위한 전혀 새로운 의례로 제시하지 않았다. 다른 개혁의 실천들과 마찬가지로 성경의 가르침과 초대교회의 실천[9]에 따라 자신의 목회적 상황이 요구

---

[9] 칼빈이 사용한 세례서는 공동예배모범서와 함께 다음과 같은 제목으로 이루어져 초대교회의 실천에 부합한 개혁이라는 것을 제시한다. "The Form of Prayers and Church Singing Together with the Way to Administer the Sacraments and Consecrate Marriage, Following the Practice of the Ancient Church(1542)" 이와 같이 칼빈은 성경의 가르침에 대한 확신과 아울러 자신의 목회적 실천이 초대교회와의 연결성 가운데 있다는 것을 제시하려 했다.

하는 과제에 부합한 노력을 시도했다. 특히 세례와 관련해서 칼빈이 직면한 개혁의 상황과 출발점은 여러 가지 복잡한 과제에 직면하게 했다. 그 가운데 가톨릭의 성례와 실천 방식에 대한 성경과 초대교회의 가르침에 따른 회복 그리고 유아세례와 관련한 아나뱁티스트들과의 논쟁에 참여하고 개혁주의 세례 실천을 구축하는 것은 가장 부각된 과제였다. 이러한 사역의 상황에서 주어진 과제들을 칼빈은 단지 신학적 의미 추구를 위한 논쟁의 관점을 제기하는 것뿐만 아니라 자신보다 앞선 개혁주의자들의 도움을 받아[10] 목회적이고 실천적 관점으로도 접근하며 개혁주의적 대안을 제시하려 했다.

우선 목회와 예배의 관점에서 칼빈이 직면한 가톨릭의 세례 실천은 견신례(the practice of confirmation)와 관련한다. 중세로부터 발전한 견진의 의례는 가톨릭에서 세례와 연결된 중요한 실천이다. 이 견진의 의례는 주교가 세례받은 자들에게 기도와 성령의 기름부으심을 확증하는 실천이다. 비록 정확하고 동일한 명명이 이루어지지는 않았지만 초대교회부터 세례와 성령의 기름부으심을 통한 기도는 한 번에 그리고 동시에 실천했다. 그런데 중세에 와서 세례는 견진의 의례와 분리되고 성찬과도 구분되면서 복잡하게 발전했다. 특히 견진은 주교에 의해서만 가능한 실천이었다.[11] 따라서 유아들의 경우 사제들에 의해서 세례를 받아도 주교가 없을 경우 성령의 기름부으심을 위

---

10 존 릭스(John Riggs)는 루터, 츠빙글리, 부서와 같은 종교개혁 초기의 영향력 있는 학자들이 칼빈의 세례 이해와 실천에 미친 영향을 신명하게 논증한다. John Riggs, *Baptism in the Reformed Tradition: An Historical and Practical Theology* (Louisville: Westminster John Knox, 2002).

11 Maxwell Johnson, *The Rites of Christian Initiation: Their Evolution and Interpretation* (Collegeville: Liturgical Press, 1999), 203–13.

한 기도와 함께 견진에 참여하기 어려운 경우가 발생했다.[12] 이런 현실에서 세례와 견진은 구분되고 분리되어 발전했다. 그리고 신학적 논쟁으로 이어지면서 종교개혁의 과정에서 성경이 근거를 제공하는 두 가지 성례만 발전시키는 개혁의 대상이 되기도 했다. 그런데 렘펠(Rempel)의 분석에 따르면, 이러한 상황은 목회적으로 새로운 기회, 곧 신앙과 성례를 새롭게 연결하는 과제를 부여했다.[13] 좀 더 구체적으로 표현하면, 유아세례를 받은 아이들이 성찬에 참여하기 전 신앙을 교육하고 강화하는 시간과 기회로 발전시켰다.[14] 칼빈은 세례와 견진의 분리와 구분에 의한 성례 실천에 대해서 신학적 목회적 대안을 제시하기 위해 노력했다. 견진을 거부하고 성례로서의 세례를 인정하면서 세례와 신앙 사이의 깊은 관계를 목회적으로 발전시켜 새로운 대안을 제시하고자 했다. 이것은 견진과 분리된 세례의 실천을 그대로 답습하는 것 이상의 대안적 노력을 요구한다. 칼빈은 세례와 함께 수행된 제의적 행위들[15]을 지속하는 것이 아니라, 목회적 측면에서 세례가 담고 있는 원래의 의미들을 구현하는 신앙 형성의 과정으로 전환하는 개혁적 실천을 요구받는 상황에 직면해 있었다.

---

12 John Rempel, *Recapturing an Enchanted World: Ritual and Sacrament in the Free Church Tradition* (Downer Grove: IVP, 2020), 83-4.
13 Rempel, *Recapturing and Enchanted World*, 84.
14 신학과 교리 면에서 기독교 입문 과정 안에 있는 세례를 견진과 분리하고 또 성찬과 분리해서 발전시킨 것과 함께 교회의 분리와 논쟁의 주제가 된 것은 이미 잘 알려진 내용이다. 하지만 유아세례의 실천 과정에서 목회적, 실천적 측면에서는 세례의 실천과 신앙의 형성을 이어가기 위한 또 다른 현실적 과제를 부여받았다.
15 이를테면, 기름 부음(anointing), 상징적 의미로서의 소금뿌리기(the giving of salt), 십자가 손짓(the sign of the cross)의 기도 등과 같은 의례적 행위들이다.

이와 함께 칼빈이 세례와 관련해서 직면한 또 하나의 상황은 위에서 언급한 유아세례와 직접 관련한다. 잘 알려진 대로 중세의 상황에서부터 주어진 하나의 현상은 교회와 국가의 밀접한 공유와 연결이다. 교회의 세례는 모든 시민들이 받아야하는 의무가 되었고, 어린이들도 예외가 아니었다. 종교적 신앙적 의례로서의 세례는 출생 시부터 한 국가의 시민으로서 참여하는 의례로 전환되었다. 이것은 성인세례(credobaptism/believer's baptism) 곧 신자들의 세례에서 유아세례(pedobaptism/infant baptism)로의 보편적 전환을 가능하게 한 상황적 이유 가운데 하나가 되기도 한다.[16] 이러한 유아세례의 보편적 실천은 세례를 위한 공간에 대한 약화뿐만 아니라 구체적인 의례 방식을 간소화시켰다. 하지만 더욱 중요한 현상은 초대교회에서 실천한 세례입문자들을 위한 신앙과 삶의 형성을 위한 교육 과정(catechumenate)이 유아들에게 적용되지 않은 것이다. 유아들이 세례를 받을 때 성인들과 달리 충분한 이해와 확신을 통해 신앙을 교육받고 또 신앙에 따른 삶을 점검하는 일은 현실적으로 어렵게 되었다. 결국 삶과 신앙 형성을 위한 세례의 실천은 축소된 의례로 좁혀졌고 제한된 방식으로만 이어져갔다. 칼빈은 이러한 세례의 축소 현상에서 유아세례의 실천과 관련한 개혁의 과제를 받아들였다. 재세례파들과의 논쟁을 통한 유아세례의 정당성을 제시하는 것[17]과 함께 유아세례의 실천이 신앙과 삶

---

16 Rempel, *Recapturing and Enchanted World*, 84.

17 유아세례의 정당성과 실천의 타당성에 대한 개혁주의와 재세례파의 논쟁에 대해서는 이미 다양한 논의들이 활발하게 이루어지고 있다. 이 장은 예배학적 관점에서 세례의 실천이 지닌 목회적, 신앙 형성적 측면을 다루기 때문에 이 부분은 추후 또 다른 범위와 분량의 글로 제시할 과제로 남긴다. 개혁주의적 측면에서 유아세례의 정당성에 대한 이해와 실천의 방안에 대해서는 박영실, "개

의 형성에 미치는 원래의 의미를 복원하는 과제를 목회적으로 수용했다. 칼빈이 목회했던 제네바의 경우 공동체의 실천으로 이루어진 세례가 유아들에게 행해질 때 가톨릭과는 달리 신앙의 후견인(godparents)들이 아니라 자녀의 아버지가 반드시 참여해야 했다. 세례에서 부모와 자녀의 동시 참여 그리고 그 참여의 과정에서 신앙의 형성과 관련한 목회적 제안을 시도한 칼빈의 대안적 노력은 단지 이전의 의례를 단순화시켜 지속한 것과는 다르다.[18] 이런 점에서 다른 종교개혁자들과 함께 칼빈이 "이전에 물려받은 세례예식을 단지 단순화했다"[19](simplified the baptismal liturgies they had inherited)는 렘펠의 비약적 평가는 다소 무리가 있으며 또 세부적인 논증의 과정을 요구한다. 좀 더 정확히 말하면 세례 예식의 단순화는 중세의 실천에 나타난 특징과 관련해서는 정당한 표현이다. 하지만 칼빈은 그러한 목회적 상황에 단순히 성인세례로 돌아가서 초대교회의 신앙교육 방식을 답습하려 하기보다는 유아세례를 지속하면서 그 의례와 함께 신앙과 삶의 형성을 위한 교육과 과정을 복원하고자 했다. 곧 3-4세기에 발전한 신앙입문자교육과 세례의 연결이 오랜 시간 서구 기독교 실천에서 단절되고 무력해진 현실을 목회적으로 직면하고 신학적 확신에 근거한 대안을 마련해야 하는 상황을 받아들였다.[20]

혁주의적 유아세례의 정당성과 바른 시행에 관한 연구," 「복음과 실천신학」 44 (2017): 108-42를 참고하라.

18 Karin Maag, *Lifting Hearts to The Lord: Worship with John Calvin in Sixteenth-Century Geneva* (Grand Rapids: Eerdmans, 2016), 35.
19 Rempel, *Recapturing an Enchanted World*, 86.
20 Old, *The Shaping of the Reformed Baptismal Rite in the Sixteenth Century*, 17.

3. '제네바 세례예식서(1542)'에 담긴 칼빈의 세례 실천

바로 위에서 간략히 살펴본 바와 같이 칼빈은 가톨릭의 세례와 견진의 분리 그리고 재세례파의 유아세례 반대에 직면하면서 신학적 논증으로 세례를 성경에 근거한 성례로 확증하고, 언약에 따른 세례 실천을 목회 현장에서 구현했다. 세례와 관련한 칼빈의 개혁적 실천은 어거스틴의 은혜의 우월성을 확신하고 하나님의 언약에 의한 유아세례의 정당성을 목회적으로 제시한 것으로 볼 수 있다.[21] 칼빈이 직접 실천한 세례예식은 3년 동안의 스트라스부르그에서의 생활을 접고 다시 제네바로 돌아와 구성한 '제네바 세례예식서(1542)'에 상세히 나타난다. 오늘날 자유교회의 전통과는 달리 당시 공동예배와 세례 그리고 성찬은 모두 예배모범서를 준해서 실천했다. 따라서 '제네바 세례예식서(1542)'는 칼빈의 세례 실천을 선명하게 제시해 준다. 여기서는 칼빈의 세례 예식의 구조와 내용을 살피고 그것이 신앙과 삶의 형성에 어떤 의미를 지니고 있으며 또 어떻게 제시하는지 목회적, 예배적 관점으로 해석하고자 한다.

1) '제네바 세례 예식서(1542)'의 구성과 내용

칼빈은 주일 예배와 주중 예배 가운데 교회 공동체가 모인 자리에서 세례를 실천했다. 당시 상황에서 세례는 유아세례였고 부모는 반느시 사녀를 데리고 예배에 참석해서 세례에 참여하게 했다. '제네바 세례예식서(1542)'에 나타난 칼빈의 세례 실천은 다음과 같은 구성을

21　Old, *The Shaping of the Reformed Baptismal Rite in the Sixteenth Century*, 142-44.

지닌다.[22]

시편 124:8 낭독

세례를 위한 부모의 확증과 답변 확인 (부모에게 자녀의 세례 시행에 대한 질문과 확답 확인)

세례의 교훈 (세례의 의미 설명과 참여를 위한 초청)

기도

주기도

사도신경

(부모를 향해) 세례의 교훈 설명과 기도에 대한 반응으로 자녀를 지도하고 양육할 것에 대한 책임으로의 초청 및 확인

(확답 이후)

아이에게 공식적으로 이름 부여

깨끗한 물로 아이의 머리에 뿌리고, '성부, 성자, 성령의 이름으로' 세례 베풂

기도

칼빈은 1542년 이후에도 이러한 세례예식의 구성과 진행 방식을 크게 변경하지 않고 실천했다. 표면적으로 볼 때 비교적 단순한 구성을 지니지만 칼빈의 세례예식의 구성요소들은 각각 의도적으로 결정된 것이며 그의 세례 이해를 반영한다.

---

[22] 본 연구자는 다양한 문헌들 가운데 캐린 맥(Karin Maag)이 프랑스어본 'La Forme Des Prieres et Chantz Ecclesiastiques'에서 영어로 직접 번역한 것('the Form for Administering Baptism' in her book, *Lifting Hearts to the Lord:* 78-81; 이후 'the Form for Administering Baptism'으로 표기함)을 이해와 해석의 자료/본문으로 사용한다.

2) '제네바 세례예식서(1542)'에 담긴 실천의 특징과 해석

칼빈의 세례예식에 담긴 구성요소들의 실천[23]은 구체적으로 다음과 같이 정리할 수 있다. 우선 칼빈은 세례를 그 자체로 독립된 예식으로 발전시키지 않았다. 세례는 언제나 설교를 수반한 공동예배의 모임 안에서 이루어졌다. 주일 오후 예배(교리교육의 예배) 또는 주중 예배에서 모두 필요로 할 때 세례를 실천했다.[24] 따라서 세례만 받기 위해 아이를 데리고 늦게 참석하거나, 설교만 듣고 먼저 떠나는 것에 대해서 의도적으로 경계했다. 세례의 실천은 언제나 설교를 동반하고 동시에 공동체의 모임 안에서 이루어지도록 한 것은 칼빈의 의도적 접근이다.[25] 이와 관련해서 세례예식의 시작은 공동예배의 경우와 같이 시편 124:8 ("우리의 도움은 천지를 지으신 여호와의 이름에 있도다")을 선포하는 것으로 이루어졌다. 이것은 세례의 주도성이 하나님에게 있고, 하나님의 은혜를 강조하는 의도적 고백과 표현이다. 하나님의 주도성을 고백함으로써 가톨릭을 향해서 세례에 수반되는 물이나 다른 상징적 행위들이 마술처럼 역사하는 것도 아니고 재세례파들을 향해서 인간의 의지와 결단이 세례의 기준과 정당성을 제공하는 것이 아

---

23 이와 관련해서는 '제네바 세례예식서'에 나타난 구성요소들과 진행 방식의 서술만으로는 구체적인 실천에 대한 배경과 과정이 명확하지 않기 때문에 칼빈 자신의 예배에 관한 기술과 그의 예배 실천에 대한 연구물들의 정리에 도움을 받아야 한다.
24 Calvin, 'the Form for Administering Baptism' 78.
25 칼빈은 공동체의 참여가 빠진 개인의 세례에 대해서 단호하게 거부한다. 11 October 1554에 기록한 칼빈의 서신 참고(Magg의 번역). 'A letter from John Calvin to Gianpaolo Alciati, 11 October 1554,' 58-9.

니라는 것을 명확하게 선포하고 제시하는 것을 뜻한다.[26]

둘째로 세례에 관한 교훈 곧 세례의 의미를 설명하는 부분의 강조가 선명하게 제시된다. 세례에 관한 교훈은 칼빈의 세례예식에서 가장 긴 부분에 해당하는데, 이 부분을 각각의 목회자(세례 집례자)에게 자율적으로 맡기지 않고 구체적인 내용을 상세히 포함시켰다. 이 교훈의 내용은 (1) 세례의 의미, (2) 유아세례의 필요성과 정당성, (3) 기도와 신앙고백으로 구성된다. 칼빈이 제시한 세례의 의미는 중생의 필요성, 죄로 인해 은혜를 필요로 하는 인간의 상태, 삼위 하나님의 주도적 일하심을 통한 하나님 나라에 들어감, 그리스도의 죽음과 부활의 승리에 참여하는 인간의 자기부인과 하나님의 빛을 드러내는 삶, 악과 육체의 욕망에 저항하고 하나님을 기쁘시게 하는 삶으로의 결단과 헌신, 그리고 그리스도의 몸인 공동체 안에 들어가서 함께 연합하는 과정에 이르는 폭넓은 의미를 상세하게 포함한다.[27] 유아세례는 모든 세대를 거쳐 하나님의 자비로운 언약에 거하게 하시는 은총의 경험이다. 구약의 할례는 신약의 세례와 연결되고, 이것은 개혁주의 세례 실천의 토대가 되며, 재세례파의 도전에 대한 근거를 제공한다.[28] 이후 이어지는 기도는 앞에서 설명한 세례의 의미들을 하나님에게 직접 고백하고 간구하는 내용을 포함한다. 곧 하나님의 자비, 언약의 약속, 칭의를 통한 죄의 용서와 부활하신 그리스도와의 연합에 부합한 지속적인 삶의 변화와 자람으로서의 성화의 열매와 결과를 간

---

26 Gordon Mikoski, *Baptism and Christian Identity: Teaching in the Triune Name* (Grand Rapids: Eerdmans, 2009), 148.
27 Calvin, 'the Form for Administering Baptism,' 78-9.
28 Calvin, 'the Form for Administering Baptism,' 79-80.

구한다.[29] 그리고 주기도와 사도신경을 함께 고백함으로써 그리스도의 몸으로 거하는 다른 지체들과의 연합과 일치를 제시한다.

셋째로 세례의 의미를 설명하고 간구의 기도와 함께 주기도와 사도신경을 통한 신앙고백을 한 후 세례를 받는 아이의 부모를 향해 세례 이후의 역할과 과제를 제시한다. 곧 세례의 의미를 설명하는 교훈, 세례 의미의 효력을 위한 기도, 그리고 세례와 삶의 연결을 위한 과제 제시를 모두 하나의 단위로 포함시키고 있음을 알 수 있다. 이것은 칼빈이 아이의 부모에게 요구하는 것이 단지 세례의 의미를 이해하고, 세례를 받을 수 있도록 결단하는 것을 넘어서서 부모와 아이에게 세례와 관련한 새로운 소명과 과제를 제시하는 것이다. 세례 예식서에 담긴 부모의 과제와 역할은 (1) 사도신경과 주기도로 요약되는 교회의 핵심 교리인 삼위 하나님과 그에 반응하는 방식을 가르치는 것[30], (2) 구약과 신약의 성경에 담긴 모든 것을 철저히 가르치고 하나님의 말씀을 확신하게 하는 것, (3) 하나님을 사랑하고 이웃을 사랑하는 두 계명의 가르침에 따라 살게 하는 것, (4) 자신의 욕망을 조절하고, 삼위 하나님을 향해 삶을 헌신하고, 세상의 사람들을 교화시키는 삶을 살게 하는 것이다.[31] 이러한 구체적인 가르침에 대해서 미코스키(Mikoski)는 세례와 함께 주어지는 부모의 자녀 교육 내용을 신앙과 삶의 통합(integration between faith and life)으로 정리한다. 그에 따르면,

---

29 Calvin, 'the Form for Administering Baptism,' 80.
30 Calvin, 'the Form for Administering Baptism,' 80-1. 엘시 멕키(Elsie McKee)에 따르면 1540년대 후반부터 사도신경과 주기도는 목회자가 아니라 세례를 위해 유아를 데리고 온 부모에 의해서 암송되고 고백하게 했다. Elsie McKee, *John Calvin: Writings on Pastoral Piety* (New York: Paulist, 2001), 136.
31 Calvin, 'the Form for Administering Baptism,' 81.

하나님은 예배와 삶의 유일한 대상이자 주권자로서 사람들에게 역사하시는데, 부모는 삼위 하나님, 교회, 그리고 성경에 대한 지적 가르침을 넘어서서 그 가르침의 핵심인 하나님과 이웃을 사랑하는 그리스도인의 삶을 지도하는 것이다.[32] 여기서 주목할 것은 칼빈은 세례예식에서 부모들에게 세례받는 자녀에게 단회적으로 가르칠 내용이 아니라, 자녀가 자라서 성인에 이르기까지 긴 과정 동안 가르치고 지도해야 할 구체적인 내용을 제시하고 있다는 것이다. 칼빈에게 세례는 단지 예식으로 축소되는 의례가 아니라 삶의 전 과정을 지배하는 신앙형성의 초석이 된다.[33]

넷째로 세례와 신앙 그리고 삶을 연결하는 교육의 내용과 과제를 부여한 후 세례받는 아이에게 이름을 부여[34]하고 삼위 하나님의 이름을 사용해서 세례를 베푼다. 목회자가 세례를 베풀 때 사용하는 삼위 하나님의 적용 원리는 '아버지와 아들과 성령의 이름으로'(In the name of the Father, and of the Son, and of the Holy Spirit) 베푸는 것이다. 여기서 주어가 목회자인지(내가…아버지와 아들과 성령의 이름으로…) 또는 세례를 받는 유아가 주어로 사용되고 수동태로 표현되는지([이름]이 아버지와 아들

---

32 Mikoski, *Baptism and Christian Identity*, 150.
33 Witvliet, *Worship Seeking Understanding*, 154-60.
34 당시 제네바의 경우 아이의 이름이 공식적으로 등록되는 과정에서 세례가 중요한 의례였다. 세례를 통해서 부여된 공식적인 이름에 대해서 칼빈이 허용하지 않은 이름들이 있었는데, 그 지역에서 존경받는 '성인들'이나 '예수' 그리고 '오순절' 등 특정한 이름들을 허용하지 않았다. 칼빈은 이와 관련해서 자신의 저술에 명확히 언급하거나 진술하지 않았지만, 이와 관련한 상세한 연구와 내용은 William Naphy, *Calvin and the Consolidation of the Genevan Reformation* (Louisville: Westminster John Knox, 2003), 144-53을 참고하면 된다.

과 성령의 이름으로…)는 명확하게 규정하지 않는다.[35] 하지만 분명한 것은 '아버지와 아들과 성령의 이름으로' 베푸는 규율(formula)을 사용해서 세례의 주체가 목회자 또는 유아에게 있는 것이 아니라 삼위 하나님의 이름에 있다는 것을 칼빈의 예식서는 강조한다.[36]

마지막으로 칼빈은 세례예식의 진행 과정에서 반드시 적용해야 할 또 하나의 원리와 마무리 권면을 포함한다. 세례예식의 진행 원리 가운데 중요한 것은 모든 이들이 이해할 수 있는 언어(the language of the people)를 사용하는 것이다. 세례를 비롯한 예배에서 공동의 언어를 사용하는 것은 칼빈이 설교와 음악을 포함해서 모든 예배 실천의 중요한 방식으로 제시한 것이고 또 종교개혁을 통한 개혁주의 예배의 기여이기도 하다.[37] 이러한 원리와 기여는 세례에서도 반영된다. 설교와 함께 세례의 의미를 설명할 때 반드시 참여자들이 사용하는 언어를 사용해야 하는 것은 칼빈이 직접 언급한 것처럼 두 가지 목적을 지닌다. 하나는 명확한 이해(comprehend what is said)를 위한 것이고, 다른

---

[35] 서구 기독교는 "내[목회자]가 [수세자 이름]에게 아버지와 아들과 성령의 이름으로 세례를 베푼다"는 문구의 전통을 따르고, 동방 기독교는 "[수세자 이름]이 아버지와 아들과 성령의 이름으로 세례를 받는다"는 표현의 전통을 따른다. 칼빈은 이 둘 사이의 정당성을 논증하지 않고 '삼위 하나님의 이름' 사용에 대한 핵심만 언급한다.

[36] Calvin, 'the Form for Administering Baptism,' 81.

[37] 칼빈은 가톨릭과 개혁주의 예배의 비교에서 이해할 수 없는 언어 사용(use of unknown language)이 개혁주의 예배가 경계하는 중요한 핵심 원리라고 강조한다. 칼빈은 자신의 서신에서 가톨릭 예배의 가장 큰 경계 요소가 바로 이해할 수 없는 언어의 사용에 있다고 지적했다. "everything was done and said in an unknown language, like when magicians recite their spells." 캐린 맥(Karin Maag)이 'Letters from John Calvin'에서 번역. Maag, "Calvin Compares Catholic and Protestant Worship (1542)", *Lifting Hearts to the Lord*, 54.

하나는 세례의 열매와 목적을 다시금 깨닫고 그러한 삶을 지속할 수 있도록 자각시키기(recognizing the recalling to mind what is the fruit and purpose of their baptism) 위한 것이다.[38] 칼빈은 세례예식에서도 공동예배와 마찬가지로 혹여 배움이 부족하거나 외적 능력이 선명하게 드러나지 않더라도 아무도 소외되지 않아야 한다[39]는 '목회적 환대'(pastoral hospitality)를 직접 언급한다. 이것은 칼빈이 직접 표현하는 바와 같이 중세 가톨릭의 예배, 성례 예식에서 나타나는 미신들(superstitions), 우상(idolatry) 또는 잘못된 믿음(wrong beliefs)에 빠지거나 다른 어떤 장애에 의해서 그리스도를 향해 다가가는 삶에 방해가 이루어지는 것을 차단하기 위한 것이다.[40]

4. '제네바 세례예식서(1542)'를 통한 칼빈의 개혁과 오늘날을 위한 교훈

칼빈의 '제네바 세례예식서'(the Form for Administering Baptism, 1542)는 '공동예배서'(the Form of Prayers and Church Singing, 1542)와 아울러 칼빈의 개혁활동에서 중요한 의미를 지닌다. 이미 간략히 언급한 바와 같이 칼빈은 중세의 예배 이해와 신앙에 대한 논증적 대안과 변증을 시도할 뿐 아니라 구체적인 실천의 갱신과 전환을 통해서 자신의 신학적 확신

---

[38] Calvin, 'the Form for Administering Baptism,' 81.
[39] "to be done in the common tongue, so that the unlearned and ignorant can participate and can say amen at the end." Maag, "Calvin Compares Catholic and Protestant Worship (1542)", 55.
[40] Calvin, 'the Form for Administering Baptism,' 81.

을 구현하기 위해 노력했다.⁴¹ 이런 점에서 엘시 맥키(Elsie McKee)가 시도한 것처럼 칼빈의 개혁 활동을 목회적 측면에서 접근하고 이해하는 것이 필요하며 또 도움이 된다.⁴² 특히 세례는 기독교 입문 과정으로써 예배의 중요한 실천이며 목회적 돌봄의 영역 안에 있는 의례로 볼 수 있다. 칼빈의 '제네바 세례예식서(1542)'는 개혁주의적 관점에서 목회와 예배 그리고 세례를 통한 신앙과 삶의 형성에 관한 중요한 가르침을 제공해 준다. 따라서 목회적 돌봄의 방식으로서 칼빈이 실천하고 의도한 세례가 삶과 신앙의 형성과 관련해서 어떤 의미를 지니고 있는지를 살펴보고 오늘날 개혁주의 교회들을 위한 교훈을 살펴보는 것이 필요하다. 칼빈은 개혁 활동의 한 과정으로서 세례를 통해서 초대교회와의 직접적인 연결을 자신의 상황에 부합하게 시도했고, 세례를 삶의 전 과정에 영향을 미치는 신앙 형성의 초석으로 발전시켰으며, 교회 공동체와 가정 사이의 유기적 연결과 책임을 통한 삶과 신앙 형성의 과제를 제시했다.

1) 초대교회 실천의 개혁주의적 재구성

칼빈이 제네바에서 실천한 세례예식은 이미 위에서 간략히 언급한 것처럼 중세 가톨릭의 세례예식에 대한 개혁과 재세례파들의 제한

---

41 Bernard Cottret, *Calvin: A Biography*, trans. Wallace McDonald (Grand Rapids: Eerdmans, 2000)는 칼빈의 사역이 중세와 근대 사이에서 전환점을 구축하는 개혁 활동이었고 구체적인 실천의 노력이라는 것을 강조한다. 이와 함께, William Bouwsma, *John Calvin: A Sixteenth Century Portrait* (New York: Oxford University Press, 1988) 참고.
42 McKee, *John Calvin: Writings on Pastoral Piety* 참고.

된 세례 공격에 대한 개혁주의적 대안으로 주어진 것이다. 중세의 세례예식은 맥스웰 존슨(Maxwell Johnson)의 정리에 따르면 세 개의 단위로 구성된다. 세례 전(pre-baptismal) 의례(기름 부음과 회개), 세례(물뿌림), 그리고 세례 후(post-baptismal) 의례(흰옷입기, 기름 부음, 주교의 안수와 기름 부음 그리고 성찬 참여)이다.[43] 하지만 칼빈은 세례예식을 세례 전과 후의 의례들로 분리시키지 않았다. 공동체가 말씀의 예배로 모일 때, 세례의 의미를 설명하고 기도하고 세례에 부합한 삶의 과제를 안내 및 제시하고 세례를 베푸는 방식으로 진행했다. 표면적으로는 중세의 복잡한 세례예식을 단순화시킨 것으로 보인다. 흰옷을 입힌다든지 기름 부음의 과정과 기도에서 특정한 몸의 제스쳐 등을 상징적으로 포함시킨 것들을 제거했다. 하지만, 칼빈의 실천은 의례의 축소나 단순화를 넘어선다. 칼빈의 구체적인 실천을 살펴보면 중세의 의례 중심[44]과는 달리 훨씬 더 심도있고 확대된 실천임을 알 수 있다. 무엇보다도 세례의 의미를 상세하게 직접적으로 설명하는 부분이 포함된 것[45]과 그 세례

---

43 Johnson, *The Rites of Christian Initiation*, 157.
44 칼빈의 개혁 배경이 되는 중세 서구의 세례는 세례반의 축복(the blessing of the font)과 거룩케 함(consecration)에 집중하고 신앙고백의 내용에 대한 확증은 하지만, 그 이전과 이후 삶의 연결을 위한 가르침과 제시에 대해서는 선명하지 않다. 다만 주일미사에 대한 강화와 참여만 강조한다. 이후 20세기 가톨릭의 개혁에서 성인들을 위한 신앙입문교육(Rite of Christian Initiation for Adults)을 강화시킨 것은 이러한 의례 중심성에 대한 대안으로도 볼 수 있다. Maxwell Johnson, *Sacraments and Worship: The Sources of Christian Theology* (Louisville:Westminster John Knox, 2012),141-46 참조.
45 이해를 통한 예배/의례에로의 적극적인 참여(full participation with clear understanding)는 제2차 바티칸 공의회의 갱신 원리 이전부터 칼빈에 의해서 비롯된 예배 갱신, 개혁의 핵심 원리이다.

에 참여하는 자들의 신앙과 삶의 형성을 위한 구체적인 과제[46]를 제시하는 것은 칼빈의 실천이 중세의 실천과 구분되는 특징이다.

칼빈이 세례 실천 과정에서 세례의 의미 이해와 함께 세례에 부합한 삶과 신앙의 형성을 강조한 것은 중세 가톨릭 세례의 의례화를 통해서 약화되거나 때로는 상실된 세례자 입문교육(catechumenate) 과정의 회복을 위한 의도적 접근으로 볼 수 있다. 초대교회는 성인세례에서 세례자 입문교육 과정을 포함시켰다. 예를 들어, 4세기 예루살렘 공동체의 세례에서 세례자 입문교육 과정은 길게는 3년, 짧게는 사순절 기간의 40여 일 동안 진행되었다.[47] 이러한 과정은 공동체에서의 신앙교육과 세례가 삶과 신앙 형성을 위해 중요한 위치를 차지하고 있다는 것을 반영한 초대교회의 실천이다. 이러한 초대교회의 신앙입문교육이 중세 시대로 발전하면서 성인세례가 유아세례로 보편화되었고 그로 인해서 신앙입문교육의 위치와 역할이 약화되었다.[48] 칼빈은 초대교회의 신앙입문교육을 고정된 형태로 그대로 답습하지는 않았다. 하지만 신앙입문교육의 목회적 의도와 신앙 형성을 위한 실천적 의도를 세례 후 지속적인 교육 과정으로 발전시켰다. 곧 세례 전 신앙입문교육(pre-baptismal catechumenate)을 세례 후 신앙교육과정(post-baptismal teaching of baptism for Christian faith and life formation)으로 전환해서 수

---

[46] 칼빈의 경우 세례의 의미뿐 아니라 세례에 부합한 삶(life appropriate to the teaching of baptism)을 동시에 강조한다. Calvin, 'the Form for Administering Baptism,' 81.

[47] Lester Ruth, Carrie Steenwyk, John Witvliet, *Walking Where Jesus Walked : Worship in Fourth-Century Jerusalem* (Grand Rapids: Eerdmans, 2010), 47-8, 50-1.

[48] William Harmless, *Augustine and the Catechumenate* (Collegeville: Pueblo, 2014), 20-30.

용 발전시킨 것이다. 이러한 전환은 단지 세례 전 몇 개월에서 3년여 기간의 제한된 교육으로 신앙을 형성하고 점검하는 것보다 훨씬 더 포괄적이고 전인적인 실천이다. 아이가 자라서 스스로 신앙의 확신을 갖고 고백할 뿐 아니라 그에 부합한 삶을 살아가도록 오랜 시간의 신앙형성과정을 의도적으로 제시하고 안내한 것이다.[49]

이와 같이 신앙입문교육 과정과 기간의 조절과 확대를 통해서 초대교회에서 비롯한 신앙교육과 세례를 연결한 실천을 오늘날 지속하는 것은 개혁주의 전통에서 중요한 과제가 된다. 우선 세례를 독립된 하나의 의례로 구분할 수는 있지만 언제나 세례를 신앙교육과 분리된 의식으로 축소하는 것을 경계해야 한다. 세례의 의미와 세례를 통한 신앙과 삶의 형성 과정에 참여하는 것을 간과하거나 축소시킨 채 의식 자체만으로 의미를 부여하려는 것은 한계를 지닌다. 뿐만 아니라 의식의 무미건조함이나 삶과 신앙의 형성 과정이 빠진 의례로 인해서 공허한 실천을 목회 현장에서 경험하게 되기도 한다. 이러한 위험을 가리켜 엘레인 람쇼(Elaine Ramshaw)는 의례의 빈곤 현상(liturgical poverty)을 초래한다고 경고한다.[50] 오늘날 개혁주의 교회들은 로마 가톨릭에서 초대교회의 자원을 회복하는 운동으로 재구성시킨 성인들을 위한 입문교육 과정(RCIA)[51]을 모방할 필요는 없다. 오히려 유아세

---

[49] 칼빈은 우리의 연약함으로 인해서 우리의 신앙과 삶을 형성하는 교회의 가르침으로부터 졸업하는 것은 허용되지 않는다고까지 언급한다. John Calvin, *Institutes of Christian Religion*, trans. Ford Lewis Battle (Philadelphia: Westminster Press, 1960), 4.1.4.

[50] Elaine Ramshaw, *Ritual and Pastoral Care* (Philadelphia: Fortress Press, 1987), 39.

[51] 가톨릭의 갱신 운동 과정에서 이른 바 'Rite of Christan Initiation of Adults' (RCIA)를 구성하고 초대교회 유산을 현대에 복원하려는 노력이 이루어지고 있다. 1972년 라틴어로 구성되었으나 1974년 영어로 번역해서 보급해서 사용했

례 이후 신앙과 삶의 형성을 위해서 개혁주의 전통의 유산으로 발전해 온 요리문답의 내용의 교육 과정을 현대화시키는 것이 더욱 적절할 수 있다.[52] 초대교회의 신앙입문교육 과정은 단지 신앙고백의 내용을 암송하는 것이 아니라 신앙의 고백에 부합한 삶을 형성하는 것과 연결되어 있다. 특히 세례를 위한 문답 교육 과정에서 단지 교리와 신앙고백의 내용을 암송하는 것을 넘어서서 삶의 모습을 면밀히 살피고(examine), 점검하는 과정을 포함했다.[53] 칼빈은 이러한 원리를 자신의 목회적 상황에 의도적으로 연결시켜서 세례 이후의 신앙 형성 과정(postbaptismal faith formation)을 통해 단지 공적으로 신앙을 고백하고 선포하는 것뿐 아니라 신앙에 필요로 하는 교육에 참여하고 그리스도인의 삶의 방식을 입증해 가는 전 과정을 목회적으로 포함시켰다.[54]

2) 의례와 삶의 연결: 삶의 과정으로서의 세례 구축

칼빈은 '제네바 세례예식서'(1542)에서 세례의 의미를 설명하고 기

고, 1988년에 공식적으로 수용해서 정착시켰다. 이와 관련해서, Gabriel Flynn and Paul Murray, eds. *Ressourcement: A Movement for Renewal in Twentieth-Century Catholic Theology* (New York: Oxford University Pres, 2012) 참고하면 된다. 개혁주의 전통은 이와 동일한 신앙교육 프로그램을 답습하기보다는 칼빈의 개혁에서 보여 준 상황화된 신앙교육의 강조와 적용이 요구된다. 특히 세례는 신학, 신앙, 삶의 형성과 밀접하게 연결되어 있기 때문에 개혁주의 신학의 반영이 무엇보다도 중요하다.

52 이것은 또 하나의 연구 영역이기 때문에 추후에 별도로 다루거나 다른 학자분들의 연구를 통해 도움을 얻을 수 있을 것이다.
53 Matthew Kaemingk and Cory Willson, *Work and Worship: Reconnecting Our Labor and Liturgy* (Grand Rapids: Baker Academic, 2020), 149.
54 Mikoski, *Baptism and Christian Identity*, 182. 그리고 Calvin, *Institutes*, 4.1.4.

도하며 그에 부합한 새로운 삶의 시작과 과정 그리고 지속을 위한 강조를 한다. 세례의 의식을 어떻게 할 것인가보다 더 중요한 것은 세례 의식의 참여를 통해 세례가 의도하고 지향하는 경건한 삶을 살아가는 것이다. 교회 공동체의 실천으로서 세례예식[55]은 세례를 통해 시작하는 새로운 삶의 출발점이자 기초가 된다.[56] 칼빈은 세례예식서의 구성과 내용에서 세례가 그리스도인의 삶과 연결된 초석이자 근원이 된다는 것을 세부적으로 강조한다. 곧 칼빈은 자신의 신학과 실천에서 일관되게 강조하는 참된 경건(true godliness)을 세례에도 선명하게 제시하고 있음을 알 수 있다.[57] 세례가 새로운 생명과 연결되어 있고, 본성을 새롭게 하는 것은 곧 성령에 의한 새로운 삶(new life)[58]에 들어가는 것이다. 그런데 여기서 새로운 삶은 단지 자연적 출생에 의해서 주어지는 단순한 생명이 아니라, 그리스도를 통해서 구현된 하나님 나라에 들어가는 삶이다. 칼빈에 의하면 이 삶은 그리스도의 두 측면 곧 죽음과 부활의 경험과 연결된다. 곧 자신과 육체의 욕망을 절제하며 자기 부인하는 것이고 동시에 부활의 능력으로 주어지는 새로운 생명과 하나님의 뜻을 기뻐하고 그것을 추구하는 과정으로서의 삶이다.[59] 이것을 신학적 표현으로 정리하면 그리스도 안에서의 칭의(justification in Christ)와 성령 안에서의 자람과 성화(growth and sanctification in

---

[55] Maag, *Lifting Hearts to the Lord*, 58.
[56] Witvliet, *Worship Seeking Understanding*, 154.
[57] 칼빈은 이미 기독교 강요의 서론에서 자신의 목적이 참된 경건의 형성에 있다는 것을 명확히 언급한다. Calvin, *Institutes*, "Prefatory Address to King Francis I of France," 9.
[58] Calvin, 'the Form for Administering Baptism,' 78.
[59] Calvin, 'the Form for Administering Baptism,' 79.

the Spirit)로 이해할 수 있다.⁶⁰ 세례는 이러한 새로운 삶을 가능하게 하는 은혜와 축복을 부여받는 과정인데, 칼빈은 이것을 기도에서 세례받는 아이가 '삶의 전 과정을 통해' 하나님에게 영광을 돌려드리는 것(glorifying you[God] his whole life long)이 되길 간구한다.⁶¹ 그리고 세례를 통해서 확증하는 새로운 생명의 은혜와 축복이 삶의 방식(to live according to the rule given to us by our Lord in his law)으로 이어지도록 요청한다.⁶²

이와 같이 칼빈은 세례예식에서 삶을 연결시키고 강조함으로써 목회적 실천성을 적극 반영한다. 세례예식의 정교함이나 의례 자체의 새로운 접근보다 세례가 삶과 연결되어 있다는 점을 세례예식 안에 있는 '세례 의미 교육, 기도, 그리고 권면'에서 의도적이고 일관되게 언급하며 강조한다. 미코스키(Mikoski)가 강조한 대로 칼빈은 실천과 거리가 먼 추상적 개념이나 고찰을 지양하고 살아 있는 신앙으로서 세상에서 선명하게 증거되는 삶을 세례에 기초해서 제시한다.⁶³ 올드(Old)는 칼빈에게서 비롯된 개혁주의 세례를 가리켜 그리스도인의 삶 전체를 받쳐주는 "예언자적 징표(prophetic sign)"라고까지 한다.⁶⁴ 요한 윗트빌릿(John Witvliet)은 칼빈에게서 세례는 삶 전체의 과정에서 하나님과 백성들 사이의 화해를 지속적으로 이끌어 가는 표지(a sign of

---

60 로날드 왈리스(Ronald Wallace)는 칼빈의 세례 의미에 대한 표현을 가리켜, "죄 용서, 죽음, 갱신, 자녀됨, 공동체로의 입문, 세상과의 구분된 삶의 표징"으로 이해하고 정리한다. Wallace, *Calvin's Doctrine of Word and Sacrament*, 175.
61 Calvin, 'the Form for Administering Baptism.' 80. 경건한 삶의 구체적인 경험은 칼빈의 요리문답에서도 강조된다. John Hesselink, *Calvin's First Catechism: A Commentary* (Louisville: Westminster John Knox, 1997), 21-2.
62 Calvin, 'the Form for Administering Baptism,' 81.
63 Mikoski, *Baptism and Christian Identity*, 162-3.
64 Old, *The Shaping of the Reformed Baptismal Rite*, 179.

lifelong reconciliation)로 이해한다.[65] 한편, 칼빈은 세례가 삶의 중요한 원리가 된다는 점을 언약 안에서 해석하고 제시한다. 하나님께서 약속을 통해 사람들을 받으시고 죄 용서뿐만 아니라 새로운 삶을 약속으로 보증하신다. 하나님의 백성들로서 사람들은 세례를 통해 그에 부합한 삶을 순종으로 살아갈 것을 다짐하고 약속한다.[66] 여기서 세례는 삶의 전 과정에서 경험되는 하나님과 백성들 사이의 약속(죄 용서와 새로운 삶의 보증과 그에 부합한 삶의 지속적인 순종에 대한 약속)을 이어주는 중요한 연결고리가 된다. 이와 같이 칼빈에게 세례는 언약과 경건으로서의 삶을 연결하는 중요한 의례가 된다.[67] 그런데 세례가 하나님과의 관계에서 삶을 지속적으로 변화시키는 것은 기계적이고 기술적으로 이루어지는 과정이 아니라, 성령의 역사와 도우심에 의해서 이루어진다.[68] 이런 점에서 성례로서의 세례는 말씀과 함께 하나님이 우리를 향해 낮아지시고 직접 다가오셔서 베푸시는 은총의 경험이 된다.[69]

---

65 Witvliet, *Worship Seeking Understanding*, 155.
66 Calvin, *Commentaries on* 1 Corinthians 1:13.
67 신약의 가르침은 세례와 삶의 연결에 대해 죄 용서와 그리스도와의 연합을 주제로 부각시키면서 더욱 선명히 제시하고 있다. 특히 행 2:38, 22:16, 고전 6:11, 롬 6:3, 갈 3:27, 골 2:11 등의 본문들이 직접적으로 이러한 내용을 담고 있다. 조지 비슬리 머레이(George R. Beasley-Murray)는 세례와 삶의 연결에 대한 신약의 가르침을 상세히 논증한다. George Beasley-Murray, *Baptism in the New Testament* (Grand Rapids: Eerdmans, 1994), 284-9 참고.
68 John Calvin, "Mutual Consent in Regard to the Sacraments" in *Calvin's Tracts and Treatises*, vol. 2. trans. H. Beveridge (Grand Rapids: Eerdmans, 1958), 237.
69 개혁주의 성례론에서 중요한 개념인 하나님의 자기도모 또는 낮추심(God's accommodation)은 하나님의 임재와 인간의 참여에서 핵심 원리 가운데 하나다. Ford Lewis Battles, "God Was Accommodating Himself to Human Capacity," *Interpretation* 31 (1977):19-38 참고.

오늘날 개혁주의 전통은 칼빈의 실천과 의도를 따라 목회적이고 실천적으로 접근하며 세례가 그리스도인의 삶의 초석으로 지속적인 연결성을 갖도록 노력하는 일이 필요하다. 우선 세례를 공동체의 의례로 고정하고 개인적인 실천이 되지 않도록 하는 것이 출발점이다.[70] 그리고 세례예식을 실천할 때마다 세례를 받는 자와 가족은 물론 함께 모인 회중들 전체가 세례의 의미를 되새기고, 주어지는 권면에 다시금 세례에 부합한 삶을 더욱 충실하게 살아가기 위한 소명을 다짐하게 하는 것이 필요하다.[71] 아울러 좀 더 확대해서 개혁주의 예배의 구체적인 강조와 실천인 설교에서 세례와 삶의 연결성을 의도적으로 포함하는 것이 목회적으로 적용되면 도움이 될 수 있다.[72] 특히 구원의 과정으로 정리되는 회개, 중생, 믿음, 그리스도 안에서 자기를 부인하고 성령 안에서 자라가는 칭의와 성화의 모든 과정이 세례의 핵심 가르침이라는 것을 설교에 포함하면 삶의 지속적인 과정에서 세례에 기초한 신앙을 형성하는 데 도움을 제공할 수 있다. 이러한 노력은 칼빈이 설명한 대로 세례가 칭의와 성화의 모든 과정에서 중요한 초석[73]이라는 것을 목회적으로 연결하기 위한 실천들이다.

---

70 John Calvin, *Calvin's Ecclesiastical Advice*, trans. Mary Beaty and Benjamin Farley (Louisville: Westminster John Knox Press, 1991), 97-8. Maag, *Lifting Hearts to the Lord*, 58-9; Calvin's letter, 11 October 1554.

71 Robert Jensen, *Visible Word: The Interpretation and Practice of Christian Sacraments* (Philadelphia: Fortress Press, 1978), 151.

72 Craig Satterlee and Lester Ruth, *Creative Preaching on the Sacraments* (Nashville: Discipleship Resources, 2003)이 하나의 예가 될 수 있다.

73 Calvin, *Institutes*, 4.15.1, 4.16.2 참고.

3) 교회와 가정의 유기적 연결을 통한 신앙 형성 과제 제시

칼빈의 세례예식에 나타난 중요한 특징들 가운데 하나는 자녀의 세례를 위한 부모의 책임과 역할에 대한 구체적인 안내이다. 이것은 세례와 관련한 부모의 역할에 대한 책임만 강조하는 것이 아니라, 세례받은 자녀의 신앙과 삶의 형성을 위한 교회 공동체와 부모의 사이의 관계 속에서 주어지는 역할을 제시해 주는 것이다. 칼빈은 세례의 의미를 설명하고 그것의 효력을 위해 하나님께 기도한 후, 공동체 안에서 세례받는 자녀의 부모를 향해 자녀의 신앙 형성을 위한 직접적인 과제를 제시한다. 곧 세례를 받은 자녀가 스스로 분별의 연령(the age of discretion)에 이르기까지, 신앙고백의 내용과 의미, 성경의 가르침, 하나님 말씀에 따른 삶 그리고 세상에서 그리스도를 따르는 증인으로서의 삶에 대해서 지속적으로 가르치는 것이다.[74] 그런데, 칼빈은 세례와 관련한 부모의 책임과 역할을 제시하면서 또 한 가지 중요한 점을 언급한다. 곧 사람들이 이해할 수 있는 언어를 사용하고 분명한 전달을 통해 참여한 모든 이들이 함께 증인이 되게 하는 것이다.[75] 이러한 과정에서 분명히 이해하고 증인이 되는 것은 또 다른 목적과 의도를 지닌다. 곧 세례의 열매와 목적을 확신하고 그와 관련한 책임있는 과제를 소명으로 다시 확인해서 그 자리에 참여한 모든 이들이 교화되는 것이다.[76] 이와 같이 칼빈은 세례 예식이 세례를 받는 아이에게 주어지는 유익, 부모의 책임과 과제, 그리고 공동체 전체의

---

[74] Calvin, 'the Form for Administering Baptism,' 80-1.
[75] Calvin, 'the Form for Administering Baptism,' 81.
[76] Calvin, 'the Form for Administering Baptism,' 81.

소명을 제시하고 일깨워주는 방식으로 각각이 서로 유기적으로 연결되어 있음을 제시한다.

이와 같이 칼빈의 세례예식은 가정에서 자녀의 신앙과 삶의 형성을 위한 부모의 소명과 함께 공동체의 신앙과 삶의 형성을 위한 소명을 유기적으로 연결시키면서 동시에 강조한다. 이것은 곧 공동예배를 통한 신앙과 삶의 형성과 가정을 통한 신앙과 삶의 형성이 불가분의 관계에 있고 서로 유기적으로 연결되어 있다는 것을 의미한다.[77] 칼빈이 세례와 관련해서 자녀의 신앙과 삶의 형성에 대한 책임을 교회 공동체와 가정이 함께 감당해야 한다는 것은 신앙교육의 내용과 실천 방식을 통해서 알 수 있다. 위에서 직접 언급한 것처럼 칼빈은 세례예식에서 부모들이 자녀들에게 가르쳐야 할 신앙 내용으로 그리스도와 성령의 역사로 나타나는 삼위 하나님, 교회 공동체, 성경, 십계명으로 요약되는 하나님과 이웃을 향한 사랑의 구현으로서 그리스도인의 삶을 가르칠 것을 요구한다. 그런데, 이 내용은 칼빈이 주일 오후 요리문답 교육을 위한 공동예배에서 사용한 내용과 거의 동일하다. 멕키(McKee)가 역사적으로 살펴본 칼빈의 주일 요리문답 예배의 핵심 내용은 신앙고백의 내용, 사도신경, 십계명, 그리고 기도와 성례이다.[78] 이 내용은 마지막 성례만 제외하면 하나님에 대한 이해와 직접적인 관계 형성, 신앙의 핵심 내용 이해와 성경의 가르침에 대한 확신 그리고 그에 부합한 삶을 제시하는 것으로 요약된다. 곧 칼빈이 '제네바 세례예식서'에서 제시한 하나님과 성경의 교리와 가르침 그리고 그에 부합하는 삶을 배우는 것이다. 이와 힘께 또한 신잉교육의

---

77 Mikoski, *Baptism and Christian Identity*, 150.
78 McKee, *John Calvin*, 101-4.

구체적인 실천 방식에 주목해 볼 필요가 있다. 칼빈은 공동체의 신앙교육 과정을 위해서 별도의 구분된 교육 시간을 사용한 것이 아니라 공동예배를 신앙과 삶의 형성을 위한 방식으로 사용했다. 그리고 부모가 자녀의 신앙교육을 위해서 공동체의 모임에서 사용한 예배 방식을 따르도록 권유했다.[79] 부모는 자녀들을 데리고 공동예배에 참여시키고,[80] 동시에 가정에서 공동예배의 방식을 사용해서 요리문답의 내용을 익히고 직접 살아갈 수 있도록 지도한다. 목회자는 여기서 단지 공동예배에 요리문답의 내용만 충실하게 전달하고 부모에게 가정에서의 역할을 안내하는 것 이상의 책임을 지닌다. 칼빈은 세례예식에서 부모와 교회 회중들에게 제시한 신앙과 삶의 형성을 위한 그들의 책임을 가정에서 적절하게 수행하고 있는지 직접 방문해서 확인하고 권면해야 한다는 점을 알고 있었다. 목회자는 가정에서 부모가 신앙형성과 삶의 실천을 위해 자녀들에게 책임있게 지도하고 있는지 그와 관련한 도전과 어려움이 무엇인지를 세밀하게 살피고 지속적으로 권면하는 노력을 수행해야 할 것을 강조한다.[81]

오늘날 개혁주의 전통에 속한 교회들은 칼빈이 세례를 통해서 교회와 가정을 유기적으로 연결시킨 목회적 노력을 지속하는 과제를 안고 있다. 칼빈은 언약 신학의 관점에서 하나님과 하나님의 자녀들을

---

[79] Maag, *Lifting Hearts to the Lord*, 66: "A Description of Household Worship Practices."
[80] Calvin, "Draft Ecclesiastical Ordinances," in *Theological Treatises*, 69.
[81] Calvin, *Institutes*, 4.12.2. 가정을 방문하며 신앙을 돌아보고 부모가 자녀의 신앙과 삶의 형성을 위해 책임있는 노력을 지속하도록 권면하는 심방(visitation)은 개혁주의 목회 실천의 중요한 유산이다. 이 점을 리차드 백스터도 계승해서 강조했다. Richard Baxter, *Reformed Pastor* (N.A: CreateSpace Independent Publishing Platform, 2018), Chapter 2:65-112.

연결하고 재세례파의 공격에 신학적 근거를 갖고 유아세례를 실천했다.[82] 유아세례는 하나님의 은혜를 경험하는 성례이자 하나님과 하나님의 자녀 사이의 관계를 구축한다. 동시에 유아세례는 교회 공동체와 가정을 유기적으로 연결해서 아이들뿐 아니라 교회 구성원 전체의 신앙과 삶의 형성을 위한 중요한 초석이 된다. 오늘날 신앙과 삶의 형성을 위한 교회와 가정 사이의 유기적 연결과 상호 책임있는 실천은 매우 중요한 과제로 부각되었다. 교회 공동체로의 모임에 제한을 받는 상황[83]은 가정의 역할과 책임을 더욱 부각시켰다. 이것은 신앙교육의 중심을 교회 공동체에서 가정으로 전환시키는 것이라기보다는 교회 교육(ecclesiastical pedagogy)과 가정 교육(domestic pedagogy)의 간격을 줄이고 상호 밀접한 관계 속에서 신앙과 삶의 형성을 위한 노력에 집중할 수 있는 기회가 될 수 있다. 칼빈의 실천과 확신에서 볼 수 있는 것처럼 교회 공동체의 예배에서 세례의 의미를 지속적인 삶의 과정에서 구현하도록 돕는 일을 가정에서도 동일하게 실천할 수 있다. 가정은 공동예배의 실천에서 배우고 터득한 것을 부모의 책임과 지도를 통해서 구체적으로 지속할 수 있는 신앙과 삶의 형성에서 또 하나의 중요한 역할을 실천해야 한다. 동일하게 목회자들은 공동예배의 제한적 상황에서 가정의 신앙교육과 실천을 위한 목회적 돌봄과 지원을 더욱 부지런히 시도해야 한다. 세례와 관련한 칼빈의 강조는 신앙과 삶의 형성을 위한 중심을 가정으로 전환하는 것이 아니라, 교회 공동체와 가정의 유기적 연결성을 구체적으로 구현하는 것이다.

---

82 Old, *The Shaping of the Reformed Baptismal Rite*, 286.
83 2020년 이후 전세계적으로 경험하는 모임으로서의 공동예배에 제한을 받는 상황.

5. 나가는 말

칼빈의 개혁 활동에서 세례는 말씀 사역과 함께 신앙과 삶의 형성을 위한 목회 실천의 중심을 차지한다. 이 장은 '제네바 세례예식서'(1542)에 담긴 칼빈의 세례 이해와 실천에 대한 목회적 예배학적 해석과 오늘날을 위한 교훈을 찾는 데 주력했다. 칼빈이 제네바를 중심으로 실천한 세례예식은 단지 성례의 하나로 성찬 참여를 위한 준비 과정 또는 당시 사회적 상황에서 시민으로서의 등록을 위한 의식을 넘어선 신학적 목회적 의도를 담은 예전 의례이다. 곧 칼빈은 중세 가톨릭의 의례 행위들로 인해 축소된 의미를 초대교회의 실천에 따른 공동체로의 입문 과정으로 재구성하기 위해 노력했다. 재세례파에 의한 유아세례의 도전에 대해서 언약 신학에 기초해서 세례가 하나님의 적극적인 일하심에 의한 은혜의 참여 과정이라는 것을 구체적으로 강화시켰다. 세례예식의 실천에서도 세례의 의미를 상세히 설명하고, 그것의 효력을 위해 하나님께 기도할 뿐 아니라, 삶의 전 과정에서 신앙고백과 성경의 가르침에 따른 실천을 지속해야 할 과제도 제시했다. 칼빈의 이러한 세례예식의 실천은 신앙과 삶의 형성을 위한 목회적 구현 과정으로 이해할 수 있다. 특히 초대교회의 신앙입문교육 과정을 개혁주의적으로 전환 수용했고, 세례 의례가 축소된 의식을 넘어서서 삶 전체와 연결된 경건의 원리를 제공하며, 교회와 가정 사이의 유기적 관계를 통한 신앙 형성의 과제를 제시했다. 오늘날 개혁주의 전통에 선 교회들은 세례가 신앙과 삶의 형성을 위한 중요한 위치에 있다는 것을 재확신하고 그것을 공동체와 가정의 지속적인 책임과 과제로 제시하는 노력이 요구된다. 아울러, 이 장은 세례가 신앙과 삶의 형성에 미치는 측면에 집중해서 '제네바 세례예식서'를 해석하고 적용하기 위한 교훈을 이끌어 내는 데 집중했다. 하지만 세례와 관련한 중요한 신학적 논증들, 유아세례와 관련한 다양한 입장들, 칼빈 이후의 세례 실천과 의미 수용에 대한 역사적 발전 과정 등에 대한 지속적인 연구 과제를 남겨 두었다. 이렇게 남겨진 여러 신학적, 역사적, 실천적 과제들에도 불구하고 이 연구를 통해서 오늘날 개혁주의 교회들이 세례가 담고 있는 신앙과 삶의 형성을 위한 목회적, 공동체적, 가정적 역할과 과제를 지속적으로 감당할 수 있기를 바란다.

부활 주일 공예배 계획과 준비 그리고 실행을 위한 예전적 제안[1]

1. 들어가는 말

주일 공예배를 위한 계획과 준비 그리고 구체적인 실행은 목회에서 핵심 과제 가운데 하나이다. 개혁주의 전통은 예배 실천의 구조와 구성요소의 원리를 갖지만, 목회적 분별에 따른 자율과 책임 그리고 창의적 노력을 동시에 요구한다. 성경의 규율에 따른 예배 구성, 이른바 예배의 규정 원리(Regulative Principle of Worship)[2]는 말씀을 읽고, 노래

---

[1] 이 장은 「신학지남」 제91권 1집, 41-54에 게재된 논문을 수정 보완한 것이다.
[2] John Calvin, "The Necessity of Reforming the Church," *Theological Treatises*, ed., J.K.S. Reid (Philadelphia: Westminster John Knox Press, 2006), 192. '규정 원리'(Regulative Principle of Worship)는 "공예배 실천은 성경에서 규정하는 것만 해야한다"는 개혁주의 예배 원리이고, 역사적으로 츠빙글리와 칼빈 그리고 이후 17세기 청교도 시기의 장로교 목회자들이 수용 발전했다. 예배 구성요소만 성경의 규정을 따라야 하는지, 예배 스타일과 환경도 성경의 규정에 따라야 하는지와 관련해서 논의가 주어지지만, 성경의 규정에 따른 실천이어야 한다는 점에서는 이견이 없다.

하고, 기도하고, 참여하는 것을 명확히 제시한다. 하지만, 목회자와 예배 담당자는 정해진 공간과 시각적 장치 그리고 음향 장비 등을 고려해서 주일 공예배 실천을 위해 설교를 위한 성경 본문의 선택과 준비, 기도의 구조와 내용을 위한 언어 결정, 경배와 고백을 담아내는 찬양 선곡 등 구체적인 과제를 담당한다. 이러한 예배 구성과 실천을 위한 목회적 과제에 실제적인 영향을 미치는 것 가운데 하나는 그리스도 중심의 '시간'과 관련한다. 부활 주일은 그리스도 중심의 시간에서 핵심이고, 예배 구성과 실천에 직접 영향을 미친다.

2. 그리스도 중심의 시간, 부활 그리고 주일 공예배의 연결

기독교 역사에서 그리스도 중심의 시간은 예배 구성에서 성경 읽기, 설교, 기도, 음악의 선택, 그리고 성찬의 참여를 결정하는 가장 중요한 요소로 수용해 왔다. 그리스도 중심의 시간에 따른 부활 주일에 실행하는 공예배는 예배의 구조와 구성요소의 연속적 수용과 더불어 공예배 구성요소의 실천에 그리스도의 '부활'이라는 주제를 담아 삼위 하나님께 경배하고 예배자들이 그리스도의 부활을 의례의 방식으로 직접 참여하게 해야 한다. 그리스도 중심의 시간을 떠나 다양한 성인들을 복잡한 방식으로 기억하고 기념하는 교회력을 거부한 츠빙글리와 칼빈조차도 부활의 시간과 공예배의 연결만큼은 목회적으로 수용했나.[3] 곧 교회력의 거부가 그리스도 중심의 시간을 부정한 것

---

3 칼빈의 경우 중세에서 복잡하게 발전해 온 교회력을 거부하고, 연속적 성경 읽기와 설교의 실천을 강화했지만, 매년 종려주일에서 부활주일 사이 한 주간은

은 아니다. 그리스도 중심의 시간에서 성탄과 더불어 가장 중요한 부활을 주일 공예배와 연결할 때 고려할 수 있는 요소는 우선 '복음서에 담긴 부활의 이야기와 예배의 연결'이고, 다른 하나는 '그리스도의 부활을 이전의 고난과 죽음 그리고 이후 승천과 성령 강림과 연결된 이야기를 반영'해서 공예배에 담아내는 것이다.

첫째, 부활을 공예배와 연결할 때 우선 고려할 목회적 과제는 복음서에 담긴 부활의 이야기를 회중들이 참여하는 예배의 의례에 반영하는 것이다. 그리스도의 부활과 관련한 예배의 과제는 부활 자체를 선언하거나 사실의 변증을 위한 배경이나 맥락으로 제한되지 않는다. 그리스도께서 죽음에서 부활하신 것에 대한 가장 중요한 신학과 실천의 과제는 부활 자체의 역사성과 실제성을 변증하는 것과 관련한다. 그런데, 공예배는 부활의 실제를 선언하는 배경이나 조건을 넘어서서 삶의 현실에 부활로 다가오시는 그리스도를 직접 경험하고 참여하는 과정과 방식의 의례 구성을 요구한다. 복음서의 기록에 따르면, 그리스도의 부활은 객관적 진리의 변증보다 이야기의 맥락에서 의미를 제시한다. 부활을 접한 여인들은 준비해 간 향품이 쓸모없게 되었고, 놀라며 떨고 당혹스러운 침묵으로 반응했다(막 16:8). 여인들의 무서움과 기쁨의 복잡한 심경에 부활의 그리스도는 평안의 전달로 다가오셨다(마 28:9). 불안과 두려움 그리고 슬픔과 당혹스러운 제자들의 혼란에 부활의 그리스도께서 다가가 말씀하셨다(눅 24:13-35). 그리고 제자들이 예루살렘에서 다시 하루 이상의 시간을 사용해 갈릴리로 갔을 때, 부활의 그리스도는 그곳에 나타나 사랑을 확증하시고 새로운 사명을 부여하셨다(요 21:1-25). 이러한 복음서의 부활 기록은 이

예외적으로 그리스도 중심의 시간을 예배와 연결했다.

야기를 통해 의미를 부여한다. 부활은 당혹스러운 두려움과 침묵, 불확실하고 의심스러운 상황, 혼란의 삶 곧 여전히 어두운 새벽과 같은 삶의 현실에 직접 찾아와 평안과 새로운 승리 그리고 회복이 주어지는 진리에 참여하는 것을 요청한다. 공예배는 이러한 부활의 이야기를 기도와 음악 그리고 설교와 성찬을 통해 의례의 방식으로 재현하는 것이다. 부활의 사실 자체를 선포하는 것도 중요하지만, 당혹스러움과 두려움, 의심과 혼란, 회의와 불확실성에 있는 삶의 현실을 지배하는 새로운 승리와 회복 그리고 평안을 기도와 설교 그리고 성찬에서 담아내는 의례적 실천이 요구된다.

둘째, 부활의 이야기는 그리스도의 고난과 죽음에서 이어지고, 부활 이후 승천과 성령 강림을 동시에 반영한다. 그리스도의 부활을 기념하고 경배하는 주일 공예배는 일상의 리듬에서 갑작스럽게 실천하기보다는 부활을 위한 그리스도의 고난과 죽음에 대한 선포와 참여 그리고 이후 그리스도의 승천과 성령 강림을 의도적으로 반영하는 것이 도움이 된다. 부활 주일을 앞둔 한 주간은 단지 부활을 독립된 사건으로 기념하기 위해 접하는 시간이라기보다는 고난과 죽음과 연속적으로 이어지는 복음에 전인적으로 참여할 수 있는 시간으로 볼 수 있다. 이와 관련해서, 사순절 전체를 프로그램화해서 그리스도의 고난에 참여하는 것보다는 종려주일에 그리스도께서 예루살렘에 입성하는 것을 기억하게 하는 것과 이후 한 주간 그리스도의 고난과 죽음을 성경 읽기, 침묵, 기도 등을 통해 집중해서 함께 묵상하고 참여하게 하는 것(특별 집회의 방식)이 주일 예배 참여를 위해 유익히다. 이와 더불어, 그리스도의 부활은 그 자체로 마지막이 아니라, 이후 창조세계 전체를 하나님 아버지에게 가져가 온전한 회복을 기대하는 승천과 성령의 강림을 갈망하는 정점을 제시한다. 개혁주의 신학의 기여

가운데 하나는 하나님의 창조 세계 전체의 회복을 위한 부활 이후 '승천'을 강조하고, 그 회복의 주체로서 성령의 역사를 명확히 인정하는 것이다(골 1:15-20). 이런 점에서 부활 주일의 공예배는 그리스도의 부활이 단지 개인에게 주어지는 새로운 생명의 경험뿐 아니라, 피조 세계 전체에 그리스도의 새로운 생명과 승천 그리고 성령의 선물을 통해 온전히 회복될 것을 기대하는 연속된 의례 실천을 요구한다. 이처럼 부활 주일의 예배 계획과 실천은 그 자체로 하나의 독립된 이벤트가 아니라, 그리스도의 고난과 죽음 그리고 부활 이후 승천과 성령 강림을 통해 연속적으로 이어지는 하나님의 역사에 참여하는 의례를 포함하는 것이 유익하다.

3. 부활 주일 공예배 구성과 실천의 예전적 고려 사항

그리스도의 부활을 기념하는 '부활 주일' 공예배 구성과 실천의 핵심은 삶의 어두움에 찾아온 그리스도의 생명과 빛을 기억하고 경배하고, 새로운 회복과 평안을 확증하고 기대하는 의례를 담아내는 것이다. 부활 주일 공예배 구성과 실천의 목회적 과제를 수행하기 위한 예전적 고려 사항은 부활을 위한 성금요일 그리스도의 고난과 죽음을 통한 사랑을 기억하고 기념하는 의례, 성만찬을 수반하는 공예배 시행, 그리스도의 평안을 확증하는 기도와 고백의 포함, 그리고 문화와 세대 통합의 방식으로 부활에 참여하는 경배의 실천을 들 수 있다.

우선, 부활 주일의 공예배를 통해 그리스도의 부활에 참여하는 의례를 구성하기 위해서는 먼저 삶의 두려움, 불확실, 회의, 그리고 어두움을 명확하게 고백하고 인정하는 실천이 필요하다. 부활 주일 그리스도를 향한 경배는 그리스도의 부활 사실만을 단지 선언하는 변증의 선포식을 넘어서서, 삶의 현실에 직면한 아픔과 상실 그리고 어두움에 다가오는 그리스도의 생명과 빛을 선물로 받아 반응하는 것이다. 두려움과 불확실의 어두움을 인정하고 그 현실에 찾아오는 빛을 맞이하는 부활 주일의 예배는 최소한 성금요일 그리스도의 고난과 죽음으로 주어지는 사랑을 기억하는 것에서 시작할 수 있다. 성금요일에 교인들이 함께 모여, 여느 때와는 달리 그리스도의 죽음을 통해 주어지는 어두움을 비유적으로 그리고 상징적으로 경험하는 것이 도움이 된다. 그리스도의 죽음을 통해 주어진 사랑을 기억하기 위해서 무거운 마음으로 의상(어두운 의상)을 입고, 함께 모여 고백하고 기도하는 것을 고려할 수 있다. 이때, 그리스도의 죽음에 대한 설교와 더불어 마리아, 시몬 베드로, 요한 등과 같은 성경의 인물들이 그리스도의 죽음을 어떻게 기억하고 직면했는지를 생각하고, 성경의 내용을 통해 고백하게 하는 순서를 갖는 것이 도움이 될 수 있다. 그리스도의 어린 시절부터 하나님의 아들로 살아오신 것을 바라본 마리아의 마음, 물고기를 잡던 어부의 삶에서 그리스도를 따른 베드로의 열정과 헌신, 그리스도 옆에서 가장 사랑받는 자로서 함께 한 요한의 슬픔 등을 고백 또는 드라마의 방식으로 직접 표현할 수 있는 순서를 포함하는 것을 고려해 볼 수 있다. 또한, 구약 시편 가운데 그리스도의 죽음을 더욱 선명하게 기억하고 고백할 수 있는 탄식의 시들(시 13, 22:1-18, 31, 43, 49, 51, 69, 88, 105, 130, 143)을 함께 기도하는 방식으로 읽는 것도 예전적 실천으로 도움이 된다. 이처럼 그리스도의 부활은 그리스도의 죽음과 연결해서 함께 경험되어야 그 의미를 더욱 선명하게 수용한다.

둘째, 부활 주일 공예배는 그리스도의 부활에 기반을 둔 영광과 소망을 경배하고 축하하는 기도, 찬양, 말씀과 더불어 성찬 예식을 포함하는 것이 더욱 풍성한 예전을 구성하게 한다. 성찬은 역사적으로 그리스도의 임재에 대한 신학적 논의에 집중해 왔다. 성찬을 통해 그리스도의 임재가 어떻게 주어지고, 경험될 수 있는지에 대한 논의가 중요한 것은 사실이지만,[4] 목회적으로 성찬에서 중요한 것은 구체적인 실천 방식의 구성과 진행을 통해 그리스도의 임재를 은혜로 참여하게 하는 것에 있다. 부활 주일 예배에서 말씀과 함께 진행하는 성찬 예식은 고난 주간 실천하는 최후의 만찬(the Last Supper)과는 다른 강조와 의미를 수반한다. 최후의 만찬은 그리스도의 죽음에 대한 기억과 슬픔을 강조하지만, 부활 주일의 성찬은 주의 만찬(the Lord's Supper)으로서 그리스도의 부활 이후 주어지는 임재를 기쁨과 감사로 고백하고 참여하는 것을 제시한다. 성찬을 통해서 그리스도의 부활을 기쁨으로 맞이하고 참여하는 것은 그리스도의 죽음과 상관없는 것이 아니라, 그리스도의 죽음이 마지막이 아닌 생명과 새로운 가능성으로 주어진 소망에 대한 신앙의 확증이다. 그리스도의 죽음 이후 새롭게 주어진 생명이 가져다주는 소망은 기쁨과 환희 그리고 감사와 경배를 더욱 값지게 고백할 수 있도록 해 준다. 부활 이후 주어지는 그리스도의 임재를 강화하는 주의 만찬(the Lord's Supper)의 실천은 불확실과 불안 그리고 회의와 어두움의 상황에 있던 제자들에게 새로운 평안과 빛으로 다가오신 그리스도를 경험하게 했고, 초대교회도 성찬

---

[4] 종교개혁과 예배의 연결 그리고 성찬과 관련한 학문적 논의는 대부분 성찬의 의미(기념설, 화체설, 공재설, 영적 임재설) 논쟁에 집중한다. 하지만, 중세 예배의 성찬 중심 실천에 대한 개혁주의적 대안이 성찬의 의미 논쟁만이 아니라, 말씀과 성찬의 균형 그리고 성찬 실천에서 복잡하고 주술적인 기도의 제거를 통해 좀 더 실천적인 개혁에 집중했다는 점을 기억하는 것이 필요하다.

을 통해서 부활 이후 다가오신 그리스도의 임재를 기쁨으로 참여하는 데 주력했다. 부활 주일의 성찬 예식에서 그리스도의 임재에 기쁨과 감사로 참여하기 위해서 주목할 구성요소는 '위대한 감사 기도'(the Great Prayer of Thanksgiving)이다. 하나님 아버지의 창조, 그리스도의 구속, 성령의 지속적인 회복과 완성을 확신하고 감사하는 이 고백은 삼위 하나님과 창조 세계 전체를 연결하고 새로운 소망을 확증하는 위대한 선포이자 간구이다. 이와 더불어, 주의 만찬을 강조하는 성찬은 부활 이후 승천하신 그리스도에 대한 확증을 담아내는 'Sursum Corda'(주께 우리의 마음을 높여 드리라)를 통해서 강화될 수 있다. 그리스도의 부활은 승천으로 이어지고, 하나님 아버지 보좌 우편에 계신다는 신앙고백은 우리가 그리스도의 임재에 참여하는 것이 오직 성령의 도우심만을 통해서 경험할 수 있는 것을 뜻한다. 우리의 마음을 주께 높여드리는 고백('Sursum Corda')은 개혁주의 기독론과 성찬 참여 그리고 성령의 역사를 통한 그리스도의 임재 참여를 위해서 강조되는 실천이다. 이처럼 주의 만찬은 창조 세계 전체의 회복과 성령의 도우심을 통해 그리스도의 임재에 참여하는 영적 실재의 경험으로서 단지 죽음을 기억하는 최후의 만찬과 구분되는 의미를 제시한다.

셋째, 부활 주일 공예배 구성과 실천에 그리스도의 부활로 확증되는 평안을 선언하고 고백하는 기도와 찬양을 더욱 의도적으로 반영하는 것을 고려해 볼 수 있다. 특히 부활하신 그리스도를 경배하고 삶의 자리로 돌아가는 예배자들에게 그리스도의 평안을 지속할 수 있도록 축복하는 것은 부활을 일상과 연결하는 의도적인 예전 실천으로 간주할 수 있다. 공예배에서 그리스도의 평안을 선언하고 선포하고 함께 나누는 고백 가운데 잘 알려진 실천은 '시므온의 노래'(Song of

Simeon)다.[5] 누가복음 2:29-32의 "주재여 이제는 말씀하신 대로 종을 평안히 놓아주시는 도다. 내 눈이 주의 구원을 보았사오니 이는 만만 앞에 예비하신 것이요 이방을 비추는 빛이요 주의 백성 이스라엘의 영광이니이다"라는 고백은 라틴어의 시작 표현인 "*Nunc Dimittis*"('주재여, 이제는'이라는 시므온의 노래)로도 알려져 있다. 이 평안의 나눔을 선언하는 고백의 기도 또는 찬양은 부활 주일 성찬의 마지막 단계에서 삼위 하나님을 향한 감사와 더불어 예배자들이 함께 선포하는 방식으로 고백하는 찬양으로 사용해 왔다. 그리스도의 성찬에서 고백하는 시므온의 노래는 믿음의 눈으로 그리스도를 확증하고 평안을 확신하게 하는 의미를 지닌다. 곧, 이 고백은 단지 그리스도의 구원을 감사할 뿐만 아니라 하나님의 영광을 삶의 자리에서 더욱 신실하게 구축하게 하는 신앙의 확증을 뜻하기도 한다. 이와 더불어, 평안의 나눔과 선포를 담은 이 고백은 예배자들의 삶이 하나님의 영광을 드러내고 이웃에게 그리스도의 평안을 확증하고 증거하는 삶을 다짐하게 하는 역할도 지닌다. 이처럼 '시므온의 노래'는 오직 죽음과 부활을 통해 새로운 생명으로 다가오신 그리스도의 평안을 확증하는 신앙 고백이자 삶의 자리에서 그 평안을 따라 살아가기를 소망하고 다짐하고 또 축복하는 의미를 지닌다. 이 평안의 고백은 기도 또는 성경 읽기 방식으로 성찬 또는 공예배 마지막 부분에 포함하면 된다.

마지막으로, 부활 주일 공예배 실천에서 그리스도의 생명과 어두움에 주어진 소망을 전 세대가 함께 경배하는 참여를 고려해 볼

---

5 칼빈의 경우 시편가에 *Nunc Dimittis*(시므온의 노래)를 십계명과 사도신경과 함께 포함시켜 활용했다. Jonathan Gibson and Mark Earngey, *Reformation Worship: Liturgies from the Past for the Present* (Greensboro: New Growth Press, 2018), 302.

수 있다. 기독교 예배 구성의 원리 가운데 하나는 예배 참여의 '포용적'(inclusive) 측면을 실천에 반영하는 것이다. 예배자들은 이미 하나의 동질 그룹으로 구성되지 않고, 서로 다른 문화, 세대, 연령, 배경 등으로 다양하게 구성된다. 그리스도의 부활이 예배자들의 삶 전체에 새로운 소망을 은혜로 경험하게 한다는 확신과 고백은 신체적, 정신적, 사회적, 경제적, 문화적 차이와 나이 또는 세대에 따른 구분이 아닌 예배자들의 통합과 포용의 구성을 요구한다.[6] 부활을 기념하는 주일 공예배는 서로 다른 문화와 세대의 통합을 제시하고 직접 경험하게 하는 중요한 계기가 될 수 있다. 이것은 기독교 예배 공동체가 처음부터 그리스도의 부활을 통해 로마와 헬라 문화의 계층 사회에 도전했던 방식이고, 기독교 정체성을 제시하는 선교적 측면도 포함한다.[7] 부활 주일 공예배 구성에 세대 통합을 포함할 수 있는 방식은 부활의 주제를 고백하는 찬양을 서로 다른 문화 또는 전 세대가 함께 부르는 것이다. 예배자들 가운데, 국가나 민족이 서로 다른 출신이 있다면 그들의 언어와 문화로 전교인이 함께 부활의 주제를 담은 찬양을 부르는 것을 시도해 볼 수 있다. 아울러, 교육 부서 또는 다음 세대의 자녀들과 청년들이 구분된 방식으로 준비한 발표 형식보다 모든 세대가 함께 같은 찬양이나 기도 또는 고백을 실천하는 것이 도움이 될 수 있다. 곧, 전 세대가 함께할 수 있는 부활의 찬양을 선택하고, 아이들과 어른들이 함께 참여하게 하는 것이다. 특히 자녀 세대

---

[6] Norma Malefyt and Howard Vanderwell, *Designing Worship Together: Vital Worship, Healthy Congregations* (Herndon: the Alban Institute, 2005), 142.

[7] Kevin Adams, *The Gospel in A Handshake: Framing Worship for Mission* (Eugene: Wipf and Stock Publishers, 2019), 160-62.

에 익숙한 찬양을 어른들이 함께 부르거나, 어른들에게 익숙한 찬양을 아이들이 함께 부르게 하면, 서로 다른 세대와 문화에 대한 '부자연스럽고 불편한 경험'을 통해 포용성을 익히게 하는 공예배를 강화할 수 있다. 이와 더불어, 회중들 가운데 타국에서 온 예배자들이 있다면 그들의 언어로 직접 부활을 경배하는 찬양을 고백하는 기회를 제공하는 것도 도움이 된다. 이 경우, 친숙한 찬송의 리듬을 그들의 언어와 한국어로 동시에 부르면 찬송의 대상이신 삼위 하나님을 향해 서로 다른 문화와 언어가 하나의 아름다운 음율로 조화를 이루며 고백할 수 있다.

4. 부활 주일 공예배 구성의 예시

개혁주의 예배는 어느 하나의 고정된 방식을 모든 지역 교회 실천을 위한 모델로 제공하지 않지만,[8] 부활 주일 공예배 실천을 위한 목회적 고려 사항을 반영한 하나의 예를 제시할 수 있다. 부활 주일 공예배 구성을 위해 참고할 수 있는 실천의 예시는 다음과 같이 고려해 볼 수 있다.

- 예배로의 초청

---

[8] 개혁주의는 성경적 예배 원리를 제시하지만, 하나의 고정된 방식을 모든 공예배에 획일적으로 적용하는 것을 추구하지 않는다. 이런 점에서 공예배 구성의 신학적 확신과 목회적 자율성 사이에 책임이 요구된다. 성경적 예배 지침으로 알려진 Westminster Directory도 예배 구성의 지침과 원리를 제시하는 것이지, 고정된 방식(formulary)을 안내하지는 않는다.

"사랑하는 성도 여러분, 죽음과 어둠이 끝났고, 이제 새 아침이 우리에게 주어졌습니다. 그리스도께서 부활하셨습니다. 참으로 그분이 부활하셨습니다. 죽음은 떠났고, 생명이 새로운 승리로 우리에게 다가왔습니다. 우리 모두 함께 기쁨과 감사로 부활의 생명, 하나님 나라의 축제에 참여하는 마음으로 성령의 도우심을 따라 부활하신 그리스도를 통해 하나님 아버지에게 영광을 드리겠습니다."

- 기원
- 시편 읽기: 시편 118편 교독(또는 교독문 133, 134번 가운데 하나로 대체)
- 찬송 165장(또는 찬송가 159-173장 가운데 선택)

- 기도(담당 순서에 따라 진행하거나 다음 세대 회중 가운데 한 명에서 선정)
- 찬송: 찬양대(가능하면, 찬양대와 찬양팀 그리고 회중 전체가 함께 부르는 방식으로 진행하고, 회중 찬양을 위해 찬양대와 찬양팀이 지원하는 방식의 구성이면 더욱 좋음)

- 조명 기도(성경 본문 읽기와 선포를 위한 성령의 조명을 구하는 기도)
- 성경 읽기(본문 선택은 설교자에 의해서 결정, 읽기 방식은 예배자들에게 익숙한 방식으로 진행하되, 본문에 주의할 수 있도록 안내)
- 설교
- 설교 후 기도

- 신앙 고백 (말씀에 대한 반응과 성찬을 위한 준비로 실천: 신앙 고백을 공예배 구성의 앞부분에 위치시킬 경우, 부활에 대한 감사의 찬양 또는 기도로 반응하게

하는 것도 가능)⁹

- 봉헌
- 봉헌 기도(봉헌 기도 후에 봉헌이 이어질 수도 있음)

- 성찬(주의 만찬)¹⁰

◆ 성찬 선언과 초청

"예수 그리스도 안에 있는 사랑하는 형제 자매 여러분, 오늘 우리는 하나님의 자녀요 그리스도의 몸으로 한 자리에 모여 성찬에 참여합니다. 오늘 우리가 참여하는 성찬은 그리스도의 고난, 죽음 이후 부활로 주어진 은혜와 사랑을 기억하는 예식입니다. 그리스도는 떡을 통해 하늘의 생명 양식이 되어 우리 안에 들어오시고, 잔을 통해 생명의 음료가 되어 우리 안에 거하십니다. 우리는 성찬을 통해 부활하신 그리스도와 연합하고, 그리스도의 은혜에 굳게 설 것을 소망하게 됩니다. 이 성찬을 통해 부활하신 그리스도의 생명이 더욱더 우리 안에 역사하고, 우리가 그리스도의 몸으로 연합된 하나의 공동체로 굳게 서게 됩니다. 여러분 모두 부활하신 그리스도에 대한 참된 믿음을 다시 확인하시고, 그리스도의 사랑을 확신하면서 감사로 이 식탁에 참여하시길 바랍니다."

---

9 사도신경을 사용한 신앙 고백의 경우, 대부분 공예배의 앞부분에 위치하는 것이 익숙하다. 그런데, 개혁주의 예배 구성의 토대를 구축한 칼빈과 낙스의 공예배에 따르면, 신앙 고백이 말씀에 대한 반응과 성찬의 준비를 위한 의미로 실천되었다. Gibson and Earngey, *Reformation Worship*, 669-84 참고.

10 성찬의 구체적인 실천은 교단 『새표준예식서』를 참고할 수 있음. 이 장의 성찬 안내는 부활을 기념하는 '주의 만찬' 참여를 위한 것임.

◆ 위대한 감사 기도(Sursum Corda를 포함한 기도)

주님은 우리와 함께하십니다. 우리의 마음을 주님께 높여 드립시다. 부활하신 주 예수 그리스도의 사랑을 기억하고, 우리의 하나님에게 감사하는 것은 믿는 우리들의 마땅한 실천입니다. 같이 기도하겠습니다.

"살아계신 하나님 아버지, 이 세상 보이는 것과 보이지 않는 모든 것을 창조하시고, 섭리하시며 주인되심을 기억하고 감사드립니다. 참 진리이신 예수 그리스도를 기억하고, 우리를 향한 고난과 죽음 그리고 이제 부활의 소망까지 허락하신 구속의 은혜를 기억하며 감사드립니다. 성령 하나님께서 우리의 연약함을 긍휼히 여기시고, 우리로 하여금 그리스도의 임재를 다시금 선명히 확인하게 하시며, 이 성찬을 통해 아버지의 영광과 임재에 참여하게 인도해 주옵소서. 이 성찬을 통해서 삼위 하나님의 위대한 사랑과 은혜 그리고 교통의 역사를 경험하게 하시고, 우리 안에 참된 평안을 경험하게 하옵소서. 부활하신 예수님의 이름으로 기도합니다."

◆ 성찬 제정사와 분병(배병) 및 분잔(배잔)
◇ 분병(배병)과 떡을 먹음
주님께서 성찬과 관련한 제정의 말씀을 다음과 같이 하셨습니다.
"내가 너희에게 전한 것은 주께 받은 것이니 곧 주 예수께서 잡히시던 밤에 떡을 가지사 축사하시고 떼어 이르시되 이것은 너희를 위하는 내 몸이니 이것을 행하여 나를 기념하라"(고전 11:23-24).

◇ 분병(배병): 성찬 위원의 분병(배병) 진행

◇ 기도

"사랑의 하나님, 그리스도의 부활을 통해 우리에게 다가오시는 위대한 사랑을 기억합니다. 이제 그리스도께서 말씀하시고 친히 직접 행하신 대로 우리가 이 떡을 먹음으로 부활하신 그리스도의 임재를 더욱 확신하고, 그리스도의 몸으로 더욱 하나가 되는 위대한 은혜를 힘입게 하옵소서. 예수님의 이름으로 기도합니다. 아멘."

◇ 함께 떡을 먹음(각자 받는 대로 먹는 것보다 같이 먹는 것이 더 나음)

◇ 분잔(배잔)과 마심
주님의 말씀입니다.
"식후에 또한 그와 같이 잔을 가지시고 이르시되 이 잔은 내 피로 세운 새 언약이니 이것을 행하여 마실 때마다 나를 기념하라 하셨으니 너희가 이 떡을 먹으며 이 잔을 마실 때마다 주의 죽으심을 그가 오실 때까지 전하는 것이니라"(고전 11:25-26).

◇ 분잔(배잔): 성찬 위원의 분잔(배잔) 진행

◇ 기도
"사랑의 하나님, 그리스도께서 우리와 맺은 언약을 기억합니다. 우리가 하나님의 자녀가 되고, 하나님이 우리의 하나님 되심을 그리스도를 통해서 완성하시고, 우리가 그 은혜를 힘입게 해 주셔서 감사드립니다. 부활하신 그리스도의 사랑과 언약을 기억하며 감사하고 이 잔을 받습니다. 우리 안에 그리스도의 임재가 확증되고, 우리 모두 그리스도 안에서 한 몸으로 연합되게 하옵소서. 예수님의 이름으로 기도합니다. 아멘."

- ◇ 함께 잔을 마심(각자 받는 대로 마시는 것보다 같이 마시는 것이 더 나음)

- ◆ 감사의 찬양(찬송가 228장 또는 230장)

- ◆ 주기도(주의 만찬의 마침 기도로 대체 가능)

- ● 교회 광고 또는 소식 나눔

- ● 파송의 노래(또는 시므온의 노래, 누가복음 2:29-32; 읽기 방식으로 진행하고, 평안을 선포)

- ● 축복(축도)

5. 나가는 말

지금까지 간략히 제시한 '성찬을 포함한 부활 주일 공예배' 구성은 하나의 고정된 모델이 아니다. 오히려, 이 제안은 그리스도 중심의 시간 가운데 부활을 주일 공예배에 연결할 때 참고할 수 있는 구성안이다. 주일 공예배의 그리스도 중심성은 그리스도의 생애를 기억하는 시간을 반영하고, 이야기로 주어진 그리스도의 사역을 의례로 구성하는 것까지 요구한다. 이처럼 부활 주일 공예배의 실천은 예배자들이 모두 함께 그리스도의 고난과 죽음으로부터 주어진 부활을 기억하고(anamnesis), 불안정한 현실에서 창조 세계 전체가 마지막에 온전히 회복될 것을 확신하고 기억하며(prolepsis), 은총으로 주어진 참된 평안(peace)에 참여하도록 의도적으로 구성된 예전적 접근을 구축하는 것이다.

12

개혁주의 목회적 돌봄과 의례의 관점에서 본 극단적 선택에 의한 죽음의 예식[1]

1. 들어가는 말

목회적 돌봄의 과제와 방향은 하나님의 백성들을 그리스도 안에서 신실하게 인도하는 것이다.[2] 하나님의 백성인 성도들을 돌보고 인도하는 목회 사역은 삶의 전 과정을 하나님과 연결시키는 의도적인 노력을 요구한다. 삶의 과정 또는 생애의 주기는 일정한 리듬을 갖고 있으며, 중요한 위기 또는 결정적인 순간을 경험한다. 이를테면 인간은 출생, 결혼, 직업에 따른 삶의 전환, 그리고 죽음과 같은 인생의 주요 경험을 직면한다. 목회적 돌봄은 이러한 중요한 전환점과 순간 곧 출생과 결혼 그리고 죽음 등에 하나님을 연결하고 의미를 부여하는 것을 요구한다. 의례는 삶의 주요 순간과 과정을 하나님과 연결하는 목

---

[1] 이 장은 「개혁논총」 제67권 109-136에 게재된 논문을 수정 보완한 것이다.

[2] Christopher Beeley, *Leading God's People: Wisdom from the Early Church for Today* (Grand Rapids: Eerdmans, 2012).

회적 돌봄 방식 가운데 하나이다.[3] 인간은 삶의 의미를 이해하고 표현하고 구체화하는 과정에서 의례를 수반한다.[4] 기독교 역시 삶의 의미를 하나님 안에서 이해하고 수용하는 의례를 강화한다. 이 가운데 죽음과 관련한 의례는 목회적 돌봄에서 가장 어려운 상황을 하나님과 연결하는 곤혹스러운 접근을 요구한다.

기독교 신앙에서 죽음은 단지 삶의 종결을 넘어서서 삶의 불가피한 한 부분이다. 삶과 죽음은 모두 하나님에게 속해 있기 때문이다. 하지만, 죽음을 직면하고, 죽은 자를 받아들이는 것은 생명과 죽음을 주관하시는 하나님을 경험하는 과정이라고 쉽게 단정하는 정도로 수용하기는 어렵다. 오히려 죽음과 관련한 슬픔, 절망, 소망, 그리고 최후의 심판과 하나님의 자비를 복합적으로 경험하는 과정이다.[5] 이런 점에서, 죽은 자에 대한 현실적 돌봄과 죽은 자의 가족과 동료들에 대한 목회적 지원과 돌봄을 신중하고 의도적으로 감당해야 한다. 죽음과 관련한 목회적 돌봄의 과제 수행은 의례를 요구한다. 죽어 가는 자를 향한 의례, 죽은 자와 관련한 의례, 그리고 죽음을 슬퍼하는 자들을 위한 의례와 같은 구체적이고 세부적인 접근을 요구한다.[6] 그런데, 죽음과 관련한 의례의 목회적 접근에서 현실적으로 주어지는 과제는 죽음의 유형과 관련한다. 목회자들은 생의 주기에 따라 노년에

---

[3] William Willimon, *Worship as Pastoral Care* (Nashville: Abingdon Press, 1979), 100.

[4] Herbert Anderson and Edward Foley, *Mighty Stories, Dangerous Rituals* (San Francisco: Jossey-Bass, 2001), 20-35.

[5] Amy Pauw, "Dying Well," *Practicing Our Faith: A Way of Life for a Searching People*, ed., Dorothy Bass (Minneapolis: Fortress Press, 2019), 165-174.

[6] Lizette Larson-Miller, "Death and Dying," *The Study of Liturgy and Worship* (Collegeville: Liturgical Press, 2013), 178.

죽음을 경험하는 경우, 질병에 의해 고통스러운 죽음을 경험한 경우, 그리고 예기치 않은 사고로 갑작스럽게 죽음을 경험한 경우 등 다양한 상황을 직면하고 그에 부합한 예식을 통해 목회적 돌봄을 제공해야 한다.

죽음과 관련한 목회적 돌봄으로서 예식을 진행할 때 가장 곤혹스러운 경우 가운데 하나는 극단적 죽음의 경우에 해당한다. 극단적 죽음에 직면한 성도, 그 죽음을 받아들여야 하는 가족과 동료들 그리고 공동체를 향한 목회적 돌봄과 예식의 진행은 현실적으로 어려운 과제이다. 이것이 어려운 이유는 극단적 죽음에서 주어지는 '죽음 자체'에 대한 일반적인 접근이 가능하지만, '극단적 선택에 따른' 죽음에 대한 신앙적 윤리적 사회적 측면의 의미를 복합적으로 수용하고 반영해야 하기 때문이다. 이 장은 극단적 죽음을 직면한 성도와 그 가족들 및 동료들을 위한 목회적 돌봄으로서 예식을 어떻게 구성하고 진행할 것인가에 대한 질문에 실천적인 답변을 제공하기 위한 것이다. 이를 위해서 우선 극단적 죽음에 대한 현실과 목회적 과제를 간략히 요약하고, 둘째로, 죽음에 대한 목회적 돌봄으로서 예식의 신학적 목회적 원리를 정리하고, 마지막 셋째로, 극단적 죽음을 고려하고 반영한 예식의 구체적인 실천 방향에 대해서 제안하고자 한다.

2. 극단적 죽음과 목회적 과제

오늘날 극단적 죽음과 관련한 다양한 돌봄과 예식의 구성은 목회적 과제에서 중요하게 부각하고 있다. 우리 시대에 극단적 죽음은 더 이상 예외적 현상이 아니다. 극단적 죽음에 대한 세계인구조사통계(World Population Review) 분석에 따르면, 국가별 '자살율'에서 한국은 2019년 기준으로 전 세계에서 4위에 기록되었다.[7] 한국은 인구 10만 명당 28.6명의 자살율을 보인다. 이 통계는 아시아에서는 가장 높은 수치에 해당한다. 2021년 한국의 보건복지부 자살 관련 보도 내용 역시 이와 크게 다르지 않다. 보건복지부에서 2022년 발표한 통계 자료에 따르면, 2021년 한국에서 극단적 죽음을 택한 수는 13,352명으로, 전년 대비 157명이 증가한 것이고, 이 숫자를 비율로 하면 인구 10만 명당 26명의 자살율을 제시한다.[8] 두 통계가 약간의 차이는 있지만, 모두 한국의 극단적 죽음에 대한 높은 비율을 언급하고 있는 점은 공통적이다. 이와 더불어 목회데이터연구소의 조사 분석 정리에 따르면, 청소년의 죽음 가운데 가장 높은 비율을 차지하는 영역이 자살로 나타난다. 2022년 청소년의 죽음 가운데 50퍼센트가 자살에 의한 극단적 죽음으로 분류된다.[9] 이처럼 한국 사회에서 극단적 선택에 의한 죽음은 목회적 이슈로 심각하게 부각하고 있다.

극단적 선택에 의한 죽음은 그 죽음을 직면해야 하는 가족들과 공동체에 심각한 도전이 된다. 목회적 관점에서 극단적 선택에 의한 죽음을 초래한 다양한 이유를 분석하는 것[10]이 중요하고 필요하지만, 더

---

7 https://worldpopulationreview.com/country-rankings/suicide-rate-by-country (2023년 4월 1일 접속).

8 http://www.mohw.go.kr/upload/viewer/skin/doc.html?fn=1664252408271_20220927132008.pdf (2023년 4월 1일 접속).

9 목회데이터연구소, 넘버스 148호. 다음 세대 통계 가운데 '2022 청소년통계-건강편' 참조.

10 극단적 선택에 의한 죽음은 우선 개인의 다양한 이슈들 곧 학업, 생활, 관계, 신체적인 상황, 정신적 문제, 경제적 이슈 등 다양한 원인이 제기된다. 이와 더불어, 삶의 신비 곧 영적 측면에서 주어지는 문제로 간주 되기도 한다. 이 모든

욱 시급한 과제는 예기치 못한 혹은 쉽게 받아들이기 어려운 상황에 대한 돌봄을 제공하는 것이다. 목회적 돌봄의 과정에서 성도가 살아 있는 경우라면 상담을 통한 지원, 의료적 치료, 영적 지원 등을 통해서 다양한 도움을 제공할 수 있다. 하지만, 극단적 선택에 의한 죽음 이후에 요청되는 목회적 과제는 장례 예식과 더불어 상실에 대한 돌봄을 제공해야 하는 등 좀 더 실제적이고 구체적인 접근을 요구한다.

극단적 선택에 의한 죽음에 대한 목회적 과제는 우선 첫째로 죽음 자체와 관련한 목회적 대응 방식 안에서 주어진다. 죽음에 대해서는 우선 그 이유와 원인에 대한 고찰과 접근보다 죽음과 관련한 직접적인 대응을 요구한다. 죽음에 대한 소식이 주어지면 비록 예측한 상황이 아니더라도 목회자는 바로 연락을 취해서, 장례와 관련한 절차를 가족들과 의논해야 한다. 이러한 접근 과정에서 장례 전 조문객을 받을 장소를 의논하고, 장례와 관련한 구체적인 절차를 안내하고, 장례 이후 시신을 어떻게 처리할 것인지 등에 대해서 상세히 안내하고 목회적 조언과 제안을 해야 한다.[11] 이러한 즉각적인 조치 이후, 장례의 절차를 세부적으로 의논하면서 죽은 자에 대한 상세한 정보[12]를 확인하고 정리하는 과정이 요구된다.

이유에 대한 공통적인 내용은 삶의 부조리에 대한 수용의 한계와 대응의 방식으로 주어지는 선택으로 보는 것이 보편적이다. J. N. Ogbuanu, "The Problem of Cultural Stereotyping in the Pastoral Care of a Suicidal Person," *Acta Theologica* 2014, 34 (1): 129-130.

11 R. Kent Hughes, *The Pastor's Book: A Comprehensive and Practical Guide to Pastoral Ministry* (Wheaton: Crossway, 2015), 185-186.

12 출생, 성장에 대한 간략한 정보, 신앙 이력, 결혼 여부와 상황, 가족 구성 확인 그리고 교회와 관련한 섬김 등에 대한 내용을 확인하는 것이 도움이 된다. Hughes, *The Pastor's Book, 187.*

극단적 선택에 의한 죽음에 대한 두 번째 목회적 과제는 가장 실제적으로 장례 예식의 구조와 내용을 구성하는 것이다. 죽음과 관련해서 가장 중요한 장례 예식은 죽은 자의 가족, 동료, 함께 속한 공동체를 위한 목회적 돌봄이다. 신앙에 따라 차이가 있지만, 개혁주의 전통은 죽은 자를 위한 기억과 경배 또는 죽은 자에 대한 직접적이고 복잡한 의례적 절차를 의도적으로 제한하거나 생략한다. 이러한 제한과 거부는 죽은 자를 향한 또는 죽은 자를 대상으로 한 모든 예식은 미신에 근거한 의례적 절차라는 신학적 확신에 기인한다.[13] 이런 점에서 장례는 가족 또는 가까운 동료의 극단적 선택에 의한 죽음을 받아들여야 하는 자들을 위한 목회적 돌봄 예식이다. 이러한 돌봄의 방식으로서 장례는 가족과 동료들에게 상실을 직면하고, 죽음에 대해 슬퍼하며, 동시에 위로를 제시하는 방식으로 구성된다. 이러한 장례 구성의 원칙은 동시에 장례의 목적이 되기도 한다.[14] 물론, 장례 예식의 구체적인 절차와 과정은 장례 장소와 예식에 대한 문화적 요구를 반영한다. 그럼에도 장례 예식의 핵심은 죽은 자의 가족과 동료들이 슬픔을 표현하고 그 죽음의 과정을 하나님과 연결할 수 있는 의례를 통해 목회적 돌봄을 제공하는 것이다.

극단적 선택에 의한 죽음에 대한 세 번째 목회적 과제는 장례 예식의 과정과 절차에서 극단적 죽음에 대한 선택과 기독교 신앙의 의미를 연결하는 것 또는 반영하는 것이다. 기독교 신앙은 생명과 죽음 전체를 하나님과 연결한다. 모든 생명이 하나님에 의해서 주어지듯,

---

13 Paul Bradshaw, ed., *The New Westminster Dictionary of Liturgy and Worship* (Louisville: Westminster John Knox Press, 2002): "Funeral," 226.
14 Hughes, *The Pastor's Book*, 191.

모든 죽음도 그리스도 안에서 의미를 지닌다. 죽음과 관련해서 슬픔과 탄식을 표현하는 것은 비교적 자연스럽지만, 기독교 신앙의 가르침에 따라서 죽음과 소망을 연결하는 것은 장례의 과정에서 목회적으로 매우 어려운 과제가 된다. 모든 죽음이 그리스도의 부활로 인해서 결국 새로운 소망을 부여받을 수 있다고 하지만, 실제로 죽은 자를 받아들이는 과정에서 소망을 확신하는 것은 현실적으로 여러운 과제이다.[15] 이와 더불어, 극단적 선택에 의한 죽음은 기독교 신앙에서 제6계명과 연결된 고찰이 주어진다. 죽음을 이끈 극단적 선택의 요인이 정서적일 수 있고 또는 영적일 수 있지만 그 자체로 스스로의 목숨을 결정할 수 있다는 것에 대한 보증이 되지는 못한다. 기독교 신앙은 생명과 죽음의 권리가 인간에게 있는 것이 아니라, 하나님에게 있다는 것을 분명히 제시한다.[16] 물론 극단적 선택으로 인한 죽음이 불가피한 상황에 의한 선택으로 수용할 수 있지만, 신앙적으로 그러한 선택에 대한 목회적 답을 제공하고, 가족들과 동료들에게 죽음과 소망의 문제를 제시하는 것은 어렵고도 중요한 과제로 주어진다.

3. 극단적 선택에 의한 죽음의 예식에 대한 신학적 목회적 원리

위에서 간략히 정리한 것처럼, 극단적 선택에 의한 죽음은 죽음 자체에 대한 목회적 접근, 장례 예식의 진행 그리고 생명과 죽음에 대한

---

[15] Howard Vanderwell, *Caring Worship: Helping Worship Leaders Provide Pastoral Care Through the Liturgy* (Eugene: Cascade Books, 2017), 124.
[16] W. Ross Hastings, *Pastoral Ethics* (Bellingham: Lexham Academic, 2022), 228.

성경적 가르침의 수용에 따른 혼돈과 상실 사이의 복잡한 과제를 이끌어 낸다. 그런데 죽음에 대한 이해와 수용 그리고 장례의 과정과 진행은 모두 문화와 신학에 영향을 받는다. 우리 시대 장례와 관련해서 문화의 영향은 다양한 장례 기관들을 통해서 비교적 수월하게 확인할 수 있다. 한국장례문화진흥원[17]은 한국 사회에서 수용하는 문상 방법, 장례 절차, 장례 방법, 자연장 제도, 그리고 상례와 장례의 다양한 문화와 종교, 세계관에 이르기까지 다양하게 정리해서 소개한다. 하지만 기독교 신앙을 지닌 성도의 죽음과 죽음에 따른 상실과 아픔을 받아들여야 하는 가족들을 위한 예식은 문화에 따른 수용을 준수하지만, 기독교적 전통과 가치를 동시에 반영해야 한다. 더불어 극단적 선택에 의한 죽음이라는 복잡한 현실을 동시에 고려하고 반영해야 한다. 장례와 관련한 문화적 수용을 인정하면서, 극단적 선택에 의한 죽음에 대한 예식을 위해서는 다음과 같은 원리를 고려하고 반영할 수 있다.

첫째, 개혁주의 전통은 우선 무엇보다도 극단적 선택에 의한 죽음과 관련한 장례 예식에서 죽음의 원인에 대한 고찰과 분석에 따른 주저함보다 죽음에 따른 장례의 즉각적인 개입과 대응을 신속하게 응하는 것이다. 죽음을 이끈 원인과는 별도로 죽음에 의해서 주어지는 시신의 처리와 장례의 절차에 대해서 개혁주의 전통은 비교적 선명하다. 우선 종교개혁의 전통은 장례 예식에 대한 화려한 의례나 복잡한 구성을 제한 또는 거부한다. 종교개혁의 시대 전후에는 거의 모든 장례가 교회 안에서 이루어졌고, 교회 건물의 지하는 시신을 묻는 무덤

---

[17] kfcpi.or.kr 참고. 이 사이트에는 장례의 문화적 이해와 수용에 대한 관련 기관들을 13개 이상 소개하고 있다.

으로 사용되기도 했다.[18] 하지만, 개혁교회 전통은 교회 건물에 시신을 묻는 것과 다양하고 복잡한 장례 예식을 거부한다. 곧, 장례 예식에 죽은 자를 위한 기도, 죽은 자에 대한 찬사(eulogy), 다른 신비적인 요소로 비추어질 수 있는 어떠한 구성요소도 포함하지 않는다. 칼빈의 경우, 장례 예식과 그 과정에서 설교를 허용하기도 했지만, 제네바 교회의 기본 원칙은 시신을 무덤에 묻는 과정에서 어떤 의례도 필요하지 않다고까지 보았다.[19] 칼빈이 사용한 '제네바 예식서'에 따르면, "죽은 자의 시신은 정해진 장소에 엄숙하게 묻어야 한다"라고 되어 있고, "이 예식 과정에서 시신을 옮기는 자들은 성경에서 가르치는 규례에 반하는 어떠한 미신도 따르지 않도록 주의해야 한다"[20]라고 강조한다. '웨스트민스터 공예배 지침'(Westminster Directory for Public Worship) 역시 죽은 자의 예식과 관련해서, "시신을 가정(죽은 곳)에서 무덤으로 엄숙하게 옮길 때 어떠한 의례 또는 예식도 없이(without any ceremony) 진행하는 것이 바람직하다"[21]라고 언급한다. 이러한 강조는 장례 예식에 대한 불필요성이라기보다는 예식을 진행하는 과정에서 복잡한 의례를 수반하거나 별도의 기도 또는 주술적 행위를 포함하지 않도록 주의하라는 것을 뜻한다.

둘째, 극단적 선택에 따른 죽음이라도 유가족들을 위한 목회적 돌

18　Karin Maag, *Worshiping With the Reformers* (Downers Grove: IVP, 2021), 51–52.
19　Bradshaw, ed., *The New Westminster Dictionary of Liturgy and Worship*: "Funeral," 226.
20　John Calvin, "Draft Ecclesiastical Ordinances, 1541," *Theological Treatises*, ed., J. K. S. Reid (Louisville: Westminster John Knox Press, 2006), 68.
21　Mark Dever and Sinclair Ferguson, ed., *The Westminster Directory for the Public Worship* (Scotland: Christian Focus, 2001), 120: "Concerning Burial of The Dead."

봄 방식으로써 장례 예식을 진행하는 것에는 큰 변화가 없다. 장례는 죽은 자를 위한 예식이 아니라, 죽음에 따른 상실과 단절 그리고 그로 인한 고통을 경험하는 가족과 동료를 위한 목회적 돌봄의 기회를 제공한다.[22] 이런 점에서 극단적 선택에 의한 죽음으로 갑작스럽게 상실의 충격을 받아야 할 가족과 동료가 그 슬픔을 적절하게 표현하고 드러낼 수 있도록 목회적으로 돌보는 것이 중요하다. 극단적 선택에 따른 죽음에 대한 이론적 분석과 판단 또는 십계명의 준수 여부에 따른 죽음과 생명의 기준 제시와 같은 신학적 접근은 유가족들을 대상으로 진행하는 장례의 의례 단계에서 적절하지 못하다. 오히려, 상실과 슬픔을 적절한 탄식의 방식으로 표현하고 제시하게 하는 데 주력하는 것이 더욱 바람직하다. 이와 더불어, 유가족과 동료들이 갑작스러운 상실에 따른 슬픔을 표현하도록 돌보는 과정에서 죽음 이후의 부활과 소망을 너무 성급하게 제시하려는 것도 주의해야 한다. 그리스도인의 모든 죽음이 부활과 연결되어 있고 또 죽음을 통한 소망을 제시하는 것은 장례와 관련한 목회적 돌봄의 중요한 영역이다.[23] 하지만, 극단적 선택에 따른 죽음이 가족들에게 남긴 상실과 슬픔을 좀 더 적절하게 표현할 수 있는 탄식의 방식을 제시하는 데 우선적으로 주력해야 한다.

 셋째, 좀 더 구체적이고 실천적으로 극단적 선택에 따른 죽음과 관련한 장례 의식을 표준예식서의 안내에 준해서 진행하는 것이다. 오늘날 장례 예식은 신학과 전통 또는 교단과 교회의 표준과 안내를 반영하는 것보다 문화적으로 주어진 절차를 의존하는 경우가 많다. 실

---

22 Vanderwell, *Caring Worship*, 122.
23 Vanderwell, *Caring Worship*, 124.

제로 죽음이라는 상실과 이별을 갑작스럽게 직면한 유가족들은 죽음의 원인과 이유와는 별개로 죽음에 대한 의례와 예식을 직접 감당해야 한다. 이 경우 대부분은 병원을 중심으로 주어진 장례식장을 사용하고, 장례 예식을 담당하는 이른바 장례지도사의 안내와 지도에 따른다. 이 경우 사망한 자의 신앙 그리고 유가족들의 신앙에 따른 기본 예식을 존중하지만, 대부분 일정과 절차에 대한 예식 전반을 교회 또는 목회자에 의해서 주도적으로 이끌어 가기 어렵다. 이러한 상황에 대한 목회적 지원은 장례지도사의 도움을 받되, 교단에서 제시하는 예식서를 반영하는 것이 바람직하다. 대한예수교장로회 합동측 교단의 『표준예식서』에 따르면, 기본 원리와 절차를 확인할 수 있다. 특히 입관식, 장례식, 하관식의 기본 상례 예식을 표준으로 제시한다.[24] 각각의 예식은 공예배의 기본 구성과 순서에 준한다. 곧 기도, 찬송, 말씀, 조사 등으로 포함한다. 여기서 극단적 선택에 의한 죽음이라는 상황을 고려해서 장례 예식을 예식서의 안내에 따라 진행하되, 가족들의 슬픔과 상실을 담아내고, 돌보는 기도를 포함하는 것이 중요하다. 예식의 구성이 새로워지는 것은 아니고, 기본 예식의 구성과 진행에 유족들을 위한 슬픔과 상실을 탄식으로 담아내는 메시지와 기도를 포함하는 것이 요구된다.[25]

---

[24] 대한예수교장로회총회, 『표준예식서』 (서울: 대한예수교장로회총회, 2020), 127-137. 이 연구를 마치고 발표한 후, 2024년 2월에 『새표준예배예식서』 (서울: 대한예수교장로회총회, 2020)의 개정이 출간되었다.

[25] Abigail Evans, *Healing Liturgies for the Seasons of Life* (Louisville: Westminster John Knox Press, 2004), 319.

4. 극단적 선택에 의한 죽음과 장례 예식의 구성과 방식

개혁주의 전통에서 장례와 관련한 다양하고 복잡한 예식을 강조하지 않은 것은 그 자체로 장례 예식의 불필요성을 제시하는 것은 아니다. 오히려, 죽음과 관련해서 주어지는 부활에 따른 소망의 연결[26]과 가족들에 대한 위로와 슬픔을 돌보는 것에 더욱 주력할 것[27]을 뜻한다. 이에 따라서 극단적 선택에 의한 죽음과 관련한 장례 예식은 복잡하고 다양한 예식의 구성과 실천보다 죽음에 대한 즉각적 대응, 유가족들에 대한 목회적 돌봄, 그리고 사회에서 일관적으로 주도하는 장례 문화 예식보다는 슬픔과 탄식을 하나님과 연결하는 교단과 신학에 의한 죽음의 의례를 반영하는 것이 요구된다. 목회자가 교회 성도의 극단적 선택에 따른 죽음에 직면했을 때 목회적 돌봄으로 제공하는 장례 예식은 새로운 별도의 예식을 구성하기보다는 교단에서 제시하는 예식의 기본 구성을 따르는 경우가 바람직하다. 이를 위해서 우선 현재 대한예수교장로회 합동 교단의 장례 예식을 분석하고, 극단적 선택에 따른 죽음의 상황을 반영한 예식안을 제시하고자 한다.

1) 장례 예식의 구분과 구성

대한예수교장로회 합동 교단이 사용하는 『표준예식서』는 1993년에 초판이 발행된 이후 2023년 기준으로 약 30년 동안 큰 변화 없이 교

---

[26] 칼빈의 제네바 요리문답은 죽음에서 부활과 소망에 대한 의미를 강조한다. Calvin, "Catechism of the Church of Geneva," in *Theological Treatise*, 104.
[27] Vanderwell, *Caring Worship*, 124-125.

단 예식의 표준을 제공하고 있다.[28] 이 예식서에 나타난 장례 예식 부분은 '기독교인의 죽음과 부활신앙'에 대한 간략한 정리와 더불어 세 개의 예식을 안내한다. 첫째는 입관식, 둘째는 장례식, 그리고 마지막 셋째는 하관식이다. 이 세 예식의 구성과 순서는 다음과 같다.

입관식	장례식	하관식
묵도[29] / 다같이	묵도 / 다같이	묵도 / 다같이
기원 / 집례자	기원 / 집례자	기원 / 집례자
신앙고백 / 다같이	신앙고백 / 다같이	신앙고백 / 다같이
찬송 / 다같이	찬송 / 다같이	찬송 / 다같이
기도 / 집례자	기도 / 맡은 이	기도 / 맡은 이
성경봉독 / 집례자	성경봉독 / 집례자	성경봉독 / 집례자
설교 / 집례자	찬양 / (생략 가능)	설교 / 집례자
기도 / 집례자	설교 / 집례자	고별기도 / 집례자
찬송 / 다같이	고인 약력 소개 / 맡은 이	찬송 / 다같이
축도 / 목사	조사 / 맡은 이	축도 / 목사
폐회 / 다같이	호상의 인사 / 유족 대표	취토 / 집례자
	고별기도 / 집례자	
	찬송 / 다같이	
	축도 / 목사	
	광고 / 집례자	

[장례(발인)의 표준예식][30]

---

28 2024년 2월 15일에 새로운 개정판으로 발행된 『새표준예배예식서』에서 장례 예식은 시신기증예식, 화장예식, 납골 및 유골 안치예식, 장례 후 위로 예식, 이장 예식 등을 포함하는 등 좀 더 세분화했으나, 극단적 선택에 의한 죽음의 예식을 포함하지는 않았다.
29 『새표준예배 예식서』에는 '묵도'의 경우 모두 '예식 선언'으로 변경됨.
30 이 장례식의 구성과 순서는 『표준예식서』, 127-137 참고.

위 입관, 장례 그리고 하관 예식의 구성과 순서에 담긴 특징은 다음과 같다.

첫째, 『표준예식서』에 따른 장례 예식의 구성과 진행은 기독교 예식으로 예배적 측면을 명확하게 제시한다. 장례 예식에서 중요한 출발과 태도는 "장례식을 분명한 기독교 예식"[31]으로 수용하고 실천하는 것이다. 장례 예식은 슬픔과 상실에 대한 인간의 조건을 기억하고 동시에 하나님의 임재와 온전한 생명의 회복에 대한 기억과 선포를 동시에 제시해야 한다.[32] 최근 장례 예식이 사회에서 주도하는 장례 문화 방식에 일방적으로 의존하거나 따라가는 경향이 많다. 목회자들이 신중하게 인식하기도 전에 장례 예식이 세속적이고 또 일반적으로 수용되는 관습에 의존하는 것을 경계하는 것은 중요하다. 무의식적으로 죽은 자를 위한 예식에 집중하거나 죽음과 하나님에 대한 연결이 없이, 임의로 죽은 자를 기념하고 기억하는 방식의 의례는 목회적으로 주의해야 한다. 죽음과 생명은 모두 어떤 경우에도 하나님과 연결되어 있다. 기독교 신앙에 따라 목회적으로 돌보는 과정은 생명과 더불어 죽음도 하나님과 연결시키는 의례를 분명히 제시하는 것을 요구한다. 이런 점에서 기독교 죽음과 장례는 죽은 자를 위한 것이 아니라 죽음을 하나님과 연결시키고, 또 하나님을 초점에 두는 방식으로 진행하는 것이 요구된다. 이런 점에서 장례 예식은 기독교 예배의 기본 구성 곧 기도, 찬송, 말씀의 순서를 포함하고 그에 준해서 진행하는 것이 중요하다. 이처럼 『표준예식서』의 장례 예식은 기독교

---

31 Constance Cherry, 안명숙 역, 『교회예식 건축가』 (서울: CLC, 2017), 128.
32 Kenneth Michell and Herbert Anderson, *All Our Losses, All Our Griefs: Resources for Pastoral Care* (Louisville: Westminster John Knox Press, 1983), 140.

예배의 구성을 포함하고 죽음과 하나님을 연결하는 중요한 특징을 적절하게 반영한다.

둘째, 기독교 예식의 측면을 명확히 제시함에도 불구하고, 장례 예식에 대한 좀 더 실제적인 안내와 제안이 다소 세분화 되어 있지 않다. 물론, 장례와 관련한 예식의 표준을 제시해야 하는 원리에 따른 것이지만, 장례 예식에서 중요한 것은 단지 일반화된 예배 또는 예식의 구성과 진행보다 우선 어디에서 진행하고 누가 참여하는지를 고려하는 것이다. 물론 장례 예식의 표준안을 사용하는 경우, 목회자들은 이미 정해진 시간에 진행할 장례 예식의 장소를 확인한다. 장례 예식의 장소에 대한 안내가 중요한 것은 교회에서 장례 예식을 진행할 경우, 예배적 성격을 지닌 예식으로 이해하고 실천하는 것이 다소 용이하기 때문이다. 하지만, 장례식장 또는 병원이나 기타 장소에서 장례 예식을 할 경우, 기독교 예식의 강조와 진행이 생각보다 어려울 수 있다. 특히 병원이나 교회 밖 다른 곳에서 장례 예식을 해야 하는 경우에 찬송가 또는 악보집이 마련되지 않은 상황, 성경을 준비하지 않은 상황, 음악을 위한 악기 사용의 제한 그리고 평소 예배에서 익숙하게 접하는 스크린 또는 영상 사용의 제한 등 다양한 것을 고려해야 한다.[33] 장소와 더불어,『표준예식서』의 장례 예식에서 '장례식'을 좀 더 명확하게 호칭하는 것이 요구된다.『새표준예배예식서』가 발행되기 전『표준예식서』의 경우 입관식, 장례식, 하관식으로 구성되어 있다. 모든 장례의 기본 예식이 이 세 가지로 구분될 수 있으나, '장례예식' 안에서 진행되는 '장례식'은 '발인예식' 또는 '발인식'으로 호칭하는 것이 좀 더 바람직하다. 이것은 '영원한 이별'을 뜻하는 '영결식'

---

33 Cherry,『교회예식 건축가』, 136.

이 아니라, '천국으로서의 환송'을 의미하는 '천국 환송식' 또는 '발인식'으로 세분화하는 것이 더욱 바람직하다. 이러한 호칭은 장례 예식에서 사용하는 찬송가 선택과 기도의 구체화를 위해서 도움이 된다. 또한 발인예식과 함께 발인의 구체적인 진행과 순서에 대한 안내를 별도로 제시하는 것이 실제 장례 예식에 도움이 될 수 있다. 곧, 발인예식을 '예배'와 '발인'으로 세분화하면 더욱 목회적으로 유익을 제공할 수 있다.

셋째, 『표준예식서』의 장례식에 나타난 기독교 예식으로서 장례를 위한 기도와 설교 그리고 고인 약력 소개와 조사 및 인사 등의 순서가 다소 일반적이다. 물론, 표준을 제시하는 예식서에 다양한 죽음에 관한 구체적인 사례를 모두 포괄하는 기도와 설교 그리고 찬송을 세부적으로 제시하는 것은 어렵다. 그럼에도 불구하고, 장례 예식의 표준을 제시할 때, 장례식에 참여한 자들 사이의 인사 또는 장례 예식을 시작하는 선언에서 참여자들을 위한 태도를 언급하는 것이 중요하고 필요하다. 현재 예식서의 '장례식'에는 "지금부터 고 ○○○의 장례식을 거행하겠습니다"로 시작하도록 되어 있다.[34] 이 표현은 장례 예식에 참여한 자들에게 예식의 시작을 알리지만, 기본적으로 어떤 태도로 참여해야 하는지에 대한 구체적인 언급이 나타나지 않는다. 장례 예식의 언어는 목회적으로 신중하게 사용해야 하는데, 즉흥적으로 제시하지 않도록 주의를 요한다. 이런 점에서 장례 예식에 참여한 자들에 어떤 태도로 참여할 것인지에 대한 언급과 요청을 담아내면 좋다. 이와 더불어 장례 예식의 표준에 담긴 '기원'에서 하나님의 임재를 확신하는 기도의 예시가 주어져 있다. 이 기원에 담긴 위로와

---

[34] 대한예수교장로회총회, 『표준예식서』, 130.

하나님의 임재를 향한 분명한 간구는 어떤 경우의 죽음에서도 가능한 적절한 내용이다. 그런데 고인의 약력 소개와 조사에 대해서는 순서 항목만 있고, 구체적인 안내가 없다. 이 경우 실제 장례 예식을 진행할 때 고인에 대한 감상적인 과장이나 막연한 찬사로 진행할 위험이 있다. 특히 이 연구에서 주목하고 있는 극단적 선택에 의한 죽음의 경우, '고인 약력 소개'와 '조사'와 관련한 순서는 목회적으로 지혜롭게 조절해서 제한하거나 생략도 가능하다. 장례 예식에 나타난 예식 구성과 순서와 관련해서 마지막으로 고려할 것은 '기도'이다. 현재 예식서에 나타난 기도는 노년의 죽음에 해당하는 내용을 전제로 구성되어 있다. 예를 들어, "생전의 불효를 뉘우치며 슬퍼하는 자녀들의 잘못을 용서하여 주시고… 형제 자매 간에 화목하여 고인이 다하지 못한 주님의 일을 갑절로 하게 하옵소서…"[35]와 같은 표현이다. 이런 점에서 죽음의 다양한 상황을 고려한 기도의 예시가 포함되면 더욱 도움이 된다.

2) 극단적 선택에 의한 죽음을 위한 장례 예식 구성의 과제

극단적 선택에 의한 죽음과 장례 예식은 지금까지 기본적으로 논의한 바와 같이, 죽음에 대한 목회적 돌봄과 기독교적 장례 예식의 기본 구성과 특징을 반영한다. 이와 관련해서 극단적 선택에 의한 죽음을 위한 장례 예식을 구성할 때 예식 자체의 구조와 구성이 새로워지는 것은 아니다. 하지만, 극단적 죽음이라는 상황을 고려할 때 장례 예식에 반영할 목회적 과제가 주어진다.

---

[35] 대한예수교장로회총회, 『표준예식서』, 131-132.

우선 위에서 언급한 바와 같이 장례 예식에서 극단적 선택으로 인한 죽음을 다룰 때, '극단적 선택'보다 '죽음'이라는 측면을 신학적으로 접근하고 연결하는 것이 우선 중요한 과제이다. 장례 예식의 구체적인 진행에서 죽음과 생명의 의미 그리고 하나님의 섭리에 대한 신학적 이슈들을 명확하게 반영하는 것은 중요하지만 실천적으로 어려운 과제이다.[36] 목회적인 측면에서는 죽음의 이유와 상관없이 성도의 죽음에 대해서 생명의 가치를 인정하고, 죽음을 슬퍼하며, 부활을 기대하는 소망을 담아내는 의례를 통해 돌봄의 책임을 감당해야 한다. 여기서 장례 예식은 불가피하다. 이 장례 예식은 시체를 처리하고, 죽은 자에 대한 평가와 판단보다 어떤 식으로든 하나님에게 의탁해야 하며, 죽음에 대한 엄숙한 고찰과 그리스도인의 소망을 확증하는 방식으로 진행하는 것을 목적으로 한다.[37] 아울러, 이 장례 예식은 극단적 선택에 의한 죽음이라 할지라도 죽음 자체를 직면하는 가족들과 동료들의 슬픔과 상실에 대한 적절한 위로를 제시하는 것에 집중하는 것이다.[38]

이와 더불어 둘째로 극단적 선택에 의한 죽음으로 인해 주어진 상실과 아픔을 경험하는 유족들을 목회적으로 돌보고 섬기는 방식으로서 장례 예식을 구성할 때, 새로운 의례보다는 『표준예식서』의 장례 예식을 기본 구성으로 활용하는 것이 바람직하다. 2023년 4월 기준으로 현재 『표준예식서』에서 제시하는 안내에 따라서, 세 종류의 장례 예식 곧 입관, 발인을 의미하는 장례, 그리고 하관 예식의 구성과 순

---

[36] Mitchell and Anderson, *All Our Losses, All Our Griefs*, 137.
[37] Larson-Miller, "Death and Dying," in *The Study of Liturgy and Worship*, 186.
[38] Foley and Anderson, *Mighty Stories and Dangerous Rituals*, 117.

서를 기본 원칙과 원리로 사용해서 실천하는 것이다. 곧 극단적 선택에 의한 죽음이라고 해서 새로운 대안으로 주어지는 장례 예식을 새롭게 구성해야 할 필요는 없다. 하지만 이러한 세 단계와 과정의 예식을 진행할 때, '극단적 선택에 의한 죽음'의 상황을 반영하는 것이 목회적으로 요구된다. 대부분 극단적 선택은 젊은이들 또는 노년 이전의 시점에서 주어진다. 이런 점을 고려할 때, 장례 예식의 기본 과정을 거친 후, 별도의 예식을 통해 유족들의 슬픔과 상실을 위로하는 것을 고려하면 도움이 된다. 곧 죽음의 의례로서 장례 예식을 성도의 죽음으로 간주하고 진행한 후, 가족들과 동료들을 목회적으로 돌보기 위해 그들을 위한 별도의 위로와 돌봄의 예식을 진행하는 것도 고려해 볼 수 있다. 이때, 극단적 선택에 의한 죽음으로 인해 주어진 상실과 분노의 다양한 감정들을 다룰 수 있는 기도와 권면을 제시하는 것을 더욱 적극 포함할 수 있다.

3) 극단적 선택에 의한 죽음의 장례 예식 구성 제안

극단적 선택에 의한 죽음과 관련한 장례 예식의 목회적 실천은 이미 위에서 언급한 바와 같이 구조의 새로운 구성과 대안을 제시하는 것이 아니다. 오히려, 장례의 기본 구조와 구성을 수용하면서 각 구성요소의 내용을 극단적 선택에 의한 죽음으로 상실과 슬픔을 직면한 유족들을 위해 좀 더 의도적으로 변경하거나 조절해서 반영하는 것이다. 특히 극단적 선택에 의한 죽음의 경우, 자연사 또는 일반적인 죽음과 구분된 절차를 포함할 수 있다. 사망 여부를 판단하는 의사의 소견이 명확히 주어진 후에 장례가 진행하기 때문에, 법적 또는 행정적인 절차에 따라 죽음에 대한 의례적 접근과 목회적 돌봄이 가능하다. 이러한 선행 조건과 절차가 마무리된 후 유가족들과 동료들을 위한 장례 예식을 진행하게 된다. 극단적 선택에 의한 죽음은 그 자체로 복잡한 신비 또는 쉽게 정리될 수 없는 곤혹스러운 상황이지만 장례 예식의 목회적 돌봄에 대한 접근은 요구된다.[39] 이 장례 예식의 과정은 『표준예식서』의 기본 안내에 따라 진행하되 각 단계의 구성요소에서 '극단적 선택에 의한 죽음'을 반영한 목회적 돌봄의 방식으로 수행하는 것이 적절하다. 이에 대한 실천적 제안은 다음과 같다.

우선 첫째, 입관예식의 진행이다. 이 예식은 입관을 먼저 하고, 그 후에 입관예식을 진행한다. 입관은 집례 목사에 의한 입관 기도로 시작하고, 이어서 입관과 결관을 진행한다. 입관 기도는 모든 장례 예식의 처음 기도에 해당하며, "창조와 생명을 주관하시는 하나님" 그리고 "슬픔을 직면한 자들을 향한 하나님의 위로"에 집중한다. 입관 순서가 마무리되면 입관예식을 진행한다. 이 예식의 순서는 표준예식의 안내에 따르되 목회적으로 자율적 판단에 따라 진행할 수 있다. 다만 기독교 예식으로서 목회적으로 고려하고 주의를 기울일 내용은 기도와 찬송 그리고 설교이다. 처음 진행을 '묵도'로 진행하는 것보다 바로 '예식 선언'을 통해서 "고 ○○○의 입관예식을 시작하겠습니다"로 선언하는 것이 좀 더 적합하다. 아울러 '기원' 역시 생명과 죽음의 주권자이신 하나님을 언급하고, 슬픔을 직면한 유가족들을 향한 위로와 은혜를 구하는 내용으로 간략히 간구한다. 이 예식이 기독교 예배로 진행되는 것을 명확히 강화하되 신앙고백과 찬송 그리고 성경봉

---

[39] Melina Moore, "Addressing Suicide and Its Aftermath," Melina Moore and Daniel Roberts ed., *The Suicide Funeral* (Eugene: Wipf and Stock Publishers, 2017), 7.

독과 설교를 생략하지 않도록 주의한다. 찬송은 찬송가에서 장례송으로 구분된 606-610장에서 택할 수 있고 혹은 미래와 소망으로 구분된 479-494장 가운데서 선택할 수 있다. 기도의 경우 집례자가 직접하는 것이 좀 더 바람직하며, 기도의 내용은 기원에서와 같이 '생명과 죽음의 주관자이신 하나님에 대한 고백과 슬픔을 당한 자들을 위한 위로와 은혜를 위한 내용'을 직접 기록해서 읽는 방식으로 진행하고, 설교에는 '죽음 또는 죽은 자를 판단하지 않도록 주의하는 것'이 요구된다. 설교 후 간략히 성령의 인도하심을 따라 기도하고, 목회적 판단에 따라 마지막 부분의 찬송을 생략한 후 바로 축도로 마무리할 수 있다.

둘째, 발인예식의 진행이다. 발인예식은 장례 예식에서 가장 중요한 예식으로서 장례식으로 불리기도 한다. 발인예식은 죽음에 대한 목회적 돌봄의 의례로서 예배 부분과 발인으로 진행한다. 지금까지 강조한 바와 같이, 발인예식은 기독교 예식의 측면을 명확히 제시하고 그 과정과 진행에서 '극단적 선택에 의한 죽음'의 측면을 반영하는 목회적 지혜가 요구된다. 발인예식을 진행할 때 고려하고 참조할 점들은 다음과 같다. (1) 예식이 시작되기 전 모든 순서를 상세하게 담은 순서지를 미리 준비하는 것이다. 순서를 정하고 결정할 때 유가족들과 의논하고 전체 진행을 미리 설명해 주는 것이 도움이 된다. (2) 예시 진행과 발인 과정에서 장례지도사 또는 기타 직접적인 도움을 제공하는 이들과 미리 필요로 하는 내용을 확인하고 준비하는 것도 도움이 된다. (3) 예식을 선언할 때, 먼저 예식에 참여한 자들에게 "우리는 지금 고 ○○○의 발인식을 시작합니다. 엄숙한 마음으로 이 예식에 참여하시길 바랍니다"와 같은 분명한 안내와 모임의 목적을 제시하는 것이 도움이 된다. (4) 기원은 입관예식에서와 마찬가지로 죽음과 생명의 주인이신 하나님과 유가족들의 슬픔을 담아내는 내용을 포함한다. 기원의 핵심은 발인예식에 참여하는 모든 이들이 하나님의 임재 안에 있다는 것을 인정하는 것이다. 이때, 성경 구절을 읽는 것을 포함할 수 있다. 시편 23편은 극단적 선택에 의한 죽음으로 상실을 경험한 유가족들과 발인예식에 참여한 이들에게 적절한 본문이 된다.[40] (5) 신앙고백은 죽음에 직면했을 때 유가족들과 동료들이 모두 연합하는 좋은 의례의 실천이다.[41] 신앙고백의 위치를 설교 이후 말씀에 대한 반응으로 포함할 수도 있다. 이 경우 앞부분에 바로 기도하고 성경을 봉독하면 된다. (6) 기도는 집례자 또는 대표로 맡은 이가 담당할 수 있다. 여기서 기도의 핵심 내용은 생명과 죽음의 주인이신 하나님을 인정하는 것과 슬픔을 당한 유족들을 위한 위로 그리고 말씀을 통한 하나님의 임재 역사를 간략하게 간구하는 것이다. (7) 설교는 발인예식의 기독교 예식의 측면을 명확히 제시하는 순서로 강조해야 한다. 설교는 고인에 대한 인생을 이야기하는 것이 아니라, 본문에 대한 말씀의 진실을 선포하는 것이다. 아울러 고인의 죽음에 따른 상실과 슬픔에 직면한 이들을 향한 소망을 언급하는 것도 중요하다. 여기서 설교는 일반적인 설교보다 짧아야 하고, 정확히 모든 내용을 기록해서 읽는 것이 즉흥적으로 진행하는 것보다 바람직하다. (8) 흔히 발인예식에 포함하는 조가, 고인 약력 소개, 조사, 유족 인사 등은 생략하는 것이 바람직하다. 하지만 조사를 생략하더라도 극단적 선택에 의한 죽음을 직면한 가족과 동료들에게 슬픔을 표현할 수 있는 구성요소 또는 시간을 잠시 포함할 수 있다. 이때 죽은 자에 대한 도

---

40 Cherry, 『교회예식 건축가』, 149.
41 Cherry, 『교회예식 건축가』, 154.

덕적 판단보다 슬픔과 하나님의 위로를 비유적으로 표현하는 상징적 고백이 도움이 될 수 있다.[42] 이처럼 극단적 선택에 의한 죽음이라는 당혹스러운 상황은 유가족들과 장례식에 참여한 자들에게 일반적인 장례 예식과는 다른 접근을 요구한다. 오히려 죽음에 대한 가장 본질적인 과제 곧 시신의 엄숙한 처리에 집중하고 슬픔과 상실에 대한 목회적 돌봄의 본질적이 사역에 더욱 집중하게 한다.[43] (9) 발인예식에서 찬송가는 입관예식에서와 마찬가지로 장례송으로 구분된 606-610장에서 택하거나 미래와 소망으로 구분된 479-494장 가운데서 택할 수 있다. (10) 발인이 진행될 때, 일반적인 발인의 순서를 장례지도사 또는 목회자의 안내에 따라 이동한다. 이때 인위적으로 울거나 곡하지 않고, 특별히 문화에서 영향을 받은 의미 없는 슬픔의 의례를 제시하는 이교도의 행위를 따르지 않도록 주의한다.

셋째, 하관 예식이다. 하관은 장지에 도착한 관을 묘소 또는 납골당에 안치하는 과정에서 진행한다. 하관 예식의 순서는 표준예식의 안내를 따른다. 하관 예식은 이전의 입관예식과 발인예식의 기본 구성과 크게 다르지 않다. 이 예식은 시신을 하나님에게 의탁하는 것이 핵심이다. 죽음의 이유를 분석하거나 판단하지 않고, 죽음에 이른 시신을 하나님에게 의탁하는 것이다.[44] 이 예식은 묘지 옆 또는 화장을 하게 되는 경우, 화장 장소에 마련된 곳에서 진행한다. 여기서 우선 예식 선인 후 간구에서 부활의 소망을 언급하는 것이 중요하다. 어떤

---

42 Ann Davies, "Sample Eulogies," Melina Moore and Daniel Roberts ed., *The Suicide Funeral*, 22-3.
43 Maag, *Worshiping With the Reformers*, 53.
44 Cherry, 『교회예식 건축가』, 157.

죽음이든 새로운 생명의 가능성이 그리스도 안에 있다는 것을 확증하는 것이다. 기원에서 사용할 수 있는 성경 구절은 요한복음 12:23-26, 시편 16:9, 11, 고린도전서 15:39-44, 50-58 등이다. 다음으로, 성경 봉독 전 또는 설교 후 기도에서 고인을 하나님에게 의탁하는 것보다 하나님에 의해서 이루어질 부활의 소망을 강조하는 것이 좀 더 바람직하다. 아울러, 하관 예식에 참여한 이들 모두 남은 생에서 다시 창조주를 만나는 시간까지 더욱 순전한 신앙으로 살아갈 수 있도록 간략히 언급하는 것도 도움이 된다. 마지막으로, 설교 후 기도 또는 축도의 시간에 주님께서 가르치신 기도를 하는 것이 도움이 된다. 주기도는 슬픔의 시간에 가장 명확하게 그리고 분명하게 하나님을 향해 고백할 수 있는 기도의 내용이다.[45]

이상에서 간략하게 제시한 예식은 극단적 선택에 의한 죽음에 직면한 유가족들과 동료들을 위한 장례 예식에서 고려할 수 있는 방식이다. 극단적 선택에 의한 죽음이라도 장례 예식의 기본 구성은 변화가 없다. 하지만 죽음의 이유와 갑작스러운 상황에 대한 유가족들의 슬픔과 상실은 여느 장례와 동일하지 않다. 따라서 위에서 제시한 바와 같이 장례 예식의 기본 구성 곧 입관예식, 발인예식, 하관 예식의 구성을 따라 진행하되, 기원, 기도, 설교 등의 핵심 구성 내용을 좀 더 의도적으로 반영하는 노력이 요구된다.

아울러 극단적 죽음의 경우 갑작스럽게 그리고 신속하게 진행되는 장례 예식과 더불어, 이후 예기치 못한 상실을 경험한 가족들을 별도로 찾아가 예배하고 함께 슬픔을 표현할 수 있는 목회적 돌봄을 제공하면 도움이 된다. 장례 예식 후 유가족들을 위한 목회적 돌봄으로서

---

45 Cherry, 『교회예식 건축가』, 153.

의 예식은 기본적으로 성경을 함께 읽고, 기도하는 방식에는 큰 변화가 없다. 하지만 함께 읽는 성경과 기도의 내용을 의도적으로 찾아서 사용할 수 있는 노력이 요구된다. 시편 23, 46, 90, 103, 116, 121, 130, 139편 등을 사용하면 도움이 된다.[46]

5. 나가는 말

이 장은 극단적 선택에 의한 죽음에 직면한 유가족들의 슬픔과 상실을 목회적으로 돌보기 위한 과제 가운데 장례 예식의 구성과 방식에 대한 원리와 실천 지침을 제시하는 데 주력했다. 인생의 여러 국면 가운데 중요한 시점 곧 출생, 결혼, 죽음 등은 모두 의례를 통한 목회적 돌봄을 요구한다. 이 가운데 죽음에 대한 목회적 돌봄을 의례의 방식으로 제시하는 것은 기본적으로 무겁고 신중한 절차와 과정을 요구한다. 죽은 시체를 처리하는 것, 가족들의 슬픔과 상실을 돌보는 것, 궁극적으로 주어지는 부활의 소망을 제시하는 것 등 모두 목회적으로 부담이자 복음을 제시하는 중요한 기회가 된다. 특히, 극단적 선택에 의한 죽음은 오랫동안 십계명과 연결된 윤리와 신학의 문제로 인해서 죽음의 유형 가운데 가장 복잡하고 곤혹스러운 목회적 접근을 요청한다. 그럼에도 극단적 선택에 의한 죽음과 관련한 목회적 돌봄은 장례의 과정에서 죽음의 이유에 대한 신학적 판단을 제시하거나 평가하는 것보다는 죽음에 따른 유가족들의 갑작스러운 상실과 슬픔을 위로하는 일에 집중하는 것이 더욱 중요하고 우선적인 과

---

[46] John Witvliet, 『시편과 기독교 예배』 (서울: 솔로몬, 2021), 101.

제가 된다.

아울러, 극단적 선택에 의한 죽음이라도 죽음 자체에 대한 목회적 접근의 과제로 입관, 발인, 하관 예식 등에 대한 기본 절차와 방식을 따르는 것에는 큰 차이가 없다. 다만, 고인에 대한 소개와 회고 또는 유가족들의 인사 등과 같은 발인예식에 포함하는 기본 순서를 생략하거나 축소해서 진행하는 것이 지혜로운 접근이 될 수 있다. 또한 예식의 진행에서 하나님과 슬픔의 자리를 연결하고 죽음과 생명에 대한 하나님의 주권을 선언하고 선포하는 예배와 복음의 측면을 강화하는 것이 더욱 중요하고 우선적인 과제가 된다. 곧, 극단적 선택에 의한 죽음에 대해서 죽음의 원인에 대한 신학적 논의보다는 슬픔과 상실에 처한 가족들을 향한 목회적 돌봄을 위한 예식 제공에 집중해야 한다.

이 장은 극단적 선택에 의한 죽음을 직면한 유가족들을 위한 장례 예식의 구성에 대한 원리와 목회적 지침을 제시하는 데 주력했다. 따라서, 극단적 선택에 의한 죽음의 경우에 이루어지는 장례 예식에서의 기도와 설교에 대한 구체적인 안내와 예시 그리고 우울증과 자살 충돌 및 자해에 따른 극단적 선택과 관련한 목회적 돌봄의 심리학적, 치유적, 신학적 접근에 대해서 계속해서 세부적으로 연구해야 할 과제로 남겨 둔다.

이 책에 담긴 연구를 위해 선별한 참고문헌

고신총회. 『예전예식서』. 서울: 고신총회출판부, 2015.
곽안련. 『목회학』. 서울: 대한기독교서회, 1991.
대한예수교장로회총회 종교교육부. 『예식서』. 서울: 대한예수교장로회 종교교육부, 1961.
대한예수교장로회총회(통합). 『헌법』. 서울: 한국장로교출판사, 2019.
대한예수교장로회총회. 『개혁신학 정체성 세우기』. 서울: 대한예수교장로회총회출판국, 2022.
대한예수교장로회총회. 『표준예식서』. 서울: 대한예수교장로회총회출판부, 2020.
대한예수교장로회총회. 『표준예식서』. 서울: 대한예수교장로회총회, 2020.
대한예수교장로회총회. 『헌법』 개정 3쇄. 서울: 대한예수교장로회총회출판부, 2020.
목회예식서편찬위원회. 『목회예식서』. 서울: 대한예수교성결교회총회본부, 2015.
총회교육자원부. 『개혁교회의 예배, 예전 및 직제』. 서울: 한국장로교출판사, 2015.
총회예식서개정위원회. 『예배.예식서』. 서울: 한국장로교출판사, 2014.
Abraham, William. *The Logic of Renewal*. Grand Rapids: Eerdmans, 2003.
Ahn, Myung Jun. "Brevitas et facilitas: A Study of a Vital Aspect in the Theological Hermeneutics of John Calvin." PhD Dissertation. Universiteit van Pretoria, 1998.
Alexander, James. *Thoughts On Family Worship*. Philadelphia: Presbyterian Board of Publication, 1847.
Allen, Holly and Ross, Christine. *Intergenerational Christian Formation*. Downers Grove: IVP, 2012.
Anderson, E. Byron. "Worship and Formation for Ministry." *Common Worship in Theological Education*. Edited by Siobhan Garrigan and Todd Johnson. Eugene: Pickwick, 2010.
Anderson, Fred. *Singing God's Psalms*. Grand Rapids: Eerdmans, 2016.
Anderson, Herbert and Foley, Edward. *Mighty Stories, Dangerous Rituals: Weaving*

Together the Human and Divine. Minneapolis: Jossy-Bass, 2019.

Augustine. "On Baptism: Against the Donatistis," in *An Augustine Reader*. edited by John O'Meara. Garden City: Doubleday Image, 1973.

Balentine, Samuel. *The Torah's Vision of Worship*. Minneapolis: Fortress Press, 1999.

Barton, Ruth. *Embracing Rhythms of Work and Rest: From Sabbath to Sabbatical and Back Again*. Downers Grove: IVP, 2022.

_____. *Sacred Rhythms: Arranging Our Lives for Spiritual Transformation*. Downers Grove: IVP, 2006.

Bass, Dorothy. ed. *Practicing Our Faith: A Way of Life for a Searching People*. Minneapolis: Augsburg Fortress, 2019.

Battles, Ford Lewis. "God Was Accommodating Himself to Human Capacity." *Interpretation* 31 (1977): 19–38.

Baxter Richard. 'The Savoy Liturgy: The Reformation of the Liturgy.' *Bard Thompson, Liturgies of the Western Church*. Philadephia: Fortress Press, 1980: 375–408.

_____. *A Christian Directory or, A Sum of Practical Theology, and Cases of Conscience*. N.A: Independently Published, 2018.

_____. *Godly Home*. Wheaton: Crossway, 2010.

_____. *Reformed Pastor*. N.A: CreateSpace Independent Publishing Platform, 2018.

Beale, Gregory. *We Become What We Worship: A Biblical Theology of Idolatry*. Downers Grove: IVP, 2008.

Beasley-Murray, George. *Baptism in the New Testament*. Grand Rapids: Eerdmans, 1994.

Beaty, Katelyn. *Celebrities For Jesus: How Personas, Platforms, and Profits Are Hurting the Church*. Grand Rapids: Brazos, 2022.

Beeke, Joel and Jones, Mark. *A Puritan Theology: Doctrine for Life*. Grand Rapids: Reformation Heritage Book, 2012.

Beeke, Joel. "Calvin on Piety." *The Cambridge Companion to John Calvin*. Edited by Donald Mckim. Cambridge: Cambridge University Press, 2004: 125–152.

_____. *Family Worship Bible Guide*. Grand Rapids: Reformation Heritage Books, 2023.

———. *Puritan Evangelism: A Biblical Approach*. Grand Rapids: Reformation Heritage Book, 2017.

———. *The Family At Church*. Grand Rapids: Reformation Heritage Books, 2008.

Beeley, Christopher. *Leading God's People: Wisdom from the Early Church for Today*. Grand Rapids: Eerdmans, 2012.

Benson, Bruce. *Liturgy As A Way of Life: Embodying the Arts in Christian Worship*. Grand Rapids: Baker Academic, 2013.

Benson, Clarence. *The Sunday School in Action*. Chicago: Moody Press, 1941.

Berger, Teresa. *@ Worship: Liturgical Pratices in Digital Worlds*. New York: Routledge, 2018.

Block, Daniel. *For the Glory of God: Recovering a Biblical Theology of Worship*. Grand Rapids: Baker Academic, 2016.

Bolsinger, Tod. *It Takes A Church to Raise a Christian*. Grand Rapids: Brazos, 2004.

Bonhoeffer, Dietrich. *Life Together*. Edited by Geffrey Kelly and Translated by Daniel Bloesch and James Burtness. Minneapolis: Fortress Press, 1996.

Bouwsma, William. *John Calvin: A Sixteenth Century Portrait*. New York: Oxford University Press, 1988.

Bradshaw, Paul. ed., *The New Westminster Dictionary of Liturgy and Worship*. Louisville: Westminster John Knox Press, 2002: "Funerals."

———. "The Use of the Bible in Liturgy: Some Historical Perspectives," *Studia Liturgica* 22 no.1 (1992): 35–52.

Bradshaw, Paul. *The Search for the Origins of Christian Worship*. New York: Oxford University Press, 2002.

Bradshaw, Paul. *Two Ways of Praying*. Claremont: OSL Publications, 2008.

Brown, Rosalind. "Proclamation." *The Study of Liturgy and Worship*. Edited by Juliette Day and Benjamin Gordon-Taylor, Collegeville: A Pueblo Book, 2013.

Brown, Scott and Pollard, Jeff. ed. *A Theology of the Family: Five Centuries of Biblical Wisdom for Family Life*. Wake Forest: NCFIC, 2016.

Butin, Philip. *Revelation, Redemption, and Response: Calvin's Trinitarian Understanding of the Divine-Human Relationship*. New York: Oxford University Press, 1995.

Byars, Ronald. "Creeds and Prayers." *A More Profound Alleluia: Theology and Worship in Harmony*. Edited by Leanne Van Dyk. Grand Rapids: Eerdmans, 2005.

Calvin, John. "Catechism of the Church of Geneva." *Theological Treatises*. Edited by J.K.S. Reid. Louisville: Westminster John Knox Press, 2006: 83–139.

———. "Draft Ecclesiastical Ordinances, 1541," *Theological Treatises*. Edited by J. K. S. Reid. Louisville: Westminster John Knox Press, 2006.

———. "Forms of Prayer for the Church." *Calvin's Tract* Vol. 2. Translated by Henry Beveridge. Eugene: Wipf and Stock Publishers, 2002.

———. "Mutual Consent in Regard to the Sacraments" in *Calvin's Tracts and Treatises*, vol. 2. translated by H. Beveridge. Grand Rapids: Eerdmans, 1958.

———. "On The Necessity of Reforming the Church." *Calvin's Tracts*, Vol. 1, Translated by Henry Beveridge. Eugene: Wipf and Stock Publishers, 2002: 123–236.

———. "Short Treatise on the Lord's Supper" (1541), in *Theological Treatises*. Edited by J.K.S.Reid. Louisville: Westminster John Knox Press, 2006: 140–166.

———. "The Form for Administering Baptism(1542)" in *Lifting Heats to the Lord translated by Karin Maag*. Grand Rapids: Eerdmans, 2016: 78–82.

———. "The Organization of the Church of Worship at Geneva Proposed by the Ministers at the Council, January 16, 1537." Edited by J.K.S. Reid, *Calvin: Theological Treatises*. Louisville: Westminster John Knox Press, 2006: 48–55.

———. "To a Question about Certain Rites of the Church." in *Calvin's Ecclesiastical Advice*. Translated by Mary Beaty and Benjamin Farley. Louisville: Westminster John Knox Press, 1991: 95–7.

———. *Calvin's Ecclesiastical Advice*. translated by Mary Beaty and Benjamin Farley. Louisville: Westminster John Knox Press, 1991.

———. *Commentary on a Harmony of the Evangelists*, Vol. 16, 17, 19, 21. Translated by William Pringle. Grand Rapids: Baker Books, 2005.

———. *God or Baal, Letters on the Reformation of Worship and Pastoral Service*. Translated by David Noe. Grand Rapids: Reformation Heritage Books, 2020.

———. *Institutes of Christian Religion*. translated by Ford Lewis Battle. Philadelphia: Westminster Press, 1960.

Castleman, Robbie. *Story Shaped Worship: Following Patterns from the Bible and History*. Downers Grove: IVP, 2013.

Chapell, Bryan. *Christ-Centered Worship: Letting the Gospel Shape Our Practice*. Grand Rapids: Baker Academic, 2009.

Charry, Ellen. *By The Renewing of Your Minds: The Pastoral Function of Christian Doctrine*. New York: Oxford University Press, 1997.

Chase, Steven. *The Tree of Life: Models of Christian Prayer*. Grand Rapids: Baker Academic, 2005.

Cherry, Constance. *The Worship Architect: A Blueprint For Designing Culturally Relevant and Biblically Faithful Services*. Grand Rapids: Bakers, 2021.

Clowney, Edmund. "Presbyterian Worship." In *Worship: Adoration and Action*. Edited by D.A. Carson. Eugene: Wipf and Stock, 2002.

Comin, Douglas. *Returning to the Family Altar*. Aberdeen: James Begg Society, 2004.

Cosper, Mike. *Rhythms of Grace*. Wheaton: Crossway, 2013.

Cottret, Bernard. *Calvin: A Biography*. translated by Wallace McDonald. Grand Rapids: Eerdmans, 2000.

Crouch, Amy and Crouch, Andy. *My Tech-Wise Life: Growing Up and Making Choices in a World of Devices*. Grand Rapids: Baker Books, 2020.

Crouch, Andy. *The Life We're Looking For*. New York: Convergent, 2022.

_____. *The Tech-Wise Family: Every Steps for Putting Technology in Its Proper Place*. Grand Rapids: BakerBooks, 2017.

Daniels, Harold. *To God Alone Be Glory: The Story and Sources of the Book of Common Worship*. Louisville: Geneva Press, 2003.

Davies, Ann. "Sample Eulogies." Edited by Melina Moore and Daniel Roberts. *The Suicide Funeral*. Eugene: Wipf and Stock Publishers, 2017: 19–41.

Davies, Horton. *The Worship of the English Puritans*, Clear Spring: Solid Deo Gloria, 1997.

_____. *Worship and Theology in England Book 1*. Grand Rapids: Eerdmans, 1996.

Davies, Samuel, Doddridge, Philip, Hildersham, Arthur, Houston, ed. *The Godly Family: Essays on Duties of Parents and Children*. Pittsburgh: Soli Deo Gloria

Publications, 1993.

Dean, Kenda. "Accidental Prophet: Richard Osmer and the 'Theological Turn' in Youth Ministry." *Consensus and Conflict: Practical Theology for Congregations in the Work of Richard Osmer*. Edited by Kenda Dean, Blair Bertrand, Amanda Drury, and Andrew Root. Eugene: Cascade, 2019: 35–50.

Denver, Mark and Ferguson, Sinclair. ed. *The Westminster Directory of Public Worship*. Scotland: Christian Heritage Imprint, 2008.

Dix, Dom. *The Shape of the Liturgy*. New York: The Seabury Pres, 1982.

Dueck, Alvin. "Worship as Transformed Lives." *Worship That Changes Lives. Edtied by Alexis Abernethy*. Grand Rapids: Baker Academic, 2008.

Dulles, Avery. "Theology and Worship: The Reciprocity of Prayer and Belief," *Ex Auditu* 8 (1992): 85–94.

Duncan III, J. Ligon. "Foundations for Biblically Directed Worship." *Give Praise to God: A Vision for Reforming Worship*. Edited by Philip Ryken, Derek Thomas, J. Ligon Duncan III. Phillipsburg: P&R, 2003: 51–73.

Dykstra, Craig. *Growing in the Life of Faith: Education and Christian Practices*. Louisville: Westminster John Knox Press, 2005.

Dyrness, William. *A Primer on Christian Worship*. Grand Rapids: Eerdmans, 2009.

———. *Poetic Theology: God and the Poetics of Everyday Life*. Grand Rapids: Eerdmans, 2011.

Edgar, William. "Worship in All of Life." *Give Praise to God: A Vision for Reforming Worship*. Edited by Philip Ryken, Derek Thomas, J. Ligon Duncan III. Grand Rapids: Zondervan, 2003: 339–357.

Eire, Carlos. *War Against the Idols; the Reformation of Worship From Erasmus to Calvin*. New York: Cambridge University Press, 1986.

Evans, Abigail. *Healing Liturgies for the Seasons of Life*. Louisville: Westminster John Knox Press, 2004.

Evans, Patrick. "Musical Formation in Seminary Chapel Worship." *Common Worship in Theological Education*. Edited by Siobhan Garrigan and Todd Johnson. Eugene: Pickwick, 2010.

Fagerberg, David. *Theologia Prima: What Is Liturgical Theology?*. Chicago: Liturgical Training Publication, 2012.

Fassler, Margot. "Psalms and Prayers in Daily Devotion: A Fifteenth-Century Devotional Anthology from the Diocese of Rheims: Beinecke 757." *Worship in Medieval and Early Modern Europe: Change and Continuity in Religious Practice*. Edited by Karin Maag and John Witvliet. Notre Dame: University of Notre Dame Press, 2004.

Felix-Jager, Steven. *Renewal Worship*. Downers Grove: IVP, 2022.

Ferguson, Sinclair and Dever, Mark. Ed. *The Directory for the Public Worship of God*. Scotland: Christian Heritage, 2008.

Flynn, Gabriel and Murray, Paul. eds. *Ressourcement: A Movement for Renewal in Twentieth-Century Catholic Theology*. New York: Oxford University Pres, 2012.

Furr, Gary and Price, Milburn. *The Dialogue of Worship*. Macon: Smyth and Helwys, 2009.

George, Timothy. "Introduction." *God the Holy Trinity*. Edited by Timothy George. Grand Rapids: Baker Academic, 2006.

Gibson, Jonathan and Earngey, Mark. *Reformation Worship: Liturgies from the Past for the Present*. Greensboro: New Growth Press, 2018.

Gibson, Jonathan. *Be Thou My Vision: A Liturgy for Daily Worship* (Wheaton: Crossway, 2021.

Gore Jr., R. J. *Covenantal Worship: Reconsidering the Puritan Regulative Principle*. Phillipsburg: P&R, 2002.

Gould, Meredith. *The Social Medical Gospel: Sharing the Good News in New Ways*. Collegeville: Order of Saint Benedict, 2015.

Griffith Jr., Boddy. *Confessions of Sin and Assurance of Pardon*. Scotland: Christian Focus Publications, 2016.

Hageman, Howard. *Pulpit and Table: Some Chapters in the History of Worship in the Reformed Churches*. Eugene: Wipf and Stock Publishers, 2004.

Hamond, George. *The Case for Family Worship*. Orland: Soli Deo Gloria Publications, 2005.

Harmless, William. *Augustine and the Catechumenate*. Collegeville: A Pueblo Book, 2014.

_____. *Augustine and the Catechumenate*. Collegeville: Pueblo, 2014.

Hart, Darryl G. *Recovering Mother Kirk: the Case for Liturgy in the Reformed Tradition*. Eugene: Wipf and Stock, 2014.

Hastings, Thomas. "Worshipping, Witnessing, and Wondering." in *Consensus and Conflict: Practical Theology for Congregations in the Work of Richard Osmer*. Edited by Kenda Dean, Blair Bertrand Amanda Drury, and Andrew Root. Eugene: Cascade Books, 2019: 121-133.

Hastings, W. Ross. *Pastoral Ethics*. Bellingham: Lexham Academic, 2022.

Henry, Matthew. "Daily Communion with God." *Complete Works, 2*. Grand Rapids: Baker, 1997: 198-247.

_____. *A Method for Prayer*. Greenville: Reformed Academic Press, 1994.

_____. *Commentary on the Whole Bible*. vol. 5. Old Tappan: Fleming H. Revell, 1986.

_____. *Family Religion: Principles for Raising A Godly Family*. Scotland: Christian Focus Publications, 2008.

Hesselink, I. John. 『칼빈의 제1차 신앙교육서』. 이승구, 조호영 역. 서울: CLC, 2019.

_____. "John Calvin on Prayer." *On Prayer: Conversation with God*. Louisville: Westminster John Knox Press, 2006.

Hesselink, John. *Calvin's First Catechism: A Commentary*. Louisville: Westminster John Knox, 1997.

Hoffman, Lawrence. *The Art of Public Prayer*. Woodstock: SkyLight Paths Publishing, 2006.

Holeton, Richard. *Composing Cyberspace: Identity, Community, and Knowledge in the Electronic Age*. Boston : McGraw Hill, 1998.

Hughes, Graham. *Reformed Sacramentality*. Collegeville: A Pueblo Book, 2017.

Hughes, R. Kent. *The Pastor's Book: A Comprehensive and Practical Guide to Pastoral Ministry*. Wheaton: Crossway, 2015.

Hunsinger, Deborah van Deusen. *Pray Without Ceasing: Revitalizing Pastoral Care*. Grand

Rapids: Eerdmans, 2006.

Immink, F. Gerrit. *The Touch of the Sacred: The Practice, Theology, and Tradition of Christian Worship*. Grand Rapids: Eerdmans, 2014.

James, John. *The Christian Father's Present to His Children*. Morgan: Soli Deo Gloria 1993.

James, Samuel. *Digital Liturgies: Rediscovering Christian Wisdom in an Online Age*. Wheaton: Crossway, 2023.

Jasper, R.C.D. and Cuming, G.J. *Prayers of the Eucharist: Early and Reformed*. Collegeville: Order of Saint Benedict, 2019.

Jensen, Robert. *Visible Word: The Interpretation and Practice of Christian Sacraments*. Philadelphia: Fortress Press, 1978.

Johnson, Maxwell. *Sacraments and Worship: The Sources of Christian Theology*. Louisville: Westminster John Knox, 2012.

———. *The Rites of Christian Initiation: Their Evolution and Interpretation*. Collegeville: Liturgical Press, 1999.

Johnson, Terry. *The Family Worship*. Ross-shire: Christian Focus Publications, 2009.

Johnson, Todd. "Disconnected Rituals" *The Conviction of Things Not Seen: Worship and Ministry in the 21st Century*. Edited by Todd Johnson. Grand Rapids: Brazos, 2002: 53–66.

———. "Ora et Labora: Reflections on the (Non-) History of Seminary Chapel." *Common Worship in Theological Education*. Edited by Siobhan Garrigan and Todd Johnson. Eugene: Pickwick, 2010.

Jones, L. Gregory. "Beliefs, Desires, Practices, and the Ends of Theological Education." *Practicing Theology: Beliefs and Practices in Christian Life*, ed. Miroslav Volf and Dorothy Bass. Grand Rapids: Eerdmans, 2002.

Jones, Timothy. "How A Biblical Worldview Shapes the Way We Teach Our Children," *The Journal of Discipleship and Family Ministry: Equipping the Generations for Gospel-Centered Living 4, no.1*. (Fall/Win, 2013): 1–14.

Jung, Joanne. *Godly Conversation: Rediscovering the Puritan Practice of Conference*. Grand Rapids: Reformation Heritage Book, 2011.

Kaemingk, Matthew and Willson, Cory. *Work and Worship: Reconnecting Our Labor and Liturgy.* Grand Rapids: Baker Academic, 2020.

Kelly, Ryan. *Calls To Worship, Invocations, and Benedictions.* Phillipburg: P&R Publishing, 2022.

Kim, Jay. *Analog Church: Why We Need Real People, Places, and Things in the Digital Age.* Downers Grove: IVP, 2020.

King, Robert. "Worship in Geneva Before and After the Reformation." *Worship in Medieval and Early Modern Europe.* Edited by Karin Maag and John Witvliet. Notre Dame: University of Notre Dame Press, 2004.

Kinnaman, David. *You Lost Me.* Grand Rapids: BakerBooks, 2011.

Kreider, Aland and Kreider, Eleanor. *Worship and Mission After Christendom.* Waterloo: Herald Press, 2011.

Kuyper, Abraham. *Lectures on Calvinism.* Grand Rapids: Eerdmans, 2002.

———. *Our Worship.* Grand Rapids: Eerdmans, 2009.

Larson–Miller, Lizette. "Death and Dying," *The Study of Liturgy and Worship.* Collegeville: Liturgical Press, 2013: 178–192.

Leclercq, Jean. *The Love of Learning and the Desire for God.* New York: Fordham University Press, 2014.

Lim, See Hong and Ruth, Lester. *Lovin' On Jesus: A Concise History of Contemporary Worship.* Nashville: Abingdon Press, 2017.

Linman, Jonathan. *Holy Conversation: Spirituality for Worship.* Minneapolis: Fortress Press, 2010.

Long, Thomas. "Reclaiming the Unity of Word and Sacrament in Presbyterian and Reformed Worship." *Reformed Liturgy and Music* 16, no. 1 (1982): 13.

Maag, Karin. *Lifting Hearts to The Lord: Worship with John Calvin in Sixteenth-Century Geneva.* Grand Rapids: Eerdmans, 2016.

Maag, Karin. *Worshiping with the Reformers.* Dowers Grove: IVP, 2021.

Malefyt, Norma deWaal and Vanderwell, Howard. *Designing Worship Together: Vital Worship, Healthy Congregation: Models and Strategies for Worship Planning.* Herndon: The Alban Institute, 2005.

Marshall, John. *John Locke, Toleration and Early Enlightenment Culture.* Cambridge: Cambridge University Press, 2006.

Maxwell, William. *A History of Worship in the Church of Scotland.* Oxford: Oxford University Press, 1955.

McGowan, Andrew. *Ancient Christian Worship.* Grand Rapids: Baker Academic, 2014

McGrath, Alister. "The Doctrine of Trinity: An Evangelical Reflection." *God the Holy Trinity.* Edited by Timothy George. Grand Rapids: Baker Books, 2006.

McKee, Elsie. "Context, Contours, and Contents: Towards a Description of Calvin's Understanding of Worship." *Calvin Studies Society Papers.* Grand Rapids: CRC Product Services, 1998.

———. *John Calvin: Writings on Pastoral Piety.* New York: Paulist Press, 2001.

———. *The Pastoral Ministry and Worship in Calvin's Geneva.* Geneva: Librairie Droz, 2016.

McLuhan, Marshall. *Understanding Media: The Extensions of Man.* Cambridge: the MIT Press, 2002.

Meyers, Ruth. *Missional Worship, Worshipful Mission: Gathering as God's People, Going Out in God's Name.* Grand Rapids: Eerdmans, 2014.

Michell, Kenneth and Anderson, Herbert. *All Our Losses, All Our Griefs: Resources for Pastoral Care.* Louisville: Westminster John Knox Press, 1983.

Mikoski, Gordon. *Baptism and Christian Identity: Teaching in the Triune Name.* Grand Rapids: Eerdmans, 2009.

Miller, C. F. "Intercessory Prayer: History, Method, Subjects and Theology." *Studia Liturgica* 3, no.1 (1964): 20–29.

Miller, Samuel. *Presbyterianism: Its History, Doctrine, Government and Worship.* Madison: Log College Press, 2020.

Moore, Melina "Addressing Suicide and Its Aftermath," Edited by Melina Moore and Daniel Roberts. *The Suicide Funeral.* Eugene: Wipf and Stock Publishers, 2017: 1–11.

Moore-Keish, Martha. *Do This in Remembrance of Me: A Ritual Approach to Reformed Eucharistic Theology.* Grand Rapids: Eerdmans, 2008.

Muller, Richard and Ward, Rowland. *Scripture and Worship*. Phillipsburg: P&R, 2007.

Murray, Andrew. *With Christ in the School of Prayer*. Newberry: Bridge Logos, 1999.

Naphy, William. *Calvin and the Consolidation of the Genevan Reformation*. Louisville: Westminster John Knox, 2003.

Navarro, Kevin. *Trinitarian Doxology: T.F and J.B. Torrance's Theology of Worship as Participation by the Spirit in the Son's Communion with the Father*. Eugene: Pickwick, 2020.

Nichols, Bridget. "Prayer." *The Study of Liturgy and Worship*. Edited by Juliette Day and Benjamin Gordon-Taylor. Collegeville: Pueblo, 2013.

Noland, Rory. *Transforming Worship: Planning and Leading Sunday Services As If Spiritual Formation Mattered*. Downers Grove: IVP, 2021.

Ogbuanu, J. N. "The Problem of Cultural Stereotyping in the Pastoral Care of a Suicidal Person," *Acta Theologica* 2014, 34 (1): 129–130.

Old, Hughes "Calvin's Theology of Worship." *Give Praise to God: A Vision for Reforming Worship*. Edited by Philip Ryken, Derek Thomas, J. Ligon Duncan III. Grand Rapids: Zondervan, 2003: 412–435.

_____. "John Calvin and the Prophetic Criticism of Worship." *John Calvin and the Church: A Prism of Reform. Edited by Timothy George*. Louisville: Westminster John Knox, 1990.

_____. *Leading in Prayer: A Workbook for Ministers*. Grand Rapids: Eerdmans, 1995.

_____. *Shaping of the Reformed Baptismal Rite in the Sixteenth Century*. Grand Rapids: Eerdmans, 1992.

_____. *The Patristic Roots of Reformed Worship*. Zurich: Theologischer Verlag, 1975.

_____. *Worship Reformed According to Scripture*. Louisville: John Knox Press, 2002.

Opstal, Sandra Maria Van. *The Next Worship: Glorifying God in a Diverse World*. Downers Grove: IVP, 2016.

Osmer, Richard. "Challenges to Youth Ministry in Mainline Congregations," *Affirmation* 2 (1989): 1–26.

Packiam, Glenn. *Worship and The World to Come: Exploring Christian Hope in Contemporary Worship*. Downers Grove: IVP, 2020.

Pauw, Amy. "Dying Well." *Practicing Our Faith: A Way of Life for a Searching People*. Edited by Dorothy Bass. Minneapolis: Fortress Press, 2019: 165–174.

Payne, Jon. *In The Splendor of Holiness: Rediscovering the Beauty of Reformed Worship for the 21st Century*. White Hall: Tolle Lege Press, 2008.

Penington, Isaac. *A Question to the Professors of Christianity*. London: S.N, 1667.

Perrot, Charles. "Managing a Country Parish(1567)." *Lifting Hearts to the Lord: Worship with John Calvin in Sixteenth-Century Geneva*. Edited by Karin Maag. Grand Rapids: Eerdmans, 2016: 69–70.

Peterson, David. *Engaging with God: A Biblical Theology of Worship*. Dowers Grove: IVP, 1992.

Peterson, Eugene. *Christ Plays in Ten Thousand Places*. Grand Rapids: Eerdmans, 2005.

———. *Five Smooth Stones for Pastoral Work*. Grand Rapids: Eerdmans, 1980.

Pohl, Christine. *Living into Community: Cultivating Practices That Sustain Us*. Grand Rapids: Eerdmans, 2012.

———. *Making Room: Recovering Hospitality as a Christian Tradition*. Grand Rapids: Eerdmans, 1999.

Postman, Neil. *Amusing Ourselves to Death*. New York: Penguin, 1985.

Powell, Kara and Clark, Chap. *Sticky Faith: Everyday Ideas to Build Lasting Faith in Your Kids*. Grand Rapids: Zondervan, 2011.

Ptacek, Kerry. *Family Worship: Biblical Basis, Historical Reality, Current Need*. Taylors: Southern Presbyterian Press, 2000.

Quinn, Pat. *Praying in Public: A Guidebook for Prayer In Corporate Worship*. Wheaton: Crossway, 2021.

Ramshaw, Elaine. *Ritual and Pastoral Care*. Philadelphia: Fortress Press, 1987.

Ramshaw, Gail. *Reviving Scared Speech: The Meaning of Liturgical Language*. Akron: OSL Publication, 2000.

Rayburn, Robert. *O Come, Let Us Worship*. Eugene: Wipf and Stock, 1980.

Redding, Graham. *Prayer and Priesthood of Christ in the Reformed Tradition*. London: T&T Clark, 2003.

Regan, Michael. "The Reception of the Liturgical Changes of the Second Vatican

Council." Edited by Duncan Forrester and Doug Gay. *Worship and Liturgy in Context*. London: SCM, 2009: 219–229.

Reid, Stanford. "Calvin and the Founding of the Academy of Geneva." *Westminster Theological Journal* 18, no. 1 (November 1955): 1–19.

Rempel, John. *Recapturing an Enchanted World: Ritual and Sacrament in the Free Church Tradition*. Downer Grove: IVP, 2020.

Rice, Howard and Huffstutler, James. *Reformed Worship*. Louisville: Geneva Press, 2001.

Rice, Howard. *Reformed Spirituality: An Introduction for Believers*. Louisville: Westminster John Knox Press, 1991.

Ridderbos, Herman. *The Gospel of John; A Theological Commentary*. Translated by John Vriend. Grand Rapids: Eeerdmans, 1991.

Rienstra, Debra and Rienstra, Ron. *Worship Words: Discipling Language for Faithful Ministry*. Grand Rapids: Baker Academic, 2009.

Rienstra, Debra and Rienstra, Ron. *Worship Words: Discipling Language for Faithful Ministry*. Grand Rapids: Baker Academic, 2009.

Riggs, John. *Baptism in the Reformed Tradition: An Historical and Practical Theology*. Louisville: Westminster John Knox, 2002.

Ritzer, George. *The McDonaldization of Society: An Investigation into the Changing Character of Contemporary Social Life*. Thousand Oaks: Pine Forge Press, 1993.

Ross Melanie. *Evangelical vs. Liturgical?: Defying a Dichotomy*. Grand Rapids: Eerdmans, 2014.

Ross, Melanie. *Evangelical Worship*. New York: Oxford University Press, 2021.

Ruth, Lester and Lim, Swee Hong. *A History of Contemporary Praise and Worship: Understanding the Ideas That Reshaped the Protestant Church*. Grand Rapids: Baker Academic, 2021.

Ruth, Lester and Steenwyk, Carrie, and Witvliet, John. *Walking Where Jesus Walked :Worship in Fourth-Century Jerusalem*. Grand Rapids: Eerdmans, 2010.

Ruth, Lester, Ed. *Flow: The Ancient Way to Do Contemporary Worship*. Nashville: Abingdon Press, 2020.

Ruth, Lester. "A Rose By Any Other Name," *The Conviction of Things Not Seen*. Edited by Todd Johnson. Grand Rapids: Brazos Press, 2022: 33–52.

Satterlee, Craig and Ruth, Lester. *Creative Preaching on the Sacraments*. Nashville: Discipleship Resources, 2003.

Scheer, Greg. *Essential Worship: A Handbook for Leadership*. Grand Rapids: Baker Books, 2016.

Schmit, Clayton. *Public Reading of Scripture*. Nashville: Abingdon Press, 2002.

Schultze, Quentin. "Following Pilgrims into Cyberspace." In *Understanding Evangelical Media: The Changing Face of Christian Communication*. Edited by Quentin Schultze and Robert Woods Jr. Downers Grove: IVP, 2008: 137–148.

———. *Habits of the High-Tech Heart*. Grand Rapids: Baker Academic, 2002.

Shatzer, Jacob. *Transhumanism and The Image of God*. Downers Grove: IVP, 2019.

Sittser, Gerald. *Water from a Deep Well: Christian Spirituality From Early Martyrs to Modern Missionaries*. Downers Grove: IVP, 2007.

Small, Joseph. "A Church of the Word and Sacrament." *Christian Worship in Reformed Churches Past and Present*. Edited by Lukas Vischer. Grand Rapids: Eerdmans, 2003.

Smith, David I. and Smith, James K.A. "Introduction: Practices, Faith, and Pedagogy." *Teaching and Christian Practices: Reshaping Faith and Learning*. Edited by David I. Smith and James K.A. Smith. Grand Rapids: Eerdmans, 2011: 7–11.

Smith, David, Sevensma, Kara, Terpstra, Marjorie and McMullen, Steven. Ed. *Digital Life Together: The Challenge of Technology for Christian Schools*. Grand Rapids: Eerdmans, 2020.

Smith, David. ed. *Teaching and Christian Practices: Reshaping Faith and Learning*. Grand Rapids: Eerdmans, 2011.

Smith, James K. A. *Desiring the Kingdom*. Grand Rapids: Baker Academic, 2009.

———. *How to Inhabit Time*. Grand Rapids: Brazos, 2022

———. *Imagining the Kingdom*. Grand Rapids: Baker Academic, 2013.

———. *You Are What You Love*. Grand Rapids: Brazos Press, 2016.

———. *Introducing Radical Orthodoxy*. Grand Rapids: Baker Academic, 2004.

Song, Felicia. *Restless Devices: Recovering Personhood, Presence, and Place in the Digital Age*.

Downer Grove: IVP, 2021.

Spinks, Bryan. *Scottish Presbyterian Worship: Proposals for Organic Change, 1843- the Present Day*. Edinburgh: Saint Andrew Press, 2020.

———. *The Worship Mall: Contemporary Responses to Contemporary Culture*. New York: Church Publishing, 2011.

St. Benedict. *Rule of Saint Benedict*. Collegeville: Liturgical Press, 1982.

Sterne, Alastair. *Rhythms for Life: Spiritual Practices for Who God Made You to Be*. Downers Grove: IVP, 2020.

Taylor, David. *The Theater of God's Glory: Calvin, Creation, and the Liturgical Arts*. Grand Rapids: Eerdmans, 2017.

Taylor, W. David and Taylor, Phaedra. *Prayers for the Pilgrimage: A Book of Collects for All of Life*. Downers Grove: IVP, 2024.

Tel, Martin. "Calvinist and Reformed Practices of Worship." *Historical Foundations of Worship*. Edited by Melanie Ross and Mark Lamport. Grand Rapids: Bakers, 2022: 178–191.

The Calvin Institute of Christian Worship. *The Worship Sourcebook*. Grand Rapids: CRC Publication, 2004.

Thomas, Derek "The Regulative Principle: Responding to Recent Criticism." *Give Praise to God: A Vision for Reforming Worship*. Edited by Philip Ryken, Derek Thomas, J. Ligon Duncan III. Phillipsburg: P&R, 2003: 74–93.

Thompson, Bard. *Liturgies of the Western Church*. Philadelphia: Fortress Press, 1980.

Thompson, Deanna. *The Virtual Body of Christ in a Suffering World*. Nashville: Abingdon, 2016.

Thompson, Marianne. *The God of the Gospel of John*. Grand Rapids: Eerdmans, 2001.

Torrance, James B. *Worship, Community, and the Triune God of Grace*. Downers Grove: IVP, 1997

Tripp, Diane. *Daily Prayer in the Reformed Tradition: An Initial Survey*. Cambridge: The Alcuin Club, 1996.

Turkle, Sherry. *Life on the Screen*. New York: Simon and Schtster, 1997.

———. *Reclaiming Conversation: The Power of Talk in A Digital Age*. New York: Penguin

Books, 2016.

Twenge, Jean. *IGen: Why Today's Super-Connected Kids Are Growing Up Less Rebellious, More Tolerant, Less Happy-and Completely Unprepared for Adulthood*. New York: ATRIA Paperback, 2017.

Van Dyk, Leanne. ed. *A More Profound Alleluia: Theology and Worship in Harmony*. Grand Rapids: Eerdmans, 2005.

Vanderwell, Howard. *Caring Worship: Helping Worship Leaders Provide Pastoral Care Through the Liturgy*. Eugene: Cascade Books, 2017.

Vasholz, Robert. *Calls to Worship: A Pocket Resource*. Scotland: Christian Focus Publications, 2008.

Villodas, Rich. *The Deeply Formed Life*. Colorado Springs: WaterBrook, 2020.

Volf, Miroslav. *Exclusion and Embrace*. Nashville: Abingdon Press, 1996.

von Allmen, Jean Jacques. *Preaching and Congregation*. Translated by B. L. Nichols. Richmond: John Knox Press, 1962.

_____. *Worship Its Theology and Practice*. New York: Oxford University Press, 1965.

Wainwright, Geoffrey. *Doxology: The Praise of God in Worship, Doctrine, and Life: A Systematic Theology*. New York: Oxford University Press, 1980.

Waldorn, Sam. *How Then Should We Worship? The Regulative Principle and Required Parts of the Church;'s Corporate Worship*. Leyland, England: Evangelical Press, 2022.

Wallace, Ronald. *Calvin's Doctrine of the Word and the Sacrament*. Grand Rapids: Eerdmans, 1957.

Ward, Pete. *Celebrity Worship*. New York: Routledge, 2020.

Warren, Tish. *Liturgy of the Ordinary*. Downers Grove; IVP, 2016.

Watts, Michael. *The Dissenters*. Oxford: Oxford University Press, 1978.

Webber, Robert. *Worship Old and New*. Grand Rapids: Zondervan, 1982.

Weil, Louis, "Worship " *the Study of Liturgy and Worship*, Edited by Juliette Day and Benjamin Gordon-Taylor. Collegeville: Pueblo, 2013.

White, James. *Documents of Christian Worship*. Louisville: Westminster John Knox Press, 1992.

_____. *Protestant Worship: Traditions in Transition*. Louisville: Westminster John Knox

Press, 1989.

White, James. *Protestant Worship: Traditions in Transition*. Louisville: Westminster John Knox Press, 1989.

Whitney, Donald. *Spiritual Disciplines for the Christian Life*. Colorado Springs: NavPress, 2014.

Wilhoit, James. *Spiritual Formation as if the Church Mattered: Growing in Christ through Community*. Grand Rapids: Baker, 2008.

Williams, Jonathan. *A Practical Theology of Family Worship*. Grand Rapids: Reformation Heritage Books, 2021.

Willimon, William. *Worship as Pastoral Care*. Nashville: Abingdon Press, 1979.

Wilson, John. *Cultus Evangelicus or A Brief Discourse Concerning the Spirituality and Simplicity of New Testament Worship*. London: Eliz, 1667.

Witvliet, John. "Images and Themes in John Calvin's Theology of Liturgy." *Worship Seeking Understanding*. Grand Rapids: Baker Academic, 2003.

_____. "Public Trauma and Public Prayer." *Reformed Public Theology: A Global Vision for Life and the World*. Edited by Matthew Kaemingk. Grand Rapids: Baker Academic, 2021.

_____. "The Opening of Worship, Trinity." *A More Profound Alleluia: Theology and Worship in Harmony*. Edited by Leanne Van Dyk. Grand Rapids: Eerdmans, 2005.

_____. "What to Do with Our Renewed Trinitarian Enthusiasm." *Trinitarian Theology for the Church*. Edited by. Daniel Treier and David Lauber. Downers Grove: IVP, 2009.

_____. 『시편과 기독교 예배』. 서울: 솔로몬, 2021.

_____. *Worship Seeking Understanding*. Grand Rapids: Baker Academic 2003.

Wolterstorff, Nicholas. "A Reformed Understanding of Scholarship." *Reformed Public Theology: A Global Vision for Life in the World*. Edited by Matthew Kaemingk. Grand Rapids: Baker Academic, 2021.

_____. "Introduction." *Historical Foundations of Worship*. Edited by Melanie Ross and Mark Maport. Grand Rapids: Baker Academic, 2022: xiii–xviii.

———. "The Tragedy of Liturgy in Protestantism." *Hearing the Call: Liturgy, Justice, Church, and World.* Grand Rapids: Eerdmans, 2011: 29–38.

———. "Thinking About Church Music." *Music in Christian Worship.* Edited by Charlotte Kroeker. Collegevile: Liturgical Press, 2005.

———. *Acting Liturgically: Philosophical Reflections on Religious Practice.* New York: Oxford University Press, 2018.

———. *The God We Worship: An Exploration of Liturgical Theology.* Grand Rapids: Eerdmans, 2015.

Wright, Brian. *Communal Reading in the Time of Jesus: A Window into Early Christian Reading Practice.* Philadelphia: Fortress Press, 2017.

Wuthnow, Robert. *Loose Connections: Joining Together in America's Fragmented Communities.* Cambridge: Harvard University Press, 1998.

Wyatt, E.G.P. "Simplicity in Worship." *Theology* 35. No. 207 (1937, 09): 180–182.

Zuboff, Shoshana. *The Age of Surveillance Capitalism: The Fight for a Human Future at the New Frontier of Power.* London: Profile Books, 2019.

Zwingli, Ulrich. "A Form of Prayer According to Paul's Teaching in 1Tim 2, Which Is Now Used in Zurich at the Beginning of the Sermon (1525)" In *Reformation Worship.* Edited by Jonathan Gibson and Mark Earngey. Greensboro: New Growth Press, 2018.

———. "Liturgy of the Word (1525)." in *Liturgies of the Western Church.* Edited by Bard Thompson. Philadelphia: Fortress, 1961.